岩 波 文 庫

38-606-2

人間の知的能力に関する試論

(下)

トマス・リード著
戸 田 剛 文 訳

岩 波 書 店

Thomas Reid

ESSAYS ON THE INTELLECTUAL POWERS OF MAN

凡　例

一、本書は、スコットランドの哲学者トマス・リード（Thomas Reid, 1710-1796）の *Essays on the Intellectual Powers of Man*, 1785 の翻訳である。かつては、一九世紀に出版されたハミルトン版（一九六七年に Olms 社から再販）、そして新しい全集に含められているブルックス版（二〇〇二年）が刊行されており、いずれもこの一七八五年版を採用している。ブルックス版によれば、リードの生存中に出版された唯一の版である。

一、翻訳にあたっては、訳者が所蔵している *Essays on the Intellectual and Active Powers of Man*, 2vols, Philadelphia, printed by William Young, 1793 を底本とした。これは一七八五年版とリードのもう一つの書 *Essays on the Active Powers of Man*, 1788 をまとめてアメリカで出版されたものである。

一、本文中の〔　〕を付した部分は、訳者が付け加えた説明である。

一、訳注は(1)のように付し、書籍末にまとめた。本書は大部であるため、訳注は最小限にとどめた。リードが言及している書籍については、ブルックス版を大いに参考にさせていただいた。

一、リードが同じ文章を繰り返し引用している場合でも、リードの引用文が若干異なる箇所がある。本書ではリードの引用にそって訳した。

一、本文で言及されている書籍は、翻訳書の性質に鑑み、入手・閲覧可能な邦訳書がある場合は、その書誌情報を記している。なお訳文は本書の翻訳に応じて適宜変更した。

目　次

凡　例

上巻目次

人間の知的能力に関する試論　（下）

第四巻　概念について

第一章　概念あるいは単純把握一般について

想うこと(conceiving)、想像すること(imagining)、把握すること(apprehending)、理解すること(understanding)、事物の思念を持つこと(having a notion of a thing)、これらは論理学者が単純把握と呼ぶ知性の働きを表現する共通の言葉である。事物の観念を持つという言葉も、主にロック氏の時代からだと思うが、通常の言語では同じ意味で用いられている。

論理学者は、単純把握を、事物についてなんら判断や信念を伴わない、たんなるその事物の概念だと定義している。もしこれが厳密に論理的定義として意図されているのならば、それに対しては次のように反論できるだろう。つまり、概念と把握とは同義語でしかなく、把握によって概念を定義することは、概念によって把握を定義するようなものであると。しかし、最も単純な心の働きは論理的に定義できないことを思い出す必要がある。それらの判明な思念を得るために、われわれは、自分自身の心の中でそれらを感じるように、それらに注意しなければならない。緋色についての判明な思念を持とうとする人は、定義によってそれを得ようとはしないだろう。その人は、目の前に緋色を置き、それに注意し、それに最も近い色と比較し、定義しようとしても無駄である種差を観察しなければならない。

あらゆる人は、その人がまったく信じていない多くのものを想うことができるということを意識している。例えば、羽の生えた馬や黄金の山などである。ところで概念はわずかな信念もない場合があるが、どんなわずかな信念も概念なしにはありえない。信じる人は、信じるものの何らかの概念を持たなければならないのである。

概念という心のこの働きを定義しようとせずに、その特性を説明してみることにしよう。そして、それについての理論を考察し、哲学者たちの誤りに注目してみることにしよう。

一、概念は心のあらゆる働きにおいて成分として入り込んでいることが観察される。感官は、対象についての何らかの概念を同時に与えることなしには、その信念をわれわれに与えることができない。どのような人も、概念を持っていないものについて思い出したり、推理したりできない。われわれが能動的能力を行使しようと意志するとき、われわれがしようと意志しているものについての何らかの概念がなければならない。対象についての概念がないところでは、欲求も反感も、愛情も嫌悪もありえない。われわれは苦痛を感じることなしに苦痛を想うことはできるが、苦痛について想うことなしに苦痛を感じることはできないのである。これらのことは自明である。

それゆえ心のすべての働きにおいて、つまり、われわれが思考と呼ぶあらゆるものにおいて、概念がなければならない。われわれが、知性や意志のさまざまな働きを分析するとき、化学者の蒸留やペリパトス学派の第一質料のように、いつも根底にこのことを見出すのである。しかし、概念のない心の働きはないが、概念があらゆる他のものから分離されて、ありのままで見出されることはありうる。そのとき、それは単純把握あるいは、事物のたんなる概念と呼ばれるのである。

心のすべての働きは、言語によって表現されるので、誰もが、言葉であろうと文であろうと談話であろうと、言われたことを理解し、その意味を考えて把握することと、それについて判断し、同意や不同意を与え、説得されたり心を動かされたりすることは別のものであることを知っている。第一のものは単純把握であり、後者なしでもありうるが、後者は前者なしではありえないのである。

二、たんなる概念においては、それは肯定も否定もされないので、真も偽もありえない。あらゆる判断、そして判断が表現されるあらゆる命題は、真か偽でなければならない。そして、真や偽の性質は、その厳密な意味においては、判断あるいは判断を表現する命題以外にはどのようなものにも属していないのである。事物のありのままの概念においては、判断も意見も信念も含まれない。それゆえ、それは真でも偽でもありえないのである。

しかし、次のように言われるかもしれない。人々が、事物についての真であったり偽であったりする概念を持っていたり、真であったり偽であったりする把握を持つこと以上に確実なことがあるだろうかと。それに対して私は答えるが、そういった語り方は実際によくあることであり、言語の裁定者である習慣によって十分に権威を与えられているので、それらを非難することはずうずうしいことだろう。そういう語り方を使うことはほとんど避けられないことである。しかし、われわれは、それらによって誤って導かれて、同じ言葉でしばしば表現されるにもかかわらず、本当は異なっている事物を混同するようになることに用心しておかなければならない。それゆえ、われわれは、第一試論〔第一巻〕の第一章ですでに述べられたことを思い出すべきである。それは、事物のありのままの概念を表わすすべての言葉は、謙虚さを持ち遠慮がちに意見を表現しようとするときに、意見を表明するのと同じように用いられるということである。そしてわれわれが真であったり偽であったりする概念について語るとき、われわれは真であるか偽であるかの意見を言わんとしていることがいつもわかるだろう。意見というものは、どんなにためらおうとも、どんなに謙虚に言い表わされようとも、真か偽でなければならないが、どのような意見や判断も表現しないたんなる概念は、そのどちらでもありえないのである。

人々が事物についての概念に真偽を帰するような会話を分析するならば、われわれは、あらゆる事例で、人々が概念と呼ぶものに含まれている意見や判断があるのを見出すだろう。子供は、月が平らであり、一、二フィートの幅のものだと想う。つまり、これがその子の意見である。そして、それは誤った思念あるいは誤った概念だと言われるとき、われわれは、それが誤った意見だと言わんとしているのである。彼は、ロンドンという都市が、彼の国の村に似ていると想う。つまり、彼はより十分に教えられるまで、そのように信じているのである。彼はライオンが角を持っていると想っている。つまり、人々がライオンと呼ぶ動物が角を持っていると彼は信じているのである。言語は、そのような意見を概念と呼ぶ権威をわれわれに与え、そしてそれらは真であったり、偽であったりするのである。しかし、たんなる概念、つまり論理学者が単純把握と呼ぶものは、どれほどわずかであっても意見を含んでいないし、それゆえ真でも偽でもないのである。

ロック氏が、観念について（その言葉によって、彼はしばしば概念を意味しているのだが）言うことは、その言葉が〔『人間知性論』の〕第二巻の第三二章の第一節で次のように理解されるとき、まさしく正しい。それは、「真偽は、適切な話し方においては、命題のみに属している。しかし、観念もしばしば真や偽であると言われる（どの言葉も、非常に幅を持って使われ、厳密で適切な意味からいくらかそれて使われるので）。もっとも、私が思うに、観念自体が真や偽だと呼ばれるときに、その呼び方の基礎となっている何らかの隠れた命題がある。もしも、観念が真や偽だと呼ばれるようになる個々の機会を考察するならば、そのすべてにおいて、観念に真偽を与える理由となる何らかの肯定や否定を見出すだろう。というのも、観念は、心の中のたんなる現われ、あるいは知覚でしかないので、適切かつ単純には、それ自体において真や偽とは言えず、それは、あらゆるものの単純な名前が、真や偽だとは言われないのと同じなのである。」(1)(2)

ところで、他の多くの場所と同じように、この場所でも、ロック氏は、観念という言葉と同じように、知覚という言葉を、私が概念、つまり単純把握と呼ぶものを示すために用いているのを見ることができる。そして、知覚についての章、つまり第二巻第九章で、彼は、それを同じ意味で用いている。彼が言うには、「知覚とは、観念について行使される心の第一の機能である。そして、われわれが反省から得る第一の、最も単純な観念であり、ある人々によっては思考一般と呼ばれている。(3) それは、動物的領域と自然のより劣った部分を区別するもののように思える。(4) それは、われわれのすべての機能の中で第一の働きであり、すべての知識の心への入り口なのである。(5)」

ロック氏は、事物のありのままの概念に知覚という名前を与えるに際して、デカルトやガッサンディやほかのデカルト主義者によって与えられた例に従った。そして、バークリ主教やヒューム氏やほかの多くの最近の哲学者が観念を扱うときに、彼らはロック氏に従った。彼らはおそらく、観念についての共通学説によって、この不適切さに陥ったのだろう。その学説とは、概念、感官による知覚、そして記憶は、われわれ自身の心の中の観念を知覚する異なるやり方でしかないというものである。もしもその理論が十分に根拠づけられるものだったならば、実際に、概念と知覚のあいだの明確な区別を見出すことは非常に難しかっただろう。しかし、どのような哲学理論であっても、人々に言語を破壊させ、常識と共通の言語が人々に区別するように教える心の働きを、一つの名前のもとで混同させるとき、その理論を信頼するべきではない理由となるのである。

私は、人が概念と知覚するもの、あるいは思い出すものとを混同し、一方を他方と取り違える心の状態があると思う。それは、熱にうかされたときの幻覚症状や、精神異常や狂気のいくつかの事例、夢、そして、信仰において瞬間的に夢中になること、あるいは他の強い情動の事例におけるようなものだ。そういったものは、その知的能力を曇らせ、われわれが通常それを表現するように、ある時間その人を自分自身から連れ去るのである。

しらふで健全な心の状態においてさえ、あるものの記憶は非常に弱いので、われわれは、ただそれを夢見ているのか、想像しているのかを疑うことがある。

子供たちの想像力が最初に働き始めるとき、彼らがたんに想っているものを、彼らが思い出すものから区別できるのかどうか疑わしいだろう。知識も観察力もある人が次のように言うことを私は聞いたことがある。それは、彼の息子の一人が、話し始めたとき、見える限り、何の意図もなく、何か罪の意識があるわけでもなく、自信を持ってかなり頻繁に嘘をついていたということだ。そこから、その父親は次のように結論づけた。子供にとって、嘘をつくことは自然だということだ。私はむしろ、子供はだまそうとする意図を持っているのではなく、彼自身の空想の放浪を、思い出したものと取り違えているのだと考える。しかし、このことは、子供たちが、その考えを言語によって伝えることができるようになった後は、おそらくそれほど早い時期ではないだろうが、それほどには起こらないだろうと考えている。

知的能力が健全で、しらふで、成熟している人々が、その働きがある程度の強さと判明さを持っているときに、知覚したり、思い出したりするものを、たんに想っているものから確実に区別できないということをある人が認めるとしても、その人は自分の意見で遊んでいればよい。私は、彼と推理する方法を知らない。哲学者たちは、なぜ観念を扱うときにその働きを混同するのだろうか。もしも彼らがそういう混同を別の機会にしたら恥じるだろうに。心のさまざまな能力を区別するためにある程度の知性は必要だ。そして、もしも本性的であろうと偶然的なものであろうと知性の欠点によって、あるいは知性が未熟なせいで異なった能力を混同しがちな人がいるとしても、他の人が明断にそれらを区別できないということになるのだろうか。

哲学者による知覚という言葉の濫用から導かれた脱線から戻ろう。そして次のことが明らかに思える。それは、意見や判断を含んでいない対象のたんなる概念は、真でも偽でもないということだ。そういった性質は、その厳密な意味では、心のこの働きには、まったく適用できないのだ。

三、身体の働きと心の働きのすべての類似の中で、絵や他の造形的な芸術と、心の中で対象を想う能力のあいだにある類似ほど、すべての人々にはっきりとして、明白なものはない。ここから、すべての言語において、心の能力とそのさまざまな様態が表現されれる言葉は、類推的であり、そういった芸術から借りてこられたものである。われわれは、心のこの能力を、造形的な能力だと考える。それによって、われわれは、思考の対象の像を自らに形作るのである。

われわれが、この類推的な言語を避けようとしても無駄だろう。というのも、われわれは、この主題についての他の言語を持っていないからだ。だが、それは危険で、誤りに陥りやすい。すべての類推的で、比喩的な言葉は、二重の意味を持っている。そして、もしもわれわれが、十分に注意しないのならば、気付かないうちに、借用してきた比喩的な意味をもともとの意味だと理解してしまうのである。われわれは、比較される事物間の類似を、それが本来持っているものからはるか先に進めがちである。そして自然に誤りへと陥るのである。

現在の主題において、可能な限りこのような誤りに陥ることを避けるために、心の中にあるものを想うことと、それを目の前に描くこととの類似だけでなく違いにも注目することが適切だろう。その類似は、心を打ち、喜びを与える。われわれは、違いを観察しないようになる。しかし、哲学者は、この主題における推論において、監視者として、類推的な言語が人を引きずり込みがちな誤りに警告するために、違いに注意するべきであり、そのことをいつも心に抱いておくべきである。

人が絵を描くときには、描かれる作品がある。それは、手が離れたときにもそのままであり、彼がそれについてこれ以上考えないときでも存在し続けるものである。彼の鉛筆のひと振りひと振りが結果を生み、そしてこの結果は、それを生み出す活動とは別のものである。というのも、それは、活動が終わったときでもそのままであり、存在し続けるものだからである。絵を描く行為と、生み出される絵は別のものである。最初のものは原因であり、第二のものは結果である。

　次に、彼がこの絵をただ想っているときに、何が行われているかを考察しよう。彼は、絵を描く前に、それについて想っていなければならない。というのも、芸術のあらゆる作品が、最初にそれをする者の心の中で想われなければならないということは、普遍的に認められた原則だからである。この概念〔想われること〕とは何だろうか。それは心の働き、つまり、一種の思考である。このことは否定できない。しかし、それは働きそれ自体に加えて、何か結果を生み出すのだろうか。確実に常識はこの疑問に対して否定的に答えるだろう。というのも、想うことと、結果をもたらすことは違うということを、誰もが知っているからである。計画することと実行することは違う。人は、長い間、するべきことを考えて、結局は何もしないかもしれない。計画したり、決心したりすることと同じように、想うことはスコラの哲学者が心の内在的な働きと呼ぶものである。それは、それ自体を超えては何も生み出さない。しかし、絵を描くことは、外部に作用する働きであり、それはその作用とは別の結果を生み出す。そしてこの結果が絵なのである。それゆえ、次のことをいつも思い出すことにしよう。それは、通常、心の中の事物の像と呼ばれるものは、それを想う心の活動あるいは働きに他ならないということである。

これが哲学の教育を受けていない人々の常識であることは、彼らの言語から明らかである。もしも言葉を知らない人が「ものを想うということによって何が意味されるのか」と尋ねたならば、われわれはとても自然に、心の中にその像を持つことだと答えるだろう。そしておそらく、それ以上うまくその言葉を説明できないだろう。このことは、概念と心の中のものの像は同じ意味の表現だということを示している。それゆえ、心の中の像とは、概念の対象ではなく、原因としての概念によって生み出された結果でもない。それが概念それ自体である。概念と呼ばれる、そのまさに思考の様態は、別の名前で、心の中の像だと呼ばれているのである。

事物の像を見ること以上にその概念を容易に与えるものはない。ここから、言語に共通の比喩によって、概念は想われる事物の像であると言われる。しかし、それが実在の像ではなく、比喩的な像であるということを示すために、心の中の像と呼ばれる。われわれは、思考以外に、適切に心の中にあると言えるものを何も知らない。そして、他のどのようなものでも心の中にあると言われるとき、その表現は比喩的なものであり、ある種の思考を示しているのである。

哲学者たちが、概念において心の中に本当に像があり、それは概念の直接の対象で、それを想うこととは異なるものであると、満場一致で主張していることを私は知っている。諸理論を考察することなく、この心の働きに属しているように思えるものをここでは説明するだけにしておいて、この哲学者の意見に対して言えることを次の章まで引き延ばすことを読者にお許しいただきたい。これまで言われてきたことから、この主題についての哲学者の意見を知らない人々が用いる通常の言語によって、われわれは、事物の概念と心の中の事物の像という言葉を、二つの異なる事物としてではなく、一つの同じ事物を意味表示する二つの異なる表現として理解することが正当化されるように思われる。そして私は、通常の言葉を通常の意味で用いたいのである。

四、この主題について用いられている類比的な言語の誘惑からわれわれを守るために、前項で言われたことを考えると、一般に想うことと描くことだけでなく、さまざまな種類の概念と、画家のさまざまな作品の間には強い類似があることを観察できるだろう。画家は、空想の絵を描くか、他人の絵を写すか、現実のものから絵を描くのである。つまり、彼が見た芸術の実在の対象や自然から絵を描くのである。私は、概念にもとてもよく似た区分があると思う。

第一に、空想の像と呼ばれる概念がある。それらは空想や想像の産物と普通は呼ばれる。それは存在するあらゆる原物の写しではなく、原物それ自体なのである。それらはスウィフトがラピュタの島やリリパットの国について作った概念のようなものであり、(6)セルバンテスがドン・キホーテとその従者について、ハリントンがオセアナの政府について、そしてトマス・モア卿がユートピアについて作った概念のようなものである。(7)そういった想像の産物は存在しないが、われわれは、名前をそれらに与えることができ、それらを判明に想い、そして、結果的にそれらに関して推論できる。それら想像の産物は、それらを生み出した人々によって想われ、そして他人によっても想われる。しかし、それらは決して存在しないのである。われわれは、真偽の性質をそれらに帰属させることができない。なぜなら、それらにはいかなる信念も伴わないし、それらは肯定も否定も含意しないからである。

こういった想像の産物をわきに置いておいて、写しと呼ばれる別の概念がある。なぜなら、写しには、それが関連し、それが一致すると信じられている原物あるいは原型があるからだ。そして、われわれはその写しを、それが関係づけられる基準との一致あるいは不一致によって、真の概念だとか偽の概念だとかと呼ぶのである。これらは異なる基準や原物を持っている二つの種類のものなのである。

第一の種類のものは、現実からとられた像に似ている。われわれは、ロンドンという都市や、ヴェニスという政府のような実在している個々の事物についての概念を持っている。ここで想われるものは、原物である。そして、その概念は想われるものに一致するとき、真だと言われる。例えば、ロンドンという都市についての概念は、私がそれを実際のものだと想うとき、真なのである。

現実に存在する個々の事物は神の被造物なので（もっとも、それらのいくつかは、人間から外的な形式を受け取るのだが）、それらを作った神のみが、その全体の本性を知っているのである。われわれは、それらを部分的にしか知らない。それゆえに、それらについての概念は、すべての場合において不完全で、不適切なものに違いない。だがそれらは、概念が及ぶ限りにおいては、真で正しいものかもしれない。

第二の種類のものは、画家が以前に描かれた絵から作る写しに似ている。私は、古代の人々が普遍と呼んだもの、つまり、多くの個体に属している、あるいは属しうるものについて持っている概念はそのようなものだと思う。これらは、事物の類と種である。人や象というものは、実体の種であり、英知や勇気は性質の種であり、等しさや類似は、関係の種である。そして、次のように問われるかもしれない。つまり、これらの概念はどのような原物から作られるのか。そして、いつそれらは、真や偽だと言われるのかと。それらの概念が写しとなる原物、つまり想われる事物は、言語を理解している他の人々が同じ言葉に結びつける概念や意味だと、私には思える。

事物は、自然によってではなく、人々によって類と種に分けられる。われわれが関係している個々の事物は非常に多いので、固有名をあらゆる個体に与えることは不可能だろう。われわれは、異なった属性に従ってそれらを分類せずには、それらの必要な知識に決して到達できないし、それらの事物について会話したり推理したりすることもできない。ある属性に一致する事物は、一つの区分に投げ入れられ、そして、その区分にある、あらゆる個物に等しく属している一般名が与えられる。それゆえ、この共通の名前は、その区分におけるあらゆる個体に共通だが、その他のものにはないと見出される属性を示していなければならない。

そのような一般語がその意図に沿うために必要なことは、それを用いる人々が同じ意味や思念を、つまり同じ概念をそれらに添えることだけだろう。共通の意味は、そういった概念が作られる基準であり、概念は、それに一致したりしなかったりするに従って、真や偽と言われる。例えば重罪についての私の概念は、それに関係する法律や、法律を理解している著述家が使う言葉の意味に一致するとき、真や偽となるのである。

言葉の意味は想われる事物である。そしてその意味は、言語を最もよく理解する人々によってその言語に添えられた概念なのである。

言語の中で、個体は、固有名か、その個体をほかのすべてのものから区別するような状況に結び付けられた一般語によって表現される。その個体が知られていない場合には、感官の対象が届く範囲にあるときは感官に示され、感官から届く範囲にないときには、記述によって確証される。その記述が非常に不完全なものだとしても真である場合もあり、またそれをあらゆるほかの個体から区別するのに十分な場合もある。ここから個体について話すときに、その対象について間違ったり、ある物体をほかの物体と取り違えたりする危険はほとんどないということになる。

だが、以前に述べたように、事物についての概念は、いつも不適切で不完全なものだ。そういった事物は神の被造物である。そしてわれわれが知らず、われわれが知っているものから推論によって演繹されない、それらに属している多くのものがある。事物は、実在的本質や自然の成り立ちを持っており、そこから、すべての性質が生じる。だが、この本質をわれわれの機能は把握しないのである。だから、それらは定義できないのである。というのも、定義は、定義される事物のすべての本性あるいは本質を含んでいなければならないからである。

例えば、ウエストミンスター橋は個別の対象である。私はこの橋を以前に見たことも聞いたこともないが、もしも、それがウエストミンスターからテームズ川をまたいだ橋だと想うだけならば、この概念は、どれほど不完全なものであろうとも真であり、それが言及されたときには、存在する他のあらゆる物体からそれを私に区別させるのに十分なのである。しかし、神の作品であるその材質については、誰も適切な概念を持っていない。それゆえ、物体は記述されうるが、定義はできないのである。

普遍はいつも一般語で表現される。そして固有名をのぞく言語のすべての言葉は、一般語である。それらは、一般概念の記号であるか、それらに関係した何らかの状況の記号である。これらの一般概念は、言語や推論の目的のために作られているのである。そして一般概念がそれらから抽出され、それらに一致することが意図されている対象は、他の人々が同じ言葉に結び付けている概念なのである。それゆえ、それらは適切で、想われる事物と完全に一致する。これは、同じ言語を話している人々が、多くの一般語の意味において完全に一致するということを意味しているに他ならない。

例えば数学者は、彼らが平面三角形と呼ぶものを想ってきた。彼らは、それを正確に定義した。そして私が、それを三つの直線で囲まれた平面の表面だと想うとき、私は、その真で適切な概念を持っているのである。その概念に含まれていない、あるいはそれから正しい推論で導かれないもので、平面三角形に属しているものは何もない。この定義は、あらゆる正しい定義がそうであるように、定義されるもののすべての本質を表現しているのである。しかし、この本質とは、ロック氏が極めて適切に唯名的本質と呼んだものでしかない。それは、心によって作られる一般概念であり、その記号として一般語に結び付けられるのである。

もしも言語のすべての一般語が正確な意味を持っていて、数学の術語がそうであるように完全に理解されるのならば、すべての言葉の論争は終止符を打たれ、事実において異なるとき以外には、人々は意見では異ならないだろう。しかし、こんなことはありそうにない。ほとんどの一般語の意味は、数学的術語のように正確な定義によって学ばれるのではなく、われわれがたまたま出くわした経験によって、そして、それらが会話で用いられるのを聞くことによって学ばれるのである。そのような経験から、われわれは一種の帰納によってそれらの意味を集める。そしてこの帰納は、大部分、不十分で不完全なので、違う人が違う概念を同じ一般語に結び付けるということが起きる。そして、われわれは、言語の正しさの裁定者である言語使用が言葉に定めた意味を、その言葉に与えることを意図しているが、これは見つけるのが難しく、公正で注意深い人々によってさえもよく間違われる。ここから無数の論争において、人々は、実際には判断においてではなく、それらを表現する仕方において異なるということが生じるのである。

それゆえ、概念には三種類のものがあるように思える。それらは、神の被造物である個々の事物の概念か、一般語の意味の概念であるか、あるいは、われわれ自身の想像の産物であるかである。そして、これら異なった種類のものは、われわれが説明しようとしてきた異なった特性を持っているのである。

五、事物についての概念は、すべての程度において、強く活き活きとしているか、弱く精彩に欠けているかのいずれかである。これらは、類推的な名前以外には名前も持っていないが、適切には概念に属している性質である。あらゆる人は、その概念におけるその違いについて意識しているし、対象が、痛みを与える本性のようなものではないときには、その活き活きとした概念が最も心地よいものだとわかるのである。

活き活きした概念を持っている人々は、通常、活き活きした仕方で、つまり、他の人々に活き活きした概念や感情を生じさせるような仕方で、それらを表現する。そういった人々は、会話において最も心地よい友人であり、その著作において最も好ましい人々なのである。

概念の活発さは、さまざまな原因から生じる。自身の本性から、あるいは偶然的な連合から生じた対象は、心に強い感情を引き起こしがちである。喜びや希望、野心、熱意、憤りは、概念に活力を与える傾向にある。失望や不名誉、悲しみや羨みは、むしろそれらの気力をそぐ傾向にある。激しい情熱を持った人々は、通常、会話では活き活きとしていて心地よい。そして、冷静な人々は、しばしば退屈な付き合い方をしている。中には、心の本性的な強さや活力を持っている人もいる。それは、すべての主題において、そして、そのときどきの気性のあらゆる変容において、彼らの概念に強さを与える。

馴染みのないものの概念よりも、馴染みのある対象の活き活きした概念を作る方が容易だろう。他の状況が同じときには、視覚対象についての概念は、最も活き活きとしている。ここから、詩人は、視覚対象の描写を楽しむだけでなく、彼らが描写しているあらゆる対象を視覚的な性質でまとわせるために、比喩、類推、暗示による手段を見出す。これらの活き活きとした概念は、対象を、いわば目の前にあるように現わすのである。ケイムズ卿は、その『批評原理』において、嗜好に関わる作品の中で描かれる対象に、彼が空想的現前(Ideal presence)と呼ぶものを与えることがどれほど重要であるのかを示した。(8) 心の中にこれを生み出すことは、実際に、詩的で、修辞的な描写の主要な目的である。それは、人をいわばその人自身から連れ出し、描写された景色の傍観者にする。この空想的現前とは、対象が実際に目に示された時に、それが作り出すだろう現われの活き活きとした概念に他ならないように私には思える。

抽象的で一般的な概念は判明であるかもしれないが、決して活き活きとはしていない。それゆえ、どれほど哲学に必要なものであろうとも、具体的に述べられたり、何らかの目に見える衣装でまとわれたりせずには、詩的な記述に入ってくることはほとんどない。しかしながら、目に見える対象についての概念は、それらに動きを与えることによって、より活き活きとし、それらに生命や知的な性質を与えることによって、さらに活き活きとすることが観察されるかもしれない。ここから詩では、すべて創造が活気づけられ、感覚と反省が与えられるのである。

想像力は、概念から区別されるとき、概念の一つの種類を示しているように私には思える。つまり、視覚的対象の概念である。例えば、数学の命題において、私は形を想像し、論証を想う。次のように言うことは不適切ではないだろう。つまり、私はそのいずれをも想うのだと。しかし、私が論証を想像するということはそれほど適切ではないだろう。

六、事物についての概念は、明晰で判明で安定しているか、あるいはあいまいで、不明確で、あやふやである。概念の鮮明さは、われわれに快楽を与える。しかし、われわれに正しく判断させ、意見を理解しやすく表現させるのは、概念の判明さと安定なのである。

もしも同じ主題で話したり書いたりする人々の間で、なぜわかりにくい人がいたり、明快な人がいたりするのかという原因を探求するのならば、その主たる原因は、行ったり、書いたりしたことの判明で安定した概念を持っている人もいれば、そうではない人もいるからだとわかるだろう。人々は、一般に、彼らが判明に想ったものを判明に表現するための手段を見つける。ホラティウス(9)は固有名には、自然に判明な概念がついてくると述べている。「問題が目の前に与えられれば、言葉は自然と付き従うだろう。(10)」しかし、人は、自分が判明に想ったことがないものを判明に表現することは不可能なのだ。

われわれは、通常、明瞭さが、言葉の適切な選択、文章の適切な構造、全体の構成における適切な順序に依存していると教えられている。これらはすべて真であるが、それは、概念における判明さを前提としている。それがなければ、われわれの言葉や文の構造や方法が適切であることはありえないのである。

いや、事物の不明瞭な概念は、大部分、著作や会話のあいまいさの原因となるだけでなく、判断における誤りの原因となる。

事物を同じ仕方で想う人々は、それらの一致や不一致の同じ判断を形成するはずではないだろうか。前提についての同じ概念を持っている二人の人物が、三段論法の結論について異なることがありうるのだろうか。

数学的論証に立ち入ることは難しいと思う人もいるだろう。彼らがそれを判明に把握しないことがその理由だと、われわれはいつもわかるだろう。人は、自分が理解していないものに納得することはない。一方、私は、論証の力を理解することなしには、人は論証を理解できないと思う。私は、ユークリッドの論証のようなものについて言っているのである。そこでは、あらゆる段階が取り決められ、読者によって補強されるべきものは何も残されていないのである。

しばしば、ユークリッドの『原論』の最初の四巻を読み、その論証の強さを理解する人が、第五巻に困難を見出す。この理由はいったい何だろうか。ほんの少しその人と話をすれば、彼は、比とそれに関する項目の明晰で安定した概念を持っていないことがわかるだろう。第五巻で用いられている言葉が馴染み深いものになり、その人の心に、その意味の明晰で安定した概念をすぐに喚起するとき、あなたは、その人がその本の論証を理解し、その強さを理解したと認められるようになるだろう。

もしもこれが実際にそうならば(そしてそのように見えるが)、われわれが判断するものの把握や概念と離して論証の機能を考えるとき、たんなる判断については、人々がほとんど同じ水準にあるとわれわれは考えるようになる。だから健全な判断は、明晰で安定した把握とは切り離せないものだと思える。そして、われわれは、これら二つのものを、一方は、ある人に与えられ、他方のものはまた別の人に分け与えられるような才能だと考えるべきではない。そうではなく、両者は常に一緒に伴う才能なのである。

だが、次のことが観察されるかもしれない。それは、概念のあるものは、等しく明断で判明なほかのものよりも、推論に役立つということだ。すでに次のように述べた。それは、概念の中のいくつかのものは個々の事物の概念であり、他のものは一般的で抽象的なものの概念ということだ。また、次のようなことが起こりうる。それは、個々の事物のかなり明晰な概念を持っている人でも、一般的で抽象的な事物の概念においてはそれほどうまくはいかないということである。そして、これこそ、日常の生活の問題において優れた判断力を持っている人々と、詩的で修辞的な文章の優れた才能を持っている人々が、抽象的な推論に立ち入るのに困難を見出す理由だと思う。

私が、たんなる判断について人々を同じ水準に置くことが奇妙に見えないようにするために、極めて思慮深い二人の権威によって、この意見を擁護したい。それは、デカルトとキケロである。デカルトは、方法についての彼の論考で、その目的のために次のように考えを述べている。「判断力ほど、人々に等しく配分されているものはない。それゆえ、真なるものから偽なるものを区別する能力（そして、それをわれわれは、適切に判断力とか正しい理性と呼んでいるのだが)は、自然によってすべての人々において等しいと信じることが合理的であるように思える。それゆえ、われわれの意見が分かれるのは、ある人よりも別の人に大きな理性能力が授けられていることから生じるのではなく、ただ次の点にあるように思える。それは、われわれは、自分の思考を同じ行路で進めるのではなく、同じ事物に注目するのでもないということだ。(11)」

キケロは、彼の『弁論家について』の第三巻で、次のように述べている。「学識のある人々とそうでない人々が技芸において非常に異なるときでも、判断ではそれほど異ならないことは驚くべきことだ。というのも、技芸は自然に由来しているので、もしそれが自然を動かし、喜ばせないのならば、何の役にも立たないだろう。(12)」

ここまで述べてきたことから、次のようになる。われわれが話したり推理したりする主題についての明晰で判明な概念を作ることがわれわれの能力内にあるように、明瞭に書いたり話したりして、正しく推論することもわれわれの能力内にあるということだ。そして自然はこの点について、人によって大きな違いを作り出したが、考えたり推理したりする対象の事物について、明晰かつ判明に把握するということが、かなりの程度でわれわれの能力内にあるということは疑えないだろう。

七、われわれがある対象をたんに想っているとき、その概念の成分は、われわれがほかの原初の心の能力によって以前に獲得したものか、そういった事物の部分あるいは属性でなければならないということが、多くの著述家によって述べられてきた。こうして、人は、見たことがない色を想うことはできず、聞いたことがない音を想うこともできない。もしも人が良心を持っていなければ、その人は、道徳的義務や、行動における正しさや誤りによって意味されているものを想うことはできないだろう。

空想は、現実には決して組み合わされないものを組み合わせることができる。それは、自然が示す事物を拡大したり、小さくしたり、増殖させたり分割したり、合成したり作り出したりすることができる。だが、われわれが空想に帰属させる創造的な能力の最大の努力によっても、われわれは、自然が作らず、何か他の機能によってもわれわれの知識にもたらされない単純な成分の一つさえも生み出すことはできない。

このことをロック氏は、正しくそして美しく表現した。「彼自身の知性の小さな世界の中で、人の領土は、目に見える事物の偉大な世界とほとんど同じである。そこで彼の能力は、どれほどの技能や技術によって取り扱われようとも、彼の手に委ねられている材料を合成し、分割する以上には届かず、物質の最小の粒子を作り、すでに存在している一つの原子を破壊することさえできないのである。あらゆる人は、神が彼に与えた能力によって受け取っていないどのような単純観念も知性の中に作り出すことができないことを自分自身に見出すだろう(13)。」

私は、すべての哲学者がこの意見に同意すると思う。実際にヒューム氏は、一般的に原理が正しいことを認めた後で、彼がそれに対する唯一の例外だと考えているものに言及している。それは、ある一つの色合い以外のすべての特殊な色の色合いを見た人は、彼の心に、彼が一度も見たことのないその色合いの概念を作ることができるというものだ(14)。私はこれが例外だとは思わない。なぜなら、ある色の特殊な色合いは、種的にではなく、程度においてのみ、同じ色の別の色合いから異なっているからである。

次のことを述べておくことは適切だろう。それは、最も単純な概念は、自然が直接にわれわれに示すものではないということだ。われわれが理解力のある年齢になるとき、われわれは、自然の対象を分析し、そのいくつかの属性や関係を区別し、それらを一つ一つ想い、そして、それぞれに名前を与える能力を持つようになる。そしてその意味は、その一つの属性や関係に及ぶだけである。そして、最も単純な概念は、自然における何らかの対象の概念ではなく、そういった対象のいくつかの単一の属性や関係についてのものなのである。

こうして自然は、三次元において延長し、固性を持った物体を感官に示す。われわれが感官から得た物体についての概念を分析することによって、われわれは、延長、固性、点、直線、表面、そして物体の概念よりもさらに単純な概念であるすべてのものを自分自身に作り出すのである。しかし、それらは要素であり、いわば、そこから物体についての概念が作られ、そしてそれへと分析されるものなのである。物体を分析するこの能力を、われわれは、特に別の場所で考察することにしよう。ここでは次のようにだけ述べておこう。それは、ここで言われていることは、それと整合的でないようには理解することができないだろうということだ。

八、概念が、さきほど言及した成分に限定されなければならないとしても、われわれは、その成分の配置に関しては制限されていない。ここでわれわれは、想像力の産物と呼ばれる際限なき多様な組み合わせや構成をとりあげ、選択し、形作るのである。これらは、決して存在しないが、明晰に想われる。そして実際に、作られるあらゆる事物は、それが作られる以前にも想われていなければならなかったのである。人間の技芸のあらゆる作品と、公的な生活であろうとも私的な生活であろうとも、行為についてのあらゆる計画は、それが行われる前に、想われていなければならないのである。そして、われわれは次のように考えざるをえない。それは、神がその能力によって全世界を作る前に、神は、全体とあらゆる部分の判明な概念を持ち、そしてそれが善であり、彼の意図に一致しているということを理解しておられたということだ。

行為を計画したり、その知識を拡大したりするために、概念のこの際限のない能力を行使することは、理性的な被造物としての人間の営みである。前もって想われた計画によって活動することは、理性を授けられた存在者に特有のことに思える。粗野な動物は、この能力を欠いているか、非常に低い程度でしかそれを持っていないようだ。彼らは、本能、習慣、欲求、自然な感情のような原理が、目の前の誘因によって駆り立てられるのに応じて、動かされている。彼らが生活の連結的な計画を企てたり、行為の一般的な規則を作ったりできるような理由を見出すことはできない。実際にわれわれは、神がこの能力を与えた人類の多くが、それをほとんど利用していないのがわかる。彼らは、最も強い情念や欲求に導かれる時のように、計画なしに行動している。

九、私がこの機能について言及する最後の特性は、本質的に、それを心のあらゆる他の能力から区別するものである。それは、存在している事物だけに関わっているのではないということだ。私は、自分が見た人について想えるのと同じくらい容易に、そして判明に、翼を持った馬やケンタウロスについて想える。そして、この判明な概念を持ったとしても、私の判断力は、翼を持った馬やケンタウロスがかつて存在したという信念へと少しも傾くことはない。

心の他の働きについてはそうではない。それらは、現実の存在物について関わり、その対象の信念をもたらすのである。私が痛みを感じるとき、私は、自分が感じている痛みが現実に存在していると信じないわけにはいかない。私が何らかの外的な物体を知覚しているとき、その物体が現実に存在しているという私の信念は抵抗し難いものだ。私が何かの出来事を判明に思い出すとき、その出来事がもう存在しなかったとしても、それが存在したことを疑えない。われわれが自分自身の心の働きについて持っている意識は、その働きの現実の存在についての信念を含んでいるのである。

こうして、われわれは、感覚、知覚、記憶、意識の能力すべてが、存在しているか存在していた対象だけに関わるのがわかる。しかし概念は、しばしば存在もしないし、存在もしなかったし、将来も存在しないであろう対象に関わるのである。これこそが、まさにこの機能の本性であり、その対象はたとえ判明に想像されようとも、存在しないかもしれないのである。そのような対象をわれわれは想像の産物と呼ぶ。しかし、この産物は決して現実に作られなかったのである。

われわれがこの問題で欺かれないために、対象を想うことだと呼ばれる心の働きと、想われる対象とを区別しなければならない。われわれが何かについて想うとき、実際に心の活動あるいは働きがある。そして、これについてわれわれは意識しており、その存在を疑うことはできない。しかし、あらゆるそのような活動は対象を持たなければならない。というのも、想う人は何かを想わなければならないからである。その人がケンタウロスについて想っているとしよう。ケンタウロスは決して存在しないだろうが、彼はその対象について判明な概念を持つことができるのである。

この主題についての哲学者の学説を知らない人々にとっては、決して存在しない事物を人々がたんに想えるというような、あまりにも明らかな点を力説することによって、私が愚か者に見えるのではないかと思う。彼らは、正気の人がそれを疑うなどとほとんど信じられないだろう。実際に、常識にとって、そして人々の経験にとってこれ以上明らかな真理を私は知らない。しかし、私が考えているように、もしも古代と現代の哲学の権威がそれに反対するならば、馬鹿にしてその権威を取り扱わないようなことをせずに、それを支持するために言われうるものに根気よく注意することにしよう。

第二章　概念に関する諸理論

観念説は、知覚や記憶だけでなく、対象の概念にも適用されてきた。おそらく、その主題について今までかなり述べてきた後で、またそこに戻ることは、著者と同じように読者にとってもうんざりするものだろう。これまでには適切に持ち出されてこなかったが、対象の概念への観念説の適用は、観念説について、そして哲学者たちをそこへ導いた先入観についてのさらなる包括的な見方を与えてくれるのである。

二千年以上の経過の中で現われたさまざまな先入観の形態の中で、観念説を生じさせたと思われる二つのものがある。そして、それらは、われわれの機能の自然の指図から支持を得ておらず、われわれの機能の働きについての注意深い反省からも支持を得てはいないが、この主題について思索する人々が類推によって導かれがちである先入観なのである。

第一のものは、知性のすべての働きにおいて、心とその対象の間に、直接的な交流がなければ、一方が他方に働きかけることはできないというものである。第二のものは、知性のすべての働きにおいて、われわれが考えているあいだ、実際に存在している対象がなければならない、つまり、哲学者が言うように、対象のない思考は、理解できないというものである。

これらが、類推的な推論に基づいているだけの偏見であると哲学者が理解していたならば、われわれは、哲学的な意味での観念という言葉など聞くことはなかっただろう。

これらの原理の第一のものによって、哲学者は次のように考えるようになった。それは、感官の外的対象は心に直接に働きかけるにはあまりにも離れすぎているので、心に現前し、知覚の直接の対象となる外的対象の何らかの像あるいは影のようなものがなければならないということである。外的対象とは別の、知覚の直接の対象といったものがあるということは、哲学者たちによってほぼ異議なく主張されてきた。もっとも、彼らは、そういった直接の対象の名前、本性、起源については、大きく異なっているのであるが。

われわれは、この原理を支持するために言われてきたことを、第二試論〔第二巻〕第一四章ですでに考察した。読者は繰返しを避けるために、そこを参照されたい。

そこで言われたことに、私はただ次のことだけを付け加えよう。それは、感情や情緒と同じように、心がその知的な働きにおいて、それに直接に現前する対象を持たなければならないという理由がわずかでもあるようには思えないということだ。哲学者は、観念が愛や怒り、尊敬や非難の直接の対象だとは言わなかった。私の考えでは、人格がこれらの感情の直接の対象であり、観念ではないということは認められている。そしてその人格というのは、他の外的な対象のように、心に決して現前するものではなく、そして少なくとも今やこの世界には存在しないときもあることは認められるだろう。また、そのような人格は心に働きかけることもできず、心によって働きかけられることもできないということも認められるだろう。

同じように、類推に基づく哲学者たちの先入観だと私が考える第二の原理を今から考察しよう。

第二の原理は、前章の最後のところで述べられたことと、つまり、われわれは存在しなかった事物の概念を持つことができるということと、まっこうから対立するように思える。これは、哲学を学んだことのない人々にとって間違いなく共通の信念であり、そして、彼らは、推論によって反対するのも擁護するのも馬鹿げたことだと考えるだろう。

哲学者は言う。存在しない離れた対象はあるかもしれないが、現実に存在している直接の対象はなければならない。というのも、存在しないものは、思考の対象になりえないからだ。観念は心によって知覚されなければならない。そして、もしもそれがそこに存在しなければ、その知覚もありえないし、それについての心の働きもありえないと。

この原理は、さらなる考察に値する。なぜなら、上述した第一の原理〔知性のすべての働きには、心とその対象の間に、直接的な交流がなければならないという原理〕が、この原理に依存しているからである。というのも、前者が誤っているとしても、後者は真かもしれないが、後者が真でなければ、前者も真ではありえないからである。もしもわれわれが、存在しない対象を想えるのならば、心に働きかけることもせず心によって働きかけられもしない思考の対象がありうることになる。なぜなら、存在しないものは、働きかけもしないし、働きかけられることもないからだ。

哲学者が、記憶や概念のあらゆる働きにおいて、知覚の働きと同じように、二つの対象があると考えるようになったのは、これらの原理によってである。その一方は、直接の対象であり、観念であり、形象であり、形相である。他方は、間接的で外的な対象である。一般人は、一つの対象についてしか知らない。それは、知覚においては、現在存在する外的なものである。記憶においては存在したものであり、概念においては、決して存在しなかったものかもしれない。だが、哲学者たちの言う直接の対象、つまり観念は、これらのすべての働きにおいて存在し、すべてのこれらの働きにおいて知覚されると言われている。

これらの原理によって、哲学者は、他の人が一つしか見出すことができない対象を二つに分けただけではなく、同じように、知覚だけでなく、記憶と概念を、観念の知覚にすることによって、今言及した三つの働きを一つにまとめてしまった。しかし、一般人にとって次のこと以上に明らかに思えるものはないだろう。それは、思い出されただけのもの、あるいは考えられただけのものは、知覚されるものではない、ということである。そして、記憶の知覚などと言うことは、一般人には、視覚の聴覚と言うのと同じくらい馬鹿げたことに思えるだろう。

ひとことで言えば、これらの二つの原理が、観念の全哲学理論へとわれわれを連れていき、そして、その存在を示すためにこれまでに用いられてきたあらゆる論証を与えるのである。もしもそれらが正しいならば、その体系は、すべてのその結果とともに認められなければならない。もしもそれらが、類推的な推論に基づいた偏見でしかないのならば、その全体の体系は、その推論ともに失敗に終わるに違いない。

それゆえ、われわれはできるかぎりこれらの原理をその起源まで追跡し、可能ならば、それらが理性において正しい基礎を持っているかどうか、あるいは、それらが物質と心の想定された類推から引き出された性急な結論かどうかを見ることが重要である。

自然の指図によって導かれ、自分自身の心の働きについて意識しているものを表現する学識のない人々は、彼らが判明に知覚する対象が確実に存在したと、また、彼らが判明に覚えている対象は今は存在しないかもしれないが確実に存在したと信じているし、たんに想われただけの事物についても、存在しなかった多くのものを想えることを知っているし、事物のたんなる概念がその存在の十分な確信を与えないことも知っている。彼らは、どのようにこれらの働きが行われるかということを知っているかということに悩んだり、あるいは一般的な原理からそれらを説明することに悩んだりしない。

しかし、事物の原因を発見し、心の働きを説明しようとする哲学者は、心以外のものの働きにおいて行為者だけでなく働きかけられる何かがなければならないことを見出すので、類推によって、心の働きにおいてもそうに違いないと結論するようになったのである。

心とその概念の関係は、人とその作品の関係に、とても強い明らかな類似を持っている。人が作るあらゆる体系と、その推論能力によって生み出すあらゆる発見は、その心の作品と呼ぶのが適切だろう。心のこれらの作品は、ときには偉大で重要な作品である。そして、人々の注意を引き、賞賛を呼ぶのである。

心のそのような作品がどのようにして生み出されるのか、そしてどのような材料からそれらが構成されるのかを考えることが、哲学者の領域であろう。哲学者は、その材料を観念と呼ぶ。それゆえ心が配置し、規則的な構造にすることができる観念がなければならない。生み出されるあらゆる事物は、何かから作られなければならない。そして、無からは、何も作られない。

こういったいくつかの推論が、観念の哲学的な思念を最初に生じさせたように思える。これらの思念は、ピュタゴラス学派によって、二千年も前に作られた。そして、この体系はプラトンによって採用され、素晴らしく高尚な想像のすべての能力で飾りたてられた。私は習慣に従って、それを、観念のプラトン的な体系と呼ぶことにする。もっとも、実際にはそれはピュタゴラス学派が生み出したものなのだが。

ギリシア哲学の未熟な時期の人々の才能をとらえた最も困難な問題は、世界の起源は何かというものである。それは、どのような原理や原因から生じたのか。この問題に対して、さまざまな学派で、非常にさまざまな答えが与えられた。それらの大部分は、われわれにはかなり馬鹿げたものに思える。しかしながら、ピュタゴラス学派の人々は、宇宙の秩序と美しさから極めて合理的に、それが、永遠で、知的で、善良な存在者の御業であるに違いないと判断した。それゆえ、彼らは、神が宇宙の一つの第一原理あるいは原因だと結論づけたのである。

だが、彼らは、そこにはそれ以上のものがなければならないと考えた。全世界は何かから作られていなければならない。あらゆる職人は、作業する材料を持っていなければならない。世界が無からできているということは、彼らには不合理に思えたのである。なぜなら、作られているあらゆるものは、何かからできていなければならないからだ。

神の力によっても、どのようなものも無から生じることはない。ルクレティウス(15)

無は無から生じ、無は無に帰すのが必然である。ペルシウス(16)

このような格率は一度も疑われたことはなかった。キケロの時代においてさえ、それはすべての哲学者によって主張され続けた。自然学者(『予言について』の第二巻においてその著者は言うのだが)が、あらゆるものが無から生じたとか、無へと消失したとか、かつて主張したことがあるだろうか。人々は、働きかける素材を持たなければならないので、それが神についてもそうだと結論した。これは類推からの推論だった。

ここから次のことが導かれた。それは、永遠で造られない物質が、全世界のもう一つの第一原理だということだ。しかし、彼らが信じるところでは、この物質は形相も性質も持っていない。それは、第一質料、つまり、アリストテレスの言う第一質料とも同じだった。そしてアリストテレスも、その哲学のこの部分を、先行者から借りてきたのだ。

全世界の物質が永遠で自己存在的なものであるということよりも、神が物質をその性質とともに作ったと考える方が、合理的であるように思える。だが、われわれが創造と呼ぶものに対する古代の哲学者の先入観は非常に強いものなので、彼らは、この永遠で理解不可能な物質に頼ることを選び、神がそれに働きかけるための素材を持っていると考えた。

世界がそこから作られた永遠なる物質がなければならないと人々が考えるようになったのと同じ類推が、世界がそれに従って作られる永遠なる範型や原型がなければならないと結論づけるように人々をしむけた。造形や芸術の作品は、それらが作られる前に判明に想われていなければならない。神は知的な存在者として、完全に美しく、規則的な作品を作り出そうとするときに、それが作られる前に作品の判明な概念を持たなければならなかった。このことは非常に合理的なように思える。

だが、この概念は神の知性の作品であり、何かがその対象として存在しなければならない。これは、知性に固有で直接の対象である観念でしかありえないと彼らは考えた。

全世界の原理や原因のこの探求から、これらの哲学者は、それらが数において三種類あると結論づけた。つまり、物質的な原因としての永遠の質料、そして範型的あるいは典型的原因としての永遠なる観念、そして作用因としての永遠なる知的精神である。

そういった永遠なる観念の本性に、その学派の哲学者は最も壮大な属性を帰属させた。それらは、不変的なものであり、造り出されたものではなかった。世界が造り出される以前の神の知性の対象であり、すべての知性的な存在者にとって、知性と学問の唯一の対象なのである。知性が感官に優っているかぎり、観念は感官のすべての対象に優っている。感官の対象は、絶え間ない流転にあるので、適切には存在するとは言えないのだ。観念は、実在し永遠に存在する事物である。それらは、事物の種と同じくらいさまざまである。というのも、あらゆる種に一つの観念があるが、個物の観念はないからだ。観念は種の本質であり、あらゆる種が造られる前に存在していたのである。分割されたり多様化されたりすることなしに、それは、一つ一つの種において完全なのである。

現在の状態において、われわれは、永遠なる観念の不完全な概念しか持っていないが、それらを熟慮できるようになることは、人々の最高の至福と完全性である。われわれが身体の牢獄にいる間、感官は、重荷として、知的な対象の思索からわれわれを押さえつけるのである。そして、知的な目が開き、われわれが知性の羽によって、観念の天上界へと昇ることを可能にするのは、魂の適切な純化や感官からの抽象によってだけなのである。

われわれが説明できる、観念に関する最も古い体系とはそのようなものである。そして、これがどれほど現代とは異なっていようとも、その体系は、ここで言及した先入観の上に建てられているように見える。つまり、あらゆる働きにおいて、働きかけるものがなければならないということ、そして、概念にさえ、実際に存在している対象がなければならないということである。

というのも、もしも古代の哲学者が、神が世界の創造のときに、素材なしに働くことができ、彼が範型なしにその計画を想うことができると考えていたならば、彼らは、物質や観念を神自身と同じように、永遠で必然的に存在している原理だとする理由を見出せなかっただろうからである。

彼ら哲学者が、観念は永遠であるだけでなく、彼らが観念の知的な世界に帰属させている美しい完全な秩序に、永遠かつ原因なしに配置されていると信じていたかどうかはわからない。しかし、このことは哲学者の体系の必然的な結果であるように思われる。というのも、神が、実際に存在する範型なしには自らが生み出した世界の計画を想うことができないのならば、その範型は、神の作品ではありえないだろうし、その英知によって考案されたものではありえないだろうからである。また、もしも神がその範型を作ったならば、神は、それが作られる前にそれを想わなければならなかっただろう。それゆえその範型は、神から独立して、すべてのその美と秩序において存在していなければならない。このことを、哲学者たちは、その範型とこの世界の物質を神と同じように第一原理にすることによって、認めていたのだと思われる。

もしもプラトン的な体系がこのように理解されるならば（そして私には、他にどのようにしてうまく説明できるのかわからないが）、その理解は、プラトン的な体系に好ましくない二つの結論に行き着く。

第一に、範型に従って働く技術以外には、この世界の創造主には何も残されていないということである。範型は、その写しに現われるすべての完全さと美を備えていたことになる。そして、神は、自分から独立して存在していたひな形に従って写すだけである。実際に、その写しは、もしも哲学者を信じるならば、もとのものにはとても及ばないことになる。しかし、これを彼らは、写しがそこから作られる物質の扱いにくさのせいにするのである。

第二に、もしも観念の世界が、完全に賢明で善良な知的存在者の作品ではないのに、非常に美しく、完全であるならば、その不完全な写しでしかないこの世界の美しさと秩序から、どのようにしてわれわれは、それが完全に賢明で善良な存在者によって作られたに違いないなどと推論できるのだろうか。全世界の美しさと秩序から賢明な存在者の作品であることを導く推論の力は、あらゆる率直な心の持ち主や古代の哲学者には揺るぎないもののように思えたかもしれないが、決して作られたのではない、より偉大な完全さと美しさを持った観念の世界の存在を想定することによって、完全に破壊されるのである。もしも推論が十分なものならば、それは、観念の世界にもあてはまるだろう。そしてその観念の世界は、結果として、賢明で善良な存在者によって作られていなければならず、それが作られる前に、想われていなければならなかったのである。

さらに、次のことが述べられてよい。それは、プラトン的な観念において謎めいて理解できないすべてのものは、観念に存在を帰属させることから生じるということである。この一つの属性を取り去るならば、その残りのすべては、どれほど大げさに表現されようとも、容易に受け入れられ理解されるだろう。

プラトン的な観念とは何だろうか。それは種の本質である。それは模範であり、範型であり、それによってその種のすべての個体が作られるのである。それは、増やされたり分割されたりすることなしに、種のあらゆる個体において完全である。それは、永遠に神の知性の対象であり、あらゆる知的な存在者にとって、熟慮や学問の対象である。それは永遠で不変で作られたりすることのないものである。つまり、それは存在するだけでなく、さらには、かつて神が作ったあらゆるものよりも、実在的で永遠な存在を持っているのである。

この説明をまとめると、その謎を解くためにはオイディプスが必要だろう。しかし、その最後の部分を取り除けば、これほど容易なものはなにもないだろう。最後の部分以外の説明において、あらゆる箇所に一致する五百もの事物を見出すことが容易にできるだろう。

ユークリッドが定義しているような、円の本性を例にとろう。それは、あらゆる知的な存在者が判明に想える対象であるにもかかわらず、そのような円はかつて存在したことはなかったものである。それは見本であり、範型であり、それによって、かつて存在したその種のすべての個々の図形が作られるのである。というのもそれらはすべて、円の本性に従って作られるからである。それは、増やされたり、分割されたりすることなしに、その種のすべての個体において完全である。というのも、あらゆる円は完全な円だからである。そして、すべての円は、それが円であるかぎり、一つのそして同じ本性を持っている。それは、永遠に神の知性の対象だった。そして、あらゆる知的存在者にとって熟慮と学問の対象になるのだ。それは、種の本質であり、すべての他の本質と同様に、永遠であり、不変であり、作られたものではない。このことが意味するのは、円はいつも円であり、円以外の何ものでもありえないということだ。円を円にしているのは、事物の必然性であり、創造する能力の働きではない。

実体の本性であろうと性質の本性であろうと関係の本性であろうと、あらゆる種の本性は、そして、一般に古代の人々が普遍と呼んだあらゆるものは、もしもプラトンの説明から存在という属性が取り除かれるならば、プラトン的な観念の記述に一致している。

もしもどのような事物の種も、実際に存在していた範型なしには全能者によって想われなかったと信じるのならば、われわれは、どれほど神秘的であっても、プラトン的体系へと戻らなければならない。しかし、もしも神が、存在しない事物の判明な概念を持つことができ、他の知的な存在者が存在しない対象を想えるということが正しいのならば、プラトンの体系は、心の働きが物体の働きと似ていなければならないという先入観と同じように十分な根拠がないことになるだろう。

アリストテレスは、彼の師であるプラトンの観念を非現実的なものだとして拒否した。しかし彼は、それらを生み出した先入観を維持し、そしてその場所に、違う名前で、違う起源のものだが、別のものを代わりに置いた。

彼は、知性の対象を可知的形象と呼んだ。記憶や想像を心象、感官の対象を可感的形象と呼んだ。名前のこの変化は、実際にとてもわずかな変化だ。というのも、われわれが形象や形相を翻訳しているアリストテレスのギリシア語の言葉は、その音でも意味でも観念というギリシア語の言葉にかなり近いので、その語源から、それらに違う意味を与えることは容易ではないからである。いずれも、見ることを示しているギリシア語に由来している。そして、いずれも、視覚や目に対する現われを意味しうるのである。キケロは、ギリシア語をよく理解していたが、しばしば、ギリシア語の観念という言葉を翻訳するときに、ラテン語の観念(visio)という言葉を用いた。しかし、いずれの言葉も、一方はプラトン的体系において、また他方はペリパトス学派において、学問上の言葉として用いられていたので、ラテン語の著者たちは、ギリシア語の観念という言葉をプラトン的な思念を表現するために一般的に用い、アリストテレスの言葉を、形象や形相という言葉として翻訳したのである。そして、この点については、現代の言語も彼らに従っているのである。

　これらの形相あるいは形象は、アリストテレスが感官の直接の対象だと主張した可感的形象から区別するために、可知的なものだと言われる。

　アリストテレスは、可感的形象は外的な物体から来ると考え、感官を、質料のない可感的事物の形相を受け取る能力を持つものだと定義した。それは、蜜蠟が、その質料なしに封印の形相を受け取るようなものである。同じように彼は、知性が可知的事物の形相を受け取ると考えた。そして、それを形相の場所と呼んだ。

私は、アリストテレスの意見が次のようなものだったと考えている。それは、人間の知性における可知的な形相は、抽象や心自体の他の働きによって可感的なものから引き出されたものだということだ。神の知性における可知的な形相は、別の起源を持っている。しかし、私は、彼がそれらについて何か意見を述べていたという覚えがない。しかしながら、彼は確かに次のように主張していた。それは、可知的形象なしには知性作用はなく、心象なしには記憶や想像もなく、可感的形象なしには知覚もないということだ。彼が提案する記憶の扱いは難解で、心に現われている対象である心象が、どのようにして過去のものを表象するのかを解決しようとしているのである。

例えば、形象や心象についてのペリパトス学派の体系は、観念についてのプラトン的体系と同じように、次の原理に基づいているように思える。それは、あらゆる種類の思考において、現実に存在する対象がなければならないという原理であり、心のあらゆる働きにおいて、働きかけられる何かがなければならないという原理である。この直接の対象がプラトンとともに観念［イデア］と呼ばれるかどうか、あるいは、アリストテレスとともに心象や形象と呼ばれるかどうか、それが永遠で作られたものではないかどうか、あるいは、外的な物体の印象によって作られたものであるかどうかは、今の議論では重要ではない。いずれの体系においても、神が働きかける物質なしに世界を作ることが不可能だと考えられている。いずれの場合にも、知的な存在者は、現実に存在した範型によるのでなければ、存在しないどのようなものを想うことも不可能だと考えられていた。アレクサンドリア学院の哲学者は、通常、後期プラトン主義者と呼ばれているが、事物の永遠の観念が、神の知性にあると考えた。そしてそれによって、事物の観念を、神とは別のもので神から独立した原理にするという不合理を避けた。しかし、それでも彼らは、事物の永遠なる観念が、概念の対象として、そして造られる事物のひな型あるいは原型として、神の心の中に現実に存在していると主張した。

現代の哲学者たちは、あらゆる思考について、現実に存在する直接の対象がなければならないと未だに確信しているが、違う名前によって、知性、想像、感官の直接の対象を区別することが必要だとは考えておらず、観念という共通の名前をそれらすべてに与えたのである。

これらの観念が感覚中枢にあるのかどうか、心にあるのかどうか、それぞれに部分的にあるのかどうか、それらが知覚されていないときにもあるのかどうか、知覚されているときだけあるのかどうか、それらが、神あるいは心それ自体の作品であるのかどうか、あるいは外的な自然の原因の作品であるのかどうか、これらの点について、さまざまな著者が、さまざまな意見を持っているようであり、そして、同じ著者がときにためらい、自信がないように見えることもあるが、その存在については、ほぼ一致しているように思える。

この意見は、哲学者の心の中で十分に固定されているので、観念なしに考えることができるということは、疑いなく、ほとんどの人に奇妙なパラドックス、あるいはむしろ矛盾に見えるだろう。

打ち明けると、それは矛盾しているように見える。しかし、このように見えるのは、観念という言葉のあいまいさから生じているのである。もしも事物の観念が、その言葉の最も普通の意味である事物についての思考を意味するだけならば、あるいは、それについて思考しているときの心の働きを意味するだけならば、観念なしに考えることは、思考なしに考えることであり、それは、疑いなく矛盾なのである。

しかし、哲学者によって観念に与えられている定義によれば、観念は思考ではなく、実際に存在し、知覚されている思考の対象なのである。さて、人が存在していない対象について考えられるということは矛盾なのだろうか、そうではないのだろうか。

私は、人が存在しない物体を知覚できないことを認める。彼は、存在しなかった物体を思い出せないことも認める。しかし、存在せず存在しなかった物体を想うことに矛盾はないように思える。

一つ例を取り上げよう。私はケンタウロスを想う。この概念は心の働きであり、それを私は意識し、それに注意することができる。その唯一の対象はケンタウロスであり、決して存在しないと私が信じている動物である。私はこの点に何も矛盾を見出せない。

哲学者は、私がケンタウロスを想うときには必ずその観念を心の中に持つと言う。私は、彼が言うことを理解しようとすると途方に暮れてしまうのである。彼はきっと、私がそれを想うことなしにはそれを想えないと言っているのではない。そのようなことを言っても、何も私に教えるものはないだろう。では、このケンタウロスの観念とはいったい何だろうか。それは、半分馬で、半分人間の動物だろうか。いや、それが私の想っているものではないことを、私は確信している。おそらくその哲学者は言うだろう。その観念はその動物の像であり、私の概念の直接の対象であり、そして、その動物は間接的で遠く離れたところにいる対象なのだと。

これに対して私は次のように答えよう。第一に、この概念の二つの対象などなく、ただ一つの対象しかないということを私は確信している。そして、その一つのものは、他のどのようなものとも同じくらい、私の概念の直接的な対象なのである。

第二に、私が想うこの一つの対象は、動物の像ではなく、動物である。私は動物の像を想うことがどういうことかということと、動物を想うことがどういうことかということを知っている。私は、間違えることなく一方を他方から区別できる。私が想っているものは、生命を持ち自発的に運動し、ある形と色をした物体である。哲学者は、観念が動物の像であると言うが、それが身体も色も生命も持たず、自発的な運動もしないということ。このことを私は理解することができない。

第三に、私は、この観念が意味しているものを想うことさえできないときに、どのようにしてそれが私の思考の対象になるのかを知りたい。そしてもしも私がそれを想ったとしても、そのことは、ケンタウロスについての私の概念と同じように、その存在の証拠にはならないだろう。哲学者はときに、われわれは観念を知覚すると言い、ときにわれわれがそれらを意識していると言う。私は、自分が知覚していたり、意識したりしているどのようなものの存在についても疑えない。しかし、私は、私が観念を知覚していることも、それを意識していることも見出せないのである。

知覚と意識は大きく異なる働きである。そして、哲学者がそれらのいずれによって観念を識別するのかを決定してこなかったのは奇妙なことだ。これはまるで、人が物体を知覚するが、目によってか耳によってか手触りによってか言うことができないということを積極的に認めるようなものだ。

しかし、ケンタウロスを想っている人は、心の中にケンタウロスの判明な像を持っているとは言えないだろうか。私は言えると思う。そして、もしも彼が、この言い方によって、観念についての哲学的な理論について一度も聞いたことがない一般の人と同じことを意図しているのならば、私はそこに欠点を見出さない。心の中の判明な像ということによって、一般人は判明な概念を意図している。そして、事物の像とその概念の間の類推によって、そう呼ぶことが自然だろう。すべての人類に明らかな、この類推によって、この働きは想像と呼ばれ、そして心の中の像とは、想像を遠まわしに言った言葉でしかないのである。しかしそこから、対象の働きとは別に心の中に本当に像があると推論することは、類推的な表現によって誤って導かれることである。それはまるで、心の中で熟慮し、比較考量するという言い方から動機や論証の重さを測るための秤が心の中に存在していると導くようなものだろう。

すべての言語で用いられる概念を表現するための類推的な言葉や言い回しは、疑いなく、文字どおりの意味で容易に理解されてしまう。しかしもしもこの概念という働きにおいて意識しているものに注意深く注目するのならば、われわれは、秤やほかの機械的な道具と同じように、像が実際に心の中に存在すると考える理由など見出さないだろう。われわれは、意識による以外には心の中にあるものについて何も知らない。そしてわれわれは、知性、意志、感情、情緒、振る舞い、苦しみのような思考のさまざまな様態以外には何も意識していない。もしも哲学者が、われわれが意識している思考のあらゆる様態に観念という名前を与えても、それが不必要に言語に馴染まない言葉を導入し、その言葉が非常にあいまいで、誤解を招きがちなのでなければ、私はその名前に反対しない。しかし、その名前を、彼らが思考ではなく、思考の対象でしかない心の中の像に与えるならば、私は自然にそのようなものがあると考える理由を見出さない。もしもそういったものがあるならば、その存在や本性は、いかなるものにもまして明らかでなければならない。なぜなら、われわれは、その手段による以外には何もわからないからである。私は次のことを付け加えてもよい。それは、もしもそういった心の中の像があるのならば、われわれは、それら以外には何も知らないのである。というのも、像の存在からは、それらの知的な作者の存在以外にはどのようなものの存在も、どのような正しい推論によっても導くことができないからである。この点において、バークリ主教の推論は正しい。

設計されたあらゆる作品において、その作品は製作される前に、つまりそれが存在する前に想われなければならない。もしも観念からなる範型が、この概念の対象として心の中に存在しなければならないのならば、その範型は、それが範型である他のものと同じように設計された作品である。それゆえ、設計された作品として、それは存在する前に想われなければならなかったのだ。それゆえ、あらゆる設計された作品において、概念は存在に先行しなければならない。以前にこの議論を、われわれは永遠で不変の観念のプラトン的体系に適用した。そして、それは同じくらいの力で、すべての観念の体系に適用されうるのである。

もしも今、円の観念とは何かと尋ねられたならば、私は次のように答える。それは、円の概念だと。この概念の直接の対象は何だろうか。その直接で唯一の対象は円である。しかし、この円はどこにあるのだろうか。それはどこにもない。もしそれが個体で、実在しているならば場所をもたなければならない。しかしそれは普遍なので、存在しない、それゆえ場所ももたない。それは、想う心の中にあるのではないのだろうか。その概念は心の働きなので、心の中にある。そして日常の言語で、事物が心の中にあるということは、事物が想われたり、思い出されたりすることを意味表示する比喩的な表現なのである。

この概念が円の像あるいは円の類似物かどうか尋ねられるかもしれない。そのとき私は、それが比喩的な意味で、心の中の円の像と呼ばれるとすでに説明したと答えよう。もしも疑問の意味が文字通りならば、われわれは、概念という言葉が、二つの意味を持っていることを理解しなければならない。適切には、われわれが説明しようとしてきた心の働きを意味しているが、ときには、概念の対象、つまり想われるものに用いられるのである。

さて、もしもこれらの意味の中の後者の意味で問題が理解されるならば、この概念の対象は、円の像あるいは類似物ではないということになる。というのも、それは円であり、どのようなものもそれ自体の像ではありえないからだ。

もしも円を想うときの心の働きが円の像あるいは類似物かどうかと聞かれたならばどうだろう。私はそうではないと思う。そして思考と形ほど完全に似ていないものはないと考えている。また、概念が想われる対象に似ているということは、欲求が欲求される対象に似ている、あるいは怒りが怒りの対象に似ているのと同じように、奇妙なことだろう。

同じように、ロンドンにあるセントポール教会のような、実際に存在している個々の物体を、私は想うことができる。私はその観念を持っている。つまり、私はそれを想う。この概念の直接の対象は、四〇〇マイル離れている。そして私は、それが私に働きかけたり、あるいは私がそれに働きかけたりすると考える理由を持っていない。しかし私は、それにもかかわらず、それを考えることができる。私は、ユリウス暦の最初と最後の年を考えることができる。

結局のところ、もしも心の中の像が、時間や場所で最も離れた事物を、そしてそれ以外ではまったく想えないような存在しないものさえ想うことができるこの能力を説明するのに役立つと考えられるならば、それに対して私は次のように答えよう。推測に基づいた事物の説明は、あらゆる時代において真の哲学の破滅の元だったのだと。経験は、われわれに、それらが真であることよりも誤りであることが何倍もありそうなことなのだと教えるだろう。

心の中あるいは脳の中の像による概念の機能についてのこの説明は、次のようなことが堅固な論証によって示されてはじめて、哲学を本当によく知っている人々の関心に値するようになるのである。第一に、われわれが想う事物の像が、心あるいは脳の中にあるということ。第二に、そういった像を知覚する機能が心の中にあるということ。第三に、そういった像の知覚が、最も離れたものの概念や、存在しないものの概念さえも生み出すということ。そして第四に、心の中あるいは脳の中の個々の像の知覚が、多くの個体の属性である普遍の概念をわれわれに与えるということ。これらが示されるまで、心の中あるいは脳の中に存在している像の理論は、可感的形象、アリストテレスの第一質料、デカルトの渦と同じカテゴリーに置かれなければならない。

第三章　概念についての誤り

一、論理学の著者たちは、アリストテレスの事例以降、知性の働きを三つに分けた。つまり、別の言葉で言うところの概念である単純把握、判断、そして推論である。彼らの教えるところでは、推論は三段論法で表現され、判断は命題で表現され、単純把握は名辞のみによって、つまり、完全な命題を作らず、命題の主語や述語を作るにすぎない一つあるいはそれ以上の言葉によって表現される。もしもこのことによって、彼らが、命題あるいは三段論法さえもが、単純に把握されないということを意味しているのならば――事実それを意味していると私は考えているが――それは間違いだと思う。

すべての判断とすべての推論には、概念が含まれている。われわれは、命題を想ったり把握したりしなければ、その命題について判断したり、推論したりできない。われわれは、それについてまったく判断することなしに、命題を判明に想うことができる。その命題の一方の、あるいは他方の側の証拠を持っていないかもしれない。われわれは、それが真か偽か、関心を持っていないかもしれない。これらの事例で、完全に命題の意味は理解されているが、通常、それについては判断されていない。

人は、真理を見つけるのとは違う目的のために、議論したり、申し立てたり、書き物をしたりする。その学習能力や機知や発明の才は、その判断がまったくあるいはほとんど用いられていない間でも用いられる。彼が追求しているものが真理ではなく、他の目的であるとき、その目的を達成する手段を発見するためでもなければ、判断力は障害となるだろう。それゆえ、それはわきに置いておかれるか、その目的のためだけに用いられるのである。

演説者の仕事は、人を説得するのにふさわしいものを見つけ出すことだと言われている。説得するべきことかどうかを吟味する苦労をしたことがない人も、かなりうまくこれをするかもしれない。それゆえ、人は発言したり、発言されたのを聞いたりするあらゆる命題の真理について、判断すると考えられるべきではない。世界とわれわれの交渉において、判断力は最大の報酬を生み出す才能ではない。それゆえ、真理を誠実に愛さない人々は、この判断という才能をしまっておいてしまい、より大きな需要のある市場へと他の人々を連れて行く間に、それは錆びつき、腐敗してしまうのである。

二、論理学者によって単純把握について通常なされる、感覚、想像力、純粋知性への分類は、私には、いくつかの点で非常に不適切に思われる。

第一に、感覚という言葉のもとで、彼らは、そう呼ばれるのが適切なものだけでなく、感官による外的対象の知覚をも含めている。これらは、とても異なった心の働きである。それらは自然によって通常は結びつけられているが、哲学者によって十分に区別されるべきなのである。

第二に、感覚も外的対象の知覚も、単純把握ではない。いずれも判断と信念を含んでいて、それらは、単純把握から除外されるのである。

第三に、彼らは、想像力を、純粋知性から次の点で区別する。つまり、想像において、像は脳にあり、純粋知性においては知性にあるということだ。これは、仮説に基づいて区別を根拠づけることである。脳や知性に像があるという証拠などない。

私は、想像を、その最も厳密な意味で、視覚の対象の活き活きとした概念を示すものだと考えている。これは、詩人や演説者には重要な能力であり、その技術と結びつくことによって固有の名前を持つのに値するのである。言葉のその厳密な意味によれば、想像は、全体から一部区別されるように、概念から区別される。われわれは、他の感官の対象を想う。しかし、それらを想像すると言うことは適切ではない。われわれは、判断や推論や命題や論証を想うことができる。だが、私がそれらのものを想像するということは、かなり適切ではない。

この想像力と概念の区別は、ある事例によって説明されうるが、それをデカルトは、想像力と純粋知性の区別を説明するために用いている。われわれは、三角形や四角形を、あらゆる他の形から区別できるほど明晰に想像できる。だが、われわれは、それほど明晰には、千角形の形を想像できない(17)。最良の目で見ても、それを、より多いあるいはより少ない辺を持った形から区別できない。そして、目の前に現われるその概念を、われわれは適切に想像と呼ぶが、現われそのものほど判明ではありえない。だが、千の辺を持った形を想うことができ、そして、それがそれより多いあるいは少ない辺のすべての形から区別される特性を論証することができる。われわれが千のような大きな数の思念を作るのは、目によってではなく、より優れた能力によってである。そして、辺のこの数についての判明な思念は、目によっては得られないので、それは想像されるのではなく、判明に想われるのであり、そして、他のあらゆる数から容易に区別されるのである。

三、単純把握は、通常、知性の第一の働きとして表わされる。そして、判断力は、単純把握からの構成物あるいは組み合わせとして表わされる。

この誤りは、おそらくは、感覚と感官による対象の知覚を、単純把握に他ならないと考えたことから生じた。感覚や知覚は、おそらく心の最初の働きだろう。だが、それは単純把握ではない。

一般に、次のことは認められる。われわれは、もしも一度も音を聞いたことがなければ、音を想うことはできないし、もしも見たことがなければ、色を想うことはできない。そして同じことが、他の感官の対象についても言える。同じように、われわれは、判断や推論の概念や単純把握を持つ前に、判断したり推論したりしなければならない。

それゆえ、単純把握は、最も単純だが、知性の最初の働きではない。そして、心のより複雑な働きが単純把握を複合することによって作られると言う代わりに、むしろ、単純把握がより複雑な働きを分析することによって得られると言うべきだ。

同様の誤りが、ロック氏の『人間知性論』全体を通して述べられており、それをここで述べておいてもよい。それは、最も単純な観念あるいは概念は、感官によって、あるいは意識によって直接に得られ、そして、複雑な観念が、そのあと、それらを合成することによって作られるというものである。私の理解するところでは、それはまったく正しくない。

自然は、複雑ではない対象を感官や意識に示さない。例えば感官によって、われわれはさまざまな種類の物体を知覚する。しかし、あらゆる物体は、複雑な対象である。それは、長さ、幅、厚さを持っている。それは、形や色やさまざまな他の可感的性質を持っていて、同じ主体で混ざり合っているのである。そして、粗野な動物は、われわれが持っているのと同じ感官を持っているが、同じ主体に属しているさまざまな性質を分離できず、全体的に複雑で、混乱した思念だけを持っていると私は理解している。もしわれわれが、複雑な対象を分析し、あらゆる特殊な属性を残りのものから抽象し、その判明な概念を作る知性のすぐれた能力を持っていないのならば、感官の対象についての思念もそのようなものだっただろう。

その結果、感官の対象の最も単純で、最も判明な思念は、感官から直接に得られるのではなく、むしろ、分析したり抽象したりする能力によって得られるのである。これは、別の場所で、より十分に説明されるだろう。

四、注意されるべき、概念に関する別の間違いがある。それは、事物についての概念は、その可能性のテストであり、その結果、われわれが判明に考えることのできるものは可能なものだと結論づけることができ、そして、不可能なものについては、われわれは概念を持つことができないというものである。

この意見は、私が知っている限り、反対や否認なしに、百年以上も哲学者によって主張されてきた。そして、もしもそれが誤りならば、その起源や、その真理が疑われることのなかった公理として広く受け入れられている原因を探求することは有益だろう。

暗黒の時代にスコラ哲学者の間で引き起こされた実りない問題の一つは、真理の基準が何かというものだ。まるで、神が彼らに与えた判断力の正しい使用以外に、真理を誤りから区別する他のやり方を持っているかのようである。

デカルトは、われわれが明晰判明に知覚するあらゆるものが真だということを、その体系の根本原理にすることによって、この論争を終わらせようとした。

デカルトのこの原理を理解するためには、次のことが述べられなければならない。それは、彼が知覚という名前を、人間の知性のあらゆる働きに与えたということだ。この格率を説明するときに、彼は、感官や想像や純粋知性が知覚のさまざまな様態でしかないと言った。そしてそのようにその格率は、すべての彼の追従者によって理解された。

学識あるカドワース博士もまた、この原理を採用していたように思える。「真なる知識の基準は、われわれの知識と概念それ自体において求められなければならない。というのも、すべての理論的に正しい実在は、明晰な理解可能性を持つもの以外の何ものでもない。そして明晰に想われるものはどのようなものでも、実在や真理である。しかし、誤っているものは、神の能力それ自体でも、明晰判明に理解させることはできない。誤ったものは、決して明晰に想われないし、真だと把握されない(18)」と彼は言う。『永遠と不死の道徳性』一七二頁。

このデカルト学派の格率は、考察中のものに道を導いたように思える。それは、このデカルト学派の格率の適切な訂正物として採用されてきたように思えるものである。デカルトの権威が衰えたとき、人々は、真でないものを明晰判明に想えると考え始めたのである。しかし、彼らは、概念はすべての場合における真理のテストにはならないが、可能性のテストにはなると考えたのである。

実際には、これが、観念について受け入れられている学説の必然的な結果であるように思える。というのも、不可能な事物のどのような判明な像も、心の中や他のどの場所にもありえないことは明らかだからである。第一試論〔第一巻〕の第一章で見てきたように「想う」という言葉と、われわれが不可能だと考えているということを示そうとしているときの「われわれはそんなことを想えない」という普通の言い方は、同じように、この学説の受容に貢献しているかもしれない。

しかし、この意見の起源がどのようなものであろうと、それは普遍的に行き渡り、格率として受け入れられているように思われる。

命題の観念をたんに持つことは、事物が不可能ではないということを示している。

というのも、不可能な命題の観念などないからである。

サミュエル・クラーク博士

存在しないし、存在できないものについて、われわれは観念を持つことができない。[19]

L・ボリングブローク

われわれにとって不可能なことの基準は、概念不可能性である。それについて、われわれは観念を持つことはできず、反省しても無に見えるものを、われわれは不可能だというのである。[20]

アバーネシー

あらゆる観念に、その対象の存在の可能性が含まれている。不可能なものの観念、つまり存在できないものの概念はありえないということ以上に明らかなものはない。[21]

プライス博士

われわれが思念を作れないものは不可能である。そして反対に、何らかの思念が対応しているものは可能である。

ウォルフィウス〔クリスティアン・ヴォルフのこと〕の『存在論』

心が想うあらゆるものは、可能存在の観念を含む、あるいは言い換えれば、われわれが想像するどのようなものも絶対に不可能だということはないということは、形而上学において確立された格率である。(22)

D・ヒューム

この格率のために多くのほかの尊敬するべき権威を集めることは容易である。そして、私は、この格率を疑った人を決して見出さなかったのである。

もしも、上に引用した文において、有名なウォルフィウスが述べた限りでその格率が正しいならば、われわれは、事物の可能性や不可能性についてのあらゆる問題を決定する近道を見出すだろう。われわれは、自分自身の胸をただ調べればよく、そして、それがウリムとトンミム(23)のように、誤りなき答えを与えるのである。もしも、われわれがある事物を想えるならば、それは可能である。もしも想えないなら、それは不可能である。そして確かに、あらゆる人は、肯定されるものを自分が想えるかどうかを知っているのである。

ほかの哲学者たちは、ウォルフィウスの格率の半分には満足している。彼らは、われわれが想えるものはどのようなものでも可能だと言う。しかし、想えないどのようなものも不可能だとは言わないのである。

私は、これさえも、すでに言及した原因から哲学者たちが気付かないうちに導かれた誤りだと考えずにはいられない。私の理由は次のようなものである。

一、可能だとか不可能だとかと言われるものはどのようなものでも、命題によって表現される。さて、命題を想うとはどのようなことだろうか。私は、その意味を判明に理解することだと思う。私は、それが命題にあてはめられるとき、単純把握あるいは概念によって意味されるものしかわからない。それゆえ公理は次のようになる。あなたが判明に意味を理解するあらゆる命題は可能だということだ。私は確信しているが、「三角形のどの二つの辺も、それを合わせると三つめの辺と長さが等しい」という命題も、「三角形のどの二つの辺も、それを合わせると三つめの辺よりも長さが長い」という命題と同じくらいその意味を判明に理解している。しかし、この命題の最初のものは不可能である。

おそらく、あなたは、不可能な命題の意味を理解するかもしれないが、あなたは、それが真だとは想定できないし、想うことができないと言われるだろう。

ここで、われわれは、命題が正しいと想定することと、想うことという言葉の意味を調べることにしよう。私は確かに、命題が正しいと想定することができる。なぜなら、私は、その命題それ自体だけでなく、その命題から、私が不可能だとわかる結論を引き出すことができるからである。

もしもその命題を正しいと想うことによって、それに対する何らかの同意を与えることが意味されているのならば、どれほどわずかであろうと、それはできないと言おう。しかし、私が何らかの同意を与えることができるあらゆる命題が、可能だと言われるだろうか。これは経験に反し、それゆえ、格率は、この意味では真ではありえないのだ。

われわれが、「あることが真だとは想えない」と言うとき、その表現によって、「それを不可能だと判断している」ということを意味していることがある。この意味で、実際に私は、三角形の二つの辺〔の和〕が第三の辺に等しいということが真だとは想うことができないのである。だから、われわれがこの意味で、想えるどのようなものも不可能ではないという格率を理解するならば、その意味は、われわれが可能だと判断するどのようなものも不可能ではないということだろう。だが、ある人が可能だと判断するものを、別の人が不可能だと判断するということがしばしばありはしないだろうか。それゆえ、格率はこの意味では真ではないのである。

私は、これまでに言ってきたこと以外に、命題を想うとかそれが正しいと想うということの意味を見出すことができない。私は、命題の意味を理解するとか、その正しさを判断するということ以外に、命題の観念を持つということによって意味されるものがなにかわからない。私は、真であったり可能である命題と同じように、偽であったり不可能である命題を理解できる。そして私は、人々が他の物事についてと同様に、ある物が可能であるのか不可能であるのかについて反対の判断を下すことを見出す。命題の観念を持つということが、それが可能であることの確かな証拠を与えるということが、どのような意味で言えるのだろうか。

もしも、命題の観念が、心の中にあるその像だと言われるならば、私は、不可能なものについて、心の中にもそれ以外のどこにも判明な像はありえないと考える。しかし、命題の像という言葉によって意味されるものを、私は理解できないし、ぜひそれについて教えてほしいものである。

二、必然的に真であるあらゆる命題は、不可能である反対命題と逆の立場にある。そして、一方を想える人は、両方とも想える。例えば、２に３を加えると、必然的に５になるということを信じている人は、２＋３が５にならないことが不可能だと信じていなければならない。人が一方を信じているとき、彼は両方の命題を想っている。あらゆる命題は、その反対も胸の内にもたらすのである。そして両方が同時に想われる。ヒューム氏は次のように述べている。「次のことは告白されなければならないだろうが、われわれが、誰かに同意しないすべての場合において、われわれはその問題のいずれの側も想うだろう。しかし、われわれは一つだけを信じることができるのである。(24)」ここから、確かに次のことが導かれる。われわれが必然的な命題について誰かに同意しないとき、不可能な命題を想っていることになる。しかし私は、われわれが想うことができるどのようなものも可能だという格率を、ヒューム氏ほど利用した哲学者を知らない。彼独特の主張の大部分は、その上に築かれている。そして、もしもそれが正しいならば、彼の主張の大部分も真でなければならない。しかし彼は今引用したような、その正しさが明らかな箇所において、彼自身がそれに反対していることに気付いていなかった。

三、数学者は、多くの場合において、何が可能であるとか何が不可能であるとかを証明した。それは論証がなければ、信じられなかっただろう。だが私は、誰か数学者が、想えるからあることが可能だとか、想えないから不可能だとかを証明しようとしたのを一度も見たことがない。円を四角くすることが可能かどうかを決定するために、なぜこの格率が適用されないのだろうか。それは、非常に著名な数学者たちの意見が異なる点である。無限の数とその間にある無限の分数の系列において、整数であろうと分数であろうと何らかの数が、四角形の辺がその対角線に対して持っているのと同じ比を別の数に対して持っていると想うことは容易である。だが、それがどれほど想えるものであろうと、不可能だということが論証されるかもしれない。

四、数学者は、しばしば、物事が不可能であることを証明するために、不可能なものを想うことを要求する。このことは、背理法の論証などでそうなのだ。ユークリッドは、円周の一点から別の一点に引いた円の外側に落ちる直線を想うように言う。(25) 私はそれを想い、明らかに不合理な結果にいたるまで、そこから推論する。そしてそこから、私が想ったものが不可能だと結論づけるのである。

命題を想うわれわれの能力は、その可能性や不可能性の基準ではないということを十分に示してきたので、この種の知識の範囲について、いくつかの意見を付け加えよう。

一、神がわれわれに与えた機能によって、われわれが必然であり真であると判断する多くの命題がある。すべての数学の命題はこの種のものであり、そしてほかにも多くのものがある。そのような命題に矛盾する主張は不可能に違いない。それゆえ、不可能なものの知識は、少なくとも、必然的な真理についての知識と同じくらい広範囲に及ぶのである。

二、感官によって、記憶によって、証言によって、ほかの手段によって、必然的ではないように思える多くのものが真であると知っている。しかし、真であるどのようなものも可能である。それゆえ、可能なものについてのわれわれの知識は、少なくとも真理についてのわれわれの知識と同じくらい広範囲に及ぶのである。

三、もしも人が、その限界を超えた事物の可能性や不可能性を決定できると主張するならば、その人に証明させよう。私は、そのような証明が決してなされないとは言わない。多くの場合に、特に数学の場合にそういう証明がなされてきた。しかし、あるものを想うことができるということは、それが可能だということの証明にはならない。数学は、事物の本性において、多くの不可能性の事例を与えてきたが、そうしたものも、もしも厳密に論証されなかったならばどのような人も信じなかっただろう。おそらく、もしもわれわれが、数学と同じくらい広範囲にわたって、ほかの主題においても論証的に推論できるならば、躊躇なしに可能だと結論できる多くのものが不可能だとわかるだろう。

あなたは、神が、自然な悪も道徳的な悪もない可感的で理性的な被造物の世界を作ることが可能だったと言うかもしれない。私が知っている限り、そうかもしれない。しかし、それが可能だとどのようにあなたは知るのだろうか。あなたがそれを想えることを、私は認める。しかし、これは証明ではない。それが可能だという十分な証拠がないとき、そういったものが可能だという想定に基づいているものを、論証として、あるいは差し迫った困難として、私は認めない。そして、おそらく、それは事物の本性において不可能かもしれない。

第四章　心における一連の思考について

あらゆる人々は、起きている間、外的な対象によって喚起されていないときでさえ、心の中に過ぎゆく思考の継起を意識している。

この説明の中で、心は発酵状態にある液体に比べられるかもしれない。この状態ではないとき、いったん静止すれば、何らかの外的な衝撃によって動かされるまで静止したままである。だが、発酵状態にあるとき、それ自体に運動の何らかの原因を持ち、液体への外部からの衝撃がないときでさえ、発酵し続けている間、液体は一瞬も静止しておらず、絶え間ない運動と噴出を生み出すのである。

確かに、運動と思考のあいだには類似はない。しかし、多少の似たところはあり、それはすべての人々にとって明らかなので、同じ言葉がしばしば両方にあてはめられるのである。そして、思考の多くの様態は、運動の様態から借りられたもの以外の名前を持っていない。多くの思考は感官によって喚起される。この原因や機会因は、外的なものだと考えられる。しかし、そのような外的な原因がわれわれに働きかけないとき、われわれは、何らかの内的な原因から考え続けるのである。心それ自体の成り立ちから、絶え間ない思考の、絶え間ない内的な運動の噴出がある。それらは、思索的な思考だけでなく、それらに伴う心情や情緒や感情の動きでもある。

思考のこの連続する継起は、現代の哲学者によって、想像と呼ばれている。それは以前には、空想や夢想と呼ばれていたと思う。もしも古い名前がわきに置かれるべきならば、それ以外にも二つ、あるいは三つの意味を持つ想像という名前ほどあいまいでない名前を用いるべきだろう。

それは、しばしば観念連鎖と呼ばれている。これによって、人は、それがたんなる概念の連鎖だと考えるようになる。しかし、これは確実に間違いである。観念連鎖は、概念や観念と同様、心の多くの他の働きからできているのである。

記憶、判断、推論、情緒、感情、そして意図、ひとことで言えば、感官の働きをのぞく心のあらゆる働きは、思考のこの連鎖の中で折に触れて行使され、その中で要素として参加している。その結果、もしもわれわれが自分の思考の連鎖を、観念の連鎖でしかないと考えるならば、われわれは観念という言葉を非常に広い意味で捉えなければならない。

名前から離れて事柄を考えると、心の中の思考の連鎖には二種類のものがあることが見出される。それは、思考を配置する統制原理が行使されることなく、泉から生じる水のように自発的に生じるようなものか、あるいは、何らかの考えと意図を持って、心の能動的な努力によって整えられ、指図されるものかのいずれかである。

順番にそれらを考察する前に、これらの二つの種類のものが、どれほどその本性においては判明なものであろうとも、目覚めていて理解力のある年齢に達した人の中では大部分混ざり合っているということを認めておくことが適切だろう。

一方で、少しの確認や指示もなしに、思考それ自体に進行させるほど、われわれがすべての計画や目的を欠いていることはほとんどない。あるいは、ある時にわれわれがその状態にあるとしても、何らかの対象が現われ、それは、かなり興味深いものなので、注意を引かなかったり、休止中の能動的で思索的な能力を刺激しないわけにはいかないようなものだろう。

また一方で、人が、ある思索あるいは行為の何らかの計画に集中しているとき、そして、現在の目的にそぐわないあらゆる思考を排除しようとするときでも、そういった思考は、しばしば、その人の反対の努力にもかかわらず、無礼にもその人に押し入り、そして、ある種の暴力によって、他の目的に充てられたであろう時間を占領してしまうのである。ある人は、別の人よりも、その思考をうまく操るかもしれない。そして、同じ人が、ある時には別の時よりもさらにうまくその思考を操るかもしれない。だが、私の理解するところでは、われわれが自分の心を制御したいときに、最も訓練された心においても、思考はときに反抗的で、ときには気まぐれで、意地っ張りなのだ。

次のことが正しく述べられてきた。われわれは、心に、どのような思考でも好きなときに呼び起こすことができる能力を帰属させてはならない。なぜなら、そのような呼び出しや意志は、その思考が、すでに心の中にあることを前提としているからである。そうでなければ、どのようにしてそれが意志の対象となりうるだろうか。このことが認められていなければならない一方で、人が自分自身の思考を規則立て、配列するかなりの能力を持っているということは確実である。これを、あらゆる人が意識しており、私が考えているかどうかを私が疑えないのと同じように、それについても疑えない。

われわれは、偉大な人がその謁見に臨む人々を扱うように、大群の中で、空想に自らを示す思考を扱っているように思える。人々は、偉大な人が彼らに注意を向けることを熱望している。彼は、ぐるっと回りながら、ある人にお辞儀をし、別の人に会釈をし、また三番目の人には短い質問をする。一方、四番目の人は、ある個別の会談という栄誉を与えられ、大部分の人は特段の注意を与えられず、ただ通り過ぎるのである。確かに、彼は、そこにはいない人々には注意を与えることができない。しかし彼は、選択をし、区別をするための十分な数は持っているのである。

同じように、多くの思考が空想に自発的に現われる。しかし、もしもわれわれがそれらに注意を払わなかったり、それらと何も協議しなければ、それらは群衆のように過ぎ去り、まるで一度も現われなかったかのように、すぐに忘れられるだろう。だが、われわれが注意を払うのが適切だと考えられるものは、視野に現われる個別の目的のために止められ、吟味され、整えられるのである。

同様に、次のように述べられる。つまり、最初に専心と判断によって構成された一連の思考は、しばしば繰り返され、馴染み深いものになったときに、自発的に現われるようになる。例えば、人が、自分自身の耳を楽しませるために音楽で旋律を作り、しばしば演奏し歌ったときに、音符は、正しい秩序に整えられ、そして、その継起を規則だてるためにどのような努力も必要としなくなるのである。

こうして、われわれは、空想が思考の連鎖から作られているのを理解する。その中には、自発的なものもあり、研究され規則立てられたものもある。大部分はその両方から作られていて、その名称は、最も優勢なものから取られてくるのである。そして、最初は検討され、構成されていた一連の思考は、習慣によって自発的に現われるようになる。これらの事柄を前提して、自発的な思考の連鎖に戻ろう。そしてそれらは、自然の順序において第一のものに違いないのである。

日中の労働が終わって、人がその身体と心を休めるようになったとき、彼は、望んだとしても思考することをやめられない。何かがその空想に起こる。それは、別のものによって引き継がれる。そして、その思考は、睡眠が風景を閉じるまで、ある対象から別の対象へと運ばれるのである。

心のこの働きにおいて用いられているのは、一つの機能だけではない。その生産には一緒に働く多くの機能がある。時には、その日の出来事が舞台にもたらされ、言わば想像という劇場の上で何度も演じられる。この場合、記憶は、たしかに最も重要な役割を演じる。なぜなら、展開される光景は虚構ではなくわれわれが思い出す現実のものだからだ。しかし、この場合に、記憶だけが働くわけではない。他の能力も用いられ、その固有の対象を伴うのである。思い出される出来事は、多かれ少なかれ興味深いものである。そして、われわれは、自分自身の行為も、他人の行為も、何らかの判断をせずには見ることができない。われわれはこれを認めたり、あれを否認したりする。われわれを高揚させるものもあれば、卑しめるものもあり、抑圧するものもある。絶対的にわれわれに無関係というわけではない人も、いくらかでも友情あるいは敵意のような感情がなければ、想像にさえほとんど現われない。われわれは、そういった空想の中で、人と同じくらい事物についても判断し、推論したりする。われわれは、人が言ったり、したりしたことを思い出す。ここから、われわれは、その人の目的や一般的な性格へと進む。そして全体を整合的にするために、何らかの仮説を作るのである。思考のそういった連鎖は、歴史的〔史実的〕だと呼ばれるのである。

非現実的だと呼ばれうる別の思考がある。そこでは、何が起こったか、何が起こるかに関係なく、空想力の創造的な能力によって構想が練られる。こういった場合においても、判断力、嗜好、道徳感情の能力は、情念や感情と同じく入ってきて、空想の実行に参加するのである。

これらの光景で、その人自身は、通常かなり高貴な役割を演じ、彼が良しと思わないことをほとんどしない。ここでは、守銭奴は寛大であり、臆病ものは勇敢であり、ごろつきは正直である。アディソン氏は、(26)『スペクテーター』で、空想のこの役割を夢想〔城造り(castle building)〕と呼んだ。(27)

政府の事柄に思考を向けた若い政治家は、その想像の中で一国の大臣になる。彼は、最も精緻な目とその最も正確な判断で、政府という機械のバネや車輪を吟味する。彼は、国家のあらゆる不備に対する適切な救済策を見つけ、貿易や産業を、有益な法律によって促進し、技術や学問を鼓舞し、国家を安心で幸福なものにし、外国に敬意を払う。彼は、自己賛美とともに、その巧みな統治の成果を感じ、その賢明で愛国心のある行為によって、現代の祝福と、来たる時代の賞賛を獲得することに幸福を感じるのである。

おそらく想像という舞台では、世界の始まりから人生の舞台において演じられてきた以上の多くの偉業が、あらゆる時代で行われてきただろう。自己賛美への生まれながらの欲求は、疑いなく人間の成り立ちの一部である。それは、価値ある行為に拍車をかけるものであり、われわれの創造主によってそういったものとして意図されているのである。人は、ある程度、この欲求を満足させられなければ、心が休まることもなく幸福でもありえない。人は自分自身を無価値で下劣なものだと考えている間、どのような楽しみも楽しむことができない。みじめで屈辱的な感情は取り除かれねばならず、自己賛美というこの自然な欲求は、適切な目的である本当の価値を獲得するための崇高な努力を生み出す。さもなければ、それは、誤った価値の意見を生み出す自己欺瞞の技術になってしまうだろう。

夢想家は、その空想の虚構的な風景の中で、彼の本当の特質によってではなく、彼が自分自身について思いつく最高の評価に従って、いやそれをはるかに超えた評価に従って、現われるだろう。というのも、そうした想像上の葛藤の中で、情念は容易に理性に屈し、人は夢の中で空中を飛びまわったり海底に潜ったりするのと同じくらい容易に、美徳や寛大さへと最も高貴な努力をはらうからである。

空想のロマンティックな光景は、若い心を最も占有しがちである。しかし、その本当の関心事や業務に占められる思考ほどには、生活に深く関わらない。

これらの心の能動的能力が、生まれつきとても旺盛な場合、あるいは、教育によって著しく育まれてきた場合、性急に行使しようとして、思考をその活動の場へと急がせる。少年は、その心の傾向に従って、想像の中で将軍や政治家、詩人や演説者になるのである。

適性のある人が夢想家になるときには、また違った素材を使用する。そして、あらゆる死を厭いながらも、若い兵士が敵の最も厚い編隊に突撃することになる戦場へと連れて行かれる間、少しも優しい感情を感じたことがない華やかで愛らしい妖精が、輝かしい集団へと運ばれて来るのである。そこでその妖精はあらゆる人の目を集め、最も高貴な心に印象づけるのである。

しかし、キューピッドの矢が、彼女自身の心臓にむかって放たれるとすぐに、彼女の想像の全体の光景は変化する。砲弾も集合の合図ももはや魅力を失う。森や木立ち、花でいっぱいの川岸、澄み切った泉は、彼女が想像の中で繰り返し出会う光景だ。彼女は、アルカディアの羊飼いになり、彼女のステロフォンの羊の群れに加えて彼女の羊の群れを育て、そしてこれ以上彼女の幸福を満たすのに必要なものはない。

数年の間に、恋の病の少女は、やかましい母親へと変わる。笑顔の子供たちが、彼女のまわりで遊ぶのである。彼女は彼らを親の目で見る。彼女の想像は、すぐに、彼らを成人へと成長させ、彼らの人生の段階を進めていく。一人の息子は軍隊で頭角を現わし、別の息子は法廷で輝いている。彼女の娘たちは、結婚に乗り気で、新しい姻戚関係を家族にもたらす。彼女の子供たちのそのまた子供たちも彼女の前で育ち、そして、彼女の銀髪を讃える。

このように空想の自発的なほとばしりは、人の気づかいや恐れ、欲求や希望と同じくらいさまざまなのである。

人がやってきたあらゆるもの、誓約、恐れ、怒り、欲望、喜び、右往左往(28)

これらは、風刺家の紙面だけでなく空想の光景を満たす。心あるものならどのようなものでも、想像へのときおりの小旅行を行い、その時支配的な情念に適った劇場の場面で役を演じる。豊富に積まれた積荷を気まぐれな海原へと運びだす交通使は、思考の中でそれに従う。そして彼の希望か恐れかのどちらかが優勢になるに従って、彼は嵐や岩礁や難破に悩まされるか、幸福で実りある航海をするかになる。そして、彼の船が出航して陸地が見えなくなる前に、彼は、その船がその帰りにもたらす利益を見定めるのである。

詩人は、エリシュオンの野原(29)へと連れ出される。そこで彼は、ホメロスやオルフェウスの霊と会話するのである。哲学者は天体を通って旅に出る。あるいは、地球の中心へと下り、そのさまざまな地層を調べる。信心深い人と同じように、彼の気持ちを摑んでいる偉大なる対象が、その想像の中でしばしば戯れるのである。ときに彼は、祝福された領域へと移される。そこから、彼は、人間の生活の愚かさや虚飾を憐みを持って軽蔑するのである。また彼は、信心深い畏敬の念とともに最高位のものの王座の前でひれ伏す。あるいは、神の自然で道徳的な王国について、天上の精霊たちと会話するのである。彼は、今はそれをかすかな光によって見るだけだが、その後、より安定した、輝かしい光で見たいと望むのである。

成人においては、自然と湧き出る空想のほとばしりにおいてさえ、整えられた思考がある。最大の知識の蓄えを持っている人において、そして、最良の本性的能力を持っている人においては、自然と湧き出る空想の動きさえ、最も規則的で互いに関連づけられているということは、容易に認められると思う。それらは、寝ている人の夢、錯乱した人の大言壮語からだけでなく、学芸の完成された産物からも容易に区別されるような、秩序や結合や統一性を持っているのである。

この規則的な配置がどのようにしてもたらされるのだろうか。それは、すべての判断と理性の目印を持っているが、それは判断に先行し、自発的に生じるのである。

われわれは、ライプニッツとともに、心はもともと巻き上げられた時計のように作られており、すべてのその思考、目的、情念、行動は、機械が持つもともとの動力が少しずつ展開していくことによって達成されていくと信じよう。そして、時計の運動や振動のように必然的に、それぞれが順番に継起していくと信じるべきだろうか。

もしも、三歳か四歳の子供が、時計の現象を説明する立場に置かれたならば、彼は、絶えず鐘をうち、運動を生み出し続ける小人か小動物がいると想うだろう。時計のゼンマイを人に変えるこの若い哲学者〔子供〕と、人を時計のバネに変えるドイツの哲学者の仮説のどちらが合理的かを決定することは難しいように思える。

機械的なものであろうと偶然的なものであろうと、動物精気の運動、神経の振動、観念の引力から、あるいは何らかの他の思考しない原因から、われわれの最初の思考の規則性を説明することは、同じように不合理なのである。

もしもわれわれが、思考と目的の最も強い目印を、機械論や偶然性の結果から区別できないのならば、その帰結はとても憂鬱なものだろう。というのも、次のことが必然的とならなければならないからである。それは、われわれが、どのような仲間の中にも思考の証拠を見出せない、いや、全世界の構造と統治における思考や目的の証拠を持っていないということである。もしも素晴らしい楽節や文が、それに先行する判断を用いられずに生み出されるのならば、なぜイリアス[30]やアエネイスもそうではないのか。それらの差は程度の差でしかないのではないか。そして、もしも思考しない原因が協力して、思考の合理的な連鎖を生み出すのならば、車輪を回して詩を生み出そうとする計画をわれわれが笑うことは、ラピュタ島の哲学者に対して不公正になるだろう。

さらに言うまでもないことだが、いかなる研讃もなしに人の空想に自然と現われる思考の連鎖において、あらゆる規則的で理性的なものが、その人自身の理性的な能力や他の誰かの能力によって以前に作られたことのあるものの写しだということは、それ自体極めてありそうなことである。

確かに、われわれは同様の事例でそのように判断している。例えば、書物の中に、われわれは知識と判断の目印を持つ思考の連鎖を見出す。私は、それがどのようにして生み出されたのか尋ねよう。それは書物に印刷されている。これでは私は満足しない。なぜなら、書物は知識も理性も持っていないからである。印刷者がそれを印刷し、植字工がタイプをセットしたと言われる。だがこれも私を満足させない。これら印刷者や植字工という原因は、おそらくほとんど書物の主題についてわかっていない。植字のさらに前の原因がなければならない。それは原稿から印刷された。確かに。しかし、原稿は印刷された本と同じように無知である。原稿は、知識と判断力のある人によって書かれ、指示されている。これこそが、そしてこれだけが常識的な理解力のある人を満足させるだろう。そして、そういった思考の連鎖が、どのような推論も思考もしない原因によってもともと生み出されただろうと信じることは、その人には極めて愚かに思えるだろう。

そのような思考の連鎖は、書物に印刷されようとも、いわばその人の心の中に印刷されようとも、そして、自発的にその空想から生じようとも、彼自身か彼以外の理性的な存在者による判断で作られなければならなかっただろう。

このことは、人間の空想力の進行をできるだけたどることによって確証されるだろうと思う。

われわれは、どのように幼い子供が空想するのかを知る手段を持っていない。彼らの時間は感官が用いられている時間と健やかな睡眠の時間に分けられる。その結果、想像力のための時間はほとんど残されておらず、それが働きかける材料はおそらく非常に乏しい。彼らが生まれた数日後、ときには数時間後、われわれは、彼らが睡眠中に笑うのを知っている。しかし、彼らが何を笑っているのかを想像することは難しい。というのも、彼らが生まれてから数カ月の間、起きているときに、赤ん坊はどのようなものを見ても笑わないからである。また、まるで乳を吸っているかのように、睡眠中に唇を動かすのを見るのもまたよくあることなのである。

これらの事柄は、想像の働きをいくらか示すように思える。しかし、幼児の心の中に何らかの規則的な思考の連鎖があると考える理由はない。

思考の規則的な連鎖ということによって、私は、始まりと中間と終わり、何らかの規則や意図に従った、その部分の配置を持つものを考えている。例えば、目的の概念、それを行使する手段の概念、全体と、部分の数と順序の概念である。これらは、規則的だと呼ばれる思考の最も単純な連鎖の事例である。

人は、疑いなく、構成物と素材の塊の違い、家と例えば石の塊の違い、文と単語の塊の違い、絵と色の塊の違いを区別する能力(それを審美眼と呼ぶか判断力と呼ぶかは今の議論では重要ではない)を持っている。子供は、この能力が働き始めるまで、思考の規則的な連鎖を持っていないように私には思える。この能力のどのような兆しも見せることのないような精神状態で生まれた人々は、思考の規則性の兆しをほとんど示さない。それゆえ、この能力は、思考のすべての規則的な連鎖と結びついていて、そのような連鎖の原因であるように思える。

思考のそのような連鎖は、二歳くらいの子供に現われる。彼らは、人の作品を真似して、小さな家や、船や他のそういったものを作るときに、より年長の子供たちの働きに注意できる。彼らは、思考の規則的な連鎖と、ある程度の抽象を示す言語について、ほんの少しばかり理解できる。私は、二、三歳の子供と、最も賢い動物の能力の間の区別がわかると思う。子供は、他の人の作品、とくに年長の子供の作品における目的や規則性を知覚できる。彼らの小さな心は、この発見で燃え上がる。彼らは、それを真似しようとし、同じ種類のものを示すことができるようになるまでとどまることはない。

初めて、目的が必要な何かを子供が模倣によって学んでできるようになったとき、どれほど彼は喜ぶだろうか。ピュタゴラスも、その有名な理論を発見したときに、そこまでは喜んでいないだろう。彼は最初に自らを反省し、そして自己評価を高めていくように思える。彼の目は輝く。彼は、待ちきれずに彼のまわりにいるすべての人にその行為を見せる。そして自分が、彼らの賞賛に値すると考えている。彼は、すべての人によって賞賛され、ローマの執政官が大勝利から感じたのと同じ感情を、その賞賛から感じている。彼は今や、自分自身がかなりの価値があるものと意識している。彼は、それほど賢くない人々に優っていると思い込む。そして、自分自身よりも賢い人々に敬意を払う。彼は、何か他のことを試み、毎日、新しい栄冠を勝ち取り続けるのである。

子供は成長するにつれて、物語や、子供の遊びや、悪だくみや軍略に喜ぶようになる。この種のあらゆる事物は、空想に思考の新しい規則的な連鎖を備え付ける。それは、繰り返しによって馴染み深くなり、その結果、一部が現われると、想像において、その後に続く全体を引き出すようになる。

子供の想像力は、画家の手と同じように、自らの創意を試みる前に、他人の作品を写すことに長く携わる。

創意の能力は、まだ生じていないときでも現われようとしており、木の芽のように、何らかの偶然がその発出を助けたとき、外皮の覆いを破ろうとするのである。

力学、学知、人生の行為、詩、機知、あるいは芸術において用いられる、創意の才能ほど、持ち主に多くの喜びを与える知性の能力はない。それを意識している人は、それによって、以前に持っていなかった価値と重要性を見る目を獲得することになる。彼は、以前は自分を、他人の寛大さと恩恵のもとで生きていたが、今や自分自身の財産を獲得したのだと考えるようになる。この能力は若い心に感じられ始めるとき、品位をもって新たに心の魅力に加えられ、そして家族の最も若い子供のように、それ以外の残りの魅力以上に愛されるのである。

それゆえ、子供がこの能力を意識するようになるとすぐに、彼らがその年齢と、自分たちが関わる対象に合うような仕方でその能力を行使することは確かなことだろう。この能力は、思考の無数の新しい連合と規則的な連鎖を生み出し、それは、唯一の特性であるかのように、心に深い印象を生み出すのである。

創意の能力は、他のどのような能力よりも人々の間で公平に配分されていないことに、私は気付く。創意の能力が人類にとって面白いと思えるものを生み出すとき、天才と呼ばれる。それは、持っている人がとても少ない才能なのである。だが、わりあいに一般的である低い程度や種類の創意がある。たとえそのようなものであっても、それを持っている人々の創意の能力は、思考の多くの新しい規則的な連鎖を生み出すことが認められなければならないだろう。そしてこれらが、芸術作品、著述、談話で表現されるとき、他の人々によって真似されるのである。

こうして子供たちの心は、規則的で秩序があり互いに結びついたものを、たんなる思考の寄せ集めから区別する判断力を持つとすぐに、次のような手段によって思考の規則的な連鎖が備え付けられるだろう。

第一に、そして主として、それは、彼らが他人の作品と他人との話において見るものを写すことによる。人は、すべての動物の中で最も模倣する動物である。彼は、意図的で故意に、優美さや美しさを持っていると考えているものを真似するだけでなく、意図がなくても、抵抗し難い一種の本能によって、彼が若いときに見慣れてきた会話や思考や行動の様態に導かれるのである。子供が、彼らの目の前にあるものの中に規則的で美しいものを見れば見るほど、彼らは、それらを観察し、真似するようになるのである。

これは、彼らの蓄えの主な部分であり、彼ら以前の人々から、一種の伝統によって伝えられたものである。そして、ほとんどの人々の空想は、宗教や言語や慣習と同じく彼らの交わる人々から与えられるのが見出されるだろう。

第二に、彼ら自身による付加や革新によって、思考の連鎖は、その学習や創意に比例して、大きくなったり小さくなったりするだろう。しかし、人類の大部分においてはそれほどのものではないであろう。

生活におけるあらゆる職業、あらゆる生活水準において、それに見合った思考様式、空想の傾向がある。それは喜劇やユーモアの作品の中で特徴づけられている。同じ国家、同じ地位、同じ職業の人々の大部分は、いわば同じ鋳型における鋳造物なのである。鋳型それ自体は少しずつ、しかしゆっくりと、新しい創意や他者との交流や他の偶然によって変化するのである。

人が形作られるためには、他の動物よりも長い幼少期と少年期を必要とする。とりわけこの理由で、市民社会のほとんどあらゆる所で、時期が訪れると、多くの思考の規則的な連鎖が自発的に現われるように、たんに獲得されるだけではなく、頻繁な繰り返しによって馴染み深いものになることが要求されるのである。

十分な能力のある人々の想像力さえ、それがかなり用いられてきた事物以外には容易には役立たない。国務大臣は、大学の教授が聴衆に講演するのと同じくらいの感情で、外国の大使と会談する。それぞれの想像力は、その機会において何を、どのように言うべきかを彼に提示する。場所が変われば、いずれも途方に暮れるのがわかるだろう。

人間の心が訓練によって獲得する習慣は、多くの事例において素晴らしいものであることがわかる。特に、優れた育ちの人が、人生のさまざまな場面で、大いに訓練されることによって獲得する想像力の豊かな才能ほどすばらしいものはない。朝に、彼は苦悩している友人を訪れる。ここで彼の想像は、慰めについてのさまざまな話題をその蓄えから生み出す。それは、友情と同情の法則に一致するものであり、それ以外のどのようなものも選ばれないのである。ここから、彼は、大臣の謁見室へと向かう。そこで想像力は、彼らの間にある知り合いの程度や親しさの度合い、地位や従属関係の度合い、利害の対立と一致、信頼や不信の程度などに従って、どのような会話が適切なのか、そして、どのような仕方で会話するのが良いのかを示唆するのである。そして彼は、この想像力を用いることによって、巧みな工夫で目的を遂行し、最大限の偽装によって、他人のものの見方に浸透しようとする。謁見室から、彼は下院の議場へと行き、国事について語る。ここから、舞踏会や集会へ赴き、女性を楽しませる。彼の想像力は、われわれが衣服を脱いだり着たりすることより容易に、友人や廷臣や愛国者や洗練された紳士を装うのである。

これは鍛練や訓練の結果である。というのも、同じ才能と知識を持っていても社会生活の場面に慣れていない人は、最初にそこに連れて行かれたとしても、うまく調和できないだろう。彼の思考は退散させられ、それを取り戻すことはできないだろう。

軽業師や綱渡り芸人の偉業と同じくらい素晴らしく、そしてときに無益な、実用と訓練によって学ばれる想像力の偉業がある。

人が一本足で立ちながら百の詩を作ることができるとき、あるいは、チェス板を見ることなく、同時にチェスの試合を二、三局できるとき、彼が、そのような偉業を獲得するのに人生を費やしたことはありそうなことである。しかしながら、そのような並はずれた現象は、どのような想像の習慣が獲得されうるかを示している。

そのような習慣が獲得され、完全なものとなったとき、それはなんの煩わしい努力もなしに行使されうる。それは、楽器での演奏の習慣のようなものである。音孔や鍵盤上での、指の無数の運動がある。それらは、一つの連鎖あるいは継起の中で指示される。正しいそれらの運動の配置は一つしかなく、間違った、音楽をだいなしにしてしまう多くの配置がある。音楽家は、そういった動きの配置など少しも考えない。彼は、音程の判明な観念を持っていて、それを演奏しようとする。指の配置は、彼の意図に応えるように、動くのである。

同じように、人が見知っている主題について話しているとき、彼の議論を理解でき、適切なものにし、文法にかなったものにするのに必要な思考や言葉の配置がある。あらゆる文において、言葉や文字以上に、逸脱するかもしれないものを含めた、文法や論理や修辞の多くの規則がある。彼は、これらの規則について何も考えずに話すが、まるでそれらが彼の目の前にあるように、すべて観察している。

これは、楽器の演奏者の習慣にとてもよく似た習慣なので、どちらも同じ仕方で得られる、つまり、多くの練習と習慣の力で得られるのだと思う。

人が、努力なしに、容易に、主題について完全にうまく整然と話すとき、われわれは、彼の思考が、踏み固められた道を辿っているのだと考えるだろう。彼の心の中には、その主題やそれに類似するもののための、訓練と研究によって作られた鋳型があり、その結果、彼の議論は容易にその鋳型にはまり、そこからその形を作るのである。

これまで、自発的であったり、少なくとも空想の働きを導き指示するための苦労を必要としない働きを考察し、そこにおいてさえ見出される規則性や配置の程度を説明しようと努めてきた。判断力と創意の自然な能力、それらの能力の行使にいつもともなう快楽、われわれが持っている他人の模倣によってそれらを発展させる手段、そして訓練と習慣の効果は、それらが整えられる観念の説明できない引力を想定することなく、この現象を説明するのに十分なものだろう。

しかしわれわれは、定められた仕事を遂行するために、ある確かな過程において思考を指示できるのである。

学芸のあらゆる作品は、想像に形作られた型を持っている。そうやってホメロスの『イリアス』、プラトンの『国家』、ニュートンの『プリンキピア』が作られたのである。これらの著作は、それらが今持っているように見える形式をそれ自体で持っていると信じるべきだろうか。感情、仕草、情念が、ホメロスの心の中に、一度に配置され、その結果イリアスを形作ったと、われわれは信じるべきだろうか。よく知られた話を語り、好きな歌を歌うことに苦労しなくていいように、その創作には努力が必要ないのだろうか。そんなことは信じられないだろう。

何らかの幸運な思考が、最初にアキレスの怒りを歌にするという目的を示唆したということを認めたとしても、どこで物語が始まり、どこでそれが終わるのかは、判断と選択の問題であることは間違いない。

豊かな詩人の想像力が多様で豊富な材料を示唆するとして、適切なものを選び、不適切なものを拒否し、素材を正しい構造へと配置し、それらを互いに、そして全体の目的に適合させるためには判断が必要なのではないだろうか。

ホメロスの観念が、たんにそれらの本性にある共感や反感によって、固有の引力や斥力によって、叙事詩の最大限に完全な規則に従って自然に配置されたとか、ニュートンの観念が、数学的な構造の規則に従って自然に配置されたなどとは誰も信じないだろう。

それは詩人が女神《ミューズ》を呼び出したあと、女神の歌を聴くこと以外にはまったくなにもしないということをすぐに信じるようなものだろう。実際に詩人と他の芸術家は、彼らの作品をとても自然に見えるように作らなければならない。しかし自然は、技芸の完全品であり、技芸なしには自然の正しい模倣はありえない。建築が終わり、廃棄物、足場、道具や装置が視界から取り除かれても、われわれは、それらなしには建てられなかったことを知っているのである。

それゆえ、思考の連鎖は、われわれが乗る馬と同じ仕方で、導かれ、指示されるのである。馬は、それ自身に、その強さ、機敏さ、その気性を持っている。馬は、ある動きを教えられ、その馬がわれわれの目的に役立ち、われわれの意志に従順になるような習慣を教えられるのである。しかし、旅を達成するためには、馬は、乗り手によって指図されなければならないのである。

同じように、空想力は人によってさまざまに異なる根源的な能力を持っている。それは、長い訓練と行使の過程によって鍛えられた、より規則的な運動を同じように持っている。それによって、空想力は、努力しなくても、かなりの程度の美と規則性と目的を持った事物を即興で生み出すことができるのである。

しかし、目的を持って生み出された最も完全な作品は、決して即興のものではない。最初の思考は吟味され、われわれは、それらを適切な距離に置き、あらゆる部分を調べ、全体についての複雑な見方を採るのである。批判的な能力によって、われわれはこの部分が余分であり、あの部分が欠点であることを理解する。ここには力がないと考えたり、そこに繊細さがないといった具合に。これはあいまいであり、あれはあまりにも散漫である〔というふうに考える〕。事物は、第二の、そしてより慎重な判断に従って、新しく整列される。欠点があったものは補われ、混乱したものは結びつけられ、余分なものは取り除かれ、全体が洗練されるのである。

すべての芸術家の中でも詩人は、最も高い霊感が必要となるが、もしもわれわれが、有能な判定者であるホラティウスを信じるならば、詩の誕生のときに、このような労力を払ったことがないどのような産物も、芸術上の美徳を持つことはできないのである。

おお、なんじポムピリウスの息子たちよ、そなたたちは
多くの日にちと多くの推敲が抑制し、短く切られた爪の試練に幾度となく
洗練された詩でなければ、それを非難しなければならない(31)

この主題についてこれまで言われてきたことから私が引き出そうとしている結論は、空想あるいは想像と呼ばれる思考の連鎖において規則的であるあらゆる事物は、子供のささやかな目的や夢想から才能ある人間の最も壮大な産物まで、もともとは多少の努力とともに用いられた判断や嗜好から生じるということである。ある人が技芸と判断力で作ったものは、容易に別の人によって真似される。人が最初苦労して作ったものは、習慣によって馴染み深いものとなり、後になれば空想に自発的に与えられるようになる。しかし、規則的であるどのようなものも、目的や注意や気遣いなしには、最初は想われ

ないのである。

今、心の中のこの継起的な思考の連鎖を説明するために用いられてきた理論についていくつか反省してみよう。それは、ホッブズ氏によってほのめかされたが、ヒューム氏によって判明に説明されて以来、さらに注意を引くようになったものである。

その著者〔ヒューム〕は、心の中の思考の連鎖は、観念がそれと関係がある他の観念に対して持っている一種の引力によるのだと考えている。彼は、思考と推論に共通する主体である複雑観念は同じ原因によって生じるのだと考えた。観念の引力を生み出す関係を、彼は、三つのもののみだと、つまり、因果関係、時間あるいは場所における隣接性、類似だと考えている(32)。彼は、これらが観念を結びつける唯一の一般原理だと主張している。そして、別の場所で、観念間の結合の原理として、相反に気付く機会を持ったので、これと彼の体系を調停するために、彼はわれわれに、相反が因果関係と類似の混合物と考えられると厳かに述べている。これらの三つの関係のいずれかを持つ観念は、互いに引き付け合い、その結果それらの一つが空想に提示されれば、他のものがそれとともに導かれる。これを彼は、心あるいは観念の原初の特性であり、それゆえ説明できないものだと考えた。

第一に、私はこの理論に関して次のことを述べる。それは、あらゆる対象についての思考は、時間や空間の点でそれに隣接するもの、あるいはそれに似たものの原因や結果についての思考へとわれわれを導きがちであるが、ある対象から別の対象へとわれわれを導きがちなものの関係のこうした列挙は、とても不正確だということである。

彼の列挙は、彼自身の原理の上では多すぎるが、現実には非常に乏しいものになっている。因果関係は、彼の哲学によれば、原因と結果の間に見られる絶え間ない隣接以外の何ものをも意味しない。それゆえ、隣接性は、因果関係を含まなければならず、引力についての彼の原理は二つへとまとめられるのである。

しかし、われわれが三つの関係がすべてだと考えるとき、その列挙は実際には非常に不完全なものであることになる。事物のあらゆる関係は、大なり小なり、ある思考から別の思考へと、思考する心において、思考を導く傾向を持っている。そしてそれは、あらゆる関係だけでなく、あらゆる種類の相反や反対もそうなのである。ヒューム氏が、「相反はおそらく因果関係と類似の混合物として考えられるだろう」と言うとき、私は、彼がまるで形はおそらく色と音の混合物と考えられるだろうと言うくらいほとんど理解できないのである。

思考は、容易に目的から手段へと移る。真理からそれが基づく証拠、そこから引き出される結果、それが使われる用途へと移る。われわれは、部分から全体について容易に考えるようになり、主体から性質について考えるようになり、関係づけられるものから関係を考えるようになる。思考におけるそのような推移は、思考し、推論するあらゆる人々によってなされ、それによっていわば、想像のための踏みならされた道となるのである。

対象相互の関係が、思考の連鎖に影響を与えるだけでなく、対象が心の現在の気質と傾向性に対して持っている関係にも影響を与える。また、道徳的であろうと知的なものであろうと、われわれが獲得した習慣に対する関係、われわれが維持している交友に対する関係、われわれが主に従事している仕事に対する関係にも影響を与えるのである。同じ出来事が、さまざまな反省をさまざまな人々に示唆し、さまざまなときに同じ人に示唆する。それは、その人が良いあるいは悪い気性であるか、陽気か沈んでいるか、怒っているか喜んでいるか、憂鬱か快活かによるのである。

ケイムズ卿は、『批評原理』の中で、そしてゲラード博士は、彼の『才能についての試論(33)』の中で、思考の連鎖に影響を与える原因をとても十分かつ正当に列挙した。そして私は、彼らがこの主題に言ったことについてなにも加えるべきものがない。

第二に、観念のこの引力が、どこまで人間本性の原初の性質に分析されるのかを考えよう。

私は、説明は与えられないが、われわれの成り立ちである心の原初の原理が、数において、普通に思われている以上に多いと信じる。しかし、われわれは、必要以上にそれらを増やすべきではない。

頻繁な繰り返しによって馴染み深いものになる思考の連鎖が、自発的に空想に与えられるということは、習慣の力以外には、ほかの原初の性質を必要としないように思える。重大なものであろうと滑稽なものであろうと、すべての理性的な思考や談話において、思考は、以前に生じたものに関係していなければならない。それゆえあらゆる人は、理性が発達し始めたときから、一連の関係づけられた対象に慣れていなければならない。これらは知性を喜ばせ、そして習慣によって、旅行者を招き入れる踏み固められた道筋のようになるのである。

思考に指図を与えることがわれわれの能力にある限り、そして間違いなくかなりの程度においてそうなのだが、思考は、人々に共通の能動的原理によって、欲求、情緒、感情、理性や意識によって指示されるだろう。そして、心の中の思考の連鎖が、主として、〔それらの中の〕あるものあるいは別のものがそのときに優勢になるにしたがって、それらによって支配されるということを、あらゆる人が経験において見出すだろう。

心にいかなる情緒や願望がないときでも、われわれに受け入れられる何らかの対象がまだあるだろう。おどけた人は、驚くべき類似や対照で喜ぶ。哲学者は、推論に役立つ事物の関係に喜び、商人は利益につながるものに喜び、政治家は、国を改善させることを喜ぶだろう。

喜劇や物語の優れた著者は、彼の作中のいかなる人物の思考の連鎖をも考え出すことができる。それはとても自然で、最も優れた判定者によって賞賛されるものである。さて、そのような話を賞賛に値するものにするものはいったい何だろうか。それは、著者が、観念の中の因果関係や近接性や類似性という関係に見事に注意を促していることだろうか。これは確かに、少しばかりでもその美徳の一部だろう。しかし主な部分は、次の点にある。つまり、それは完全に人物の一般的な特徴、地位、習慣、現在の状況や情緒に一致するということだ。もしもこれが彼らの作品を批評する正しいやり方ならば、必然的に次のようになるだろう。それは、先ほど言ったような状況が、われわれの一連の思考に示唆を与える上で主な影響を持つということだ。

次のことは否定することができない。それは、身体の状態は、人がしらふか酔っ払っているかにしたがって、また、疲労しているか回復しているかにしたがって、想像力に影響を与えるということである。無作法と消化不良は不愉快な夢を見させると言われる。そして、目覚めている思考にも同じような影響をおそらく与えるだろう。アヘンは、ときとして心地よい夢を人に与え、起きているときには喜ばしい想像を与えるし、またときには、おそろしく、気の滅入るような夢や想像を与える。

身体の心へのこういった影響は、経験によってのみ知られうる。そして、それらの説明を与えることはできないだろう。

おそらく、われわれは起きている間、途絶えることなく考えていなければならない理由を示すこともできない。私は、みな同じように、想像の中で思考のある対象から、それと時間と場所の点で隣接した他のものへと進む傾向を生来持っていると信じている。これは、それを説明する習慣が獲得される前の子供と同じように、獣や愚か者においても見出されるだろう。対象を見ると、それと結びついたものについての記憶が過ぎさったときさえ、対象と結びついて見られたり感じられたりするものが、想像に示唆されがちなのである。

事物における結合は、想像に影響するだけでなく、信念や情緒にも影響を与えるが、それは子供や獣において特にそうである。そしておそらく、獣について記憶と呼ばれるもののすべては、この種類のものなのである。

獣は、出来事が、以前に起こったものと同じ順序で、同じように連続して生じることを期待する。そして、この期待によって、彼らの思考だけでなく、彼らの行動や情緒も規則立てられるのである。馬は、何らかの物体が以前に彼を怖がらせた場所で怖がる。われわれは、ここから次のように結論づけがちである。つまり、彼は以前の出来事を覚えているということだ。しかしおそらく、何らかの判明な想起があるわけではなく、場所と恐れの情緒の連合が、彼の心の中に形成されているだけなのである。

ロック氏は、観念連合についてのとてもすばらしい章を、われわれに与えてくれた。そして、この学説を示すために与えた事例を考えると、観念と観念の連合だけでなく、観念と情緒や感情の非常に強い連合がすぐに作られるが、その強い連合は、何らかの強い情緒や感情が伴うとき以外には、すぐには作られないように、私には思える。私は、これがわれわれの本性の成り立ちへとまとめられるはずだと信じている。

ヒューム氏が心の中の思考の連鎖を帰属させる観念の原初の引力によって、談話や推論の共通の対象である複雑観念が作られるという意見は、別の場所で考察の対象になるだろう。

ヒューム氏のこの理論についてのわれわれの意見を終わりにするために、私は、ヒューム氏の美徳は、哲学者の視野の下にこの興味深い主題をもたらし、それを十分な長さで論じたことにあると言っておこう。しかし、思考の連鎖において、判断や推論の目印をもたらすあらゆるものが、そのときかそれより前の時間に、その人自身か他の人によって行使された判断や推論の産物だということを結論づけることを妨げるものは、この理論の中には何も見出せない。観念の引力は、どのような主題についても、ある人の最初の思考と第二の思考において同じだろう。あるいは、もしもその人の環境や彼の周りの対象についての何らかの変化が、彼の観念の引力における変化を生み出すならば、第二のものが第一のものよりも良いか悪いかは、等しく偶然であろう。しかし、次のことは確実である。それは、判断力があり、嗜好の優れたあらゆる人は、吟味して、最初に現われた一連の思想を正そうとするということである。もしも観念の引力が、空想における思考の規則的な配置の唯一の原因ならば、いかなる構成においても判断や嗜好が役立つことはないし、それらが機能する余地もない。

この主題が導く、さらに実践的な本性とさらに高次の重要性を持った別の反省がある。次のことはあらゆる人に認められるだろう。それは、人生におけるわれわれの幸福や不幸、われわれが専門にしているあらゆる学芸や学知の発展、そして本当の美徳や善性における発展は、かなりの程度、われわれの空き時間、そしてもっと重大な時間に心を占めている一連の思考に依存しているということである。それゆえ、思考の方向性を定めることがわれわれの能力内にあるかぎり（そして、それがそうだということは、かなりの程度、否定されないだろうが）、価値ある目的に最も役立つ方向性を与えることが重要なのである。

想像が低次で基礎的なものだけに占められ、いやしく、刺激的でもなく面白くもない対象の狭い領域でひれ伏し、より優れて洗練された感情に気付くことなく、魂を上昇させ、尊厳を意識させるような広大で高貴な視野に盲目であるような者は、人にふさわしい役割を持つことができるのだろうか。

飛行中のワシのように、その想像力が広い視野を得て、新しいものであろうと美しいものであろうと、壮大なものであろうと重大なものであろうと、目の前に現われるものを観察するならば、その人はどれほど異なったものになるだろうか。その激しく動く翼は瞬間ごとに景色を変え、ときには機知や空想に富んだ妖精のような領域に、ときには学知と哲学の規則的で厳格な歩みに彼を運び行くのである

彼が調べるさまざまな対象は、美しさと威厳のさまざまな程度にしたがって、彼の中に、嗜好の良い活き活きとして心地よい感情を生み出す。輝かしい人間の品性は、精査に耐えるに従って、道徳的な性質をまとい、彼の心にさらに深く触れるようになる。それらは、美の感覚を目覚めさせるだけでなく、賞賛の感情を喚起し、美徳の輝きを燃やすのである。

人間の振る舞いの中で、真実に偉大で、栄光あるものを見る間、その魂は神聖な炎を

とらえ、それが賞賛するものを見習いたいという願望を燃やすのである。

人間の想像は豊かな劇場である。人間の生活のあらゆるものは、良いものであろうと、悪いものであろうと、偉大なものであろうと卑しいものであろうと、賞賛に値するものであろうと卑劣なものであろうと、そこで演じられるのである。

子供や軽率な人においては、それは、たんなる玩具屋のようなものである。そして、判断力なしにその記憶力を働かせる人においては、その調度品は、みすぼらしく、擦り切れた知識の古いスクラップからできているのである。

中には、ゴルゴンやヒュドラやキマイラといった(34)恐ろしいものの連鎖をともなった、ひどい迷信によって、この劇場が占められている者もいる。ときにそれは、すべての地獄の悪魔につきまとわれ、陰謀、強奪、殺人がなされるのである。ここで、暗くいまわしいあらゆるものが最初に考えられ、かつて執行されたことのない何千ものいまわしい目的が考えられるのである。ここでも、激しい怒りがその役割を演じ、自責の念にとらわれた犯罪者に、ひそやかにではあるが重大な復讐を果たすのである。

真実の知識の光が迷信の幻影を振り払うとき、心はどれほど幸福か、そしてそこで、完全ですべてを統治する心への信念と尊敬が、誤って行動することへの恐れ以外のすべての恐れを振り払い、静謐さ、愉快、無垢、人間性、率直さが、あらゆる邪悪な侵入者の入場から想像力を守り、より愛すべき、価値のある客人をもてなすために招き入れるのである！

そこに、ミューズ、グレース、ヴァーチューたち[35]は、留まり続けるだろう。というのも、人間の行為の中で、偉大で、価値あるあらゆるものは、それが行動にもたらされる前に、想像の中で想われなければならないはずだからだ。そして、多くの偉大で、素晴らしい目的が、そこで形作られてきたが、能力と機会を欠如している場合には、水泡に帰すことが示されただろう。

その想像力がこういった客人によって占められている人は賢明な人に違いない。彼は優れていて、幸福に違いないのである。

第五巻　抽象について

第一章　一般語について

われわれが言語で用いる言葉は、一般語か固有名のどちらかである。固有名は、一つの個体だけを意味表示するために意図されている。それは、人々の名前であったり、王国の名前であったり、領土、都市、川や、それ以外の神のあらゆる被造物あるいは人の作品の名前である。そしてわれわれは、それにふさわしい名前によって、それをすべての同じ種類の他のものから区別するのである。言語の他のすべての言葉は一般語である。それはなにか個体を意味表示するために用いられるのではなく、等しく多くのものに関係づけられるのである。

それゆえ、私は、論理学者が一般名辞と呼ぶものを、つまり、主語となるか命題の述語となるようなものを、一般語のもとに含めるだけでなく、学識あるハリス氏(1)が助詞や補助詞と呼ぶようなものも同じように含めている。それらは前置詞や接続詞や冠詞などであり、適切には一般名辞とは呼べないかもしれないが、すべて一般語なのである。

粗野なものであろうと洗練されたものであろうと、あらゆる言語において、一般語は最も大きな部分を占め、そして、固有名は最もわずかな部分しか占めていない。文法学者は、すべての言葉を、八個あるいは九個の部類に還元した。それが、会話の部分と呼ばれる。これらの中に、ただ一つの、つまり名詞という部類があり、そこに固有名が見出されるのである。すべての代名詞、動詞、動名詞、副詞、冠詞、前置詞、接続詞、感嘆詞は、一般語である。名詞の中でも、すべての形容詞的なものは一般語であり、実名詞の大部分である。複数形を持つあらゆる実名詞は、一般語である。というのも、どのような固有名も、複数形を持つことができない。なぜなら、それは、一つの個体だけを指示するからである。ユークリッドの『原論』の全一五巻の中で、一般的でない言葉は一つとしてない。そして、同じことが、大部分の本について言えるのである。

同時に、次のことが認められなければならない。それは、われわれが知覚するすべての対象は個体だというものだ。感官、記憶、あるいは意識のすべての対象は、個々の対象である。われわれが楽しみ、望むすべての良いものと、われわれが感じ、あるいは恐れるすべての悪は、個体に由来しなければならない。そして、次のようにあえて言ってよいと思う。神が天空に、あるいは大地の下に、あるいは大地の下の水の中に作ったあらゆる被造物は個体なのである、と。

それなのに、すべての言語一般において、一般語が、言語の最大の部分をなし、固有名が、そのほんのわずかな部分をなすのはどうしてなのだろうか。

この奇妙に見える現象は、次の観察によって容易に説明できると思う。

第一に、太陽や月や大地や海のような、すべての人々の注意には明らかで、それゆえすべての言語で固有名を持っている個体が数個あるが、固有名を与えるのが適切だと考えられる事物の大部分は、地域的なものである。村や近隣におそらく知られているが、同じ言語を話している大部分の人々やそれ以外の残りの人類すべてに知られていないものである。そういった事物の名前は地域的なものに限定されており、他の言語はそれらに対応する名前を持っていないので、個々の村の習慣が、国家の法律の一部と考えられないのと同じように、言語の一部だと考えられないのである。

この理由によって、言語に属する固有名はわずかしかない。次に、なぜ、あらゆる言語に多くの一般語があるのかを考察しよう。

第二に、次のことが観察される。視野に入ってくるあらゆる個々の物体は、さまざまな属性を持っている。それがわれわれに有益になったり、有害になったりするのはその属性によってである。われわれは、いかなる個々の物体の本質も知らない。われわれがそれについて得るすべての知識は、その属性、その量、さまざまな性質、他のものに対するさまざまな関係、その場所、位置や運動である。それらについての知識を他人に伝えることができるのは、事物のその属性によるのみである。その属性によって、事物から生じる希望や恐れは規則立てられる。そして、事物をわれわれの目的に役立てることができるようになるのは、それらの属性に注目することによるしかないのである。それゆえ、そういった属性に名前が与えられるのである。

さて、すべての属性は、その本性によって一般語で表現されなければならず、すべての言語でそのように表現されているのである。古代の哲学では、一般的に属性は、その本性を表現する二つの名前で呼ばれた。それらは普遍と呼ばれていた。なぜなら、属性は、等しく多くの個体に属していて、一つの個体に限定されていなかったからである。属性はまた述語とも呼ばれていた。なぜなら、述語とされるものはどのようなものでも、つまり、一つの主体について肯定されたり否定されたりするものはどのようなものでも、より多くの主体の述語とされ、それゆえ普遍的なものであり、一般語で表現されるからである。それゆえ、述語は属性と同じものを意味表示するのであり、ただ次の違いがある。それは、述語(predicable)はラテン語であり、属性(attribute)は英語であるということだ。われわれが、神の被造物や、人々のあらゆる作品において見出す属性は、多くの個体に共通のものである。われわれは、それがそうだと見出したり、あるいはそうだと想定したりして、そういった属性に、それらが属しているあらゆる主体において同じ名前を与えるのである。

個々の主体に属している属性があるだけでなく、同じように、二次的な属性と呼ばれる、属性の属性がある。ほとんどの属性は、さまざまな程度と、さまざまな様態を許す。それらは、一般語で表現されなければならない。

例えば、動かされることは多くの物体の属性である。しかし運動は絶え間なく多様な方向で行われる。速かったり遅かったり、直線であったり曲線であったりする。それは安定していたり、加速したり、遅くなったりする。

それゆえ、一次的なものであろうと二次的なものであろうとすべての属性は、一般語で表現されるので、言語で表現されるあらゆる命題において、その命題の主語について肯定されたり、否定されたりするものは、一般語で表現されなければならない。そして命題の主語がしばしば一般語であるということは、次の観察から明らかであろう。

第三に、同じ主体に属しているさまざまな属性を区別し、名前をそれらに与えるのと同じ機能によって、われわれは、多くの主体がある属性では異なっていながらも別の属性では一致していることが観察できるようになる。これによって、われわれは、無限にある個体を、類(kinds)や種(sorts)と呼ばれるある限定された集合へとまとめることができる。それらは、スコラ的な言葉では、類(*genera*)や種(*species*)と呼ばれるのである。

多くの個体がある属性において一致するのを見出すとき、それらは一つの集合で言及され、その集合に名前が与えられる。この名前は、その意味表示において、一つの属性だけでなく、その集合を他のものから区別するすべての属性を含んでいる。そして、あらゆる個体について、その名前を認めることによって、その個体が、その集合を特徴づけるすべての属性を持っていることを認めるのである。例えば、人や犬や馬や象は、動物の中の異なる集合である。同様に、植物や生命のない他の実体も、集合に整理される。

集合に分類されるのは実体だけではない。われわれは、性質、関係、行動、感情、情緒、そしてほかのすべてのものについて、同じことをしているのである。

集合がとても大きいときには、同じ仕方で、さらなる集合に分割される。より高次の集合は、類など(*genus* or kind)と呼ばれる。より低次の集合は、種(*species*)あるいはその高次のものの種(sort)と呼ばれる。ときどき、種は、さらに従属する種へと再分割される。そして、このさらなる再分割は、言語の目的あるいは知識の発展のために便利だと考えられる限り、続けられるのである。

このように事物を類と種に分配することにおいて、種の名前は、類の名前より多くの属性を含んでいることは明らかである。種は、類にあるすべてのものと、同じ類に属している他のものからその種を区別する属性を含んでいる。そして、われわれが再分割を行えば行うほど、より低次のものの名前は、その意味表示においてさらに包括的になるが、個体への適応においては範囲が狭くなるのである。

　ここから、何らかの一般的な名辞の外延が大きくなればなるほど、内包が小さくなり、そして反対に、内包が大きくなればなるほど、外延は小さくなることは論理学の公理である。例えば、動物、人、フランス人、パリ市民というような、一連の連続する一般的な名辞において、あらゆる後続する名辞は、その意味表示において先行する名辞のすべてのものを含んでいる。そして、その次はさらにそうである。そして、あらゆる先行する名辞は、それに従属するものより、より多くの個体へと拡大されるのである。

　一般名をともなった事物を類と種に分割・再分割することは、学問上の洗練された言語に限定されない。それは、人類の最も粗野な種族の言語においても見出される。そこから、事物の属性と事物の類と種を表示するための一般語の創意と使用が、哲学者の疑わしい創意ではなく、常識の光によってすべての人が行う働きだということを、われわれは学ぶのである。哲学者はこの働きについて思索し、それを規範と公理へともたらす。しかし、常識人は、その哲学について何も知ることなくそれを実践する。それは、彼らが目の構造や視覚の理論について何も知らなくても、物体を見ることができ、その目をうまく利用できるのと同じである。

事物のあらゆる類と種は、命題の、いや無数の命題の主語か述語でなければならない。というのも、類や種に共通するあらゆる属性はそれ〔類や種〕について述べられ、そして類はあらゆる種について述べられ、そして類や種は、それが及ぶあらゆる個体について述べられるからである。

例えば人について、身体と心から作られる動物であるとか、人生は短く、苦しみは絶えないとか、技術や知識や美徳においてさまざまに向上することができるということが述べられる。一言で言えば、その種に共通するあらゆることが、人について述べられる。そして、無数のそういったすべての命題について、人は主語となりうるのである。また、あらゆる国家や種族、現在、過去、未来の人類のあらゆる個人について、彼らが人だということが述べられるのである。そのような無数の命題すべてにおいて、人は命題の述語となるのである。

われわれは、一般名辞における外延や内包をすでに見てきた。そして、事物をさらに区別していく中で、最も低次の種の名前が最も内包的であり、そして最も高次の類が最も外延的であることを見てきた。そして今、次のように言おう。そのような一般名辞によって、命題の外延や内包が存在し、それが言語の最も高貴な能力の一つであり、それによって言語は、非常に容易かつ迅速に表現に適するようになる、と。そしてそれは、人間の知性が到達しうる、知識における最も高次の達成であるということだ。

述語が類や種であるとき、その述語に応じて、命題はより包括的であったりそうでなかったりする。例えば、私が、単一の命題によって、この印が金だと言うとき、私は、その金属が持っていると知られているすべての特性を、それについて述べているのである。私が誰かについて、その人が数学者だと言うとき、その名称は、動物であり人であり数学を学んだ人であるというように、その人に属するすべての属性を含んでいるのである。私が、惑星である水星の軌道が楕円だと言うとき、私はそれによって、その種の形について、アポロニウスやほかの幾何学者が発見し、あるいは発見するかもしれない、その軌道についてのすべての命題を述べているのである。

また、命題の主語が類や種であるとき、命題はその主語に応じて、より外延的であったり、そうでなかったりする。例えば、私が、平面の三角形の三つの角が二直角に等しいと教えられるとき、これは適切に平面の三角形のあらゆる種に及び、存在した・存在している・存在しうるあらゆる個々の平面の三角形に及ぶのである。

その美しさを大いに増やし、判明さと明快さを減らすことなく、知識が、いわば人間の心の能力に適合した大きさに凝縮されるのは、そのような外延的で内包的な命題によるのである。

学知における一般命題は、植物の種子と比較することができる。それは、哲学者によれば、その中に閉じ込められた将来の植物を持っているだけでなく、またその植物の種子と、すべての将来の世代を通してそこから芽生える植物を持っているのである。

しかし、その類似は次の点で十分ではない。それは、種子の中身が展開し、われわれの視野にもたらされるためには、われわれの能力の中にはない時間と偶然が協働しなければならないが、一般命題の内容は、即座に、われわれの思いのままに生じさせられ、成熟され、視野にさらされるという点である。

例えば、時代の英知と学知の最も崇高な定理は、一言で言えばイリアスのように、積み上げられ、次の世代へと伝えられなければならない。そして言語のこの高貴な目的は、事物の分類・再分類に結びつけられた一般語によってのみ遂行されうるのである。

この章で言われてきたことは、次のことを十分に示していると思う。それは、一般語がなければ、一つの命題も言語もないということだ。そして、一般語があらゆる言語の最大の部分をなし、言語が素晴らしい容易さと迅速さで、人間の英知と知識の全財産を表現するのに適しているのは、それらのために他ならないのである。

第二章　一般概念について

一般語は、言語においてたいへん必要なものなので、それらが記号となっている一般概念があるに違いないと結論づけることが自然である。

言葉が話者の思考を意味表示しないときには、言葉は空虚な音である。そして、それらが一般的だと言われるのは、その意味表示からでしかない。話されるあらゆる言葉は、たんに音として考えられたとき、個々の音である。そしてそれは、それが意味表示するものが一般的なので、一般的だと呼ばれるにすぎない。さて、それが意味表示するものは、もしも言葉が判明な意味を持ち、判明に理解されるならば、話し手と聞き手の両方の心によって想われているのである。それゆえ、話し手と聞き手の心の中に、一般的である事物の概念がない限り、言葉が一般的な意味を持つことはできない。私が一般概念の名前を与えるのはそのようなものである。そして、次のことが観察されなければならない。それは、一般概念はこの名称を、個々の働きである「想う」という心の働きからではなく、一般的であると考えられる対象あるいは事物からとられるということである。

それゆえ、われわれがそのような一般的な概念を持っているのかどうか、そして、どのようにそれが作られるのかを、ここで考えることにしよう。

一般名辞によって、つまり命題の主語あるいは述語であるような一般語によって表現される概念から始めよう。それらは、事物の属性であるか、事物の類あるいは種である。われわれが知っているすべての個体に関して、その属性が属している主体よりも、その属性についてのほうがより明晰で判明な概念を持っていることは明らかである。

例えば、われわれが知るための接近方法を持っている何かの物体を取り上げよう。われわれは、それについてのどのような概念を作るだろうか。どのような人でも、その意識からそれを知る。彼は、自分がそれを長さや幅や厚さ、何らかの形や色を持っているものとして想うことを見出すだろう。そして、それが硬かったり柔らかかったり、あるいは液体だったり、それがどのような性質を持っていて、どのような目的に適しているかを見出すだろう。もしもそれが植物ならば、どこでそれが育ち、その葉、花、種がどういう形のものかを知るだろう。もしも動物ならば、その自然の本能、生活様式、子供の育て方がどのようなものかを知るだろう。そして、この個体や無数の他の個体に属している属性について、その人は、確かに判明な概念を持っていて、言語の中に、彼がそれぞれを明晰判明に表現できる言葉を見出すだろう。

同じように、もしもわれわれがよく知っている個人について作っている概念を考えるならば、それが、われわれによって彼に帰属させているさまざまな属性から作られるのを見出す。それは、彼がどういった人の息子だとか、どういった人の兄弟だとか、どういった仕事や事務所を持っているかとか、どれくらい財産を持っているとか、背が高いとか低いとか、体格が良いとか悪いとか、美しいとか醜いとか、若いとか年寄りだとか、結婚しているとか未婚だとかいったものだ。こういったものに、彼の気性だとか、性格だとか、能力だとか、そしておそらく彼の経歴の話とかも付け加えられるのだ。

われわれが、知り合いである個々の人物について作る概念はそのようなものである。そういった属性によって、彼らを知らない人々に説明する。そういった属性によって、歴史家は、前の時代の人々の概念をわれわれに与える。それ以外のやり方でそうすることはできない。

われわれがあらゆる個体について持っている、あるいは得ることができるすべての判明な知識は、その属性の知識である。というのも、われわれは、どのような個体の本質も知らないからだ。それは、人間の機能の届く範囲を超えているように思える。

さて、あらゆる属性は、古代の人々によって普遍と呼ばれていたものである。それは、さまざまな個体に共通のものであろう。神の被造物に属している属性で、他のものに属しえない属性は何もない。このため、すべての言語において、属性は一般語によって表現されるのである。

同じように、あらゆる人の経験から、その人は、われわれが名付けたような属性の、そしてそれらが属しているあらゆる個体について持つことができる無数の他のものの、明晰かつ判明な概念を持っているということは、明らかだろう。

実際に、個体の属性は、われわれがそれについて判明に想うことができるすべてである。確かに、われわれは、属性が属している主体を想うのである。しかし、この主体については、その属性が取り除かれると、その主体が物体であろうと心であろうと、あいまいで相関的な概念しか持っていないのである。

このことは、物体について、この試論の第二試論〔第二巻〕第一九章ですでに述べられた。そして、心についても同じように明らかである。われわれが心と呼んでいるものは何だろうか。それは、思考し、知性を持ち、能動的な存在である。思考し、知性を持ち、能動性があることが心の属性であるとして、私は、これらの属性が属している事物や存在が何かを知りたい。この問題に対して、私は、満足のいく答えを見つけることができない。心の、特にその働きの属性を、われわれは明晰に知っている。しかし、事物それ自体については、あいまいな思念しか持っていないのである。

自然は、われわれに、思考することと推論することは主体なしには存在できない属性だと教えてくれる。しかし、その主体について、われわれが作ることのできる最良の思念も、そのような属性の主体だということ以上のことをほとんど含意していないだろう。

ある被造物の属性を、その本質や成り立ちから導くことができるように、別の被造物である存在者がその実在的本質の知識を持てるかどうか、あるいは、それが、それらを造ったものの特権であるかどうかを、述べることはできない。しかし、それは人間の機能の届く範囲を完全に超えているように思える知識なのである。

われわれは、三角形の本質を知っている。そして、その本質から、その特性を導くことができる。それは普遍であり、どのような三角形も存在していなかったとしても、人間の心によって想われてきた。それは、ロック氏が唯名的本質と呼んでいるものを持っているだけであり、それは定義において表現されているものである(2)。しかし、存在するあらゆるものは、実在的本質を持っているが、それはわれわれの理解を超えている。それゆえ、われわれは、三角形の場合のように、その本性からその特性や属性を導くことができない。われわれは、神の作品の知識とは反対の道をとらなければならない。そして、事実としての属性と、その属性が属している主体があるという一般的な確信に満足しなければならない。

われわれが、属性の明晰で判明な概念を持つことができるということだけでなく、それらは、個体についてわれわれが明晰で判明な概念を持つ唯一の事物だということが、十分に示されてきたと思う。

一般名辞の他の集合は、われわれが事物を分類・再分類する類や種を示すものである。そして、もしもわれわれが属性についての判明な概念を作ることができるならば、類と種の判明な概念を持つことは否定されないことは確かだろう。なぜなら、それらは、われわれが主体に存在していると想い、一般名をそれに与える属性の集合でしかないからである。もしも一般名のもとで把握される属性が判明に想われるならば、その名前によって意味されている事物は、判明に想われているに違いない。そしてその名前は、それらの属性を持っているあらゆる個体に正しく帰属させられているのである。

例えば、私が、羽を持っていること、羽毛で覆われていること、卵を産むことはどのようなものかを判明に想うとしよう。そのとき、われわれは、これらの三つの属性を持つあらゆる動物に「鳥」という名前を付けると想定しよう。ここで、疑いなく、鳥についての私の概念は、この種に共通する属性についての思念と同じくらい判明である。そして、もしもこれが鳥の定義だと認められるのならば、私がこれ以上判明に想うようなものは何もない。もしも私が鳥を見たことがなくて定義を理解させられるだけだとしても、私は、誤りの危険なしに、種のあらゆる個体に、その定義を容易にあてはめることができるだろう。

物事が、学識ある人々によって、分類・再分類され、名前が類や種に与えられるとき、これらの名前は定義されるのである。例えば、植物や、他の自然の物体の類や種は、自然誌のさまざまな部門における著者によって、正確に定義されている。その結果、すべての将来の世代にとって、定義が、定義される類や種の判明な思念をもたらすのである。

事物の類や種を示しているが、何かあいまいで不明瞭なものを意味している多くの言葉があることは間違いない。それで、同じ言葉を話す人々が、いつも同じ意味でそれらを用いているとは限らない。しかし、もしもこの不明瞭さの原因に注意するならば、それは、その言葉が一般的な名辞であることによるのではなく、権威ある定義がないということによるものだとわかるだろう。それゆえ、その意味は、定義によって学ばれたのではなく、一種の帰納によって、それらが、言語を理解している人々によってどのような個体に用いられるのかを観察することによって学ばれてきたのである。われわれは、言葉に結び付けられた正確な意味を持っていないときでさえ、他の人々がすることを見て、習慣によって、それらを用いることを学ぶのである。人は、ある個体に、適切に言葉が適用されているかを知ることができる。しかし、その言葉が他の個体に適用されるかどうかについては、十分な権威の欠如している点からか、あるいは彼に疑いを残す反対の権威を持つことからかによって、確信が持てないかもしれず、それが彼に疑いを残すのである。

例えば、獣の名前をライオンやトラにあてはめ、鳥の名前をワシや七面鳥にあてはめるとき、彼は適切に話していることがわかる。しかし、コウモリが鳥か獣かについて、彼は確信が持てないだろう。獣や鳥についての十分な権威のある正確な定義があるのならば、彼は途方にくれることはないだろう。

ある女性の奇妙な生まれについて、それが人かどうかということが論争の問題だったと言われている。これは実際には言葉の意味についての問題だが、法律が人間の特徴に結び付けている特権を考慮すれば、それは重要である。そういった法律を完全で正確なものにするために、人の定義は必要だろう。そして為政者はそれを与えることが適切だと、ほとんど、あるいは決して考えたこともないのではないか。実際に、極めて日常的な言葉の定義を定めることはとても難しい。そして、定義することが有益な事例は、それほど生じるものではないが、もしも生じた時には、定義を与えて予見できない結果が伴うかもしれないよりは、裁判官や法律家の決定に定義を委ねるほうがおそらく良いかもしれない。

類あるいは種は、一つの主体に存在していると考えられている属性の集合なので、定義は、さまざまな人が持っている概念の中の要素における付加や縮小を抑える唯一の方法である。そして、基準として訴えられる定義がないときには、名前は、その意味表示の点で最も完全な正確さを保持することはほとんどないだろう。

これまでに述べてきたことから、事物の類や種を意味表示する言葉は、他のあらゆる言葉と同じように正確で確定した意味をしばしば持っていて、そうでないときには、その正確さの欠如は、それらが一般語であることによるのではなく、他の原因によるのが明らかだと思う。

一般名辞の意味の完全に明晰で判明な概念を持つことができることが示されたので、同じことが、命題や接続詞や冠詞のような他の一般語についても言われても良いだろう。現在の私の目的は、個体の概念と同じくらい明晰で判明な一般概念を持つことができるということを示すことなので、そのことが一般名辞によって表現される概念にあてはまるならば、この目的にとっては十分である。一般語の意味を想うことと、それが意味表示するものを想うことは同じである。われわれは、判明に一般名辞の意味を想う。それゆえ、われわれは、それらが意味表示するものを判明に想うのである。しかし、そのような名辞は、どのような個体をも意味表示せず、多くの個体に共通するものを意味する。それゆえ、われわれは、多くの個体に共通する事物の判明な概念を持っている、つまり、われわれは判明な一般概念を持っているのである(3)。

ここで、概念という言葉のあいまいさに気付かなければならない。それは、ときには、想う心の働きを示し、ときには、その働きの対象である想われるものを表わす。もしも言葉が最初の意味でとられるならば、私は、心のあらゆる働きが個々の働きであると認める。それゆえ、普遍性は、心の働きにあるのではなく、対象つまり想われる事物にあるのである。想われる事物は、多くの主体に共通の属性である。あるいはそれは多くの個体に共通の類や種である。

三角形を、つまり、三つの直線に囲まれた平面図形を想ってみよう。この定義を判明に理解する人は、三角形の判明な概念を持つ。しかし、三角形は個体ではない。それは種である。それを想う私の知性の働きは、個々の働きであり、実在している。しかし、想われる事物は一般的であり、その定義に含まれていない他の属性がなければ存在できない。

現実に存在するあらゆる三角形は、ある長さの辺とある大きさの角を持たなければならない。それは場所と時間を持たなければならない。しかし、三角形の定義は、存在やそれらの属性のいずれをも含まない。それゆえ、それらは三角形の概念に含まれないし、もしその概念が定義以上のものを含むならば、正確ではありえない

こうして、事物の属性や事物の類や種の、明晰で判明な一般概念をわれわれが持っていることは明らかだろう。

第三章　対象を分析することによって形成される一般概念について

次に、知性の働きを考察しよう。その知性の働きによって、われわれは、一般概念を作ることができるようになるのである。

これらに、三つのものがあるように思える。第一には、主体をその知られている属性に分解あるいは分析し、それぞれの属性に名前を与えることである。そしてその名前はその属性を意味表示するが、それ以上のものを示さないのである。

第二に、一つ、あるいはそれ以上のそういった属性が多くの主体に共通のものであることを観察することである。第一のものは哲学者によって抽象と呼ばれている。第二のものは、一般化と呼ばれている。しかし、いずれのものも、抽象という名のもとに、共通に含まれている。

そのいずれが最初なのか、あるいはどちらが先行しているかを主張できるほどには緊密に結びついていないのかどうかを言うことは難しい。というのは、一方では、同じ属性が二つあるいはそれ以上の対象間で一致しているのを知覚するためには、それらを一緒に比較すること以外のことを何も要求されていないように思える。未開人は、雪やチョークを見て、それらが同じ色を持っていることを理解することに困難を見出さないだろう。しかし他方で、彼らが抽象なしに、つまり、彼の概念において、二つの対象が一致する色を、一致しない他の性質から区別することなしには、この一致を観察することは不可能に思えるからである。

それゆえ、われわれは、ある程度の抽象なしに一般化できないように思える。しかし私は、われわれが一般化せずに抽象することができると思う。というのも、他の対象に適用することなく、私の前にある紙の白さに注目することを妨げるものは何もないからである。この個体の白さは、一つの個体にのみ適用されているときに、抽象的な概念であるが、一般的な概念ではない。しかしながら、これらの二つの働きは相補的である。というのも、いかなる個体においても、多くの属性を観察し、区別すればするほど、われわれは、それと他の個体に多くの一致を見出すからである。

抽象概念を作る知性の第三の働きは、われわれが抽象思念を作ったある数の属性を一つの全体にまとめ、その組み合わせに名前を与えることである。こうして、われわれは、事物の類や種の抽象思念を作るのである。これらの三つの働きを順番に考察しよう。

抽象について、厳密に言えば、私は、理解されることも、実践されることも難しいものはそこには何も見出さない。主体に属していると知っているさまざまな属性を区別すること以上に容易なものが何かありえるだろうか。例えば、人において、彼の大きさ、彼の顔色、年齢、財産、出生、職業、そして彼に属する二〇ほどの他のものを区別することなどである。理解しつつこれらの物事を考え、話すことは、人間の機能を与えられたあらゆる人の手の届く範囲にある。

精緻な区別を要求し、通常ではない主題をよく知ることを要求する区別がある。例えば、絵の批評家は、別の人ができなくても、ラファエロやティツィアーノのスタイルを区別できる。法律家は、法律を勉強したことのない人には決して思いもつかないような、犯罪や契約や行動における多くの区別を知っている。中には、記憶や推論におけるように、区別することにおいて、他の人に勝る人がいるかもしれない。しかし、一定のこの才能がなければ、人は理性的な被造物として考えられる資格を持たないだろう。(4)

同様に、次のことが述べられなければならない。それは、主体においては現実に分離できない属性が、概念でとても容易に区別され、分離されうるということである。例えば、物体において、私は、その固性を延長から区別でき、その重さを先ほどの両方から区別できる。延長においては、私は、長さ、幅、厚さを区別できるが、これらのいずれも、物体から分離できないし、たがいに区別できない。ある主体に属していて、われわれが知識を持っておらず、結果的に概念を持っていないため、そこから分離できない属性があるかもしれない。しかし、このことは、われわれが知っている属性の概念を判明に想うことを妨げないのである。

例えば、円のすべての特性は、円の本性からは分離不可能であり、そして、その定義から論証できる。しかし、数学者が論証した円の特性をほとんど知らない人でも、円の完全に判明な思念を持つことができる。そして、円は、もしかすると、数学者が夢にも思わないような多くの特性を持っているかもしれない。

それゆえ次のことは確実である。それは、本性上、絶対的にその主体から、たがいに分離できない属性が、概念においては分離できるかもしれないということである。一方は他方なしに存在できない。だが、一方は他方なしに想われるのである。

いわゆる抽象を厳密に考察してきたので、次に、一般化の働きを考察しよう。それは、一つあるいはそれ以上の属性が、多くの主体に共通であることを観察すること以外のなにものでもない。

どのような人であれ、多くの個体に実際に共通する属性があるかどうかを疑うことができるのならば、彼に、多くの六フィート以上の身長の人がいないかどうか、そして多くのそれ以下の人がいないかどうか、そして、裕福な多くの人がいないかどうか、貧しい多くの人がいないかどうか、ブリテンで生まれた多くの人がいないかどうか、フランスで生まれた多くの人がいないかどうかを考えさせるのがよいだろう。この種の例を増やすことは、読者の知性を侮辱するものだろう。それゆえ、多くの個体に共通の無数の属性が現実にあることは確実である。そして、もしもこれが、スコラの人々が「事物の側における普遍」と呼んだものならば、われわれは、確実に、そのような普遍があるということを肯定するだろう。

一般語によって表現されるが、それが正しいか疑わしく思える属性がある。それは、いくつかの主体に内在する性質である。あらゆる主体はそれ自身の性質を持ち、ある主体の性質であるものは、別の主体の性質ではありえないと言われる。例えば、私が書いている紙の白さは、別の紙の白さにはなりえない。もっとも、いずれもが白いと呼ばれるのだが。あるギニーの重さは、別のギニーの重さではない。もっとも、いずれもが同じ重さを持つと言われるのだが。

これに対して次のように私は答える。この紙の白さと白さ〔一般〕は別のものであると。

発話のこの二つの形式によって意味表示される概念は、表現と同じくらい違う。最初のものは、実際に存在している個体の性質を示しているが、一般概念ではない。もっとも、それは抽象概念ではあるだろうが。第二のものは一般概念を意味表示するが、それは存在を含意せず、白いあらゆるものが同じ意味で述語づけられる。このために、もしもこの紙の白さが別の紙の白さだというならば、あらゆる人は、これが不合理だとわかる。しかし、両方の紙が白いと言われるとき、この言葉も正しく完全に理解されるのである。白さの概念は存在を含んでいない。全世界にある白いあらゆるものが消滅したとしても、それは同じままにとどまるだろう。

それゆえ、他の属性と同じく、性質の一般名も、同じ意味で多くの個体にあてはめられるように思える。もしもそのような名前によって意味表示される一般概念がなければ、そのような一般名はありえなかっただろう。

どれくらい初期の頃に、あるいは人生のどの時期に、人々が一般概念を作り始めるかと尋ねられたならばどうだろうか。私の答えは、子供が理解しながら、二人の兄弟あるいは姉妹がいると言えるようになるとすぐに、あるいは、複数形を用いることができるようになるとすぐに、その子は、一般概念を持っていなければならない、というものである。というのもどのような個体も複数形を持たないからである。

あらゆる点で一致する二つの個体は自然にはないように、何らかの点で一致しないものもほとんどない。われわれは、そのような一致を見つけるのに、とても早い時期から喜びをえる。機知と呼ばれるものの一つの偉大なる部門は、罪のないものであるときには、あらゆる優れた性質の人に喜びを与えるが、それは、事物の中に予期せぬ一致を発見することにある。『ヒューディブラス』(5)の著者は、朝とボイルしたロブスターに共通の特性を識別できる。それらはいずれも、黒から赤へと変わるのである。スウィフトは、機知と古いチーズに共通のものを見ることができた(6)。そのような予期せぬ一致は、機知を示している。しかし、最も低い理解力の目すら逃れられない事物の一致が無数にある。例えば、色や大きさや形や顔立ちや時間や場所や時代などにおけるような一致である。これらの一致は、最も粗雑な言語においてすら見出される、多くの共通の属性の基礎なのである。

古代の哲学者は、これらを普遍あるいは述語と呼び、それらを五つの部類に還元しようと努力した。つまり、類、種、種差、特性、偶有性である。もしかすると、さらに多くの部類の普遍や属性があるかもしれない。というのも、数えあげは、非常に一般的であるが、完全であるとは言えないからである。しかし、いくつかの個体に共通のあらゆる属性は、一般概念の記号である一般名辞によって表現されるのである。

人々がどれほど一般概念を作りがちなのかを、われわれは隠喩の使用、そして類似に基づく他の比喩表現から見ることができる。類似は、一つあるいはそれ以上の属性において比較された対象の一致にほかならない。そして、もしも両者に共通する属性がなければ、類似もありえないのである。

自然がわれわれに示すさまざまな対象にある類似や類比は、無限で際限がない。それらは詩人や趣のある作品における機知によって示されるときに人々を喜ばせるだけでなく、言語によるわれわれの思考や考えの通常の交流においても極めて有益である。粗野な国家の粗雑な言語においても、類似や類推は、人々の考えを表現するために厳密な言葉の不足を補うのである。それで、そのような言語において、隠喩のない文はほとんどない。そして、もしも最も豊富で洗練された言語を吟味するのならば、われわれは、最も厳密だと考えられる言葉や文章のかなりの割合を占めるものが、隠喩の所産だと言えるのである。

自分の居住地としてある国家に定住する外国人が、最後には受け入れられ、外国人という名称を失うように、言葉や語句は、最初は借りもので、隠喩的に用いられるが、長い使用によって言語の住人になり、会話の中で隠喩を示すような名称を失うのである。

われわれが知識の範囲、美徳の安定性、愛情の傾向、表現の理解しやすさについて話すとき、これらが隠喩的な表現だとは誰も想わない。それらは、言語において、ほかのどのようなものにも劣らず適切なものなのである。しかし、それらを見てみると、最初にそれらを用いた人にとって隠喩的だったはずであり、それらが隠喩の名称を失い、適切な言葉として考えられる権利をえるのは、使用と規定によってであるように思える。このことは、最も完全な言語の言葉の大部分、おそらく最大の部分に及ぶのが見出されるだろう。ときには、個体の名前が一般概念につけられ、それによって、個体はある仕方で一般化される。シェイクスピアの作品の中で、ユダヤ人のシャイロックが「ダニエル様が法廷に来られた！　ダニエル様！」と言うときのようにである。(7) この発話において、ダニエルは属性あるいは普遍である。傑出した英知の人としてのダニエルの性格は、その人格から抽象され、他の人に属することができるものとして考えられるのである。

概して、抽象と一般化の二つの働きは、知性を持っているすべての人に共通のものだろう。それらの実践は、言語を使うすべての人にとって馴染みのあるものであり、そうでなければならない。だが、それらを実践することと、どのようにしてそれらが遂行されるのかを説明することは別のことである。それは、見ることと、どのようにしてわれわれが見るのかを説明することが違うのと同じである。最初のものはあらゆる人の領域であり、神がわれわれに与えた機能の自然で、容易な働きである。第二のものは哲学者の領域であり、それ自体には、大きな問題ではないが、言葉のあいまいさによって、そしてさらに哲学者の仮説によって、かなり混乱してきたのである。

例えば、ビリヤードのボールについて考えるとき、その色は属性であり、それを、私は白と呼ぶことによって意味表示する。その形は別の属性であり、それは球と呼ぶことによって、意味表示される。その部分の固い結合力は、硬いと呼ばれることによって意味表示される。それが硬い物体を打つとき、その跳ね返りは、弾性があると呼ばれることによって意味表示される。そのもとの材料は、象牙の一部分だったことから、象牙色と呼ぶことによって示される。そしてその用途は、ビリヤードボールと呼ばれることによって示されるのである。

個々の属性が意味表示される言葉は、一つの判明な意味を持っていて、この意味で多くの個体にあてはめられるのである。それらは、個々のものを示すのではなく、多くの個体に共通の属性を示すものである。そしてそれらを完全に理解すること、そして、それらが見出されるあらゆる個体に、適切にそれらをあてはめることは子供でもできることである。

われわれが、最も単純で抽象的な概念を獲得するのは、複雑な対象をいくつかの属性に分析することによるので、この分析と、化学者が複合物に関してその構造に含まれる成分について行う分析とを比較することが適切である。というのも、これら二つの働きには類似があり、そのためわれわれは両方に、分析や分解という名前を付けるけれども、同時に、いくつかの点で大きな相違もあるので、一方に属するものを他方にあてはめることによって、われわれが誤りに陥ってしまうかもしれないからである。

化学の分析は、さまざまな物質的器具によって、物質を操作する働きであることは明らかである。われわれが今説明している分析は、純粋に知性の働きであり、物質的な器具を必要としないし、外的な事物に何も変化を生み出さない。それゆえ、われわれは、それを知的なあるいは心的な分析だと呼ぶべきだろう。

化学の分析において、複合的な物体それ自体は、分析される主体である。非常に不完全にしか知られていない主体は、感官には完全に単純に現われていても、さまざまな成分から作られているかもしれない。そしてわれわれが、それを、さまざまな成分に分析したときでさえ、われわれはその成分の組み合わせが、どのように、そしてなぜそういった物体を作るのかはわからないのである。

例えば、純粋な海塩は、現われとしては自然におけるいずれのものに劣らず単純な物体である。そのあらゆる最小の粒子は、感官によって識別されるが、すべてのその性質についてあらゆるほかの粒子に完全に似ている。最も精緻な味覚、最も精緻な目でも、それがさまざまな要素からできている目印を識別できない。しかし化学的な技術によって、それは酸とアルカリへと分解され、再び、それらの二つの要素を組み合わせることによって作り出すことができる。しかし、この組み合わせがどのようにして海塩を作り出すのか、どのような人も発見できなかった。その成分は、われわれが知っているあらゆる物体と同じく、その複合物には似ていないのである。海の塩がこれら二つの成分からできているということが知られる前には、誰もそれを推測できなかった。それらの二つの成分の結合が、海塩の合成物を生み出すということも、誰も推測できなかっただろう。こういった多くの事例が、複合的な物体を化学的に分析するときに見られる現象なのである。

われわれが、対象についての知的な分析について考えるならば、この種のことが生じないことは明らかである。なぜなら、分析されるものは、不完全に知られた外的な物体ではなく、心それ自体の概念だからである。そして、概念の中に、想われないものがあると想定することは矛盾なのである。

この二つの種類の分析の違いについて述べる理由は、哲学者の中には、彼らの体系を支えるために、複雑観念が最も完全な単純性の現われを持つことができ、それが合成される単純観念のどれとも似ていないかもしれないと主張する者がいたからである。それは、白色が完全に単純で、それが合成される七色の原色のどれとも似ていない、あるいは、化学的構成物が完全に単純で、その成分のいずれとも似ていないというのと同じである。

ここから、それらの哲学者は重要な結論を導き出した。つまり、感官の観念の塊は、適切に組み合わされれば心の観念を作り、そしてロック氏が反省の観念と呼ぶすべての観念は、五感によってわれわれが持つ観念の構成物でしかないということである。ここからの移行は容易である。もしも物質の観念の適切な構成が心の観念を作るならば、そのとき、物質それ自体の適切な構成は、心を作るだろうし、人とは、奇妙に形作られた一片の物質でしかないということである。

この奇妙な体系において、その全体構造は、次の基礎に依存している。それは、さまざまな単純観念から作られる複雑観念は、完全に単純で、複合物の目印を持っていないように思えるということである。なぜなら、合成物は、われわれの感官には、完全に単純であるように思えるからである。

この体系のこの根本的な命題について、私は二つの言葉を述べさせていただきたい。一、この体系が正しいと想定しても、これは、ありうることを肯定するだけである。実際のところ、われわれは、ほとんどの場合で、ありうることについてとても不完全な判断をする。しかし、たとえ物事がありうることを確信していたとしても、そのことがその物事が実際にそうであると信じる十分な理由ではないことを、われわれは知っている。ありうるということは仮説にすぎず、探求すべき問題を与えはするが、わずかな程度の信念も与えない。ありうることから実際にあることへの移行は、仮説を好む人々にとっては馴染みあることであり、容易なことだが、先入観や偏見なしに真理を求める人にとっては、それは非常に距離のある、困難な前進であり、物事がありうるだけでなく、実際にあるという証拠がなければ、一方から他方へと決して進むことはしないだろう。

二、私に判断できる限り、このありうると言われているものは、実際にはありえない。複雑観念が単純観念からできていて、そして観念を反省する成熟した知性にとって、合成の現われがなく、それが合成される単純観念に似たどのようなものもないということは、私には矛盾を含んでいるように思える。観念は心の概念である。もしも、これ以上の何かが、観念によって意味されているとしたら、私には、それが実際に何であるかがわからない。そして、私は、それが何か知りたいし、その存在の証明を知りたい。さて、対象の概念の中に想われないものがあるということは、私には明白な矛盾のように思える。それは、存在しない存在があるということ、あるいは、事物が想われると同時に、想われないということである。

しかし、これらの哲学者は次のように言う。白色は、原色の合成によって生み出されるが、それらのどれにも似ていないと。私はそうだと思う。しかし、このことから、観念の合成についてどのようなことが推論されうるだろうか。この議論を正しく理解させるために、彼らは次のように言わなければならない。それは、白色は原色から作られているので、白色の観念も原色の観念から作られているということである。この推論は、もしそれが認められるならば、無数の不合理にいたるだろう。不透明な液体が、二つあるいはそれ以上の透明な液体からできているかもしれない。ここから、われわれは、同じように、不透明な液体の観念は、二つあるいはそれ以上の透明な液体の観念からできていると論証してよいことになるだろう。

物体を合成する自然の方法と、観念を合成する方法は、多くの点でとても異なっているので、観念が発酵や選択的引力によって結びつけられ、火や溶剤の力によって、溶鉱炉において分析されうるのが見出されない限り、一方から他方へと推論できないだろう。この発見がなされるまで、われわれは、これらは単純観念だと主張しなければならない。そしてそれは、最も注意深い反省においても、合成物の外見を持っていない。そして、注意深い反省によって、それらの中に含まれているのが見出されうるものだけを、複雑観念の成分だと主張しなければならない。

もしも心やその働きの観念が物質やその性質の観念から作られるかもしれないのならば、なぜ物質の観念が心の観念から作られるかもしれないということにならないのだろうか。後者の「かもしれない」も前者の「かもしれない」と明証性は同じである。そして、なぜ音の観念が色の観念から作られるかもしれないということがないのだろうか。あるいは、色の観念が、音の観念から作られるかもしれないということがないのだろうか。なぜ英知の観念が愚かの観念から作られるかもしれないということがないのだろうか。あるいはなぜ真理の観念が、不合理の観念から作られるかもしれないということがないのだろうか。しかし、われわれは、これらの神秘的な「かもしれない」を、それを受け入れる自信がある人々に委ねることにしよう。

第四章　組み合わせによって作られる一般概念について

対象の知的な分析によって、一つの属性の一般概念(人間の心に入ってくるすべての概念の中で、それは最も単純なものである)を作るように、これらを一つの塊に結び付け、その組み合わせに名前を与えることによって、われわれは、非常に複雑で、同時にとても判明な一般概念を作るのである。

例えば、延長する対象を分析することによって、点、直線あるいは曲線、角、表面、固体といった単純な思念をえた人は、四つの点で直角に一致している四つの等しい直線によって囲まれている平面を容易に想うことができるだろう。この種の形に、彼は正方形という名前を与えるのである。同じように、彼は、六個の正方形によって囲まれた固体を容易に想うことができ、それに立方体という名前を与えるのである。正方形、立方体、そしてあらゆる数学の図形の名前は、一般名であり、複雑な一般概念を表現し、われわれが延長した物体を分析して作った単純な要素の組み合わせから作られるのである。

あらゆる数学の図形は、それが形成される単純な要素とその組み合わせ方を数えあげることによって、正確に定義される。定義は、その図形の全要素を含む。そして、その図形に属するあらゆる特性は、その定義からの論証的な推論によって演繹されるのである。数学の図形は存在するものではない。というのも、それならば、それは個体であるだろうからだ。それは存在に関わることなく想われるものなのである。

農園、荘園、教区、郡、王国は、ある統治形態のもとで、居住領域のさまざまな組み合わせと様態によって形成される複雑な一般概念である。

軍人のさまざまな組み合わせは、中隊、連隊、軍隊の思念を作る。

盗みや殺人や強盗、海賊行為のような、刑法の対象であるいくつかの犯罪は、刑法で正確に定義され、一つの名に含まれ、一つのものとして考えることが便利だと考えられた、人間の行動や意図のある組み合わせ以外の何であろうか。

自然が、その動物的・植物的・無生物的産物において、多くの性質や属性の点で一致する多くの個体を作り出してきたのを観察するとき、われわれは、自然な本能によって、知覚する機会をもたなかった他の性質においても、それらの一致を期待するようになる。例えば、指をろうそくの炎につっこんで、一度やけどした子供は、もしも彼が別のろうそくの炎や他の何らかの炎の中に指を入れるならば、同じことが生じるだろうと予想し、それによって、燃やすという性質がすべての炎に属していると考えるようになる。この本能的な帰納推論は、論理学の規則によっては正当化できない。それは、ときに経験が後になって訂正する害のない誤りに人々を陥らせるかもしれない。しかし、それは、われわれがさらされている無数の危険における破壊から、われわれを守ってくれるのである。

ここで人間の本性におけるこの原理に注意する理由は、類と種に自然の産物を配分することが、この原理によってより一般的に有益になるからである。

医者は、これまで一度も試されたことのないルバーブが、彼が以前に処方したルバーブと同じような医学的効果を持つことを期待する。ルバーブの二つの一片は、ある可感的性質において一致する。そして、その一致から、それらは両方ともルバーブという同じ一般名によって呼ばれるようになるのである。それゆえ、それらが、その医学的効果でも一致すると予想されるのである。そして経験が、一片、あるいは多くの部分において、ある効果を発見させるときに、われわれは、経験がなくても、同じ効果が、用いられるルバーブのすべての破片に属すると考えるのである。

もしも旅行者が、以前に見たことのない馬や牛や羊に出会ったとしても、彼は、これらの動物が飼いならされて、害にならないものだと信じて、心配しないだろう。しかし、彼は、ライオンやトラを恐れるだろう。なぜなら、それらは獰猛で貪欲な種類の動物だからである。

われわれは、動物や植物や無生物といった自然のさまざまな産物から、多くの利益を受けて、多くの危険にさらされる。もしも、人間の一生が実際よりも百倍も長かったとしても、その長さは、自然の産物の有益な性質や有害な性質を一人で扱うならば、それらを経験から学ぶには不十分なものだろう。

自然の作者は、われわれの存続と保持のために必要な彼の御業の知識を、われわれが獲得できるように準備しておいてくださった。それは、部分的には、自然の産物の成り立ちによって、そして部分的には人間の心の成り立ちによってである。

第一に、自然の産物において、非常に多くの個体は、その明らかな性質においても、より隠れた性質においても、たがいに同じように作られているので、われわれは、それらを集合にまとめあげ、その集合に一般名を与えることができるだけでなく、いわば、そのように導かれるのである。その名前は、その集合のあらゆる個体に共通の名前である。なぜなら、その名前は、その意味表示において、その集合のすべての個体に共通する性質や属性だけを含むからである。

第二に、それらを一つの集合にまとめる、より明らかな性質における個体の一致から、それらがより隠れた性質においても一致するのが見出されるだろうと、われわれが自然に期待するように、人間の心は作られていて、その点においてほとんど失望することがない。

それゆえ、われわれには、一般名のもとで自然の実体を類や種といった集合に配分し、そしてできる限り正確で判明にそれをしようとする、強く、理性的な傾向がある。というのも、われわれの分類が正確になされればなされるほど、そしていくつかの種が判明に定義されればされるほど、一つあるいは二、三の個体に見出される性質が、同じ種のすべてのものに見出されるだろうということに、安心して頼れるからである。

言語の中で名前の付いている自然の実体のあらゆる種は、多くの個体の属性であり、それ自体、われわれがそういった個体に共通のものだと観察するさらに単純な属性の組み合わせである。

あらゆる言語の言葉の大部分が、思うにはるかに大部分が、一つの名前で示されることによって、いわば一つのかたまりにまとめられるのが適切だとわれわれが考える、より単純な一般概念の組み合わせを意味表示しているのが見出されるだろう。

たんなる組み合わせというよりも、創作物や作品と呼ばれた方がより適切な一般概念がある。例えば、人は、決して存在しない機械を想うことができる。その人は、音楽の旋律、詩、建築の計画、統治の計画、公的あるいは私的な生活の行為の計画、文や談話や論考を想うことができる。そのような創作物は、著者の心の中で想われた事物であり、実在しているものではない。そして、著者が持っているのと同じ一般概念が、言語によって他者に伝えられるのである。

例えば、ハリントンの『オセアナ』は、その著者の心の中で想われた。それが作られる素材は、想われたものであり、存在したものではない。その議会、一般の集会、執政官、その選挙は、すべて、彼の心の中の概念であり、全体が、一つの複雑な概念である。そして、同じことが、人間知性のあらゆる作品について言えるのである。

われわれが見ている神の作品は、これらのものとはかなり違っている。それらは、知性だけの作品ではなく、創造的能力の作品である。それらは実在している。それらについてのわれわれの最良の概念でも、部分的で不完全である。しかし、人間知性の作品についての概念は完全で完成したものである。それらは、著者が想ったもの以外のなにものでもなく、その概念を彼と同じような人間に完全に伝えるために彼が言語によって、表現するものなのである。

そのような作品は、実際に複雑で一般的な概念だが、それらは、われわれの現在の主題にそれほど厳密に属しているわけではない。それらは、たんなる概念、つまり単純把握の対象ではなく、むしろ嗜好や判断の対象なのである。

それゆえ、より単純な概念をたんに組み合わせることによって作られる複雑な概念に戻ろう。自然は、適切だと思われる属性の数、そしてそのような単純な属性を組み合わせる能力を、そして、一つの名前をその組み合わせに与え、それを思考の一つの対象として考える能力をわれわれに与えた。

われわれの考察の中に入ってくる事物の単純な属性は、それほど多くないが、中身が豊富な言語の中ですべて名前を持っているかもしれない。しかし、それらの中の二つ、三つ、あるいはそれ以上からなるすべての組み合わせに名前を与えることは不可能だろう。大部分の中身が豊富な言語も、ほんの一部を表わす名前しか持っていない。

同じように次のことが観察される。それは、名前を持っている組み合わせは、たがいに交流を持つ文明化されたさまざまな国家の言語において、完全にではないにしてもほとんど同じだということである。ここから、辞書編集者は、別の言語の言葉に完全に、あるいはかなり一致する単語を、ある言語の中で大部分与えることができる。そして、一つの言語において単純な文体で書かれたものは、逐語的に他の言語に翻訳されうるのである。

これらの観察から、人間の本性に共通の原理があるか、人間の一生に共通の出来事があるかのどちらかだと結論づけられる。そしてそういったものが、〔可能性として〕作られうる無限の数の中から、人々にあるものよりも他の組み合わせを作らせるのである。

ヒューム氏は、この現象を説明するために、彼が観念連合の性質と呼ぶものに頼った。つまり、因果関係、時間と場所における隣接性、類似性である。彼は次のように考えた。「これらの連合する性質の最も際立った結果の一つが、われわれの思考の共通の主題である複雑観念である。これが、言語がなぜ互いにこれほど対応しているのかを示す原因でもある。自然は、ある仕方で、あらゆる人に、複雑観念に統合されるのが最も適切な観念を指摘するのである。」(8)

ある仕方で、自然が複雑観念に統合されるのが最も適切な単純観念を示すということについて、私はこの賢明な著者に同意する。しかし自然は、隣接性、因果関係、類似性という単純観念間の関係だけによって、そしてそれを主としてこれを行なうのではなく、むしろ、われわれ自身の概念を助け、その概念を言語によって容易に、かつ快く他人に伝えるためにわれわれが作り出す組み合わせの適切さによって、そうするのである。

言語の目的と使用は、観念の連合する性質に関わりなく、常識を持つ人々に、その願望や思考や欲求を表現するために適切な複雑思念を作るように向かわせる。そして、あらゆる言語において、これらが、名前を持つ複雑思念だとわかるだろう。

社会の最も粗野な状態において、人々は、ある人と別の人の共通の関係を表現するために、男性、女性、父、母、息子、娘、姉妹、兄弟、隣人、友人、敵、そして他の多くのものの一般思念を作る機会をもたなければならない。

もしも人々が狩りに従事するならば、彼らは、獣を追うためのさまざまな道具や操作を表現するための一般語を持つに違いない。彼らの家や衣服が、どれほど単純なものであろうと、素材、技術、それらの素材の優れた点や欠点を表現するための、別の一揃いの一般名を与えるだろう。もしも人々が川や海の上を船で進むのならば、それは、そうでなければ彼らの思考には思い浮かびもしなかったような多くの一般語を生み出す機会を与えるだろう。

同じことが、彼らが実践する農業、牧畜、あらゆる技術について、そして彼らが獲得するあらゆる知識の分野について言えるのである。われわれの考えを伝えるための一般名の必要性は明らかである。われわれが、それらを必要なものだと考えている限り、それらの発明は、人々に共通する程度の知性以外の才能を要求しないのである。

債務者と債権者、利益と損失、請求書、残高、在庫、そしてほかの多くのものの思念は、商業によるものである。緯度、経度、航路、走行距離といった思念、そして船やそのさまざまな部分、装備、操作のさまざまな思念は、航海によるものである。解剖学者は、人体のさまざまな類似している部分や類似していない部分を表わす名前を、そして、その形、位置、構造、用途を表わす言葉を持たなければならない。医者は、体のさまざまな病気、その原因、症状、治療手段を表わす名前をもたなければならない。

同じようなことは、文法学者、論理学者、批評家、修辞学者、道徳学者、自然学者、熟練工、そして、あらゆる学芸、学問を専門とするあらゆる人について言えるだろう。

何らかの発見が技芸や自然でなされ、それを適切に表現するための新しい組み合わせと新しい言葉が要求されたとき、それらを作ることは、表現されるべき事物の判明な思念を持つ人々には容易である。そして、そのような言葉は、容易に採用され、公共の裁可を受けるのである。

その一方で、著名な人が、虚栄心や判断力の欠如から、美しくもなく有益でもない、あるいは流行りの言語で表現される組み合わせを表現するための新しい言葉を作るのならば、その権威は、それらに媚びを売る模倣者や盲従する賛美者に、しばらくの間、受け入れられるだろう。しかし、賢明な人は、彼らを笑い、そして彼らは、その信用をすぐに失うだろう。(9) 古代の文法学者であるマルクス・ポンポニウスによって、ティベリウス・シーザーに対してなされた主張はとても正しいものである。「シーザーよ、君は、人々をローマの住人にする力を持っている。しかし、一つの単語でもローマの言葉の住人にする力は持っていないのだ。(10)」

文明化され、互いに交流のある国々の間で、最も必要で役立つ技能は共通のものだろう。人間の知識の中でも重要な部分は、共通のものである。それぞれのいくつかの言語がそれに適合し、結果的に互いに適合するだろう。

一般的な用途が新しく生み出されたとき、新しい複雑な思念と新しい名前が容易に生み出され、そしてそれらは、発明物と同じくらい広がる。印刷、火薬、羅針盤、光学ガラスという現代の発明によって、新しい複雑な思念がどれほど多く作られ、それらを表わすための名前がどれほど多くヨーロッパの言語で作られただろうか。これらの複雑思念において組み合わされた単純な観念とこれらの観念の連合する性質は、とても古くからある。しかし、役に立つときがくるまで、それらの複雑思念は決して生み出されたりしなかったのである。

この慣習、様式、法律の点で、ある国家に特有のものは、その国家の言語に特有の複雑な思念や言葉を生み出す。ここから、英語における「告発」(impeachment)や「私権剥奪」(attainder)やギリシア語における「陶片追放」(ostracism)に対応する名前が、他の言語の中にない理由は容易にわかるだろう。

それゆえ、人々が、可能性としては作られうる非常に多くのものを無視しながら、ある組み合わせだけを作り出すようにし、言語においてそれらに名前を与えるようにするのは、有益性のためであって、観念の連合する性質のためではないと私は考えている。人々の交流において、そしてその職業において、生活に共通して起こることは、多くの複雑な思念を生み出す。われわれは、多かれ少なかれ、注意を引き、会話の主題となりうる個々の出来事を見る。多くの点でこれに似たほかの出来事が観察され、予期される。時間や場所や人物についての重要ではない状況を省いて、それらに完全に共通のものについて話せれば都合がいいだろう。それらすべての個々の出来事に共通するものに名前を与えることによって、かなり容易にこういったことがなされる。そのような名前は言語にとってたいへんな助けになる。なぜなら、それは、一つの言葉の中に、詳細に表現すれば非常に冗長になってしまう非常に多くの単純な思念を含むからである。

こうして、人々は、食べること、飲むこと、寝ること、歩くこと、馬に乗ること、走ること、買うこと、売ること、耕すこと、種をまくこと、踊ること、祝宴、戦争、戦闘、勝利、大勝利、そして無数のほかのものの複雑な思念を作ったのである。

そういった事物は、頻繁に会話の主題となる。そして、もしもわれわれが、そういったものに含まれているすべての単純思念の詳細によるのではなく、それらを表現する簡潔な方法を持っていなければ、会話の利点は失われるだろう。

社会における人々のさまざまな才能、性向、習慣は、それらを扱う人々には関心のあるものなので、あらゆる言語に一般的な名前がある。それは、賢明や愚かさ、もの知り、無知、率直、ずるさというようなものである。あらゆる熟練の技芸、道具、器具、素材、生みだされた作品、そして、これらのさまざまな卓越や欠点は、一般的な名前を持たなければならない。

社会における人々の観察を逃れることのできない人物や事物のさまざまな関係は、われわれを、多くの複雑な一般思念へと導く。それは、父や兄弟や敵や主人や奴隷や財産や窃盗や反乱といったようなものである。

学問における専門的な言葉は、複雑思念の一般名のもう一つの集合を作る。それは、数学における公理、定義、問題、定理、論証のようなものである。

私は、複雑な一般概念の集合の完全な数え上げを試みるつもりはない。私が見本として名前をあげたものは、ロック氏が混合様態や関係と呼んでいるものに大部分は含まれていると思う。それは、彼が正しく見てとったものだが、形成される無数の他のものの中から優先して、言語においてそれらに与えられた名前である。それは、これらの一般概念が、われわれの思考を言語によって伝える目的のために役立つという、その理由のみによってそうなるのである。

人類のすべての言語において、学者の著作と議論だけでなく、一般人の会話も、単純なものであろうと複雑なものであろうと、一般概念の記号である一般語からほぼすべて作られている。そして、あらゆる言語において、われわれは、複雑思念を表わす言葉が、言語の使用が要求するようなものであり、そしてそのようなものだけでしかないとわかる。

観察されるべき、複雑な一般名辞のかなり大きな集合がまだある。私は、それらによって、自然の実体の種、類、族などを言わんとしている。

われわれが自然の実体のさまざまな種類に一般名を与えるようになるのは、実際には有益性のためである。しかし、混合様態や関係の他の組み合わせを作るときよりも、種の名前に含まれている属性を組み合わせるときに、われわれは、自然によってより助けられ、指図される。前者においては、構成要素は、人生の出来事において、あるいは、人々の行動や思考においてまとめられる。しかし後者においては、構成要素は、神が作った多くの個々の実体に自然に統合される。われわれは、多くの個体が一致する属性の一般思念を作る。われわれは、この組み合わせに種の名前を与える。その名前は、存在しようと存在しまいと、それらの属性を持っているすべての実体に共通するものなのである。種の名前は、われわれが、その定義に入れるのに適切だと見出す属性よりも多くのものも少ないものも含まない。それは、時間も場所も存在さえも含まないが、これらなしでは個体はありえないのである。

知性のこの働きは、自然の産物について理解できるように話すために、われわれが受ける利益を手に入れるために、そして、われわれがさらされているそれらからの危険を避けるためには、絶対的に必要なのである。個体は非常に多いので、固有名をそれぞれに与えることは、言語の能力を超えているだろう。もしも良い・悪い性質が、個体に観察されたとしても、その同じ性質が期待される種がなかったとしたら、このことは、どれほどわずかしか役に立たないだろうか。

自然の実体の性質についての何らかの一般的な知識がなければ、人間の生命は保持されない。そして、それらを種の名前のもとで種にまとめることなしに、こういった一般的な知識はありえない。この理由によって、粗野な国家の中でも、火や水や大地や空気や、山や、泉や、川の名前が見出される。人々が用いる植物のための名前が、狩ったり、飼いならしたりする動物の名前が、つまり有益だとか有害だとかが見出されるもののための名前が見出されるのである。

これらの名前のそれぞれが、一般に、属性の組み合わせを持っている実体を意味表示している。それゆえ、名前は、それらの属性が見出されるすべての実体に共通のものでなければならない。

哲学者が正確な分類をし始める前に、実体のそのような一般名は、それほど明確でない分類の状態で、すべての普通の言語で見出されるが、その意味が、生活の通常の目的のための必要以上に正確なものだと期待してはならない。

自然の知識が前進するにつれて、自然の実体のより多くの種が見出され、その有益な性質が発見される。人間の知識のこの重要な部分が伝えられ、将来の世代へと手渡されるためには種が名前を持っているだけでは十分ではない。言語の変動は、かなり大きいので、人々が従うようになる定義を持たないかぎり、一般名は、いつも同じ正確な意味表示を保持しているとは限らない。

プリニウス(11)の時代には、ギリシア人とローマ人の、自然の知識の大いなる蓄えがあったことは疑えない。その自然誌には大いなる蓄えがある。しかし、その多くは、われわれには失われた。とりわけこの理由のために、われわれは、彼がどのような名前でどのような種類の実体を言わんとしているのか、わからないのである。

名前の正確な定義による以外に、この損失を防ぐことはできない。種は、その名前と定義が維持されるかぎり、その定義によって他のすべてのものから区別されることができるのである。

将来におけるこのような損失を防ぐために、現代の哲学者は、慈悲深い創造主がわれわれの地球を豊かにした、すべての既知なる実体の種類の名前と、正確な定義を与えようと、非常にすばらしい試みを行ってきた。

それらに関する豊富で判明な言語を形成し、結果的に、それらについての知識を促進させ、それを将来の世代に伝えるために、このことは必要なのである。

存在することが知られているあらゆる種は名前を持っているはずである。そして、名前は、すべての他のものからその種を区別するのに最も役立つような属性によって定義されなければならない。

自然は、この作業が容易で重要なものになるように事物を作ることによって、われわれにこの作業をさせるのである。

というのも、第一に、われわれは、多くの個々の実体が、その明らかな性質において非常に似ていることを知覚するので、人々の中で最も未発達な種族でも、それらを一つの種として考え、それらに一つの共通の名前を与えるからである。

第二に、実体の隠れた性質は、一般に、種のすべての個体において同じである。その結果、観察や実験によって、種のわずかな個体に見出されるものが、全体に属していると考えられるし、通常は見出される。これによって、われわれは、個々の事実から、一般的な結論を導くことができるようになる。この種の帰納は、実のところ自然の知識のマスターキーなのであり、それがなければ、哲学のその部門において、一般的な結論を作ることができないのである。

そして第三に、われわれの本性の成り立ちによって、われわれは、推論せずに、個体に属しているのが見出されてきたものを、種全体に属させるようになるのである。こうして、われわれは、火が燃え、水がものを浸し、そして物体が引力で引き寄せられ、食糧が人々を養うのを知るようになるのである。

自然の王国の二つの種、つまり、動物と植物は、それらがその類似物を作るために持っている能力によって、自然に固定されているように思われる。そしてこれら動物と植物について、人々は、すべての時代と国家において、同じ種の祖先と子孫について説明してきたのである。これら二つの王国の種について、博物学者の違いは、わずかなもので、それは、土壌や気候や文化や、ときには途方もない産物によって生み出される変化によって、引き起こされうるが、それは比較的珍しいことである。

無生物の王国において、われわれは、事物を種に分類する同じ手段を持っていない。だから、種の限界は、さらに恣意的なものに思える。しかし、これまでになされた発展を見るならば、この王国においてさえ、その知識が進むにつれて、様々な種があらゆる価値ある目的に適うように、うまく区別され定義されるかもしれないという希望を持つ根拠がある。

種があまりにも多く、記憶の重荷になるとき、それらを属に分類することによって非常に助けられることになる。属は族へと分類され、族は目へと、そして目は綱へと分類される。

区分と下位区分による、自然の実体の規則的な分類は、体系という名前を得る。それは、真理の体系ではなく、定義を伴った一般名辞の体系である。それは、記憶の大きな助けとなるだけではなく、名辞の定義をはるかに容易にするのである。というのも、属の定義は、その属のすべての種に共通で、繰り返しという困難なしに、それぞれの種の定義において理解されるからである。同じように、族の定義は、あらゆる属の、つまりその属のあらゆる種の定義において理解されるのである。そして同じことがすべてのさらなる上位区分についても言えるのである。

自然の産物の、そのような体系的な配分の効果は、動物学や植物学、鉱物学という体系に見出される。そこでは、種は、通常、一、二行で正確に定義される。それは、体系的な配列がなければ、一ページでもほとんど定義されることができなかったようなものなのである。

このような体系の統一について、人々は、両極端へと進む。それらを、たんなる言葉の辞書として軽蔑して扱う者もいれば、おそらく、自然の作品において知る価値があるすべてのものとして、そのような体系にとどまる者もいる。

一方で、彼らが記述する自然の産物について知られるあらゆることを伝えることは、そのような体系の意図するものではない。いくつかの種を定義し、区別するのに最も適している特性が、知ることが最も有益なものだとは限らない。生活や学芸において自然の実体の用途を発見し伝えることは、最も重要な博物学者の仕事の一部であることは疑えない。その体系的な配置は、この目的にどれくらい役立っているかによって主に判断される。このことを、あらゆる思慮深い博物学者は認めるだろう。

その一方で、その苦労は軽蔑されるべきではない。というのも、それによって、知識の有益で重要な部門への道が、いつも容易に開かれるようになるからである。とくに、この苦労が、広い知識と偉大な能力を要求するときはそうなのである。

適切に配置し、正確に定義する才能は、かなり珍しいものであると同時に、とても有益なものなので、本当の天才の証拠としてまさしく考えられ、大いなる賞賛に値するものなのである。配置には、その有益さを除いても、心をとらえ、喜びを与える固有の美しさがある。他のほとんどのものと同じように、この点でも特にそうなのであるが、自然は美しさと有益性を結び付けた。戦闘の日における軍隊の配置は、壮大な光景を見せる。同じ人々が市場の雑踏にいても、そのような効果を持っていない。それゆえ、他の人々が言語の研究にその生活を費やす以上に、自然の体系の研究に日々を費やす人々がいることは、奇妙なことではない。これらの体系の最も重要な目的が、自然の産物についての豊富で明確な言語を作ることなのは確かである。それによって、それらに関するあらゆる有益な発見は、誤る危険もなしに、現在へと伝えられ、すべての将来の世代へと伝えられる。

一般名辞は、特にその意味表示において複雑であるような一般名辞は、正確な定義なしには、一つの正確な意味も保つことが決してできない。そして、そのような名辞の正確な定義は、それらが意味表示する事物を規則的な体系にまとめるほどには、容易にかつ有益に形成されることはありえない。

非常に著名な医学の専門家たちは、病気の名前のすべての曖昧さを取り除き、健康についての技術を進めるために、人間の身体の病気を体系的な階級にまとめ、彼らがそれらを配分するいくつかの種、属、目、綱に属する病気にその個別の名前と正確な定義を与えようと、近年試みてきている。そして、この方法は、専門用語が学問の進展を妨げる曖昧さを持つあらゆる技芸と学問において、その弊害からの救済のための最も容易で、うまくいく方法だろう。

学芸や学知の言語と同じように、日常の言語において見出される一般名辞が、体系的な配置へとまとめられ、それらが曖昧さから逃れるように定義されることが、望まれてきた。しかし、これに対する障害は、克服できないようなものである。私は、『真なる文字と哲学言語への試論』(12)の中で、ウィルキンズ主教以外には、そのことを試みた人を知らない。その試みは壮大で、才能ある人にふさわしいものだった。

それゆえ、自然のさまざまな産物のそのような体系を作ることは、軽蔑されるどころか、現代の価値ある発展の中に位置づけられるべきである。そして、その有効性がその最も遠い将来に届き、書くことの発明と同じように、人間の知識の最も重要な部門を保つのに役立ち、それが破壊されたり、失われたりすることから防ぐのに役立つものであると、いっそう評価されなければならない。

第五章　一般思念に与えられた名前に関する観察

今や、われわれは次のような心の働きをできるだけ考察してきた。それは、その働きによって、自然がわれわれの観察に示す対象をその単純な属性へと分析し、一般名をそれぞれに与え、そして、何らかの数のそのような属性を一つの全体へと組み合わせ、一般名をその組み合わせに与えることになる心の働きである。そこで単純なものであろうと複雑なものであろうと、一般思念に関係する意見をいくらか述べていくことにしよう。私は、現代の哲学者によってそれらの心の働きに与えられた名前は、それらについての思索を不明なものにし、困難で難解なものにしてしまってきたと思う。

それらは、一般思念、概念、観念と呼ばれる。思念や概念という言葉は、その厳密で、最も共通する意味では、対象を想う心の活動、あるいは働きを意味する。比喩的な意味において、想われる対象のために用いられることもある。そして、私は、われわれが一般思念とか一般概念と呼ぶものについて話すとき以外には、あったとしても、この比喩的な意味でそれらが使われることはほとんどないと考えている。観念という言葉も、それが現代において使われているとき、同じ曖昧さがある。

さて、われわれが、一般思念あるいは概念を持つと言われるのは、これらの後者の意味〔想われる対象を意味すること〕にあるのであって、前者の意味〔想う働きを意味すること〕ではない。一般性は、想われる対象にあるのであって、それを想う心の活動にあるのではない。心のあらゆる働きは、個々の活動であり、それは、存在しているか存在したかである。しかし、存在せず・存在しなかったものを想う能力を、われわれは持っている。われわれは、存在に関わることなく、属性を想う能力を持っている。そのような属性の概念は、心の現実の、そして個々の活動である。しかし、想われる属性は、存在し、あるいは存在するかもしれない多くの個体に共通している。概念の対象と対象の概念は、あまりにも混同されがちなのである。しかし、その危険は、概念の対象が概念と呼ばれるとき、はるかに大きくなるに違いない。

ペリパトス学派は、概念のそのような対象に、普遍や述語の名前を与えた。これらの名前には曖昧さはなく、私は、われわれが使っている名前よりも、それによって意味されたものを表現するのにはるかに適していると思う。

私が、述語と同じ意味を持つ属性という言葉をしばしば用いたのは、この理由のためである。そして、同じ理由で、習慣に従って、一般思念や一般概念について語るときに、私はいつも想われるものを意味しているのであって、それらを想う心の活動を意味しているのではないことを、読者に繰り返し警告する必要があると考えたのである。

ピュタゴラス学派とプラトン主義者は、観念という名前を、そのような、概念の一般的な対象に与え、他のものには与えなかった。われわれは、そこから観念という言葉を借用し、それは、今やヨーロッパのすべての言語でお馴染みのものとなったので、もしもわれわれが、彼らから意味も借用し、彼らがその言葉によって意味したものを表わすためだけにそれを使ったならば、幸福なことだっただろうと思う。私には、存在する事物から、たんに想われる事物を区別するための曖昧ではない言葉が必要であるように思われる。もしも観念という言葉が、この目的のためだけに使われるならば、そのもともとの意味を回復し、その不足を補うだろう。

われわれは確かに、観念に関するプラトン主義者の理論を採用することなしに、観念という言葉の意味において、プラトン主義者に同意できる。彼らのように、観念が永遠で、自分で存在しており、見られたり触られたりするものよりも強く実在しているということを信じる必要はない。

彼らは、概念の対象のあらゆる事物が、実在せねばならないという共通の先入観から、観念が存在すると考えるように導かれた。そして、いったん観念に存在を与えたならば、もちろん観念についての残りの神秘的な体系が後に続くのである。たんに想われた事物は、始まりも、終わりもしない。時間も場所も持たない。それらは変化を被らない。それらは、神が作ったあらゆるものを作るひな形、あるいは典型なのである。というのも作品は、それが作られる前に、考案者によって想われなければならないからである。

これらは、プラトンの観念の否定できない属性である。そして、それらに実在するという属性を付け加えてしまうならば、プラトン的な観念の神秘的な全体系が得られることになる。存在するという属性を取り除き、それらが、存在しないものであり、たんに想われるものだと想定してみよう。そうすると、すべての神秘は取り除かれ、残っているすべてのものは、人間の知性と同じ水準のものとなるだろう。

本質という言葉は、スコラの人々の間でもかなり用いられてきた。そして、プラトン主義者が、種の観念〔イデア〕と呼んだものを、彼らは本質と呼んだ。エッセンティアという言葉は、キケロによって作られたと言われている。しかし、彼の時代よりもかなり後になるまで、キケロの権威さえそれを普及させることができなかったが、最後には用いられるようになった。スコラの人々は、プラトン主義者が観念について言ってきたように、本質に関して同じ意見に陥った。事物の本質は、作られない、永遠で、不変のものだと考えられてきたのである。

ロック氏は、二種類の本質を区別した。実在的本質と唯名的本質である。実在的本質ということで、彼は、個体をまさにその個体にする成り立ちを言わんとしている。この本質は、それが属する個体とともに始まり、終わる。それゆえ、それはプラトン的な観念〔イデア〕ではない。しかし、ロック氏が唯名的本質だと呼ぶものは、種の成り立ちであり、個体を、そのような種のものにするものである。そして、これは、種の名前によって意味表示され、存在に関わらず想う属性の組み合わせ以外の何ものでもない。(13)

それゆえ、種の本質は、プラトン主義者が種の観念〔イデア〕と呼ぶものである。もしも観念という言葉が、プラトン主義者やピュタゴラス主義者の間で考えられていた意味に限定されるならば、ロック氏が、観念について言った多くのことは正しく、真理だろうが、そうでないものもある。

ほとんどの言葉（実際に、すべての一般語）が、観念の記号だということは正しい。しかし、固有名はそうではない。それらは、個物を示しており、観念を示しているのではない。一般的で抽象的な観念があるということが正しいだけでなく、すべての観念は一般的で、抽象的だということも正しいだろう。そして、すべての単純観念は、感覚か意識から直接に得られるということ、どのような単純観念も、他の能力の協働がなければ、そのいずれによっても得られないということはまったく真理ではないだろう。感官、記憶、意識の対象は、観念ではなく個体である。それらは、われわれが単純観念を持つ前に、知性によって、単純な成分に分析されなければならない。そして、それらの単純観念は、われわれに複雑観念を与えるために、知性によって再び結合されて、名前が結び付けられた判明な塊にならねばならない。獣類が抽象観念を持っていないということだけではなく、それらがまったく観念を持っていないということは、ありそうなことだ。

　私は次のことだけを付け加えよう。それは、言語の起源と進歩についての学識ある著者と、その学識ある友人であるハリス氏[14]は、私が出会った中でも観念という言葉を、この意味に制限する唯一の現代の著者である、ということだ。古代哲学についての彼らの知識が、彼らをそうさせたのだ。古代哲学において、判明な意味を持っていて、もしもその意味を保ち続けたならば、われわれの言語に本当に取得されたであろう言葉が、現代の人々によって、かなり茫漠で曖昧な仕方で用いられたために、有益な知識をもたらすどころか、われわれの思索を混乱させ、わかりにくくさせがちになるとは、どれほど憐れむべきことだろうか。

　抽象・一般概念について言われてきたすべてのことから、それらについて、次のような結論を導くことができるように思われる。

第一に、心が、最も単純で、最も判明な思念のすべてを備え付けられるのは、抽象によってであるということである。感官の最も単純な対象は、抽象によって、そのより単純な要素に分析されるまで、複雑で不明瞭に思える。そして、同じことが記憶と意識の対象について言えるのである。

第二に、最も判明で複雑な思念は、抽象によって得られる単純思念を合成することによって形成されるものである。

第三に、抽象と一般化の能力がなければ、事物を、類や種に分類することによって、事物を、目や分類法にまとめることはできないだろう。

第四に、それらの能力なしに、定義はありえない。というのも、定義は、普遍に対してのみ適用されるからであり、どのような個体も定義されえないからである。

第五に、抽象的で一般的な思念なしには、推論もないし、言語もない。

第六に、獣類は、人々のように、同じ主体のさまざまな属性を区別し、事物を類や種に分類し、人工的な記号によって、定義し、推論し、彼らの思考を伝える徴候を示さない。私は、ロック氏に同意し、彼らは、抽象し一般化する能力を持っておらず、この点で、自然は、彼らと人類のあいだに種的な違いを作ったと考えなければならない。

第六章　普遍についての哲学者たちの意見

古代哲学では、普遍の学説、つまり、われわれが一般名辞で表現する事物の学説は、かなり重要だった。すでにこれまで多くのことが言われてきたが、ピュタゴラス学派やプラトン主義者の観念〔イデア〕とは、普遍のことである。すべての学知は普遍を対象とする。その対象が、実在的で不変なものでなければ、学知はありえないと考えられていた。それゆえ、真理と学知に敬意を払う人々は、観念や普遍は、本当の、そして不変の存在であると主張した。

反対に、懐疑主義者は（というのも、当時は懐疑主義的な哲学者がいたので）、すべての事物が移ろいやすく、そして永続的に変動する、と主張した。そして、この原理から、学知も真理もないということ、すべてのものが不確実な意見であることが導かれると主張した。

プラトンと、彼のピュタゴラス学派の学校の教師たちは、感官の対象について、このことを認め、それら〔感官の対象〕に関して、学知も確実な知識もありえないと認めた。しかし、彼らは、永遠であり不変なものである崇高な秩序と自然についての知性の対象があると主張した。これらは観念あるいは普遍なる本性のものであり、感官の対象はその像であり、影でしかないのである。

すでに見てきたように、これらの観念に、彼らは、最も壮麗な属性を帰属させた。人やバラや円などのもののあらゆる種類の属性について、彼らは、あらゆる種の個体が作られる前に永遠に存在した、一つの観念あるいは形相があると信じた。また彼らは、次のようなことも信じていた。それは、この観念が、神がそれに従って種の個体を作る典型やひな形であるということ、その種のあらゆる個体が、その本質を形成する観念を帯びるということ、適切な抽象によって種のすべての個体においてこの観念があるとわれわれが識別するときに、この観念も同じように人間の知性の対象となるということである。

例えば、あらゆる種の観念は、一つの不変なものではあるが、三つの異なった見方あるいは観点で考えられる。第一に、種の個体が存在する前に、永遠に存在しているものとして、第二に、区分や多様化なしに、その種のあらゆる個体において存在し、種の本質を作るものとして、第三に、人間における知性や学知の対象としてである。

私の理解では、プラトンの学説はそのようなものである。彼の弟子のアリストテレスは、観念についてのこれらの見方の第一のものを妄想だとして拒否した。しかし、残りの二つについては、師とそれほど変わらなかった。彼は、個物の存在に先行する普遍的本性の存在を認めなかった。しかし、あらゆる個体が、質料と形相からなると主張した。(私の考えでは、プラトンが観念〔イデア〕と呼んでいるものである)形相は、種のすべての個体に共通のものであり、人間の知性は、思索の対象として事物の形相を受けとるのに適しているということである。普遍の本性についてのそのような深遠な思索を、われわれは、哲学の最初の世代においてさえ見出すのである。私は、それらを自分自身に、そして読者の方々にさらに分かりやすくできればと思う。

普遍を五つの部類に区分すること、つまり、類、種、種差、特性、偶有性に区別することも、同じくかなり古くからあり、ピュタゴラス学派から、ペリパトス学派の人々によって借用されたのだと思う。

ポルピュリオス(15)は、アリストテレスのカテゴリーへの序論として、これらについての判明な論考を与えた。しかし、彼は、それらの本性について激しく論議された複雑な形而上学的問題を省略したが、それは次のようなものである。類や種は現実に自然に存在するのかどうか、あるいは、それらが人間の心の概念でしかないのかどうか。もしもそれらが自然に存在するのならば、それらが形体的なものか、非形体的なものかどうか、そして、それらが感官の対象に内在しているかどうか、あるいはそれらから分離されたものであるかどうかという問題である。彼が言うところによれば、彼は、簡便さのためにこれらの問題を省略した。なぜなら、それらは、かなり深遠な問題であり、綿密な議論を必要とするからというのである。これらの問題が、およそ一二世紀まで、哲学者の機知を鍛えてきたということはありそうなことである。

およそその時代に、有名なアベラール(16)の師匠であるロスケリヌスあるいはルスケリヌス(17)は、言葉や名前以外には普遍などないという新しい学説を導入した。この、そして他の異端的主張のために、彼は、ひどく迫害された。しかし、彼の雄弁さや能力、そして彼の弟子のアベラールの雄弁さや有能さによってその学説は広まり、それに追随する人々は、唯名論者と呼ばれた。実際に普遍のようなものがあると主張する彼の論敵たちは、実在論者と呼ばれた。スコラの哲学者たちは、一二世紀の初めから、これらの二つの学派に分けられた。中には、わずかではあるが相争う学派の中道をとるものもあった。実在論者が物自体にあると主張し、唯名論者が名前にしかないと主張した普遍を、彼らは、事物にもないし、名前だけにあるのでもなく、概念にあると主張した。このために、彼らは実念論者と呼ばれた。しかし、対立する学者の脅しにさらされ、彼らはそれほど有名にはならなかった。

唯名論者の学派が息絶えようとしたとき、一四世紀に、唯名論は、スコトゥスの弟子であるオッカムから新しい魂と精神を受けた。そのとき、事物の側における普遍についての論争は、イギリス、フランス、ドイツの学院で、激しい反目を生みつつ復活し、議論だけでなく、ひどい非難、けんか、血の闘争が行われ、それは、ルターや他の宗教改革者の学説が、学者の世界の注意をもっと重要な主題へと向けるまで続いた。

文芸復興の後、ホッブズ氏は、唯名論者の意見を採用した。『人間の本性』第五章第六節で、彼は次のように言う。「それゆえ、名前以外には普遍などないのは明らかである。」(18) そして、彼の『リヴァイアサン』第一部第四章では、「名前以外の普遍などなく、固有名は、心に一つの事物しかもたらさない。普遍は、多くのもののあらゆるものを呼び起こす。」(19)

ロック氏は、先に言及した区分に従って、実念論者と見なされると思われる。彼は、普遍なるものがあると主張したのではなく、われわれは、抽象によって形成できる一般観念、あるいは普遍観念を持つと主張したのである。そして、彼は、抽象一般観念を作るこの能力が、人間と獣類を、知性の点で主に区別するものだと考えた。

ロック氏の抽象についての学説は、二つのかなり強力な敵対者、バークリ主教とヒューム氏によって争われた。彼らは、唯名論者の意見を採用した。前者のバークリ主教は、次のように考えている。「心が事物の抽象観念あるいは思念を作る能力を持つという意見は、思索を込み入った複雑なものにする主な役割を果たし、知識のほとんどすべての箇所における無数の誤りや困難を引き起こした。[20]」また、「抽象観念は、精緻で細かい網目のようなものであり、この特異な状況とともに、人々の心をみじめにも困惑させ、混乱させてきた。その結果、人の機知が素晴らしく好奇心の強いものであればあるほど、それによって、彼は深く魅了され、そこに捉えられてしまうのである。[21]」そして、「世界の中で認められたすべての誤った原理の中で、抽象一般観念の原理ほど、思索する人々の思考に広く影響を与えたものはない。[22]」

それゆえ、『人知原理論』への序論の二四ページで、善良なる主教は、抽象一般観念がもたらすと彼が考えた、悪質さと広範な影響に応じた熱意と共に、この原理と対峙したのである。

抽象観念に対する懐疑的な哲学者〔ヒューム〕の熱意がバークリ主教の熱意にほとんど等しいということは、『人間本性論』第一巻第一部第七節の彼の言葉からうかがえる。「まさに重要な問題は、抽象あるいは一般観念に関しての問題、つまり、それらが事物についての心の概念において一般的なのか、個別的なのかという問題から始まった。偉大な哲学者は（彼は、バークリ博士のことを意図している）、この点に関して、それまで受け入れられていた意見を論駁し、すべての一般観念は、ある名辞に結び付けられた個別の観念でしかなく、そのある名辞がそれらの観念により広い意味を与え、それらの観念に似た他の個体を、機会があれば呼び起こさせるのだと主張した。私はこれが、学界で近年なされた最も偉大で、最も価値のある発見の一つだと思うので、それをいくつかの論証によって確証するように、ここで努めたい。それによって、私はこの発見をあらゆる疑いと論争を超えたところに置くことになると思う(23)。」

私は、これらの二人の著名な哲学者によって、抽象一般観念について言われてきたことについて、いくらか反省を加えることで、この主題を終わらせたい。

一、第一に、私は、言葉の一般的な、あるいは哲学的な意味でも、抽象一般観念を持っていると言うことが適切ではないと考えている。一般的な意味で観念は思考である。それは、対象を思考する、あるいは想うときの心の働きである。心のこの働きは、いつも個々の働きであり、それゆえこの意味では一般観念はありえない。哲学的な意味において、観念は心の中か、脳の中の像である。そして、それはロック氏の体系では、思考の直接の対象である。バークリやヒュームの体系では、思考の唯一の対象である。私は、この種の観念はないと考えていて、それゆえ抽象一般観念などないと考えている。実際に、心や脳の中に、もしもそのような像があるとするならば、それらは一般的なものではありえない。なぜなら、実際に存在するあらゆるものは、個体だからである。普遍は心の働きでも心の中の像でもない。

それゆえ、現代の人々によって、観念という言葉が用いられる意味のいずれにおいても一般観念などないので、バークリやヒュームは、ロック氏に対して、この問題について有利な立場にある。そして、ロックに対する彼らの議論は、十分、人に訴える議論である。彼らは、ロック氏が観念に関する仮説の正しい結果だと考える以上のことを理解した。その観念に関する仮説は、彼らにも、ロック氏にも共通のものである。そして彼らが、物質的世界のようなものはなく、抽象のような能力は人間の心の中にはないということをその仮説から帰結したとき、この仮説から正しく推論したのである。

一般的な三角形、あるいは何らかの他の普遍は、プラトン主義者によって観念〔イデア〕と呼ばれる。しかし、現代哲学の表現方法においては、それは観念ではないし、われわれは、観念に、三角形の特性を帰属させたりしない。三つの辺と三つの角を持っているなどと、どのような観念についても言われない。われわれは、等辺、二等辺、不等辺の観念について話すことはないし、直角で、鋭角で、鈍角の観念について話したりしない。そして、もしもこれらの属性が観念に属していないのならば、必然的に、三角形は観念ではないということになる。同じ推論は、あらゆる他の普遍についても言えるのである。

われわれが観念について考えているあいだ、それは、心の中に実在していると言われる。しかし、普遍は、実在しているわけではない。われわれが、観念に存在を帰属させるとき、それは、時間や場所にあるのではなく、何らかの個々の主体に存在しているのである。そしてこの存在とは、それらが、真実に、そのような主体の属性であるということでしかない。その存在は、述定可能性、あるいは、主体に属しうるということでしかないのである。述語という名前は、古代の哲学において与えられたのだが、その本性を最も適切に表現するものなのである。

二、第二に、次のことが当然だとみなされなければならない。それは、普遍は、われわれが、その言葉を、厳密で適切な意味で理解するときには、想像の対象ではありえないということである。バークリは次のように述べている。「私は、私が知覚したそれら個別の事物の観念を、自分自身に想像したり、再現したり、それらをさまざまに合成したり、分割したりする機能を持っているのを見出す。私は、二つの頭を持った人を、馬の体に上半身がつけられた人を想像することができる。私は、体の残りの部分から抽象され、分離された、手や目や鼻を、それぞれそれ自体で想像することができる。しかし、私がどのような手や目を想像しようとも、それは、個別の形や色を持っている。同じように、私が自分自身に作る人の観念は、白色か黒色か、褐色か、背筋がまっすぐか、背中が曲がっているか、背の高い、あるいは低い、あるいは中くらいの人のどれかでなければならない。(24)」

私は、この賢明な著者が見出したこと、つまり、彼は色や姿勢や形のない人を想像できないということを、誰もが自らに見出すだろうと思う。

以前に述べたように、想像は、厳密には、それが現実に見られるなら、対象が目に作り出す現われの概念を示す。普遍は、外的感官の対象ではない。それゆえ、想像されえない。しかし、それは判明に想われるのである。ポープ氏が、「人類の適切な研究対象は「人」である(25)」と言うとき、私は、黒色や白色、背中の曲がっている人や背中のまっすぐな人を想像しているのではないが、その意味を判明に想っている。概念と想像の区別は、しばしば見逃され、同じ言葉だと考えられがちだが、実際にあるものである。私は、不可能なものも想うことができるが、不可能なものを判明に想像することはできない。私は、命題や論証を想うことができる。しかし、そのいずれも想像できない。私は、知性や意志、美徳や悪徳、心のほかの属性を想うことができる。しかし、それらを想像することはできない。同じように、私は判明に普遍を想うことができるが、想像することはできないのである。

普遍を想う仕方について、私は自分の無知を打ち明けよう。私は、自分がどのように聞き、見て、思い出すのか知らないし、存在しない事物をどのようにして想うのかもほとんどわからない。われわれのすべての原初の能力の中で、働きの構造と様式は、われわれの理解を超えていて、おそらく、それらを作った人によってだけ、完全に理解されるのである。

しかし、われわれは、自分たちが意識する事実がどのように生じるのかは知らなくても、それを否定するべきではない。そして私は、普遍が心の中にあるそれらの像によって想われないのは確かだと思う。なぜなら、普遍の像などありえないからである。

三、この問題について、ロック氏と彼の二人の論敵は、真理を彼らのあいだで分断したように思える。ロック氏は、抽象一般概念を作る能力は、人間の最も際立った能力の一つだとして、人と獣類のあいだの種的な違いをそこに置いている。しかし、彼は、この労力が、観念についての彼の学説と完全におりあわないことに気付かなかったのである。

彼の論敵は、この不整合を理解した。しかし、観念の仮説を拒否する代わりに、彼らは、抽象の能力を取り除き、人間の知性と獣類の知性に種的な区別を残さなかった。四、バークリは、抽象一般観念に対する推論において、抽象一般概念を支持するために必要なすべてを、いやいやながら、あるいは不注意にも認めているように思える。

彼は言う。

人は、角度の個別の性質や、辺の関係に注意することなく、ある形を、たんに三角形として考えることができる。その点で、彼は抽象していると言える。しかし、このことは、彼が、三角形の抽象一般的で矛盾した観念を作ることができることを示していない。(26)

もしも人が、ある形を、たんに三角形として考えることができるならば、彼は、その考察の対象についての何らかの概念を持っていなければならない。というのも、どのような人も、想わないものを考察することができないからである。それゆえ、彼は、三角形の形の概念を、たんにそれ自体として持つ。私には、三角形の抽象一般概念によって意味されるものについて、それ以外にはわからない。

ある形をたんに三角形として考える人は、三角形という言葉によって意味されているものを理解しなければならない。もしも彼がこの言葉に結び付ける概念に、角の何らかの性質や、辺の関係を加えるならば、彼はそれを理解しておらず、その形を、たんなる三角形としては考えていないだろう。ここから、ある形をたんなる三角形として考える人は、角の性質や辺の関係から抽象した、三角形の概念を持っていなければならないことは明らかだと思う。

主教は、同じように、次のことを認めた。「われわれは、知覚されたすべてのものを考えることなく、上述された抽象観念を作ることなしに、人としてだけ、あるいは動物としてだけ、ピーターを考えることができる。(27)」ここでは次のように述べることができる。それは、人として、あるいは動物としてピーターを考える人は、人や動物という抽象一般語の意味を想わなければならず、それらの意味を想う人は、抽象一般概念を持たなければならないということである。

これらの譲歩から、主教が、われわれは抽象できるが抽象観念を作ることができないと考えていると、人は結論づけるようになるだろう。そして、この点において、私は彼に同意する。しかし、私は、この譲歩と、彼が以前に述べた一般原理を調停させることができない。彼が言うには、「明らかに、私はある物から別の物を抽象できること、あるいは別に存在することが不可能な性質を、別々に想うことができることを否定する。(28)」

このことは、私には、すでに言った譲歩に、そして経験に整合しないように思える。

もしもわれわれが、角度の個別の性質や辺の関係に注意することなく、ある形をたんに三角形と考えられるならば、これは、別々には存在できないものを別々に想っているということだと思う。というのも、確かに三角形は、角の個別の性質や辺の関係がなければ存在できないからである。そして、人は、それがなければ三角形が存在できない多くの特性の知識や概念を持つことなしに、三角形の判明な概念を持つことができるということは、経験からよく知られていることである。

次に、主教の一般化の思念について考えよう。彼は、一般観念があることを完全に否定したのではなく、抽象一般観念があるということを否定しただけである。彼が言うところによれば、「観念は、それ自体で考えられれば個々のものであるが、同じ種類のすべてのほかの個々の観念を代表したり、表わしたりさせられることによって一般的になる。」一つの例でこのことを明らかにするために、幾何学者が、直線を二等分する方法を証明しているとしてみよう。彼は、例えば、一インチの長さの黒い直線を引く。これは、それ自体は個別の直線だが、それにもかかわらず、その意味表示において一般的になる。なぜなら、それが用いられるとき、それは、どのようなものであれ、すべての個別の直線を表わすからである。その結果、その直線について論証されるものは、すべての直線について論証される、言いかえれば、直線一般について論証されるのである。そして、この個別の直線は、記号とされることによって一般的になるように、直線という名前は、絶対的に理解されれば個別だが、記号になることによって、一般的になるのである。[29]」

　ここで、私は次のことを述べよう。それは、個別の観念が、その種類のすべてのものを代表し、表わすための記号になるとき、このことは、事物を種類あるいは種に分類することを前提としている。ある種類のものであるということは、その種を特徴づけ、それに属しているすべての個体に共通している属性を持っていることを含意している。それゆえ、一般的な属性なしに種はありえないし、それを区別する一般的な属性の概念なしに種の概念もありえない。それゆえ、種の概念は、抽象一般概念なのである。

　個別の観念が、われわれが概念を持っていないものの記号になることは確実にありえない。あなたが種類の観念を持っていなければならないというのではなく、個別の観念をその種の代表にするとき、あなたはそれが意味するものを、確実に理解し想えなければならないということである。そうでなければ、あなたの個別の観念は、あなたが何かわからないものを表象することになるだろう。

　三つの角が二直角に等しいというような三角形の一般的な特性を論証するとき、私は、すべての三角形に共通のものを、判明に理解し、想わなければならない。私は、すべての三角形の共通の属性を、個々の三角形で異なる属性から区別しなければならない。そして、すべての三角形に共通するものとそうではないものを混同することなしに、すべての三角形に共通するものを判明に想うならば、これは、三角形の一般概念を作ることである。そして、これなしには、その論証が、すべての三角形に及ぶことを知ることができない。

主教は、特にこの論証に注目し、それに次のように答えた。「論証しているあいだ私が視野に持つ観念は、例えばその両辺が確定した長さを持つ二等辺直角三角形の観念だが、それにもかかわらず、どのような種類や大きさのものであれ、それが、すべてのほかの直線の三角形に及ぶことは確かである。というのも、直角も辺の等しさもその確定した長さのいずれもこの論証にはまったく関係がないからである。(30)」

しかし、彼の視野にある観念において、すべての三角形に共通のものを、そうでないものから判明に区別しないならば、共通しないものが論証に関わるかどうかを識別することはできないだろう。それゆえ、その論証がすべての三角形に及ぶことを知覚するためには、その概念から共通のものではないすべてのものを排除して、すべての三角形に共通するものについての判明な概念を持たなければならない。そしてこれは、私が三角形の抽象一般概念によって理解しているすべてなのである。

ロック氏が抽象一般観念を作る困難について、そしてその目的のために必要な苦労と技術について(実際にあまりにも強く)表現したことを、バークリはこの問題についてうまく利用した。そこから主教は、それほど難しいものは、すべての人々にとって容易で、馴染み深いものである言語によるコミュニケーションのために必要なものではありえないと結論づけた。

作るのが困難で、不十分な知性の人の届く範囲を超えてさえいるような、抽象的で一般的な概念もあるが、子供の手の届く範囲を超えていない多くのものがある。一般概念を獲得することなくして、言語を学ぶことは不可能である。というのも、それらがなければ、単一の文もありえないからである。このような概念の形成と、言語の音を分節化できるようになることが、子供が言語を学ぶときに、最初に見出す困難だろう。

しかし、この困難を、子供たちは、彼らが強いられる苦痛を思い出すことができないほど早いうちに乗り越えられる。子供たちは、たがいに理解したり、理解されたりするために、すべての労力と技術を用いようという気に強く促される。そして彼らは疑いなくそうするのである。

抽象思念を作る苦労は、話をすることを学び、話されていることを理解する苦労である。あらゆる言語の言葉は、わずかな固有名を除いて一般語なので、子供の心は、彼らが一般語の意味を学ぶにつれて、一般概念を備え付けられるのである。私は、ほとんどの人々は、彼らが会話で聞き、用いる一般語によって表現されるもの以外には、ほとんど一般思念を持たないだろうと考えている。そういった言葉のいくつかの意味は、定義によって学ばれる。それは、一度に、判明で正確な一般概念をもたらすのである。ほかの一般語の意味を、われわれは、一種の帰納によって、言語を理解する人々によってさまざまな機会にそれらが用いられるのを見出すというやり方から集めてくるのである。これらについての概念はしばしばそれほど判明でなく、異なった人々の間で、おそらく完全には同じというわけではない。

主教は次のように言う。「二、三人の子供たちが、無数の矛盾したものを最初に一緒にまとめ、そして心の中に抽象一般観念を作り、それらに、彼らが使用するあらゆる共通の名前を結びつけるまで、その砂糖菓子やガラガラや他の小さなガラクタについて一緒にぺちゃくちゃしゃべれないということは、困難なことではないだろうか。(31)」どれほど難しいことであろうとも、二、三人の子供たちが、砂糖菓子やガラガラについてさえ、多くの一般語の意味を想うことを学ぶまで、そしてそれが、一般概念を持つことだと思うのだが、理解したり理解されたりできるようにしゃべれないということは明らかな真理である。

五、この主題についてのバークリ主教の考えを見てきたので、次に、『人間本性論』の第一部第七節に表現されている、ヒューム氏の考えに注目しよう。彼は、次のことについて、主教に完全に同意している。それは「すべての一般観念は、個別の観念に、より広範な意味表示を与え、それらに似た他の個体を機会ごとに呼び出す名辞に結び付けられた個別の観念でしかない。ある個別の観念は、一般名辞に結び付けられることによって一般的となる。つまり、習慣的な結びつきによって、多くの他の個別の観念と関係を持ち、想像においてそれらを容易に呼び出す名辞と結び付くことによって、一般的になるのである。だから、抽象観念はそれ自体は個体である。しかしながら、それらはその代表機能において一般的になるのである。心の中の像は、個別の対象の像でしかないが、推論における利用の点では、それが普遍のように振る舞うのである。」(32)

ヒューム氏は、これが、学界で近年なされた発見の中で、最も偉大で価値のあるものの一つだと考えたが、それは、唯名論者の意見でしかないように思える。それについては、非常に多くの論争が、一二世紀の初めから宗教改革まで行われ、その後、ホッブズ氏によって支持されたものである。私は、ヒューム氏がすべての疑いと論争を超えて定めようとした論証を簡単に考察することにしよう。

第一に、彼は、量や性質のある程度の正確な思念を作ることなしには、それを想うことは完全に不可能だということを、三つの論証によって示そうとしている。

これは、実際に偉大なる試みである。しかし、もしも彼がそれをできたとしても、それは彼の目的には十分ではないだろう。それには二つの理由がある。

第一に、量や性質以外に、事物の多くの属性があるからである。そして、属性の程度の正確な思念を作ることなしに、何らかの属性を想うことは不可能だということを示すことが、彼に義務としてのしかかっている。アリストテレスの一〇のカテゴリーのそれぞれは、類概念であり属性でもある。そして、それらの中の二つ、つまり量と性質の二つについて、その一般概念などないということを彼が証明したとしても、〔同じように〕証明されなければならない八つが残されたままなのである。

もう一つの理由は、量や性質の程度の正確な思念を作ることなしに、それを想うことは不可能だったとしても、量や性質の一般概念すら持つことが不可能だということにはならないからである。一トロイポンドの概念は、量の概念であり、その量の正確な程度の概念である。しかし、それにもかかわらず抽象的な一般概念である。なぜなら、それは多くの個々の物体の属性であり、物体の多くの種類の属性だからである。それゆえ、彼は、何らかの個々の主体に不可分に結び付けることなしには、われわれは、量や性質を、あるいは、いかなる他の属性も想えないということを、証明するべきだったのである。

これは、証明されるべきことがそのまま残されているが、容易な問題ではないとわかるだろう。例えば、私は、英国人やフランス人という言葉で意味されるものと同じくらい判明に、日本人という言葉で意味されるものを想う。確かに日本人は量でも性質でもないが、人口の多いある国家のあらゆる個人に共通する属性なのである。私は、その国家の個人を一度も見たことがない。そして、もしも私が自分の意識を信頼するならば、その一般名辞は、私に、その種類の一個人を、すべての他の代表として想像させないだろう。

それゆえ、ヒューム氏は、多くのことを企てているが、もし、彼が証明しようとしているすべてのものを証明できたとしても、われわれが抽象一般概念を持たないということを示すのには、決して十分ではないだろう。

この次に、程度の正確な思念を作ることなしには、いかなる量も性質も想うことは不可能だという、この奇妙な立場を証明するための、彼の議論に注意しよう。

第一の論証は、現実に分離できないものを区別することは不可能だというものだ。「直線の正確な長さは、直線と別ではないか区別できない。」(33)

私は以前に、その本性において分離できない事物が、概念において区別しうることを示そうと努めた。そして、この点について確信していただくためには、それに反することを示すために持ち出されている、ここでの事例を考察すれば十分である。彼によれば、直線の正確な長さは、その直線から区別できない。「これは直線だ」と私が言うとき、私は、ある一つのことを言っている。私が、「それは、三インチの直線だ」と言うとき、私は、別のことを言い、意味しているのである。もしもこのことが、直線の正確な長さを、その直線から区別することでないのならば、区別するとはどういうことなのか、私にはわからない。

第二の論証は、「感官のあらゆる対象は、つまり、あらゆる印象は個体であり、量と性質の確定的な程度を持っている。しかし、印象について真であるあらゆるものは、観念についても真である。(34)というのも、それらは、その強さと鮮明さ以外には、なにも異なるものがないからである」というものである。

この論証における結論は、実際に、前提から正しく導かれる。もしも観念が、強さと鮮明さにおける以外に、感官の対象と何も異ならないことが正しいとするならば、感官のすべての対象は個体であるので、すべての観念が個体であるということが確実に導かれるに違いない。それゆえ、この結論の正しさを認めるならば、私は、同じ前提から、他の二つの結論を導かせてほしい。それは、同じように必然的に導かれるものである。

第一に、もしも観念が、強さと鮮明さの点しか感官の対象とは異ならないのならば、ライオンの観念は、より鮮明さと強さの劣ったライオンだということになる。そして、ここから、かなり重要な問題が生じる。それは、ライオンの観念が、羊、雄牛、馬、さらには男性、女性そして子供の観念を引き裂き、貪り食うのかどうかという問題である。

第二に、もしも観念が、感官の対象とは、その強さと鮮明さの点でしか異ならないのならば、たんに想われる対象は、観念ではないということになるだろう。というのも、そのような対象は、強さや鮮明さとは非常に異なった本性を持っているという点で、感官の対象とは異なっているからである。感官のあらゆる対象は、実在と、時間と場所を持っていなければならない。しかし、たんに想われた事物は、存在も、時間も場所も持っていない。それゆえ、抽象観念がなかったとしても、抽象的で一般的な事物が想われないということにはならないのである。

第三の論証は次のようなものだ。「自然におけるあらゆるものは個体であり、辺や角度の正確な大きさを持たない三角形が実在すると考えることが、完全に愚かだということは、哲学で一般的に受け入れられている原理である。それゆえ、これが事実と実在の点で不合理ならば、観念においても不合理でなければならない。なぜなら、われわれが明晰で判明な観念を作ることのできるどのようなものも、不合理あるいは不可能でありえないからである。(35)」

辺や角の正確な大きさを持たない三角形が実際に存在するということが、不可能だということは認める。そして、個体ではないどのようなものも存在することは不可能だと認める。というのも、存在者と個別的な存在者は同じものを意味していると思えるからである。しかし、多くの個体に共通の属性がありえないということを、私は認めない。例えば、実際に存在している多くの形にとって、それらが三角形だということは共通のことであり、そして、存在する多くの物体にとって、それらが液体であるということは共通のことだからである。三角形と液体は存在物ではなく、存在物の属性なのである。

われわれが明晰で判明な観念を作ることができるどのようなものも、不合理で不可能なものではないという、ここで認められた原理について、私は、第四試論〔第四巻〕の第三章で述べたことに言及しよう。数学のほとんど半分がその種のものから成り立っている数学的背理法において、われわれは、不可能である事物を想定し、結果的に想うことを要求される。その想定から、不可能なだけではなく、不合理な結論に到達するまで、われわれは推論するのである。ここからわれわれは、最初に想定された命題は不可能であり、それゆえ、その反対が真であると推理するのである。

これは、すべての背理法の本性なので、われわれが、不可能な事物を明晰で判明に想うことができるということは、明らかである(私は、われわれが明晰で判明な観念を持つことができるとは言っていない)。

この主題についてのヒューム氏の議論の残りは、一般名辞に結び付けられた個々の観念が、抽象一般観念に帰属させられてきた、推論におけるすべての目的にどのようにして役立つのかということを説明するのにあてられている。

「われわれがしばしば出会ういくつかの対象の中に類似性を見出すとき、われわれは、それらの量と質の程度にどれほどの違いを観察しようと、それらの間に他のどのような違いがあるように見えようとも、それらのすべてに同じ名前をつけるのである。われわれがこの種の習慣を獲得したあと、その名前を聞くと、これらの対象の一つが再現され、想像力は、それに伴うすべての条件と比率とともに想うのである。(36)」

しかし、この観念とともに、名前が属するほかのあらゆる個体を調べ、それらに反するどのような結論も作られないことを調べる用意ができている。もしもそのような結論が作られるならば、それに反する個体の観念は、すぐにわれわれに押し寄せ、われわれに、命題の誤りを知覚させるのである。もしも心が、それらの観念をいつも示唆するわけではないならば、それは、能力の何らかの不完全さから生じるのである。そして、それは、しばしば誤った推論や詭弁の源となるようなものなのである。

これは、実質的に、彼が、「上述した背理」と呼ぶものを説明する仕方である。つまり、「ある観念は、その本性において個別であるが、代表機能において一般的になる」(37)というものである。この説明について、いくつかの意見を述べよう。

一、われわれがいくつかの対象の間で類似を見出し、そしてそのような類似によって、それらのすべてに同じ名前を付けるようになるということを彼は認める。このように認めるならば、われわれが一般概念を持っていることを示すのに十分であろう。共通の属性を持たない対象には類似性はありえない。もしもいくつかの対象に共通に属している属性があり、それらを観察し、想い、名前を与える機能が人にあるのならば、これが、一般概念を持つことなのである。

実際に、われわれは、類似がどこにあるかを知ることなしに、その不明瞭な知覚を持つことができるだろう。例えば、私は、二人の顔がどの点で似ているかを判明に言えないときでも、両者が似ていると見ることができる。顔を分析し、その表情と表情を比べることによって、両方に共通するものの判明な思念を作ることができるのである。画家ならばこの種の分析に慣れているので、初見で、判明な類似の思念を作れただろう。それは、画家以外の人にとって、いくらかの注意を必要とするだろう。

それゆえ、われわれがおおざっぱに対象を比較するとき、判明でない類似の思念がある。そしてこれは、獣類も持つことができるだろう。われわれが、対象をさまざまな属性に分析し、それらがある点では違いがあり別の点では一致するのを知覚するとき、類似の判明な思念を持つのである。それらが一致する属性に名前が与えられるのはこの場合だけである。それは、共通の名前〔普通名(common name)〕でなければならない。なぜなら、それによって意味表示されるものが共通のものだからである。例えば、さまざまな素材の立方体を比較するとき、私はそれらが共通の属性を持っているのを知覚し、その結果、それらは六つの同じ正方形からできているのを知覚する。そしてこの属性だけが、立方体という名前をそれらすべてに用いることによって意味表示されるのである。私がきれいなリネンと雪を比較するとき、それらが色において一致するのを知覚する。そして、白の名前を両方につけるとき、この名前は、雪も白いリネンも意味表示せず、両方に共通の属性を意味表示するのである。

二、著者〔ヒューム〕が言うには、いくつかの対象の間に類似を見出すとき、われわれは、同じ名前を、それらすべてに当てはめるのである。

ここで、次のことが述べられなければならない。それは、著者も混同しているように思える二種類の名前があるが、それらは本性においても、言語の中で持っている能力においても非常に異なっているということである。固有名と普通名あるいは普通名詞がある。前者が個体の名前である。類似しているからといって、同じ固有名がいくつかの個体に付けられることは決してない。なぜなら、固有名の意図は、ある個体を、すべてのほかのものから区別することだからである。だから固有名が複数形を持たないということは、文法における格率のようなものである。固有名は、その名前を持つ個体以外のどのようなものも意味表示しない。そして、われわれがそれを個体につけるとき、われわれは、それに関するどのようなものについても、肯定も否定もしないのである。

普通名あるいは普通名詞は、何か個体の名前ではなく一般的な名辞であり、いくつかの個体に共通であったり、そうでありうるものを示す。それゆえ普通名は、共通の属性を示す。例えば、私が息子や兄弟という名前をいくつかの人にあてはめるとき、これは、この属性が、それらすべてに共通のものであることを示し、肯定しているのである。

ここから、次のことが明らかであろう。それは、文法と常識とに一致して、類似によって同じ名前をいくつかの個体に適用することは、そういった個体に共通していて、それゆえそれらすべてについて正しく肯定できるようなものを一般名辞によって表現することだけを意味しているということである。

三、著者によれば、「われわれが、一般名辞を使えるときはいつでも、個体の観念を作るということは確かである。言葉は、個体の観念を生み出す。そして、言葉によって想像力は、すべてのその個々の条件と比率とともに、その観念を想うのである。[38]」

この事実を、彼は、習慣の結果から説明しようとかなりの努力をしている。

しかし、事実というものは、苦労してそれを説明しようとする前に、まず確証されるべきである。私は、その事実を信じる理由がわからない。そして、私は、農民が、羊や黒牛について、その想像力の中で、そのすべての条件と比率とともに一つの個体を想うことなく語ることができるだろうと思う。もしもこれが正しいならば、一般観念についての彼の理論すべては、地に落ちることになる。一般名辞が十分に理解されるとき、それが、その種の個体を示唆することがあったとしても、それは偶然でしかないように私には思える。しかし、それがいつも起こるわけではないだろう。

私は、数学者が五次の線と呼ぶものを完全に理解している。しかし、私は、すべての状況と大きさとともに、その種類のどのようなものも、想像の中で想うことはない。アイザック・ニュートン卿は、三次の直線の判明な一般概念を最初に形成した。そして後に、多大な労苦と深い洞察によって、その一般名辞に含まれる個々の種を見出し、描きだした。ヒューム氏の理論によれば、彼は、最初に、個体を知らなければならない。そしてそれから、習慣によって、一つの一般名をそれらすべてに当てはめることを学ばなければならないのだ。

その著者は言う。「高さ一インチの二等辺三角形の観念は、直線図形や等辺等角の図形や三角形、正三角形を語るときに、私たちに役立つだろう。(39)」

私は答えるが、これらの一般名辞を用いる人は、その意味を理解しているか、していないかのどちらかである。もしも彼がその意味を理解していないならば、それらについての彼の語りは意味のない音でしかなく、言及されている個々の観念は、彼に理解して話をさせることはできない。もしも彼が一般名辞の意味を理解しているならば、彼は個々の観念が必要だとは思わないだろう。

四、彼は厳かに言う。「白い大理石の球体において、形と色は区別できず、結果的に同じである」と。〔だが〕すべての時代とすべての言語において、区別できず、結果的に同じになるものに違う名前を与えるほど愚かなことがあるだろうか。ここから、学問と娯楽のすべての書物の中で、われわれは、形を色に、色を形に置き換えることができることになる。これによって、われわれは、誤りの危険なしに、無数の興味深い発見をするのである。

第六巻　判断について

第一章　判断一般について

判断することは、知性あるあらゆる人に馴染み深い心の働きであり、その名前はあまりにもありふれていて、よく理解されているので、定義する必要もないほどである。色を見たことがない人には、定義によっては色の思念を与えることができないように、ほとんど判断したことがない人や、自分の心の働きに注意深く反省を加えることができない人には、どのような定義によっても、判断についての判明な思念を与えることはできない。定義の最良の使い方は、人をその反省へと向かわせることである。そしてそれなしには、最良の定義も人を誤って導きがちなのである。

論理学についての古代の著述家によって通常与えられている判断の定義によれば、それは心の働きであり、それによってあるものについては肯定されたり、別のものについては否定されたりするのである。これは与えられうる最良の定義だろう。私がなぜ、もっと後世の定義よりもこの定義を好むかについては、後で明らかになるだろう。何か他の定義を与えるようなことをせずに、私は、この定義について二つの所見を述べ、それからこの主題について、いくつかの一般的な意見を述べたい。

一、われわれが、判断を表現するのは、肯定や否定によるということは正しい。しかし、表現されない判断もある。それは、心の単独の働きであり、肯定や否定による表現は、まったくその心の働きにとって本質的ではない。それは、暗黙のものであり、表現されないものかもしれない。いや、人が、〔表現上〕肯定したり否定したりすることに反して判断することはよく知られている。それゆえ、定義は、心の肯定や否定について理解されなければならず、それは実際に、判断のもう一つの名前でしかないのである。

二、肯定と否定は、しばしば証言の表現であり、それは、心の働きであり、判断とは区別されるべきである。

裁判官は、証人に、その人が証人として見たり聞いたりした問題について知っていることをたずねる。その人は、何かについて肯定したり否定したりして答える。しかし、その答えは、その判断を言い表わしたものではない。それは、その人の証言なのである。また、私は人に、学問あるいは批評の問題について意見をたずねる。その答えは証言ではない。それは、その人の判断を言い表わしたものなのである。

証言は社会的な活動であり、それは、本質的に言葉や記号で表現される。暗黙の証言は矛盾である。しかし、暗黙の判断には矛盾はない。それは、表現されなくても完全なのである。

証言において、人は、自分が肯定することへの誠実さを誓う。その結果、偽なる証言は嘘になる。しかし、間違った判断は嘘ではない。それはたんなる誤りなのである。

私が信じるところでは、すべての言語において、証言と判断は、同じ形式の会話によって表現される。肯定的なものであろうと否定的なものであろうと、命題は、直接法と呼ばれる形式における動詞とともにいずれをも表現するのである。会話の形式によってそれらを区別するためには、動詞が二つの直接法を持つことが必要になるだろう。つまり、一方は証言を、そして他方は判断を表現するためのものである。私には、これがあらゆる言語で見出されるのかはわからない。そしてその理由は、(一般人は〔証言と判断という〕二つのものを区別できないということは確かではない。というのも、あらゆる人は、嘘と判断の誤りの区別を知っているからであるが)問題と状況から、われわれは、人がその証言を与えようとしているのか、たんにその判断を表現しようとしているのかを容易に理解できるからである。

法廷が立てられる前に、多くの事例において人々は判断しなければならなかっただろうが、人々が判断について思索し始める前に法廷があり、言葉が法廷の実践から借りてこられるということはありそうなことである。適切な証拠が採用された後で裁判官が訴訟判決を読み、彼の判決はその判断だと呼ばれるように、心は、真や偽であるどのようなものについても、現われる証拠に従って判決を下し、結審するのである。ある種の証拠は、疑いの余地を残さない。その判決は、何らかの反対の証拠を求めたり、聞いたりすることなしにすぐに下される。なぜなら、事柄は確実で、周知のものだからである。他の事例においては、判決が下される前に、両方の側の証拠の重みをはかる余地がある。司法の法廷と、心の内的な法廷の類推は、あまりにも明らかなので、裁判官の前に立ったことのある人が気付かずにはおられないようなものなのである。おそらく、われわれが、この心の働きについて話すときに用いる判断という言葉は、他の多くの言葉と同じように、この類推に基づいているのである。

　これらのことを前提として、判断によって私が言わんとしているものを明晰にしてもらうために、私は、それに関するいくつかの一般的な観察に進もう。

　第一に、判断は、単純把握や、事物のたんなる概念とは、種類において違う心の働きである。もし哲学者が、彼らの理論によって反対の意見に導かれなかったならば、このことを述べる必要がなかっただろう。

判断されるものの概念なしには判断はありえないが、概念は判断なしにもありうる。判断は命題だけによって表現され、命題は完全な文である。しかし単純把握は、言葉あるいは複数の言葉によって表現されうるのであり、完全な文を作らない。単純把握が命題に用いられるとき、あらゆる人は、命題を把握することと、つまり、それが意味するものを想うことと、それが真か偽であると判断することとは、まったく別のものだということを知っているのである。

あらゆる判断が真か偽でなければならないことは自明である。しかし、単純把握や概念は、すでに示されたように、真でも偽でもありえないのである。

ある判断は、別の判断と矛盾しうる。矛盾していると思っている二つの判断を、人が同時に持つことは不可能である。しかし、何の困難もなく、矛盾した命題を同時に想うことはできる。太陽が地球よりも大きいことと、太陽が地球ほど大きくないということは、矛盾した命題である。一方の意味を把握する人は、両方の意味を把握する。しかし、同時に両方が真だと判断することは不可能である。もし一方が真ならば、他方が偽でなければならないと彼は知っている。これらの理由で、確かに、判断と単純把握は種類において異なっている心の働きだと言えるだろう。

第二に、その源泉として判断の機能に言及するべき思念や観念がある。なぜなら、もしもわれわれが判断の機能を持っていなければ、それらの思念や観念は心に入ってこなかっただろうからである。その機能を持っていて、その働きを反省できる人々にとって、それらは明白であり、馴染み深いものなのである。

これらの中に、われわれは、判断それ自体の思念、命題、主語、述語、連結詞の思念、肯定と否定、真と偽、知識、信念、不信、意見、同意、証拠の思念を数え上げることができる。われわれの判断を反省すること以外に他のどのような源泉からも、これらの思念は得られない。事物の関係は、思念や観念の一つの大きな部類をなす。そしてわれわれは、後で見るように、判断の何らかの行使なしには、どのような関係の観念も持つことができないのである。

第三に、理解力のある年齢に達した人において、判断は、必然的にすべての感覚、感官による知覚、意識、記憶に伴うようになるが、概念は必ずしも判断を伴わない。

これは、理解力のある年齢に達した人に限定される。なぜなら、人生の最初の時期である幼児が、何らかの判断あるいは信念を持っているかどうかは疑問だからである。同じ疑問が、獣や愚か者についても言えるだろう。この疑問は、今の主題には関係ないので、それについて何もここでは言わないが、判断を行える人についてのみ、私は話すのである。

これらの人において、次のことは明らかである。それは、痛みを感じている人は、彼が本当に痛みを感じていることを、判断して、信じているということである。対象を知覚している人は、それが存在していて、彼が判明に知覚しているものであることを信じている。そして、そのような判断を避けることは彼の能力のうちにはない。そして同じことは、記憶や意識についても言えるのである。判断が、これらの働きの必然的な付帯物だと呼ばれるべきかどうか、むしろその働きの成分だと呼ばれるべきかどうかを、私は争うつもりはない。しかし、次のことは確かである。それは、それらのすべての働きは、何かが真であるとか偽であるとかの決定と、その結果生じる信念を伴うということである。もしもこの決定が判断ではないならば、それは、名前を持たない心の働きだということになる。というのも、それは単純把握でもないし、推論でもないからである。それは、心による肯定あるいは否定である。それは、肯定あるいは否定の命題によって言い表わされる。それは、最も堅固な信念を伴うのである。これらは判断の特徴である。だから私は、それに対する別の名前を見つけ出すまで、それを判断と呼ばないわけにはいかないだろう。

われわれが作る判断は、必然的な事物についてか、偶然的なものについてかである。3×3は9であること、全体は部分より大きいことは、必然的な事物の判断である。そのような必然的な命題への同意は、感官、記憶、意識の働きに基づいているのではなく、それらが生じることも必要としない。それは、すべての判断に伴わなければならない概念の働き以外のどのような働きにも伴われない。それゆえ、われわれは、必然的な事物のこの判断を、純粋な判断と呼んでよいだろう。偶然的な事物についての判断は、感官や記憶や意識や、それ自体、感官に基づいた証言における信頼のような、心の他の働きにいつも依存していなければならないのである。

私が今、緑のクロスで覆われた机の上で書いていることは、最大限に疑いなく真であると私が判断する偶然的な出来事である。私の判断は、私の知覚に基づいていて、私の知覚に必然的に付随するもの、あるいはその成分である。私が昨日、ある友人と食事をしたことを、私は真だと判断する。なぜなら、私はそれを覚えているからである。そして、私の判断は、必然的にその想起に伴う。あるいは、その部分をなすのである。

感官と記憶と意識が、判断する機能だと考えられることを示す多くの会話の形式が、通常の言語にある。われわれは、色をその目で判断し、音を耳で判断すると言う。われわれは、感官の証拠、記憶の証拠、意識の証拠について話す。証拠は、判断の根拠であり、われわれが証拠を見るとき、判断しないことは不可能なのである。

何かを見るとか思い出すとかと言われるとき、われわれは実際に、それが真であると判断しているということをほとんど付け加えない。しかし、この理由は、そのようなことを付け加えることは、会話にとって余分なものでしかないからである。なぜなら、あらゆる人は、私が見たり、思い出したりすることを、私が真であると判断しなければならないし、それ以外にはありえないことを知っているからである。

そして、同じ理由で、自明なものや厳密に論証されたものについて話すとき、われわれは、それが真であると判断しているとは言わない。その言葉は、会話では余分なものである。なぜなら、誰もが、自明だとか論証されているとかと思っているものは、真であると判断しなければならないと思っているからである。

あなたが、そういったものを見たというとき、あるいは、判明にそれを覚えているというとき、あるいは、あなたが何らかの命題について、それが自明であったり、厳密に論証されたと言うとき、その後で、あなたがそれを真だと判断しているかどうかをたずねることは愚かだろう。また、あなたがそれを真であると信じているとわれわれに教えることは、同じように愚かだろう。あなたがそのような対象を見たということで満足せず、あなたが目でそれを見たということを付け加えるのと、同じような会話の無駄なのである。

それゆえ、すべての人が、判断が必然的に含意されることを知っているとき、つまり、疑いがありえないとき、話においても著述においても、判断がはっきりと表現されない十分な理由がある。そのような場合に、われわれは、ほとんど証拠に言及しない。しかし、言及された証拠に疑いの余地があるとき、余分さやトートロジーなしに、われわれは、事物がそうなっていると判断すると言う。なぜなら、この判断は、以前に言われたものに含まれていないからである。妊娠している女性は、旅に行くときに〔お腹の中の〕子供を一緒に連れていくとは決して言わない。われわれは、子供が彼女の胎内にいるあいだ、彼女がその子供と一緒にいなければならないことを知っている。〔女性の胎内のように〕その内部で判断がなされるいくつかの心の働きがある。そして、妊娠した女性がその子供を残していけないように、判断を置き去りにすることはできない。それゆえ、そのような働きについて話すときには、判断は表現されないのである。

おそらく、このような話し方が、哲学者を次のような意見へと導いたのかもしれない。それは、感官による知覚において、記憶において、意識において、判断が行われていないということである。なぜなら、これらの機能について話すときに、判断が言及されていないので、彼らは、判断がそういった機能に伴われず、それらの機能は、単純把握や観念を獲得する、さまざまな様態でしかなく、判断することはその役割の一部ではないと結論づけるのである。

私は、同じ原因によって、私がロック氏に特有のものだと考える判断についての思念に、彼が導かれたのだと考えている。彼は、心は、真偽に関係している二つの機能を持っていると考えている。第一には、知識であり、第二には、判断である。第一のものにおいて、観念の一致・不一致は確実である。第二のものでは、それは確実ではなく蓋然的なだけである。

判断というこの思念によれば、2＋3が5だということがわかるのは、判断によってではない。それは、知識の機能によってである。私は、判断なしに知識はあり得ないと思う。もっとも、われわれが通常、知識と呼ぶその確実さなしに、判断はありうるだろうが。

ロック氏は、『人間知性論』の別の箇所で、次のように書いている。「われわれが、外にある事物の存在について、感官によって持つ気付きは、直観的知識ほどにはまったく確実ではなく、抽象観念についての理性の演繹ほどまったく確実でもないが、それでも、知識の名前に値する確信なのである。(1)」この説明と、知識や判断について以前に彼が与えた定義によって、それは、判断の名前に値することになるだろう。

私は、言葉の意味についての論争を避けるために、判断という名前を、何が真で何が偽かに関する心のあらゆる決定に与えるということを、読者に理解してほしい。これは、論理学者が、アリストテレスの時代から、判断と呼んできたものだと思う。それが一つの機能と呼ばれるべきかどうか――私はいつもそうだったと思うが――、哲学者がそれを二つに分けることを選ぶかどうかは、それほど問題ではない。そして、もしも感官、記憶、意識によって、われわれが観念や単純把握を持つだけでなく、真であるものと偽であるものに関して決定することが認められるならば、これらの決定が知識と呼ばれるか判断と呼ばれるかは、それほど重要ではない。

感官、記憶、意識の証拠に基づいている判断は、すべての人々を同じ水準に置く。哲学者は、これらに関して、文字の読み書きができない人より、あるいは未開人よりさえも特権を持っているわけではない。

こういった機能の証拠への人々の信頼は、哲学者自身と同じくらい、固く十分に基礎づけられている。哲学者の卓越性は、他の種類の判断にある。それは、抽象的で必然的な事物についての判断にある。そして、彼は、人類の最も無知で未発達な人々が彼と同じように持つ能力に、判断の名前を与えたがらないのである。

しかし、哲学者は、感官、記憶、そして意識の決定に当てはまらない判断のどのような定義も、そしてそれらの決定を含む単純把握のどのような定義も与えることができなかった。

この種の判断は、純粋に自然の贈り物であり、それらは、文化による発展も受け入れない。ある人の記憶は、別の人の記憶よりも、しっかりしたものかもしれない。しかし、いずれの人も、同じくらいの確信で、彼が判明に覚えているものに頼るのである。ある人の視覚は別の人のものよりも鋭く、その触感はより繊細であるかもしれない。しかし、いずれも等しく、彼らの視覚や触覚の判明な証言に信頼を与えるのである。

そして、われわれの本性の成り立ちによって、自分自身の何の努力もなしにこの信念を持つように、われわれのどのような努力も、それを覆すことができないのである。おそらく、懐疑主義者は、自分の感官や記憶を信じる根拠を持っていないと概して確信しているかもしれない。しかし、重要な個別の場面では、自分の感官や記憶への不信は消え失せ、必ずそれらを信じるようになっていることに気付くだろう。

これらの判断は、厳密な意味で、自然の判断と呼ばれる。自然は、われわれが望もうと望むまいと、われわれにそれを強要する。それらは、自分の機能のどのような使用あるいは誤用によっても得られることはないし、失われもしない。そして、そういったことは、明らかにわれわれの保存にとって必要なのである。というのも、もしも感官や記憶への信念が、教育によって学ばれるならば、人類は、このことを学ぶ前に滅んでいるだろう。それは、人々の存在と保存のために、すべての人類に必要なものであり、それゆえ、無条件に、自然の作者によってすべての人々に与えられるのである。

もしもわれわれが、今話している自然の判断の上に他のものを打ち立てることなく、それらにとどまるならば、それらは、われわれに理性的な存在者の名前を受ける資格を与えないだろう。とは言え、それらは軽視されるべきものではない。というのも、それらは、人間の知識の壮大な上部構造が作られる基礎だからである。そして通常、他の上部構造において基礎が見過ごされるように、ここでもそうなのである。哲学者が、全体の構造が依存するつつましやかな基礎に軽率な一瞥しか与えない一方で、人間の心のより崇高な達成物が哲学者の注意を引きつけてきたのである。

第四の意見は、判断の何らかの行使は、すべての抽象的で一般的な概念の形成において必要だということである。それは、より単純なものであろうと複雑なものであろうと、分類し、定義し、事物のすべての明晰で判明な概念を一般的に形成するときにそうなのである。そしてそれらの概念が、推論に唯一適切な素材なのである。

これらの働きはたがいに結びついているので、私は、それらを一つの観察にまとめておこう。それらは、先の観察において述べられたもの以上に、われわれの理性的な本性に結びついているので、それら自体で考察されるのである。

誤解されるといけないので、私は、事物の抽象思念やそれ以外の正確な思念がいったん作られた後でも、それらについて何らかの判断の行使がなければほとんど想われないと言おうとしているのではないということを、述べておいてもよいだろう。私はそれらが判断なしで想われることを疑わない。しかし、私が言っているのは、心の中における最初のそれらの形成においては、判断の何らかの行使がなければならないということなのである。

同じ主体に属しているさまざまな属性が、現実に異なり、区別可能であると判断することなしに、そして、「主体の述語である」と言うことによって論理学者が表現する、主体に対する関係を属性が持っていると判断することなしに、そのさまざまな属性を区別することは不可能である。われわれは、同じ属性が多くの個体に属していたり、属することができるということを判断せずには一般化できない。区別し一般化する二つの働きによって、われわれの最も単純な一般思念が作られることが示された。それゆえ、判断は、最も単純な一般思念を作ることに行使されるのである。

より複雑な思念において、そしてより単純なものを組み合わせることによって作られることが示された思念において、必要とされるもう一つの判断の働きがある。というのも、そのような組み合わせはでたらめに作られるのではなく、ある目的のために作られるからである。そして、判断は、それらをその目的に適合させるのに用いられるのである。われわれは、談話や推論の中で思考を配置するのに便利なように、複雑な一般思念を作る。それゆえ、作られうる無限の組み合わせの中から、われわれは、有益で、必要なものだけを選ぶのである。

判断が、区別することと同じように分割することに用いられなければならないことは明らかだろう。適切に主体を分割することと、それをバラバラにすることは別のことである。エピクロスの不適切な分割を非難するときに、キケロは、「これは区分しているのではなく、バラバラにしているだけだ」(2)と言ったのである。理性は分割の規則を発見したが、それは、論理学者に、二千年以上も前から知られてきているのである。

同じように古くからあり、権威ある定義の規則がある。人は、規則に注意することなく、ときにはそれらを知らないときでさえ、適切に分割したり定義したりすることができることは疑いない。しかしこれは、その人が個々の事例においてそれが正しいと知覚できる判断を持っているときにそうであるだけで、規則は、すべての事例においてそれが正しいことを決定するのである。

ある程度の判断がなければ、われわれが事物の正確で判明な思念を作ることはできないということを、一般的なこととして加えよう。その結果、判断の一つの領域は、われわれを助けて、推論のための唯一の適切な材料である明晰で判明な概念を作ることなのである。

このことは、あらゆる種類の観念の形成を、単純把握に属しているものとして考えてきた哲学者にとって、おそらく逆説的に思えるだろう。そして彼らは、判断の唯一の領域が、それらをまとめて、肯定命題あるいは否定命題にすることであり、それゆえそれは何らかの確証を必要とすると考えてきたのである。

第一に、この観察においてすでに述べられてきたことから、必然的に次のことが帰結すると思う。それは、人がある程度の判断なしに単純なものであろうと複雑なものであろうと、一般思念を区別することも、分割することも、定義することも、作ることもできないのならば、その人が、何らかの判断なしには、心の中に推論に必要な素材を持つことができないことは確かであろう、ということである。

言語においては、一般概念を含まないいかなる命題もありえない。デカルトが、すべての真理の中で第一のものであり、すべての知識の基礎だと考えた「私は存在する」という命題は、最も抽象的で一般的な概念の一つである存在という概念なしには、想われることができないのである。人は、想われているだけのものから、実際に存在しているものを区別できる判断力を持つまで、自分自身の存在や、彼が見たり、思い出したりするものの存在を信じることができないのである。彼は、六フィートの身長の人を見る。

彼は、六〇フィートの高さの人を想う。彼は、第一の対象〔六フィートの身長の人〕が存在すると判断する。なぜなら、彼がそれを見るからである。第二の対象〔六〇フィートの高さの人〕は、存在するとは判断しない。なぜなら、彼はそれを想うだけだからである。さて、彼が、存在という概念が何を意味するのかを知ることなしに、存在を第一の対象に帰属させて、第二の対象に帰属させないことができるかどうかを、私はたずねよう。それは不可能だ。

存在の思念がどれほど早く心に入ってくるのかを、私は決定することができない。しかし、われわれが、理解して何かが存在すると認めることができるときには、それは心の中に確実に存在していなければならない。

あらゆる他の命題において、述語は、少なくとも一般思念でなければならない。というのも述定できるものと普遍であるものは、同じ一つのものだからだ。この他に、あらゆる命題は、肯定文か否定文である。そして、肯定することや否定することの意味を判明に理解できない人は、命題の判明な概念を持つことができない。しかし、これらは、非常に一般的な概念であり、以前述べたように、その源や起源として、判断に由来するのである。

私は、強い反論がこの推論になされること、そしてそれが不合理や矛盾に行きつくように思えることが理解できる。あらゆる判断は、心による肯定や否定だと言われるかもしれない。それゆえ、もしも判断が先行して行使されることが、肯定や否定によって意味されているものを理解するために必要ならば、判断の行使は、いかなる判断にも先行しなければならないが、それは不合理である。

同じように、あらゆる判断は、命題によって表現されなければならず、命題は、われわれがそれについて判断できるようになる前に、想われなければならない。それゆえ、もしもわれわれが、先行する判断の行使なしに命題の意味を想えないならば、判断は、いかなる命題の概念にも先行しなければならないし、同時に、命題の概念は、すべての判断に先行しなければならないということになるが、これは矛盾である。

読者は親切にも次のように言ってくれるかもしれない。私が、これまで語ったことは、判明な概念とある程度の判断に限定していると。そして、これによって、私は、不合理と矛盾の迷宮を避けようとしていると。概念と判断の機能には、人間と同じように未熟な時期と、成熟した時期がある。私がこれまで言ったことは、その成熟した状態に限定されている。その未熟な状態においては、それらはかなり弱く、それほど判明ではないだろう。そして、気付かないうちに成熟し、それぞれが互いに援助を与え、また援助を受ける。しかし、そのいずれかが、最初に温かい交流を始めたのかということを決定することは、私の能力を超えている。それは、鳥と卵に関する問題のようなものである。

物事の現在の状態において、あらゆる鳥が卵から生じ、あらゆる卵が鳥から生じ、それぞれが互いに先行すると言われることは正しい。だが、もしもわれわれが事物の起源にもどるならば、いかなる卵からも生じない鳥がいなければならなかったか、いかなる鳥からも生じない卵がなければならなかったのである。

同じように、人の成熟した状態において、命題の判明な概念は、何らかの先行する判断の行使を前提としており、判明な判断は、判明な概念を前提としている。それぞれが、もう一方から生じると言われることは正しい。それは、鳥が卵から生じ、卵が鳥から生じるようなものである。しかし、もしわれわれがこの継起をその起源までたどるならば、つまり、人によってかつて想われた最初の命題と、人がかつて作った最初の判断に戻るならば、私はそれらについて何も決定することはできないし、どのような順序で、あるいはどのようにしてそれらが生み出されるのかわからない。それは、どのようにして、骨が子供のいる子宮の中で成長するかわからないのと同じである。

概念や判断のこういった機能の最初の行使は、未知の領域における、ナイル川の源のように、隠されているのである。

事物の明断で判明な概念に対してある程度の判断が必要であることは、次の類似によって例証できるのではないかと思う。

大工について考えれば、技術者は、道具なしにはその技術を発揮することはできないし、その道具は、技術によって作られる。それゆえ、技術の行使は道具を作るうえで必要であり、道具は技術を行使するのに必要である。事物の明晰で判明な概念を作るために、ある程度の判断の必要性について私が主張してきたことと同じように、そこには矛盾があるように思われる。事物の概念は、判断や推論において用いられなければならない道具であり、そしてそれらがなければ、かなり下手な作品を作らざるをえなくなる。だが、それらの道具は、判断の何らかの行使がなければ作ることができないのである。

事物の正確で判明な思念を作るときにある程度の判断が必要なことは、もしもわれわれが判断の助けを借りずに、感官の対象や、われわれ自身の心の働きや、事物の関係について、どのような思念を作ることができるかを注意して考えるならば、さらに明らかだろう。

感官の対象から始めると、われわれが可感的対象について持つ最初の思念は、外的感官のみによって得られ、そしてそれは判断が成長する前であるということは、おそらくあらゆる人から認められている。しかし、こういった最初の思念は、単純でもないし、正確でも判明でもない。それらは粗雑で不明瞭で、カオスのように、事物の粗くでたらめ・な・固・ま・り・である。われわれがこの塊の何らかの判明な思念を持てるようになる前に、それは分析されなければならない。つまり、異なる部分が概念の中で分けられ、以前は共通の塊の中に隠されていた単純な要素が、最初に区別され、そこから一つの全体にまとめられなければならない。

このように、われわれは、感官の対象の判明な思念さえ作り出すのである。しかし、この分析と合成は、習慣によってかなり容易になり、たやすく遂行されるので、われわれは、それを見逃しがちであり、われわれが対象について作ってきた判明な思念を、感官だけに負わせがちである。そして、ますますそのようにされていく。なぜなら、いったんわれわれが、対象の可感的性質を互いに区別したならば、感官は、そのそれぞれに証言を与えるようになるからである。

例えば、あなたは、直径一フィートの、白く丸い対象を知覚する。私は、あなたが、感官によって対象の、これらすべての属性を知覚すると考える。しかし、もしも色を形から区別できないならば、そして、その両方を大きさから区別できないならば、あなたの感官は、あなたに、これらすべてが混じったものの一つの複雑で、混乱した思念を与えただけだろう。

対象が白いと理解して言うことができ、自分自身の心で決定できる人は、白を他の属性から区別できなければならなかっただろう。もしも彼がこの区別をしなかったならば、彼は、自分が言っていることを理解できないだろう。

立方体の真鍮《しんちゅう》が、一歳の子供と大人に同時に提示されたとしよう。形の規則性は、両者の注意も惹きつけるだろう。いずれの人も、同じように完全に、視覚と触覚の感官を持っている。それゆえ、対象において子供によっては発見されないものが、大人によって発見されるならば、それは感官によるのではなく、子供がまだ獲得していない何か別の能力によるのでなければならない。

第一に、大人は、物体を限界づけている表面から物体を容易に区別できる。子供はこれができない。第二に、大人は、この表面が同じ形や大きさの六面から作られていることを知覚できる。子供はこれを発見できない。第三に、大人は、これらの平面のそれぞれが、四等辺と四等角を持っていることを知覚する。そして、それぞれの平面の反対の辺どうしと反対の平面どうしが平行だということを知覚する。

確かに、次のことが認められるだろう。それは、通常の判断力のある人は、彼が思索の対象にし、時間をかけて考える立方体の中にこれらすべてを観察するだろうということである。また、その人は、正方形の名前を、四等辺や四等角によって区切られた平面に与える。そして、立方体の名前を、六つの大きさの等しい正方形によって区切られた立体に与える。こういったことすべては、感官に提示された対象の形を、その最も単純な要素に分析し、また、その要素からそれを合成することにほかならないのである。

この分析と合成によって、二つの結果が生み出される。第一に、感官が提示できる最も単純なものの一つであるが、感官が提示した一つの複雑な対象から、人は、直線、角、平らな表面、固体、等しさ、平行などの、多くの単純で判明な思念を引き出す。そして、それは、子供が、まだ獲得する機能を持っていない思念である。第二に、人が、立方体を、これらの要素から合成され、ある秩序で一緒にされたものだと考えるとき、その人は、それ以前には持っていなかった立方体の判明で学問的な思念を持つことになる。子供は、これらの要素を想ったこともないし、立方体を作るために、どのような秩序でそれらが一緒にされなければならないかを想えない。それゆえ、子供は、推論の主題にすることができるような立方体の正確な思念を持っていない。

ここから、われわれは、感官だけから得られる思念が、感官の最も単純な対象のものだとしてもその最も単純な要素に分析され、それらの要素から合成されるものとして考えられるまで、判明なものではなく、説明されたり推論されることができないと結論づけることができるだろう。

もしもわれわれが、この推論を、感官のより複雑な対象にあてはめるならば、結論はさらに明らかになるだろう。犬は、小石を取りに行くように教えられるかもしれない。しかし、その犬は、小石の判明な思念を持つことを決して教えられないだろう。その犬は、人と同じように、あらゆる部分を見る。しかし、その部分と部分、そして部分と全体の関係を理解するための判断力を持たないだろう。

感官についてさえも、対象の判明な思念は、決して一瞬では得られない。しかし、感官は、その作業を一瞬で遂行する。時間は、それをよりよく見るために必要とはされないが、それを分析し、さまざまな部分、その互いの関係、部分と全体の関係を区別するために必要とされる。

ここから、激しい情熱や感情が判断の冷静な適用を妨げるとき、われわれは、感官が十分にそこへ向けられたとしても、対象についての判明な思念を持つことはできない。幽霊を見たと考えて混乱に陥った人は、それについての判明な思念を持つことなしに、ずっとそれを見つめるだろう。恐怖によって妨げられるのは、知性であって感官ではない。もしその人がそれを脇に置いておくことができるならば、判断は、すぐにその仕事にとりかかり、対象の長さ、幅、色、形、距離を吟味するだろう。これらについて、彼の混乱が続く間、彼はその目がずっと開いているが、判明な思念を持っていないだろう。

感官の目が開いているが、判断の目が混乱によって、あるいは心の注意を奪う激しい感情によって閉じているとき、われわれは、混乱して物事を見ていて、そして、おそらく、獣や全くの愚か者、そして判断力が使える前の幼児がそうであるのとほとんど同じようだろう。

それゆえ、粗雑で判明ではない感官の対象の思念がある。そして、判明で学問的なものもある。前者は、感官だけから得られるが、後者は、何らかの判断力なしには獲得されえない。

幾何学が、点や直線、角、正方形、円、正比例や反比例といったものについて、われわれに提示する明晰で正確な思念は、何らかの判断力のない心には受け入れられないだろう。それらは、厳密には感官の観念ではないし、感官の観念を合成することによって得られるものでもない。感官によって得られる観念や思念を、その最も単純な要素へと分析し、再びそういった要素を、さまざまな正確で優美な形式へと組み合わせることによって得られるのである。そしてこれは感官が示したこともないし示すこともできないものなのだ。

もしもヒューム氏が適切にこのことに注意していたならば、幾何学が正確でない観念と、厳密には真ではない公理に基づいているということを示すために(3)、その『人間本性論』の一四頁を割いて行った、かなり大胆な試みは行われなかっただろう。

数学者は、次のように考えてしまうかもしれない。そういったことを真剣に企てる人は、幾何学についてほとんど知らないのだ。しかし、私はそれを別の原因、つまり自分自身の体系への熱意に帰属させることができると考えている。才能のある人でさえ、それが多大な犠牲を要求するときに、知性が好む偶像への愛着によって、奇妙な背理へと陥ってしまいうることを、われわれは知っている。

われわれプロテスタントは、ローマ教会の信者が教会法への服従においてその五感を放棄するとき、その権威に少なからず敬意を払っていると考えている。ヒューム氏は自分の体系への献身によって、彼は数学的な論証を踏みつけるようになるのである。

彼の体系の根本的な項目は、人間の心のすべての知覚は、印象か観念だということである。そして観念は、印象の弱々しい写しでしかないということである。それゆえ、直線の観念は、見られたり、触覚によって感じられたりする直線の弱々しい写しでしかないということになる。そして、弱々しい写しは、もとのものより完全ではありえない。さて、そのような直線について、幾何学の公理が完全には正しくないということは明らかである。というのも、視覚や触覚に対してまっすぐである二つの線は空間を含むかもしれないし、一つ以上の点で交わるかもしれない。それゆえ、もしもわれわれが、視覚や触覚の感官から得るものよりも正確な直線の思念を作ることができないのならば、幾何学は確固たる基礎を持たないことになる。一方、もしも幾何学的公理が正確に真であるならば、直線の観念は、視覚や触覚のいかなる印象からも写し取られず、異なった起源とより完全な基準を持たなければならない。

幾何学者が、物質の延長や形について反省するだけで、感官が示すいかなる思念よりも正確で学問的な思念の組み合わせを作るように、自然学者は、物質の他の属性を反省することによって、濃度や、物質量、速度や慣性力、流動性、可塑性、重力の中心、振動といった別の組み合わせとなる思念を作る。これらの思念は、正確で学問的である。しかし、それらは、判断力を何ら持たない心には入ってくることができないし、子供の場合、彼らがある程度知性を成熟させない限り、彼らにそういった思念を理解させることはできない。

航海術における、緯度や経度、針路、風圧という思念は、子供に理解させることができない。そして、われわれが推論できるあらゆる学問や学芸の言葉に関してもそうなのである。子供たちは、そのような思念を作ることができるようになるために事物の関係を区別し、比較し、知覚できるようになる前でも、大人たちと同じように完全に五感を使うことができる。子供たちは、緩やかな進歩によって、そしてわずかな進度で、知的な能力を獲得し、それらによって、感官が決して分け与えることのできない事物の判明で、正確な思念を作ることを学ぶのである。

感官の対象について、感官だけから得られる思念について多くのことを述べてきたので、次に、どのような思念が心の働きについて、意識だけから得られるのかを考えることにしよう。

ロック氏は、極めて適切に、意識を内的感官と呼んでいる。それは、感官がわれわれに、外的な事物の直接的な知識を与えるように、心の中の、つまり、われわれ自身の思考や感じの直接的な知識を与える。しかし、外的対象は、動かずにじっとしていて、感官は、それにしばらくのあいだ関わることができるという違いがある。しかし、意識の対象は、決してじっとしていない。思考の流れは、一瞬も止まることなく、川のように流れている。思考の全体の連鎖は、意識の目の下を次から次へと通り過ぎていく。そしてそれはいつも現在のものに関わっているのである。しかし、複雑な働きを分析し、そのさまざまな成分を区別し、それらを一般名のもとで別個の塊に組み合わせるものは意識なのだろうか。これは、確実に意識の働きではない。われわれが意識し、判明に覚えているものを思い出し、判断するという、反省なしには遂行されないだろう。この反省は子供には見られないようである。心のすべての能力の中で、それは、最も後で成長するもののようであるが、その一方で意識は、最も早い時期にすでに備わっているのである。

意識は、一種の内的な感官なので、外的な感官が、外的な対象について判明で正確な思念を与えないように、心の働きの判明で正確な思念をわれわれに与えることができない。心の働きへの反省は、われわれが外的対象の判明な思念を作る働きと、同じ種類の働きである。それらは、その本性において異なるのではなく、次の点でのみ、つまり、一方は外的な対象について関わり、他方は内的な対象に関わるという点で異なるのである。そして、両者は、同じ適切さで、反省と呼ばれるのである。

ロック氏は、反省という言葉を、言語の裁定者である習慣からのいかなる権威もなしに、心の働きに関わるものに制限した(4)。というのも〔権威がないと言えるのは〕確かに、私は、自分が考えていたものだけでなく、見たり聞いたりしたものを反省できるからである。その言葉は、適切で通常の意味では、等しく感官の対象と意識の対象に適用できるのである。彼は同じように、反省と意識を混同し、それらが違う能力であり、人生の全く違う時期に現われるということに気付かなかったようなのである。

もしもあれほどの著名な哲学者が反省という言葉の意味についてのこういった間違いに気付いていたら、われわれ自身の心の働きの判明で正確な思念を形成できるのはそれらを反省することによってであり、反省のない意識によってではないことを、彼は理解したのだろうと思う。そして、感官の対象の判明な思念を形成できるのは、感官の対象を反省することによってであり、反省のない感覚によってではないことも、彼は理解しただろう。外的なものであろうと内的なものであろうと、あらゆるものを反省することは、対象をわれわれの知的能力の対象にすることであり、それによって、われわれは、それをあらゆる側面から調べ、それについて、正しく、真であると思えるような判断を作るのである。

三番目に、私は事物の関係の思念を考察することを提案した。そしてここで、判断なしにはわれわれはいかなる関係の思念も持つことができないと考える。

われわれが関係の思念を得る二つの方法がある。第一のものは、われわれが以前に関係しあう対象の概念を持ったことがあるとき、それらを比較することによってである。この比較によって、われわれは、直接か推論の過程によって関係を知覚する。私の足が私の指よりも長いことを、私は直接に知覚する。そして三が六の半分であることも、私は直接に知覚する。この直接的な知覚は、直接的で直観的な判断である。二等辺三角形の底辺の角度が等しいことを、私は推論の過程によって知覚する。そこには判断があることが認められるだろう。

(ロック氏には思いつかなかったように思える)関係の思念を得るもう一つの方法は、

関係づけられている対象の一つに注意することによって、その対象がその本性から、おそらく以前に、われわれが一度も考えたことのないある関係を、何か他のものに対して持っていなければならないと知覚したり判断したりするときである。そして、関係づけられた対象に注意することが、相互関係の思念とそれらの間にある関係の思念を生み出すのである。

例えば、私が色や形や重さに注意するとき、私は、これらが、主体なしには、つまり色がついていたり、形があったり、重さがあるものなしには、存在できない性質だと判断せずにはいられない。もしも私が、そのような事物が性質だということを知覚しなかったならば、私は、その主体や、性質と主体の関係について、いかなる思念も持つことがなかっただろう。

思考や記憶や推論の働きに注目することによって、思考し、記憶し、推論する、心と呼ばれる、ものがなければならないと知覚あるいは判断する。われわれが、自然の中に生じる何らかの変化に注目するとき、判断力は、それを生み出す能力を持つこの変化の原因がなければならないということを教える。こうしてわれわれは、原因と結果、そしてそれらの関係の思念を得るのである。物体に注目するとき、われわれは、それが空間なしには存在できないということを知覚する。ここからわれわれは、空間の思念（それは、感官の対象でもなく、意識の対象でもない)を得る。そして、物体が、その場所として、無制限の空間のある一部に対して持っている関係の思念を得る。

それゆえ、関係についてのすべての思念は、心の他の能力にではなく、その源や起源として、判断に帰属させられるのが適切だろう。われわれは、関係について判断することなく想うことができるようになる前に、判断によってまず関係を知覚しなければならない。それは、われわれが、色を見ずに想うことができるようになる前に、視覚によって最初に色を知覚しなければならないようなものである。私には、ロック氏が、関係の観念について言うときに、それらが感覚の観念や反省の観念であるとは言わず、ただ、それらが感覚や反省の観念に尽き、関わっているとしか言っていないように思われる(5)。

単位と数の思念は、非常に抽象的なものなので、心が何らかの判断力を持つまで、それらの思念が心に入ってくることはできない。われわれは、子供たちが、小さな数の名前であっても、理解しつつ使うのを学ぶのがどれほど難しく、どれほど時間がかかるものであるかを知っている。また、彼らがそれを獲得したとき、この獲得にどれほど喜ぶかを知っている。あらゆる数は、それが単位あるいは単位の既知の組み合わせに対して持っている関係によって想われる。そして、抽象的な本性のためだけでなくこの理由によって、そのすべての判明な思念は、ある程度の判断力を必要とするのである。

適切な場所で、私は、判断力が、嗜好のあらゆる決定と、すべての道徳的決定と、多くのわれわれの情緒と感情の成分であることを示す機会を持つだろう。その結果、われわれが判断を行使するようになった後では、この働きが心の働きの大部分に混ざり合うので、それらを分析するときに、見逃されると必ず混乱や誤りが伴うのである。

第二章　常識について

感覚という言葉は、通常の言語では、哲学者の著作におけるのとは違った意味を持っているように思える。そして、これらの違う意味は、混同され、困惑と誤りを引き起こしがちなのである。

この点について古代の哲学に戻ることなく、現代の哲学者は、感覚を、判断とは関係のない能力として考えている。彼らは、感覚をわれわれが対象からある観念や印象を受け取る能力だと考え、判断を、そういった観念を比較し、その必然的な一致と不一致を知覚する能力として考えている。

外的な感覚は、一次的であろうと二次的であろうと、物体の色や形や音や、他の性質の観念をわれわれに与える。ロック氏は、内的感覚の名前を意識に与えた。なぜなら、それによって、思考や記憶や推論、そしてわれわれ自身の心の他の働きの観念を持つからである。グラスゴーのハチスン博士は、われわれが外的感覚や意識に帰することのできない単純で、原初的な観念を持っていると考え、調和の感覚や美の感覚、道徳感官〔感覚〕といった、他の内的な感覚を導入した。(6) 古代の哲学者も、記憶が説明されるような内的感覚について語っている。

しかし、すべてのこうした感覚〔感官〕は、外的なものであろうと内的なものであろうと、哲学者によって、どんな種類の判断も含めることなく観念を心に与える手段だと言われる。ハチスン博士は、感覚を、われわれの意志から独立した物体の現前から何らかの観念を受け取る、心の決定であると定義した。

「この言葉(感覚)で、一般に哲学者は、その結果われわれ自身に相対的な感じだけが割り当てられる能力に、そしてそこから事物の本性に関していかなる結論も引き出せないような能力に名前を付けた。一方、真理は相対的なものではなく、絶対的で実在的なものなのだ。」(7)『プリーストリ博士によるリード博士の吟味』一二三頁。

反対に、日常の言語では、感覚はいつも判断を含意している。常識のある人(A man of sense)は判断力のある人のことである。良識とは良い判断のことである。ナンセンスとは明らかに正しい判断に反することである。常識は、われわれが会話をしたり、取引をしたりする人々に共通する程度の判断力のことなのである。

見ることと聞くことは、それによって観念を得るので、哲学者によって感覚と呼ばれている。われわれは見ることや聞くことによって判断するので、一般の人々によって、それらは感覚と呼ばれている。われわれは、目で色を判断し、耳で音を判断し、審美眼で美や醜さを判断し、道徳感官や良識で行為における善悪を判断する。

感覚をわれわれに観念を与える唯一の領域として表現する哲学者も、感覚が判断機能であるという一般人の意見に気付かずに陥っていることがある。例えば、ロックは、彼の著書の第四巻第一一章で、次のように書いている。「そしてこれ(色の性質や偶有性が実在し、私の外に存在するということ)について、おそらく私が持つことができ私の機能が最大限に獲得できる保証は、このことについて適切で唯一の判定者である私の目が証言することなのである。(8)」

感覚という言葉のこの日常の意味は、英語に特有のものではない。ギリシア語やラテン語の対応する言葉が、そして私の考えでは、すべてのヨーロッパの言語の対応する言葉が、同じ意味の幅を持っている。ラテン語における sentire, sentential, sense, sensus そしてこの最後のものに英語の感覚は由来するのだが、判断や意見を言い表わし、外的感覚、嗜好、道徳や知性の対象に、無差別にあてはめられるのである。

学問の言葉ではなく、日常の会話で馴染みのある言葉が、哲学の著作ではなぜこれほど違う意味を持つのかという理由を述べることができると私は主張するつもりはない。私は、ただ次のことを述べるだけである。それは、その哲学的な意味は、ロック氏や他の現代の哲学者が判断について与える説明に、完全に一致するということである。というのも、もしも、外的であろうと内的であろうと、感覚の唯一の領域が、われわれが判断したり、推論したりする観念を心に与えることならば、判断の唯一の領域は、これらの観念を比較し、それらの必然的な関係を知覚することだというのが、自然な結果であるように思えるからである。

これらの二つの意見は結びついているので、一方が他方の原因であったのかもしれない。しかしながら、私は、もしも両方が正しいのならば、偶然的な事物の実在やそれらの偶然的な関係について、いかなる知識や判断の余地もないと考えている。

感覚という言葉の日常的な意味にもどろう。私は、その意味でこの言葉を用いないような優れた権威を見出すことは、そのように用いる権威を見つけるよりもはるかに難しいと思う。

われわれは、ポープ氏を英単語の意味の適切な権威としてとりあげることができる。彼は、その言葉をしばしば使い、『バーリントン卿への手紙』においてそれについて短い詩を詠んだ。

あなたはしばしばあなたの兄弟たる貴族に
ある真理をほのめかした。そしてそれを多くの人々が買いかぶったものだが。
出費よりも必要なものがある。
そしてそれは嗜好にさえ先行するものである。――それは感覚〔良識〕。
良い感覚、それはただ天の贈り物である。
そして学知はなくとも、公正に英知に値するものである。
光を、あなた自身の中にあなたは知覚する。
ジョーンズとル・ノートルは与えられないようなそれを持っている。(9)

この内的な光あるいは感覚は、さまざまな程度でさまざまな人々に天によって与えられたものである。われわれが法と統治の主体であり、自分自身の関心事を取り扱うことを可能にし、他者に対する行為を責任あるものにするのには、ある程度の感覚が必要である。これが常識と呼ばれている。なぜならそれは、われわれが業務を共に行い、その行為を説明することを要求するすべての人に共通なものだからである。

すべての文明化された国家の法は、この天の贈り物を持っている人々を、それを持っていない人々から区別する。後者も、犯されるべきでない権利は持っているが、彼らの行動を指図する知性を彼ら自身の中に持っていないので、法は、知性ある人によって導かれるように彼らに命ずる。それは、人々の行動、会話、外見にも現われる結果によって簡単に識別される。そして、人がこの自然の贈り物を持っているかどうかが問われるとき、裁判官あるいは陪審員は、その人との少しの会話によって、だいたいは、大きな確信を持ってその問題を決定できるのである。

生活の行為において共通の分別を持って活動できるようにするのと同じ程度の知性によって、人は、自明でその人が判明に把握する問題において真なるものと偽なるものを知ることができるようになる。

すべての知識とすべての学問は、自明な原理の上に建てられなければならない。そして、常識あるすべての人々は、そのような原理について判明に考えるとき、その有能な判定者なのである。ここから、議論はかなり頻繁に、常識に訴えることによって終わるということになるのである。

ある党派が、彼らの議論が基づく第一原理に同意するときでも〔その第一原理の正しさについて〕推論の余地がある。しかし、ある人にとってあまりにも明らかで証明する必要がないもの、あるいは証明を認めないように思えるものを誰かが否定するときには、推論は尽きているように思える。そして訴えは常識に対してなされるのであり、それぞれの党派は、自分自身の意見を主張することだけが残されるのである。

もしも常識の決定が、すべての合理的な人が従う規約だとされなければ、このような状況に対する救いもなく、そのような常識への訴えを論じるためのどのような方法も残されていない。このこと〔常識の決定を規約とすること〕は実際に、可能ならば非常に望まれるべきものであり、論理学においてなくてはならないものを提供するだろう。そして、理性的な人々が、自明なことに同意することが不可能だとどうして考えられるだろうか。

この章で意図されていることは、常識の意味を説明することだけである。だから、常識は、そういう人もいるが、新しい原理としても意味のない言葉としても扱えない。哲学者たちはしばしば、感覚を別の意味で用いてきたが、その最も共通の、それゆえ最も適切な意味での感覚は判断を意味していることを私は示そうとしてきた。ここから、常識は、共通判断を意味すると考えることが自然であり、事実そうなのである。

共通判断を、一方でそれを超えたものから、そして他方でそれに届かないものから区別する正確な境界線が何かということを決定することは難しいかもしれない。そして、この言葉の意味について一致している人々も、これらの境界線について違う意見を持っていて、それらを固定しようと考えたことがないかもしれない。このことは理解できることである。それは、ほとんどのイギリス人が、ヨーク州の正確な境界線を指摘できないだろうが、すべてのイギリス人はヨーク州によって同じことを意味しているようなものなのである。

実際に、常識とは、あいまいな言葉ではなく、ヨーク州と同じようによく理解されるように思える。われわれは、優れた著者の中の無数の場所でそれを見出す。われわれは、会話で、無数の機会にそれを聞く。そして、それは私が判断できる限りいつも同じ意味なのである。これがおそらく、それがほとんど定義されず、説明されない理由なのである。

ジョンソン博士は、彼が与える典拠の中で、「感覚」という言葉は、知性、機能の健全さ、自然理性の強さを意味表示することを示すために、ベントリー博士の言葉を、常識と呼ばれるもののために引用している。おそらく〔特に常識というものが〕意図されたのではないだろうが、偶然にも次のように述べられている。「神は、われわれが自然の光や理性、そして常識と呼ぶ能力や才能を、人に与えた(10)。」

確かに、常識は、日常的な言葉であり、スコラ的な言葉ではない。そして、知性の能力を体系的に扱ってきた大部分の人々によっても、他の著述家と同じように時折言及されるだけである。しかし、私は、この点について、例外的に二人の哲学的著述家を思い出すのである。一人はビュフィエであり、彼は五〇年以上も前に、知識の原理として常識を広く取り上げたのである。もう一人はバークリ主教であり、私の考えでは、彼は、哲学者の教義に反対して、その後に続いた哲学者のように、常識をかなり重視したのである。もしも読者が本書の第二試論〔第二巻〕第十章を振り返るならば、別の目的のためにそこでなされた引用から、この点について納得するだろう。もっともそれはここでは繰り返す必要はないものだが。

人々は、常識が何かをほとんどたずねない。なぜなら、あらゆる人は、自分自身がそれを持っていると思うし、それを、知っていないと考えられることが、彼の知性に対する非難だと考えられているからである。しかし私は、これを問題にする二人の非常に著名な著者を記憶している。それで、これほどしばしば言及されるにもかかわらず、ほとんど調べられることのないこの主題について、彼らの考えを聞くことは不適切ではないだろう。

シャフツベリー卿が、彼の論考の一つに『共通の感覚——友人への手紙における、機知とユーモアの自由についての試論』というタイトルを与えたことはよく知られている。(11)そこで彼は、何人かの友人と道徳や宗教の主題について、自由に会話をすることを彼の友人に思い出させている。大いなる生命力と才知とともに始められ主張されたさまざまな意見の中で、一人、二人が、いつでも常識に訴える自由を持っているのである。誰もがその訴えを認める。優れた知性を決して疑われたことのない紳士が、常識がどのようなものかということを彼に話すように友人たちに頼むまで、その〔常識という〕裁定の権威を問題視することはなかったのである。

彼によれば、「もしも感覚という言葉によって、意見や判断が意味され、共通のという言葉によって一般性や人類のかなりの部分を意味するとすれば、常識〔共通の感覚〕の主体がどこにあるかを見つけ出すことは難しいだろう。というのも、人類のある部分の感覚によるものは、別の人の感覚に反してきたからだ。そして、もしも多数であることが常識を決定するのならば、人々が変化するにつれて、常識も変化するだろう。宗教では、常識は、カトリックや正教会と同じくらい、それを決定することは難しいのである。ある人にとって不合理なものが、別の人にとっては論証になることがあったからである。

政治において、もしも普通のイギリス人あるいはオランダ人の感覚が正しいならば、トルコ人やフランス人は確実に間違っていることになるだろう。そして、たんなる冗談として絶対服従が思われているように、われわれは、それが、自分たちの大きな党派の、ヨーロッパのより大きな党派の、そしておそらく、他のすべての世界の最大の部分の常識だと考えただろう。道徳については、その違いは、さらに大きい。というのも、哲学者さえ、一つの同じ体系に決して同意できなかったからである。そして、最も誉れ高い現代の哲学者さえ、正しくも次のように言ったのである。美徳と悪徳は、たんなる流行や世間のうけより他に法則や基準をもたないのだと。」[12]

これが、紳士の会話の内容である。それは、言葉の意味を完全に説明していて、常識の権威や、常識に訴えることの適切さに対してこれまで言われてきたこと、そして言われうるすべてのことを含んでいると、私は理解している。

この会話に直接になされる答えについてのどのような言及もされていないので、われわれは、高貴な著者が、その会話を述べたてた知性のある紳士の意見を、採用したと結論づけがちである。しかし、彼の試論に与えられた『共通の感覚』というタイトルや言葉の頻繁な使用から、そして、試論の全体的な調子から、それが正反対であることが明らかなのである。

著者はその試論において、そこにつけられた二重のタイトルが示すように、二重の意図を持っているように見える。一つの意図は、非常に重々しい主題を友人と話すときに、機知、ユーモア、嘲笑の使用を正当化することである。彼によれば、「私は、人々が恐れおののいて機知を失うということは考えられるが、笑われて機知を失うということは理解できない。人々が、心地よい仕方で諭されて社会への愛を失ってしまったり、推論して人間愛や常識を失ってしまったりするとは、私にはほとんど想像できない。[13]」

『共通の感覚』というタイトルによって示されるもう一つの意図は、第一の意図と共に用いられるのだが、それは、常識が、以前に引用された懐疑的な会話において表現されるほど、あいまいでも不確実でもないということを示すことである。彼は言う。「私は、すべての確実さが失われ、際限のない懐疑主義が導かれたと君が考えるような方法で（つまり、ユーモアの方法で）、事物についてのどのような確実な知識や確信が、回復されるかを試してみよう。[14]」

彼は、ユウェナリス、ホラティウス、セネカ[15]が用いる共通の感覚という言葉にいくらかの批評を加えている。そして、その論考を通して、おどけたような仕方で、道徳、政治、批評、そしてあらゆる知識の部門の根本的な原理は、常識の指図によるものだということを示した後で、次の言葉で全体を要約している。「そこにある何らかの道徳的で、哲学的な真理は、それ自体とても明らかなので、自然の知識と根本的な理性、そして常識に反して主張されるものを真理として認めるくらいならば、人類の半分が狂気に走り、愚か者という同じ種でまさに一括りにされると想像するほうが容易だろう。[16]」そして一息おいて、彼は次のように加える。「さて、私の友人よ、私が常識に従い、表面的に見える言葉で話さずに、まずまずの仕方で道徳的に私が話していることに君が気付くならば、私は自分の成果に満足するだろう。」[17]

常識が何かという問題を定めたもう一人の著名な著述家は、カンブレーの有名な大司教であるフェヌロン[18]である。

その賢明で、敬虔な著者は、デカルト学派の哲学を好む先入観を初めから持っていたので、確実な基礎の上に、デカルトが神の存在を証明するために考えだした形而上学的論証を確立しようとした。この目的のために、彼は、デカルト的懐疑から始めた。彼は、自分自身の存在の正しさを見出すことへと進み、それから、この、あるいは他の主要な真理の明証性や確実さがどこに存在するのかを調べようとした。デカルトの原理に従って、彼はそれを、観念の明晰さと判明性に置いた。そして反対に、彼は、対立する命題の不合理さを、それらが明晰で判明な観念に矛盾することに置いたのである。

このことを示すために、彼は、明らかに不合理で、馬鹿げたさまざまな問題の例を与えた。それは、常識のある人ならば誰でも、一目でそうだとわかるものであり、それからこの目的へと進んでいくのである。

「これらの問題を馬鹿げたものにしてしまうのはいったい何であろうか。正確には、どこにこの愚かさはあるのだろうか。おそらく、次のように答えられるかもしれない。それは、次の点、つまりそれらが常識を驚かせることにあると。しかし、この同じ常識とは何だろうか。それは、すべての人々が同じ事物について等しく持っている第一の思念ではない。この常識とは、いつもそしてすべての場所で同じものであり、探求を妨げるものであり、ある場合には、探求を愚かなものにするものであり、探求をする代わりに、望もうと望むまいと人を笑わせるものであり、疑うことを人の能力の外側に置くものである。この感覚は、ただ尋ねられるのを待っているだけであり、一目で現われるものであり、問題の明証性や不合理をすぐに発見するものであるが、これは、私が自分の観念と呼ぶものと同じではないだろうか。」

「それで、反駁したり、吟味したりすることが私の能力にはなく、そしてあらゆる場合にそれによって吟味したり決定したりする、それらの観念や一般思念を見よ。そして、明らかにこれらの不変な観念が表わすものに反対するものが私に提示されるならば、私は答える代わりに笑うほどのものなのだ。(19)」

私は、この文章について、次のことを述べておきたい。これがデカルトの真理の基準について与える解釈が正しいものであろうとなかろうと、私が今までに見た中では最も良く理解できて、最もすばらしいものなのである。

キケロの文章に言及し、そして後の著述家から二、三の文章をそこに加えることをお許し願いたい。それは、この言葉が廃れておらず、その意味も変わっていないことを示している。

『弁論家について』には次のように書かれている。「というのも、あらゆる人は、潜在意識の本能のようなものによって、自分自身の芸術や比率の理論を持たずとも、それらの問題において正しいものと誤っているものを識別することができるからである。そして彼らは、自然が彼らにほとんど知識を与えていない絵や彫像や他の作品を理解するためにそれができるが、同時に、彼らが言葉のリズムや発音を判断するときにはるかにこのことは示される。なぜなら、これらは、一般的な識別能力〔常識〕に深く根ざしており、自然は、誰もこの機能を完全に欠かないように定めたからである。[20]」

ヒュームの『哲学論集』の第一巻の五頁には次のように書かれている。「しかし、より美しく、より魅力的な色合いで人類の常識を表わそうとする哲学者は、偶然によって間違いを犯しても、常識と心の自然な感情に訴え続ける以外に進むことをせず、正しい道に戻り危険な幻覚からその身を守るだろう。[21]」

ヒュームの『道徳原理に関する探究』の二頁には、次のように書かれている。[22]「道徳の区別の実在性を拒否した人々は、不正直な論争者の中に位置づけられるだろう。この種の敵対者を改宗させる唯一の方法は、彼を一人きりにさせることである。というのも、彼との論争を誰も続けないことがわかれば、彼は、たんなる退屈から最後には自分自身で、常識と理性の側に意見を変えるということがありそうだからである。[23]」

プリーストリの『自然宗教と啓示宗教の原理』の序論、試論第一巻の二七頁には次のように書かれている。「常識は、宗教における多くの誤りに対する十分な防御となるので、常識が十分な教育者であるということも当然のものとして認められるように思われる。一方、実際のところ、積極的な教育なしには、人々が宗教に関してたんなる未開人だったというのは当然だろう。それは、同じような教育なしには、人々が生活の学芸や学問について、未開人だったようなものである。常識は、裁判官に比較することができる。しかし、裁判官は、判断するための証拠と十分な素材がなければ、何ができるだろうか。[24]」

プリーストリによる「リード博士の吟味」の一二七頁では次のように書かれている。「しかし、これまで判断と呼ばれたものが感覚と呼ばれることを、親切心から認めるとしても、それを常識と呼ぶことは、確立された言葉の意味をあまりにも好き勝手にしすぎるだろう。その常識という言葉は、通常の意味では、非常に異なったものに、つまり、平均的な能力を持った人々ができる日常の物事の判断の能力に長らく適用されてきたからだ。」そして一二九頁では、「それゆえ、もしも人が、ある場合に真理を虚偽から区別できないほど完全に常識を奪われているならば、彼は、それを別の事例でも同じように区別できないだろうと、私は考える。」

さらに多くのものを加えられるだろうが、この一群の証言から、知識の原理として常識について話した人々、あるいは、自明な問題においてそれに訴えた人々に加えられるあらゆる批判は、常識に共有すべき多くのものがあるならば軽率なものになるだろうと思う。実際に、この法廷の権威は、あまりにも神聖で敬うべきものであり、非常に長く支持されてきたので、今や疑問視されることが賢明でないような力を持つ。疑問視したい気になる人々は、洞察力のある人がホッブズ氏について、次のように言ったのを思い出すとよい。それは、「理性が人間に反対するとき、人は理性に反対する。」これは同じように、常識にもあてはまるのである。

これまで、私がこの言葉の意味について与えてきた説明から、その言葉の適切な使用と誤用について判断することは容易である。

理性と常識の間に何か対立があると考えることは不合理である。実際に、常識は理性の第一子であり、それらは、会話や書き物において結びつけられているので、その本性において分離できないのである。

われわれは理性に二つの役割あるいは二つの段階を帰することができる。第一のものは、自明な物事を判断することであり、第二は、自明な物事からそうではない結論を導くことである。これらのうちの第一のものが常識の領域であり唯一の領域でもある。それゆえ、常識はその全範囲で理性と一致し、理性の一部門あるいは一つの段階の別名でしかない。おそらく、次のように言われるかもしれない。そうだとすると常識が理性の一段階でしかないということが認められるのに、なぜ君はそれに一つの名前を与えるのかと。次のものは、そのことに対する十分な答えとなるだろう。すべての文明化された国家〔民族〕の言語に見出され、慣習によって権利を獲得した名前を、なぜあなたは廃止するのか。そのような試みは等しく愚かで無益なものなのだ。賢い人はみな、われわれがたどれる限りすべての言語で見出される名前は無用のものではないと考えるだろう。

しかし、理性のこの段階〔常識〕が適切な名前を持っている明らかな理由がある。つまり、〔常識以外には〕理性の他のどのような段階も人類の大部分において見出されないということである。人々に理性的な被造物の名称を与えるのは、このような理性の段階なのである。人々に自分自身の関心事をうまくやりくりさせ、他者への行為に責任あるものにするのは、まさにこのような理性の段階であり、それだけなのである。それゆえ、これが、理性の一段階が適切な名前を持つ最良の理由なのである。

この二つの理性の段階は、他の点においても異なる。そしてそれが、それらに違う名前を与えるのに十分な資格を与えるのである。

第一のもの〔つまり常識は〕、純粋に天の贈り物であり、天がそれを与えないところでは、どのような教育もその不足を補うことができないのである。第一のものが不足していないときには、第二のものを実践と規則によって学ぶことができる。常識のある人は、推論することを教えられる。だが、もしも彼がその贈り物を持っていないのならば、どのような教育によっても、彼は、第一原理について判断できるようにはならないだろうし、それらから推論することもできないだろう。

次のことをさらに述べればよい。つまり、常識の領域は、確認よりも論駁においていっそう広範囲にわたるということである。真なる原理から適切な一連の推論によって導かれた結論は、常識のどのような決定ともおそらく矛盾しないだろう。なぜなら真理は常にそれ自体と整合的だからである。またそのような結論は常識からどのような確証も得ることもできないだろう。なぜなら、それは常識の管轄にはないからである。

しかし誤った原理から始めることにより、あるいは、推論における誤りによって、人が常識の決定に反する結論へと導かれる可能性がある。この場合、その結論が基づいている推論は常識の管轄ではないが、その結論は常識の管轄内にある。そして、常識ある人は、その結論へと導いた推論の誤りを示せなくても、その結論を拒絶することができるだろう。

例えば、もしも数学者が、いくらかの誤った段階を経た複雑な論証の過程によって、次の結論、つまり、どちらも第三のものに等しい二つの量は互いに等しくないという結論にいたったならば、論証の裁判官だなどと主張せずとも常識のある人は、その結論を拒否し、それが不合理だと言う十分な資格を与えられるのである。

第三章　判断に関する哲学者たちの意見

言葉の意味についての違いが、哲学者の間での論争を引き起こしてはならない。しかし、言葉の上での論争を防ぐために、そのような違いに注意することはしばしばとても重要なことである。実際に、われわれが心の働きを表現する言葉よりも曖昧なものになりがちな言葉は言語にはない。そして最も率直で思慮深い人々も、ときに、言葉の正確な意味について、違う意見へといたるのである。

私は以前に、判断という言葉の意味について、ロック氏独特のものだと考えられるものを示唆し、彼をそこへと導いたと考えられるものに言及した。しかし、彼自身の言葉に耳を傾けてみることにしよう。『人間知性論』第四巻第一四章で彼は次のように書いている。「明断で確実な知識が得られないところで、その欠如を補うために神が人に与えた機能は判断である。それによって、心は、証明における論証的な明証を知覚することなしに、観念が一致しているとか一致していないとか、あるいは同じことだが、命題が真であるとか偽であるとかを理解するようになる。[25] こうして、心は真と偽に関わる二つの機能を持つ。第一に、知識であり、それによって心は、いかなる観念であろうとその一致あるいは不一致を確実に知覚し、それに疑いなく満足する。第二に、判断であり、それは、観念のある一致あるいは不一致は知覚されないが、そうであろうと推測されるときに、心の中で互いに観念を一緒にしたり分離したりするのである。[26]」

私が思うに、知識は、ときに、知られるものを意味表示し、ときにわれわれがそれらを知るようになる心の働きを意味表示する。そして、同じように、意見とは、ときに信じられるものを意味表示し、ときにそれらを信じる心の働きを意味表示する。しかし、判断は、こういった心の働きの両方で行われる機能である。知識において、われわれは疑うことなしに判断する。意見においてはいくらか疑いつつ判断する。しかし、意見を機能と呼ぶのと同じように、知識を機能と呼ぶ点でロック以外の権威を知らない。

私は、知識がロック氏によって割り当てられた狭い領域に限定されるとも考えない。なぜなら、すべての人々が人類の知識と呼ぶもののかなりの大きな部分は、直観的証明も論証的証明も認めないものにあるからである。[27]

私は、ロック氏が先に引用した箇所で用いているよりも、さらに広い意味で判断という言葉をこれまで使ってきた。私は、その言葉によって、真であろうと偽であろうと、命題によって表現されるものに関してわれわれが決定する心の働きだと理解している。あらゆる命題は真か偽である。そして、あらゆる判断もそうである。ある命題は、それについて判断することなしに単純に想われる。しかし、命題の概念だけでなく、強いものであろうと弱いものであろうと、心による肯定や否定、知性による同意や否定があり、それが判断なのである。

アリストテレスの時代より、論理学者はその言葉をその意味でとってきたし、そして、他の著述家たちも大部分そうである。この言葉の他の意味があるかもしれないが、この意味と混同する危険はない。

われわれは、論理学者として英語を理解し、ロック氏の『人間知性論』について正しく評価している人として、アイザック・ワッツ博士の権威を参照しよう。『論理学』の序章の五頁で彼は次のように述べている。「判断は、われわれが、一つの肯定あるいは否定によって二つあるいはそれ以上の観念を結びつける心の働きである。つまり、われわれは、これがあれだと肯定したり、否定したりするのである。この木は高いとか、あの馬は速くないなどというものである。人の心は、思考する存在者である。たんなる物質はそれに属する思考を持たない。神は正しい。良き人々も、この世ではしばしば悲惨である。正しい統治者は、悪と善の区別をなす。これらの文は、判断の結果であり、命題と呼ばれる[28]。」そして、第二部の第二章第九節では、次のように述べている。「感官の明証性は、感官の命令によってわれわれが命題を形成するときにある。それで、芝生は緑だとか、トランペットは心地よい音を奏でるとか、火は木を燃やすとか、水は軟らかく、鉄は硬いというように判断するのである[29]。」

この意味で、判断は、蓋然的なものであろうと確実なものであろうと、あらゆる種類の明証へと、そして、あらゆる程度の同意あるいは不同意へと拡大される。それは、すべての意見に対するのと同じように、すべての知識にも拡大される。そしてそれは、知識においては、家が岩の上に作られるように、より堅固で、安定しているという違いがあるだけである。意見においては、より弱い基礎のもとに立ち、揺れたり、転覆したりしがちなのである。

言葉の意味についてのこの違いは、真理が一方にあって、過誤が他方にあるかのように述べられているのではなく、この例では大部分は正確で判明であるロック氏の語法から逸脱することとの弁明として語られるのである。なぜなら、さまざまな著者によって言葉に与えられるさまざまな意味に注意することが、言葉の違いを本当の意見の違いだと勘違いすることを防ぐ最善の方法だからなのである。

観念に関する共通理論は、判断に関する理論へと自然に行きつく。そしてそれは、その理論の正しさの適切なテストになるだろう。というのも、それらは必然的に結び付いているので、一緒に成立したりそうでなかったりするだろうからである。その結合は、ロック氏によって、彼の著書の第四巻第一章で表現されている。「心は、そのすべての思考や推論において、心のみが熟慮しあるいは熟慮しうる自分自身の観念以外の直接の対象を持っていないので、われわれの知識は、観念だけにかかわるということは明らかである。知識は、われわれの観念の何らかの結合と一致や不一致、そして矛盾の知覚でしかないように思える。知識はその点のみにある。[30]」

この推論の正しさに反対することができる。つまり、この推論結果が導かれる先行命題には、あいまいさがあるように思えるということである。というのも、その命題の最初の節の中で、心は、観念以外の直接の対象を持っていないと言われている。第二の節では、それはまったく他の対象をもたないと言われている。そして、それは、観念だけを熟考する、あるいはできると言われている。

もしも最初の節における「直接の」という言葉が、たんに補足的なもので、命題の一般性を制限する意図でなされたものでないならば、二つの節は完全に整合的であり、第二のものは、たんに、第一のものの繰り返し、あるいは説明でしかない。そして、われわれの知識が観念にかかわるものでしかないということは、完全に正しく、論理的なものなのである。

しかし、もしも最初の節における「直接の」という言葉が、命題全体を制限しようと意図されたものならば、そして、心が、他の直接の対象は持っていないが、それ自身の観念以外の他の対象を持っていることが含まれているのならば、そのとき、それが観念のみを熟考したり熟考できたりするということは真ではないだろうし、また、われわれの知識が観念に関係しているだけだという推論は、正しく導かれないだろう。

ロック氏は、「直接の」という言葉によって、その先行命題を何も制限することなく言おうとしていたか、あるいは、その言葉によって、それを制限し、観念ではない心の対象があるということを表わすことを意図していたに違いない。

第一の想定が、いくつかの理由で最も蓋然性が高いように思える。

第一に、この『人間知性論』の序章で、彼がわざわざ「観念」という言葉を定義したときに、彼は、それが、人が考えるときのあらゆる知性の対象であるか、心が、思考において従事するあらゆるものだと言う。ここに、観念ではない心の対象のために残されている余地はない。同じ定義は、『人間知性論』を通してしばしば繰り返されている。ときどき実際に、今考察中の文章におけるように、「直接の」という言葉が加えられる。

しかし、それが表現されないときに、対象は直接的なものだと理解されるべきだという通告はなされてない。さて、もしも観念ではない思考の対象があるということが、彼の真の意見だったならば、『人間知性論』全体の根底となる作業であるこの定義は、かなり不適切なものであり、彼の読者を誤解させるようなものになっただろう。

第二に、彼は、直接対象ではない思考の対象がどのようにしてありうるのかを示そうと試みたことは一度もない。そして実際に、このことは不可能に思える。というのも、どのような対象があろうとも、人はそれについて考えるか、考えないかである。その中間などというものはない。もしも誰かがそれについて考えるのならば、それは彼がそれを考えている間、思考の直接の対象である。もし彼がそれについて考えていないのならば、それはまったく思考の対象ではない。それゆえ、思考のあらゆる対象は、思考の直接の対象である。そして、思考の対象に結びつけられている「直接の」という言葉は、たんなる補足的なものなのである。

第三に、マールブランシュとバークリ主教は、われわれは心の、あるいは心の働きの観念を持たず、われわれは観念なしにそれらについて考え、推論することができると信じたが、これはロック氏の意見ではない。彼は、感官の対象の観念だけでなく、心とその働きの観念があると考えていた。つまり、心はそれ自身の観念以外には何も知覚せず、すべての言葉は観念の記号だと考えていたのである。

第四に、彼が、「直接の」という言葉で先行する命題を制限しようとしたと想定することは、推論における失敗を彼に負わせることになる。そして私は、ロック氏がそれを犯しているとは思っていない、ということである。というのも、観念は、唯一のではないが部分的には思考の対象なので、われわれのすべての知識は観念に関係するものだけであるということが明らかだなどと推論すること以上に、まぎれもない誤謬推理がありえるだろうか。反対に、もしも観念は思考の唯一の対象だと彼が意図していたならば、導かれた結論は、完全に正しく、明らかである。そして、彼はまさに同じように次のように言えるだろう。心が、熟慮し、熟慮できるのは、観念だけなので、知識は観念に関係するものだけであるというのは明らかだと。

結論それ自体について、私は、次のことだけ述べておこう。それは彼が、結論を、彼が知識と呼ぶものについてだけに拡大し、彼が判断と呼ぶものには拡大していないが、それを両方に拡大しなければならない同じ理由があるということである。

心が心の対象について、すなわち、心が熟慮できるものについてだけ関係しうるということは、知識と同様に判断についても真である。知識と同様に判断も、われわれが判断する対象の概念を前提している。そして、心の対象になったことのない、あるいは心の対象ではありえない対象について判断することは、明らかに不可能なのである。

それゆえ、次のことを私は当然のこととみなしてもよいだろう。それは、もしも心の対象が他にないので、知識が観念にのみかかわるのならば、判断も同じ理由で観念にのみかかわるということは同じように確かだということである。

ロック氏は、彼の推論の結果として、次のように付け加える。つまり、「知識は、われわれの観念の何らかの結合と一致や不一致、そして矛盾の知覚でしかないように思える。知識はその点のみにある(31)」ということだ。

これは、それ自体にとってだけでなく、観念に関する彼の体系との必然的な結合にとって非常に重要な点である。それは、そのいずれもが運命をともにしなければならないようなものなのである。というのも、人間の知識の中で観念の一致あるいは不一致の知覚にはないものが何かあるのならば、次のようにならなければならない。それは、観念ではない思考や熟慮の対象があるということだ。

それゆえ、この点は注意深く吟味するに値する。そのため最初に、その意味に注意しよう。それは、いくらかの説明を必要とするかもしれないが、ほとんど間違うことができないように思えるものである。

知識のあらゆる点とあらゆる判断は、命題で表現される。そこでは、命題の主語について何かが肯定されたり否定されたりするのである。

二つの観念の結合や一致を知覚することによって、私は、主語と述語が観念である肯定的な命題の真理を知覚することが、意図されていると想う。同じように、何らかの二つの観念の不一致や矛盾を知覚することによって、私は、主語と述語の両方が観念である否定的な命題の真理を知覚することが、意図されていると想う。私は、これがその言葉が持つことのできる唯一の意味だと考えていて、そして、それはロック氏が、この章の中ですでに引用された箇所で述べていることによって確かめられる。それは、「心が、その観念が一致しているか一致していないかを考えることは、命題が真であるか偽であるかを考えるのと同じである。」(32) それゆえ、もしもロック氏によって与えられている知識の定義が正しいものならば、何らかの知識が表現されるあらゆる命題の述語だけでなく、主語も観念でなければならず、それ以外のものではありえない。そして、同じことが、すでに述べられていたように、判断が表現されるあらゆる命題にもあてはまらなければならない。

人間の知識のこの定義の意味を確かめたので、われわれは、次に、それがどのくらい正しいのかを考えることにしよう。

第一に、もしも観念という言葉が、ピュタゴラス学派やプラトン主義者の間で最初に持たれていた意味で理解されるのならば、そして、知識という言葉によって、抽象的で一般的な知識だけが意味されるのならば（それを、ロック氏は主に視野に入れていたと思うのだが）、そのような知識が、その主語と述語が観念である命題の真理の知覚にだけあるという命題は、正しいと思う。

ここで観念ということによって、私は、その存在に関係なく、抽象的に想われた事物を意味する。われわれは、通常、それらを抽象思念、抽象概念、抽象観念と呼ぶ。ペリパトス学派は、それらを普遍と呼んだ。そして、プラトン主義者は、他の観念を知らないので、何も加えずに観念〔イデア〕と呼んだ。

そのような観念は、抽象的な知識を表現するあらゆる命題における、主語と述語の両方になるのである。

純粋数学の全体は、抽象的な学知である。そして、あらゆる数学の命題において、主語と述語の両方は、先に説明された意味で観念である。例えば、私が四角形の辺が、その対角線と共約不可能なものだと言うときがそうである。この命題において、四角形の辺と対角線は、主語である。（関係を表わす命題であるために、それは二つの主語をもたなければならない。）四角形、その辺、その対角線は、観念あるいは普遍である。それらは、個体ではなく、多くの個体について述定されるものである。存在は定義には含まれず、われわれがそれらについて作る概念にも含まれない。命題の述語は共約可能であり、それは、普遍でなければならず、あらゆる命題の述語と同じである。知識の他の部門の中で、多くの抽象的真理が見出されるかもしれないが、大部分において、抽象的ではない他のものと混ざり合わされるのである。

次のことを付け加えたい。それは、厳密に論証的な明証と呼ばれるものは、抽象的な知識のみに見出されるということである。これは、アリストテレスやプラトンの意見だった。そして、私は、すべての古代の哲学者の意見であったと考えているし、彼らがその点で正しい判断をしたと信じている。確かに、われわれは、天文学や力学や自然学の他の部門において、論証に出会う。しかし、そういった論証が、直観的な明証も論証的明証も持たない原理や想定に基づいていることがいつも見出されると思う。

例えば、真空における投射物の通り道は放物線であるということを論証するときに、われわれは、その投射物が全体の通り道を通して同じ力で、同じ方向に重力によって働きかけられると想定する。これは、直観的に知られないし、論証可能でもない。そして、論証においてわれわれは、運動の法則から推理するが、それは論証できないけれども、さまざまな種類の証拠に基づいた原理なのである。

先に説明した意味で、観念は、心の創造物である。それらは、心の理性的な能力によって作られる。われわれは、その本性と本質を知っている。というのも、それらは、そうだと想われる以上の何ものでもないからだ。そして、それらは完全に知られるので、われわれは、最高度の明証性でそれらについて推理することができるのである。

そして、これらの観念は、存在するものではなくて、想われるものなので、場所も時間ももたないし、変化することもない。

これらの観念が心の中にあると言われるとき、これは、それらが心によって想われる、あるいは、それらが思考の対象であるということを意味するにすぎない。それらを想う働きは、疑いなく心の中にある。想われた事物は場所をもたない。なぜなら、それらは存在しないからである。こうして、抽象的に想われた円は、比喩的に、それを想う人の心の中にあると言われる。しかし、それは、ロンドンの都市やフランスの王国が、人がそれらを考えているときに心の中にあると言われる以上の意味ではない。

場所と時間は、存在している有限な事物に属していて、たんに想われた事物に属しているのではない。たんに想われた事物は、あらゆる場所とすべての時間において、知的な存在者にとって概念の対象であるかもしれない。ここから、ピュタゴラス主義者とプラトン主義者は、それらが永遠で、遍在するものだと考えるようになったのである。もしもそれらが存在するならば、それらは永遠で遍在するものでなければならない。というのも、それらはどの一つの場所や時間とも関係を持っていないからだが、それは、〔そもそも〕あらゆる場所や時間に関係を持っていないのである。

われわれが想うものは存在しなければならないという人類の自然の偏見によって、これらの古代の哲学者は、存在を観念に帰属させることになった。そしてこれによって、それは、観念の体系のまったく途方もなく、不可思議な部分へと導かれた。存在が観念から取り除かれるとき、私は、それが観念に関する唯一の理解できる、理性的な体系になると考えている。

それゆえ、私は、観念はすべての時代と場所において、不変で同じであるということについて、彼らに同意する。というのも、このことは、円はいつも円であり、四角がいつも四角であることを意味するだけだからである。

観念は、それによって始まりを持つあらゆるものが作られるひな形、あるいは典型であるということについて、彼らに同意する。というのも、知性のある考案者は、その作品が作られる前に、それを想わなければならないからである。彼は、その概念に従ってそれを作り、そして想われるものは、それが存在する前は観念でしかないからだ。

抽象的に考えられた事物のあらゆる種は観念であり、種の観念は、区別や増加なしに、種のあらゆる個体の中にあるということについて、私は彼らに同意する。このことは、実際に、学派のやり方に応じて、いくらか神秘的に表現される。しかし、それは容易に説明されるだろう。

あらゆる観念は属性である。そして、属性は、それが正しく肯定されるあらゆる主体にあると言うことは、通常の話し方である。例えば、五〇歳を超えていることは、属性あるいは観念である。この属性は、五〇歳の様々な個人の中にあり、その個人について肯定される。そしてそれは、区分や増加なしにすべてにおいて同じである。

高次のものであろうと低次のものであろうと、あらゆる種だけでなく、あらゆる類、そして抽象的に考えられたすべての属性は観念であろう。これらは、存在に関わることなく想われたものである。それらは普遍であり、それゆえ、その言葉の古代の意味によれば、観念なのである。

確かに、プラトン主義者が永遠なる観念の存在を擁護するために、ペリパトス学派との論争に参加した後で、彼らは、防御ラインを引き締めることが賢明だと理解し、類や人工物ではなく、自然物のあらゆる種の観念があるとだけ主張した。彼らは、不必要に、存在者を増やそうとはしなかった。しかし、この点において、彼らは、自分たちの体系の真の原理から離れてしまったと、私は考えている。

種の定義は、種差を付け加えた類の定義にほかならない。そして、事物を種へと分類することは、類や綱への区分と同じように、心の働きである。種、類、目、綱は、心によって作られ、一つの名前で呼ばれる属性の組み合わせでしかないのである。それゆえ、同じ理由によって、観念という名前が、高次のものであろうと低次のものであろうとあらゆる属性、あらゆる種や類に与えられる。これらは、より複雑な属性、つまり、より単純な属性の組み合わせでしかないのだ。そして、不必要に、彼らが実在していると信じている存在者を増やすことは不適切だっただろうが、彼らが、観念は存在するものではなく、想われるものだということを理解していたならば、その数にどのような危険や犠牲もないことを理解しただろう。

低次のものであろうと高次のものであろうと種や類である単純な属性は、すべて存在に関わらずに想われるものである。それらは普遍である。それらは、一般語で表現される。そして等しく、観念という名前によって呼ばれる資格を得るのである。

私は、観念が学知の対象であり、厳密に言って唯一の対象、つまり論証的推論の唯一の対象であることについて、古代の哲学者に同じように同意する。

観念が不変なものであるように、その一致や不一致、そしてそのすべての関係と属性も不変なものである。すべての数学的な真理は、変わることなく真である。それらが関係している観念と同じように、それらは、時間や場所に関係なく、存在や変化に依存しない。平面三角形の角度が二直角に等しいことは、どのような三角形も存在しなかったとしても、いつも真だったし、いつも真だろう。

同じことが、すべての抽象的な真理について言えるだろう。そのため、それらは、しばしば永遠なる真理だと呼ばれてきた。そして同じ理由で、ピュタゴラス学派は、永遠を、それらが関係している観念に帰属させた。それらが必然的な真理と呼ばれることは非常に適切だろう。というのも、それらは、すべての時間とすべての場所で、真ではないことが不可能だからである。

すべての真理の本性は、観念という言葉のもとの意味でとらえられるときには、その一致・不一致を知覚することによって発見されるものである。そして、ロック氏が知識の定義をするときに主として抽象観念を視野においていたのだと、彼がそれを示すために与えた例から、われわれは考えるようになるのである。

しかし、抽象的ではなく、必然的でもなく、それゆえ、観念の一致や不一致において知覚されえないような、真理のもう一つの大きな部類がある。これらは、事物の存在に関してわれわれが知っているすべての真理である。つまり、われわれ自身の存在の真理であり、生命を持っていなかったり、動物的であったり理性的であったりするような、他の事物の存在についての真理であり、そのさまざまな属性や関係の真理なのである。

これらの真理は、偶然的な真理と呼ばれてよい。私は、崇高なる存在者の存在と属性だけを例外とする。そして崇高な存在者は、私が存在について知る唯一の必然的な真理なのである。

存在する他のすべての存在者は、その存在とそれに属するすべてのものを第一原因の意志と能力に依存している。それゆえ、それらに属する存在も本性も、またいかなるものも必然的ではなく、偶然的なものである。

しかし、神の存在は必然的なものだとは言え、われわれは、それを偶然的な真理から導くことしかできないと理解している。私が把握できる神の存在のための唯一の議論は、私自身の存在と、他の有限な存在者の存在に基づいている。しかし、これらは偶然的な真理なのである。

それゆえ、観念の一致や不一致を知覚することによっては、どのような偶然的な真理も、われわれ自身の存在さえも含めて、どのようなものの実在も、必然的な真理である神の存在も知られないと、私は信じている。こうして、観念という言葉をもとの意味で理解するとき、その一致・不一致を知覚することによって、どのような知識が得られて、何が得られないかを示そうとしてきた。

ロック氏や他の現代の哲学者によって使われているいずれかの意味で観念という言葉

を理解するとき、知識が観念の一致あるいは不一致にあるかどうかを、われわれは、次の場所で考えよう。

一、観念という言葉はしばしば次のように用いられる。それは、何かの観念を持つことがそれを想うことの遠まわしな言い方であるという仕方である。この意味では、観念は思考の対象ではなく、思考そのものである。それは、われわれが何らかの対象を想う心の働きである。そして、これが、ロック氏が、知識の定義において念頭に置いていた意味ではありえないことは明らかである。

二、観念という言葉の二番目の意味は、ロック氏が、その言葉の頻繁な使用のための弁明をするときに、『人間知性論』の序論で与えているものである。「思うに、その言葉は、人が考えるときに、知性の働きの対象であるあらゆるものを、あるいは思考するときに関わるあらゆるものを表わすのに最も役立つ言葉である。[33]」

実際に、この定義によって、思考の対象となりうるすべてのものは観念になる。われわれの思考の対象は、二つの部類にまとめられるだろう。

第一の部門は、われわれが思考できるだけでなく、実在していると信じるすべての対象を含む。すべてのものの創造主と、われわれが気付く範囲にあるそのすべての被造物のようなものである。私は、太陽や月、大地や海、そして、恵み深い創造主が、われわれの世界を、それで豊かにしようとしたさまざまな、動物的、植物的、そして生命のない産物について考えることができる。私は、自分自身や私の友人、そして知人について考えることができる。私は、『人間知性論』の著者を、高く評価しつつ考えることができる。こういったものは、われわれが実在していると信じている、知性の対象なのである。

人が思考の中で従事する知性の第二の対象は、われわれが存在するとは決して信じなかったようなものや、その存在に関わらず、われわれがそれについて思考するようなものである。

例えば、私は、ドン・キホーテについて、ラピュタ島について、オセアナについて、そしてユートピアについて考えることができる。そして、それらは、決して存在しなかったと私が信じているものである。事物のあらゆる属性、あらゆる種、あらゆる類は、その存在や非存在に関わることなしに、抽象的に考察されるならば、知性の対象となりうるのである。

言葉のもとの意味によれば、観念という名前は、知性の対象のこの第二の部門に属していると考えることが適切だろう。そして、私はすでに、どのような知識が観念の一致・不一致の知覚にあるのか、どのような知識が観念の一致・不一致の知覚にないのかを考察した。

しかし、もしもわれわれが、知性の第二の部門だけではなく、第一の部門をも含むように広い意味で観念という言葉を理解するならば、すべての知識が、観念の一致・不一致の知覚にあるということは、疑いなく正しいだろう。というのも、真であろうと偽であろうと、知性の対象に関わることのない、どのような知識、判断、意見もありえないからである。しかし、知性の対象であるあらゆるものは、言葉の第二の意味によれば、観念なのである。

しかし私は、ロック氏が、知識の定義において、観念という言葉を、知性の対象として普通は考えられているすべての事物に広げることを意図していたのではなかったと確信している。

バークリ主教は、太陽、月、星、そしてすべての物質的な事物が観念であり、観念以外の何ものでもないと信じていたが、ロック氏がこの意見を言っているところはどこにもない。彼は、われわれが物体の観念を持っているが、物体は観念ではないと信じていた。同じように、彼は、われわれは心の観念を持っているが、心は観念ではないと信じていた(34)。彼が、すべての観念の起源を注意深く探求したとき、彼は、あらゆる知性の対象の起源を見つける意図は、おそらく持っていなかったし、知性の対象であるあらゆるものの起源を感覚と反省に還元するつもりもなかった。

三、それゆえ、以前に言及されたその言葉の二つの意味を、つまりロック氏が知識の定義を与えるときに彼の考えにはなかった意味を脇に置いておいて、この場所で意図されうる唯一の意味は、私が以前に観念という言葉の哲学的な意味だと呼んだものであり、それは、心が外的な対象を知覚し、心に現われていない対象を思い出したり、想ったりする仕方について通常受け取られる理論に関わるものである。われわれが、知覚のときに、心に実在している、対象のある像や表象物の媒介による以外には、そういった対象を直接に知覚したり、考えたりすることができないということは、まさに古くからの意見であり、哲学者の間でかなり広く受け入れられているものなのである。

それらの像に、古代の人々は、形象や心象の名前を与えた。現代の哲学者は、それらに観念という名前を与えた。ロック氏は、『人間知性論』の第四巻第四章で次のように言う。「心は、事物を直接には知らず、心が事物について持っている観念の媒介によってのみ事物を知るのである。」そして同じ段落で次の疑問を提示している。「心は、それ自身の観念以外に何も知覚しないとき、その観念が事物それ自体に一致するということを、どのようにして知るのだろうか。」(35)

この理論を、私は、知覚や記憶や概念を扱ったときにすでに考察した。読者はそこで、私が次のように考えるようになった理由を見出すだろう。その考えとは、推論や心の働きについての注意深い反省において、その理論が確固たる基礎を持っていないこと、そしてこの理論が、いかなる理論よりも高い権威を持つわれわれの自然の機能が直接に指図するものに反対していること、そしてそれが、すべての古代の哲学者に、神が働きかける何らかの永遠の物質なしにはこの世界を作ることができないと考えさせ、また神が、それに基づいて働くひな形として実在している永遠の観念なしには、彼が作ろうとする世界の計画を想うことができないと、ピュタゴラス学派とプラトン主義者が考えるようになったのと同じ偏見から生じていること、そして、この理論を採用したほとんどの哲学者によって理解されてはいなかったが、この理論の必然的な結果が正しく追求されるならば、絶対的懐疑主義に行き着くということである。

私は、この点についてすでに述べてきたことを繰り返すつもりはない。ただ、この意味で観念を理解したとき、ロック氏が知識について与えている定義にいくらかの意見を述べたいだけなのである。

第一に、もしすべての知識が、観念の、つまり、心の中に存在している事物の表象像の一致や不一致の知覚にあるのならば、そのような観念がなければ知識もありえないということになるのは明らかだろう。その結果、この哲学的仮説を放棄するための十分な理由が見出されるならば、すべての知識もそれと同じようになるだろう。しかしながら、私はそのようなことになってほしくはない。そして、この仮説は、他の多くの仮説と同じように、ぐらつき、失敗に終わることがあるかもしれないが、知識は、より永続的な基礎の上で、確固としたままであり続けてほしいのである。

古代の天文学者の周期や周転円は、千年もの間、天体の物体の運動を説明するために絶対的に必要だと考えられていた。しかし今や、すべての人々が、それらはたんなる虚構だったと信じているとき、天文学はそれらとともにだめになったのではなく、以前よりもより理性的な基礎の上に立っている。観念、つまり心の中に存在している事物の像は、長い間、知性の働きを説明するために必要なものだと考えられてきた。もしも、それらが、最後に同じように虚構だということがわかったとしても、人間の知識と判断は、非現実的な仮説から離れることによっては何も損害を受けないだろう。ロック氏は、確かに、観念の存在を哲学的な仮説とはみなさなかった(36)。彼は、われわれがその存在を意識していると考えた。そうでなければ、彼は、すべての知識の存在を、観念の存在に依存させたりしなかっただろう。

第二に、この仮説が正しいと仮定するならば、われわれの知識は観念についてのみ関わり、その属性や関係を知覚することになければならないということは、明らかで必然的な結果だという点で、私はロック氏に同意する。というのも、すべての知識、そしてすべての判断と意見が、われわれの思考の直接の対象であるか、そうでありうるものについてのものでなければならないということ以上に、明らかなものはないからである。思考の対象、つまり、思考における心の対象でありえないものは、知識の対象あるいは意見の対象でありえないのである。

どのような対象についても、われわれが知りうるあらゆる事物は、対象の属性か、それが他の対象あるいは諸対象に対して持っている関係でなければならない。対象の一致と不一致ということによって、私は、ロック氏が、対象の属性と対象の関係の両方を表現しようとしていたと理解している。もしも観念が思考の唯一の対象ならば、結果は必然的に、観念が知識の唯一の対象でなければならず、そして、すべての知識は、観念の一致と不一致、つまり、その属性と関係を知覚することになければならない。

私がこの結果について利用できることは、その結果が必然的に導かれる仮説は誤りに違いないということを示すことである。というのも、もしもわれわれが、観念ではない事物の何らかの知識を持っているならば、同じように明らかに、観念はわれわれの思考の唯一の対象ではないということになるからである。

ロック氏は、彼の著作の第四巻で、どの哲学者よりも、人間の知識の範囲と限界について正確で正しい判断力を用いて指摘している。しかし彼は、知識の範囲を観念の一致と不一致に制限しない。そして、私は、その本の大部分が、その最初に定められた原理の明白な論駁であると考えざるをえない。

ロック氏は、自分自身を観念だとは信じていなかった。彼の友人や知人が観念だとも信じていなかった。敬意を払って語りつつ、崇高な存在者が観念だとも信じていなかった。あるいは、太陽や月、大地や海、感官の他の外的な対象が観念だとも信じていなかった。彼は、これらすべての対象について、ある確かな知識を持っていると信じていた。それゆえ、彼の知識は、観念の一致や不一致の知覚だけにあったのではない。というのも、確かに、観念ではない事物の存在、属性や関係を知覚することは、観念の一致や不一致を知覚することではないからである。そして、もし観念ではない事物が知識の対象であるとしても、それらは、思考の対象でなければならない。反対に、もしも観念が思考の唯一の対象であるならば、われわれ自身の存在や、外的な対象の存在や、神の存在の知識などありえないのである。

感官の外的な対象の存在に関する限り、この結果は、後にバークリ主教による観念の理論から、最も明晰な明証性をもって論証された。そしてその著者〔バークリ〕は、むしろ、それが基づく理論を拒否するよりも、結果を採用するほうを選んだ。しかし、われわれ自身、他者の精神、崇高な精神の存在に関して、主教は、その結果を避けるために理論の一部を拒否し、そしてわれわれが、心や心の属性や関係を、観念なしに考えることができると主張した。

ヒューム氏は、この理論の帰結を明晰に見て取った。そして、その思索のときには、それを採用した。しかし、日常生活の事柄では、彼は、自分自身が通俗的な考えを信じなければならないとわかったと認めている[37]。彼の『人間本性論』は、観念の理論が行きつく唯一の体系であり、私の理解しているところによれば、あらゆる点で、その理論の必然的な結果である。

しかし、ロック氏は、その理論のすべての結果を理解していたわけではなかった。彼は、その理論を、彼以前の哲学者の流れに従ったまま、疑うことも吟味することもなく採用した。そして、彼の判断と良識によって、彼は、その理論と調停できない多くの物事を語り、信じた。

彼は、自分自身の存在と、外的な事物の存在、神の存在を信じていただけではなく、われわれがこれらの存在の知識をどのようにして獲得するようになるのかを非常に適切に示した。

ここで、次のことが期待されるかもしれない。それは、彼は、これらの存在を導き出す観念の一致と不一致を指摘するべきだったのではないかと。しかし、これは不可能であり、彼は、それを試みようとさえしなかった。

彼は、われわれ自身の存在をわれわれは直観的に知ると述べている。しかし、この直観は、観念の一致や不一致の知覚ではない。というのも、私は存在しているという命題の主語は観念ではなく、人格だからである。

彼は、感官の外的な対象の知識を、われわれが感覚のみによって持つことができる、と述べている。この感覚を、彼は後でより明晰に、われわれの感官の証言という言葉によって表現している。それはこの事物の適切で唯一の裁定者なのである。そして、この証言は、われわれが持つことのできる、そしてわれわれの機能が達成できる最大限の確信なのである。これは、完全に人類の常識に一致し、そして、観念の理論について一度も聞いたことのない人々によっても完全に理解されうる。われわれの感官は、外的な物質的存在物の存在、多くの属性や関係を直接に証言する。そして、われわれの成り立ちによって、われわれは、理由を探すことなく、確信を持ってその証言を信頼する。ロック氏が認めるように、この確信は知識の名前に値する。しかし、そういった外的な事物は観念ではないし、その属性や関係も観念の一致や不一致ではなく、観念ではないものの一致や不一致なのである。

このことを観念の理論と調停させるために、ロック氏は次のように言う。われわれに外的事物の存在について気付かせるのは、外から観念を現実に受け取ることであると。もしも文字通りに理解されるならば、これは、われわれをアリストテレスの学説に連れ戻すだろう。つまり、われわれの観念や形象は、外的な対象から、外から来るのであり、それらの対象の像あるいは形相であるということである。しかしロック氏は、それによって、感官の観念は原因を持たなければならず、そしてわれわれ自身は、それらの原因ではないということ以上には意味していないと思う。

バークリ主教は、このことをすべて認めている。そして非常に明晰に、いかなる物質的対象を信じるための理由も、ほんの僅かでも認められないことを示している。いや、他の精神の観念以外には、われわれの観念に似たどのような外的なものもありえないことを示している。

それゆえ、観念の一致や不一致は、われわれに、いかなる物質的事物の存在についての知識も与えないということは明らかである。もしも観念ではない事物についての何らかの知識が得られるのならば、その知識は、観念の一致や不一致の知覚ではなく、観念ではないものの一致や不一致の知覚なのである。

神の存在について、デカルトや彼に続く多くの人々が、それをたんに観念の一致と不一致から証明しようとしたということにロック氏は気付いていたが、彼は、「それほど重要な問題の全体を、その唯一の基礎の上におくことは、その真理を確立し、無神論者を沈黙させるには方法として間違っている」(38)と考えた。それゆえ彼は、この問題を、われわれ自身の存在と全世界の可感的諸部分の存在から、大いなる強さと堅固さでもって、証明するのである。ロック氏によれば、記憶によってわれわれはいくつかの事物の過去の存在についての知識を得る。しかし、過去の存在についてのすべての概念は、外的な存在についての概念と同じように、観念の理論とは折り合わないものである。なぜなら、それは、心の中に今現われて存在している観念ではない思考の直接の対象があることを前提としているからである。

それゆえ、もしもわれわれが、自分自身の存在の知識や、われわれが自分たちの周りで見るものの存在、あるいは神の存在の知識を持つならば、あるいは、記憶によって過去の事物についての知識を持つならば、その知識は、観念の一致や不一致の知覚ではあり得ないと結論づけられる。

この結論は、実際のところ、それ自体において明らかである。というのも、もしも知識が、観念の一致や不一致の知覚にしかないのならば、観念の何らかの一致や不一致を表わさない命題についての知識もありえないからである。結果的に、観念ではない事物の存在、属性あるいは関係を表わす、命題のいかなる知識もありえないということになる。それゆえ、もしも観念の理論が正しいならば、観念以外のいかなるものについても知識はありえない。そして一方、もしもわれわれが観念以外の何らかの知識を持つならば、その理論は間違っていることになるはずである。

思考の直接の対象ではない事物についての知識も判断も意見もありえない。私は、これが自明だと思う。それゆえ、もし観念が思考の唯一の対象ならば、それらはその本性において、われわれが何らかの知識を持つことができる、そしてわれわれが何らかの判断や意見を持つことができる唯一の事物でなければならない。

観念の共通学説の必然的な帰結をヒューム氏は見抜き、彼の『人間本性論』で明らかにした。しかし、彼が利用したのは、それが必然的に結びついた理論を覆すことではなく、すべての知識を覆し、いかなるものであれ何かを信じるための根拠を残さないことであった。もしもロック氏がこの帰結を見抜いていたならば、彼がそれを別の仕方で利用しただろうと考える理由がある。

ロック氏ほどの判断力と洞察力を持った人が、これほど明らかな帰結を見抜けなかったことは、実のところとても奇妙なことである。そして、私は、次のこと以外には、それについて与えられる説明がわからない。それは、いくつかの他の事例で示されているように、観念という言葉の曖昧さによって、次の点に彼は誤って導かれたということである。最初に、観念を、どのようなものであれわれわれが思考するときの知性の対象だと定義したので、彼は、それを非常に頻繁に無制限な意味で理解している。そして、思考の対象でありうるあらゆるものは観念だということになる。別のときには、彼はその言葉を、心の中にある事物の表象像を表わすために用いている。それは、哲学者たちが思考の直接の対象だと想定してきたものである。別のときには、存在に関わらずに、抽象的に想われたものが観念だと呼ばれている。哲学は、言葉の誤用についての観察に関して、ロック氏に多くのものを負っている。彼が、この観察力を観念という言葉にも用いなかったのは残念だ。その曖昧さと誤用が、彼の卓越した論考をかなり傷つけてしまった。

判断に関する哲学者たちのいくつかの他の意見があるが、それについて多くを語ることは必要ないだろう。

ヒューム氏は、ときどき、ロック氏の意見、つまり判断が観念の一致や不一致の知覚だという意見を採用した。またときには、ヒューム氏は、判断と推論が概念に還元されると、そして判断が対象を想う個別の仕方でしかないと主張している。そして彼は、意見や信念は、現在の印象に関連づけられる、あるいはそれと連合する活き活きとした観念と定義されるのが最も正確であると言う。彼の『人間本性論』第一巻一七二頁[39]を見られたい。

私は以前に、この試論〔第六巻〕の第一章で、判断は対象のたんなる概念とは明確に異なっている心の働きだということを示そうとした。私はまた、記憶に関する理論を扱ったときに、信念についての彼の考えも考察した。

ハートリー博士は言う。「同意と不同意は、一般的には命題と呼ばれ、個々の場合には肯定や否定と呼ばれるような言葉の塊に、連合によって固着した非常に複雑な内的な感じなので、観念の思念に分類されなければならない[40]。」

もしも私がこの意味を理解していると言えるならば、このことは、上述したヒューム氏の意見と一致していると考えている。それゆえ、すでに考察された。

プリーストリ博士は、判断に別の定義を与えた。「それは、普遍的な協同の知覚、あるいは二つの観念の完全な一致、あるいは、その協同や一致の欠如の知覚に他ならない[41]。」これは、ロック氏の定義と一致すると思う。それゆえ、すでに考察されたものである。

知っておく価値のある、そして判断についてのこの試論で考察されるのがかなり適切な多くのものがある。それは、判断が表現されるさまざまな種類の命題に関するものであり、その主語や述語であり、その転換や反対である。しかしこれらは、アリストテレスの時代から現代にいたるまで、論理学のさまざまな体系に見出されるものなので、これほどしばしば言われてきたものを繰り返してこの試論を膨らませることは不必要なことだと思う。こういった点について共通に言われているものだけでなく、三段論法の技術、つまり学院の論理学の有益さとそこでなされた発展について私に思い浮かんだ考えは、『アリストテレスの論理学の注釈つきの短い説明』(42)で見ることができる。それは、ケイムズ卿(43)が、彼の『人間の歴史の素描』という著書の中で、紙幅を割いて称えてくれたものである。

第四章　第一原理一般について

われわれの判断における最も重要な区別の一つは、あるものは直観的であり、また別のものは議論に根拠づけられているということである。

われわれは、意志するままに判断することはできない。判断は、そのときにわれわれに現われている本当の、あるいは見かけの証拠によって、必然的にもたらされるものである。しかし、判断に委ねられる命題においては大きな違いがある。あるものは、成熟した知性を持った人が判明に把握し、それらが真であるとか偽であるとか、蓋然的であるとか蓋然的でないとかを信じる必然性のもとに自らがあると見出すことなく、その意味を完全に理解できるような性質のものである。推論や議論によって、いずれかの側に傾くまで、判断は保留されたままなのである。

だが、理解されるとすぐに信じられる別の命題がある。判断は、必然的にそれらの把握の後に生じる。そしてそのいずれもが自然の働きであり、われわれの原初的能力の結果である。証拠を探すことも、議論を比較考察することもできない。その命題は別の命題から演繹されたり、推論されたりもしない。それは、それ自身に真理の光を持っており、それを別の命題から借りてくる機会も持っていない。

後者の命題は、学問の問題において用いられるとき、公理と呼ばれてきた。そしてそれらが用いられるあらゆる機会で、それらは第一原理、常識の原理、共通思念、自明の真理などと呼ばれてきた。キケロは、それらを「自然の判断力であり、万人共通の感覚に根ざした判断力[44]」と呼んだ。シャフツベリー卿は、それらを、自然知、根本理性、常識という言葉で言い表わした[45]。

これまで言われてきたことは、第一原理あるいは直観的判断を推論能力に帰属されてきたものから区別するのに十分だと私は考える。そして、どの部類に関連づけられるべきか疑わしい判断があるということは、この区別に対する反論とはならない。家の中にいる人々と、家の外にいる人々には、実際の区別がある。しかし、敷居に立っている人がいずれに属するのかは疑わしいかもしれない。

一連の前提から結論を引き出すものである推論能力は、ある程度の適切さで技術と呼ばれる。ロック氏は言う。「すべての推論は、探究であり、探しまわることであり、苦労と勤勉さを要求する。[46]」それは歩く能力に似ている。それは、使用と訓練によって獲得されるのである。自然はそれを駆り立てる。そして、それを獲得する能力を与えた。しかし、われわれが歩けるようになるまでには、何度も訓練することによって援助されなければならない。繰返し努力し、何度もつまずき、転んだ後で、われわれは歩くことを学ぶ。そしてそれは、われわれが推論することを学ぶのと同じようなやり方なのである。

しかし、明晰に理解できる、自明な命題における判断能力は、食べ物を飲み込む能力と比較することができる。それは純粋に自然なもので、それゆえ、学識者やそうでないもの、訓練を受けたもの、そうでないものを問わず、共通なものなのである。それは、知性の成熟を必要とし、偏見からの自由を必要とするが、他には何もいらないのである。

私は次のことは当然だと考えている。それは自明な原理があるということである。思うに誰もそれを否定しないだろう。そして、もし自明な命題があるということを否定するほど誰かが懐疑的だとするのならば、私は、推論によってその人を、どのようにすれば説得させられるのかがわからない。

だが、第一原理について、哲学者の中でかなり大きな意見の相違があるようである。ある人が自明だと考えているものを、別の人は論証によって証明しようとし、また別の人は、それを完全に否定するのである。[47]

例えば、デカルトの時代より前に、次のことが第一原理だと考えられていた。それは、われわれがそれらを考えようと考えまいと、実在する太陽や月や大地や海があるということである。デカルトは、これらの事物の存在が、論証によって示されるべきだと考えた。そしてこの点において、彼の後には、マールブランシュ、アルノー、ロックが続いた。彼らはみな、非常に弱い推論によって、感官の外的対象の存在を論証しようとした。そして、バークリとヒュームは、彼らの論証の弱さを知ったので、それらの存在を完全に否定するようになった。

古代の哲学者たちは、すべての知識が、第一原理に基づかなければならず、それなしには推論がないことを当然だとみなした。ペリパトス学派の哲学は、第一原理において欠点があるというよりも、むしろ過剰だった。おそらく、古代の体系における第一原理の誤用によって、それらは現代において不信の目で見られるようになったのである。というのも、最良のものが誤用されるとき、その誤用は事物それ自体に嫌悪を与えがちだからである。そして、一つの極端がしばしばその反対に行くように、このことは、古代や現代において第一原理に払われる敬意においても同じであるように思える。

デカルトは、コギト〔われ思う〕という一語で表現されている一つの原理が、彼の全体の体系にとって十分な基礎だと考え、それ以上調べようとはしなかった。

ロック氏は、第一原理をそれほど重視しなかったようである。知識は、彼によれば、観念の一致あるいは不一致の知覚にあるので、われわれが、明晰な観念を持つとき、そしてそれらを一緒に比較することができるとき、われわれは、その機会を持つ限り、第一原理をいつでも構築できるのである。第一原理について、そのような違いが、哲学者の間で見出されるのである。

同様に、第一原理についての人々の間にある違いが何らかの問題になるかどうかは、いささか重要な問題である。論争において、ある人が、別の人が否定するものを第一原理だと主張するとき、いずれの派閥の人も常識に訴え、そのようにして問題は定まる。さて、この訴えを論じる方法はないのだろうか。真に正しい第一原理が、正しい権利を持っていないのにその特徴を持つと装うものから区別される印や基準はないのだろうか。私は、この問題で真理に一致するように見えるものを以下の命題において提示することにしよう。だがそれは、もしも間違っていることが示されたならば私の意見をいつでも変える用意があるものである。

一、第一に、私は、次のことは確実で、論証可能でさえあると考える。つまり、推論によって得られるすべての知識は、第一原理の上に打ち立てられなければならない。

このことは、あらゆる家が基礎をもたなければならないのと同じように確かなことである。この点で、推論能力は機械的能力あるいは機械装置と似ている。それは、依存する固定点を持たなければならない。さもないと、力は空費され、効果を生み出さないのである。

われわれが分析の方法であらゆる命題の明証を調べるとき、われわれはそれが自明であるか、それを支える一つ、あるいはそれ以上の命題に依存しているのを見出す。同じことがそれを支える諸命題についても言えるだろうし、またその諸命題を支える諸命題についても、たどることができる限り言えるだろう。しかし、われわれはこれを無限にたどっていくことはできない。どこでこの分析を止めなければならないのか。この分析は、われわれがその上に立てられたすべてを支えるが、他のどれにも支えられない命題に、つまり自明な命題にたどりつくときには止まらなければならないことは明らかである。

また、何らかの種類の総合的な証明を考えよう。そこでは、われわれは、前提から始め、最後の結論、あるいは証明されるべきものにたどりつくまで、一連の結果を追求するのである。ここでもわれわれは自明な命題か、すでに証明された命題から始めなければならない。後者の場合には、このように仮定された命題の証明は、証明〔全体の〕の一部である。そして、それがなければ、その証明は欠点のあるものとなる。それで、その欠点が補われ、証明が完成したとしてみよう。そうすると、それは自明な命題で始めなければならず、全体の明証性はそれら次第だということが明らかではないだろうか。その結果、第一原理なしには、分析的推論は終わりを持たず、総合的推論は始まりを持たないということ、そして建物がその基礎に頼らなければならないように、推論によって得られたあらゆる結論は、その全体の重みを、第一原理に頼らなければならないということが論証できるように思われる。

二、第二の命題は、第一原理の中には、確実な結論を生み出すものもあれば、最も高い蓋然性から最も低い蓋然性のものまで、さまざまな程度で蓋然的なものを生み出すものもあるということである。

正しい推論において、結論の強さや弱さは、いつも、それが基づく原理の強さや弱さに対応するだろう。

証言の問題において、二人が性格や知識の手段において等しいと想定するならば、二人の証言は、一人の証言よりもよいということは自明である。しかし、単純な証言が正しいこともありうるし、そして好まれる方が誤りであることもありうる。

実験がいくつかの試験で成功したとき、そして、状況が注意深く記録されたとき、新しい実験でもそれが成功するということに蓋然性があることは自明である。しかし確実なものではない。ある場合には、別の場合よりもはるかに高い蓋然性がある。なぜなら、ある場合には、他の場合におけるよりも、出来事に影響を与えるすべての状況を観察することがはるかに容易だからである。そして注意深くなされた多くの実験の後で、われわれの予想が、これまで観察されなかったか、おそらく観察できなかった何らかの状況の変化によって、後続の出来事に裏切られることもありうる。

アイザック・ニュートン卿は、次のことを自然学の第一原理とした。それは、実験をするためにわれわれの範囲内にあるすべての物体に見出された特性と、あらゆる物体における物質の量に比例していることがその〔特性の〕量において見出される特性は、物質の普遍的な特性として考えられるということである。

私の知る限り、この原理は問題視されたことがない。すべての物質が分割可能であり、運動可能であり、固性を持ち、不活性であるということについての明証は、この原理へと還元される。そして、もしもそれが正しくないのならば、われわれは、すべての物質がこれらの特性を持つということについての、合理的な確信を何ら得ることができないだろう。偉大な人が示した同じ原理から、われわれは、すべての物体は互いに引き付け合うということを結論づける理由を持つことができる。

しかしながら、この原理は、数学の公理のような種類の明証性を持っていない。それは、その反対が不可能な必然的な真理でもないし、アイザック卿もそれがそのようなものだとは考えていない。そして、もしも正しい実験によって、引力を持っていない物体の構成にも何か部分があるということが見出されるのならば、その事実は、十分に確認されたなら、引力の一般法則への例外として認められなければならない。

偶然のゲームにおいて、さいころのあらゆる面が現われる等しい可能性を持っていて、宝くじにおいて、あらゆるくじが、等しい可能性で引かれるということは、第一原理である。そのような問題でわれわれが持つことができる最良の第一原理から、われわれは、論証的な推論によって、そのようなゲームにおけるあらゆる出来事の正確な程度の蓋然性を演繹できるのである。

しかし、すべてのこの正確で、重大な推論の原理は、決して確実な結論を生み出すことができない。というのも、それらに基づいた推論におけるいかなる正確さによっても、第一原理における欠点を補うことは不可能だからである。水が、どれほどうまく導かれようとも、その重力によって、源泉よりも高く上ることができないように、推論のどのような結論も、それが導かれる第一原理よりも大きな明証性を持つことはできないのである。

これらの事例から、次のことが明らかである。それは、絶対的な確実性を持った結論を生み出す第一原理があるように、蓋然的な結論を生み出すにすぎない他の第一原理がある。そして、最も低い程度の蓋然性も、絶対的な確実性と同じく、第一原理に基づかなければならない。

三、第三の命題は、もしも人間の知識のさまざまな部分が基づく第一原理が指摘され、確信されるならば、それは、人間の知識の安定と、結果的にその発展に大きく貢献するだろうということである。

われわれは、事実から、そして事物の本性の両方から、そう考える根拠を持っている。この方法が守られる人間の知識についての二つの部門がある。つまり、数学と自然学である。数学において、われわれが書物が残っている限り遡ることができる。それが高められ始めて以来、二千年以上もの間、われわれが、学派も見出さず、反対の体系も見出さず、ほとんど論争がないようなものは、この学問だけである。あるいはもしも論争があったとしても、それらは、派閥の憎しみが静められればすぐに終わり、再び起こることはなかった。この学問は、わずかな公理や定義の基礎の上に、つまり岩の上のようにいったん固く確立されると、人間理性が誇ることのできる最も崇高で、最も堅固な構造になるように、時代から時代へと成長したのである。

自然学は、二百年前まで、他の学問と同じく不安定な状態にとどまっていた。あらゆる新しい体系が、古い体系を根こそぎにした。実際に、体系を作った人々は、第一原理が彼らの側にあるとき、いつも喜んで第一原理の助けを受け入れた。しかし、それらが彼らの想像力が打ち立てた構造物を支えるのに十分ではないとわかると、それらは補助としてのみ用いられ、推測とまじりあい、不十分な帰納とまじりあわされたので、彼らの体系は、ネブカドネザルの像(48)のようなものだった。その脚は部分的に鉄で部分的に粘土でできていたのである。

ベーコン卿は、自然学が打ち立てられる唯一の堅固な基礎の輪郭を初めて描いた。アイザック・ニュートン卿は、ベーコンによって定められた原理を三つないしは四つの公理へとまとめ、それを彼は哲学規則と呼んだ。これらと、彼が同じく第一原理として定めた感官によって観察された現象からの厳密な推論によって、彼は、『プリンキピア』の第三巻や、『光学』に含まれる諸命題を導いた。そしてこれらを用いて、彼は、自然学のこの二つの部門において、基本構造を打ち立てたのである。それは、疑わしい論争によっては揺るぎもせず、自明な原理の基礎の上に、確固として立っているのである。

この構造は、新しい発見の加速によって進められてきたが、これ以上革新されることはないだろう。

第一質料、実体的形相、自然が真空を忌み嫌うこと、物体がその固有の場所では引力を持たないことについての論争は、今はもうない。この作業における建築家は、一方の手でそれを作っている間、他方の手で武器を持たなければならないということが必要ではなくなった。彼らの全体の務めは、作業を実行し続けることなのである。

だが、もし自然学が、自明な原理の確固とした基礎のもとで育たなかったならば、今日まで、そのあらゆるわずかな根拠が論争の的になり、定まり決定されたものもない戦いの場であったということも、大いにありえただろう。

数学や自然学が、そして特に前者が、他の大部分の学問の中でも、それらが関わる対象の判明で確定的な概念を作ることがそれほど難しくないという利点を持っていることを、私は認める。しかし、この困難は乗り越えられないものではないので、それは、他の学問がより長い幼児期にいる十分な理由を与えるが、それらが、より成長の早い学問と同じ段階を通って、最後まで成熟しない理由などまったく与えないのである。

それゆえ、私が言及した事実は、もしも哲学の他の部門においても数学や自然学のように、第一原理が置かれ、引き続く結論がそれらに基礎づけられるならば、このことは、確固として十分に支持されたものを人間の空想力の空虚な虚構から区別することを、より容易にするだろうと、われわれに結論づけさせる。

だが、今述べたような事実を脇に置いておいても、事物の本性は同じ結論へといたるだろう。

というのも、どのような体系でも第一原理に基づけられ、それらから規則的に演繹されるとき、われわれは、迷宮を通り抜ける筋道を持つ。判断は、判明で確定的な対象を持つ。異なる部分が分離され、それ自体によって、それぞれ吟味されるのである。

全体系は、公理、定義、演繹へと還元される。これらは、かなり異なった本性の素材であり、かなり異なった基準によって測られる。そして、それらが区別なしに、一緒に練りこまれた固まりについて判断するよりも、それ自身で取り上げられた個々のものについて判断するほうが、はるかに容易である。われわれが、そのそれぞれをどのように判断するのかを考えよう。

第一に、定義について、問題は非常に容易である。それらは、言葉に関係しているだけで、それについての違いは、あらゆる人々が、その人自身の定義にかかわっている間、話し方の違いを生み出すかもしれないが、違う考え方を決して生み出すことはできないのである。

しかし、人々がときにはある意味で、またときには違う意味で同じ言葉を使うこと以上に推論における大きな誤りのもととなるものはないので、そのような誤りを防ぐ、あるいはそういった誤りが犯されたときにそれを見つける最良の手段は、できるだけ正確に言葉の定義が与えられることである。

第二に、議論している両方に認められた原理から導かれた演繹について、それらが、どのようにして、偏見や党派性によって物事が見えなくなっていない人々の間で、長きにわたって論争となりうるのか、私にはわからない。というのも、推論が前提から導かれる規則は、二千年もの間、全員一致で定められてきたからである。どのような人も、アリストテレスによって定められ、弁論術におけるあらゆる著者によって繰り返されてきた推論規則を論駁しようとする人はいないだろう。

ところでアリストテレスの時代から今日まで、論理学者が、推論の規則を決定することに全員一致で同意してきた理由は、それらが、その偉大な才能によって、わずかな定義と公理から学問的な方法で生み出されたことにあるように思えるということを、述べてよいだろう。さらに次のことが述べられてよい。それは、演繹が確かな前提からなされているのかどうかについて人々の意見が異なっているときに、これは、いつも第一原理について彼らが異なっていることから生じるように思えるということである。このことを事例を挙げて説明しよう。

ある事物が存在し始めるとき、ある原因を持っていなければならないと人が推論すると想定しよう。そして、別の人間はその推論を認めないとしよう。ここで、最初の人は、存在し始めるあらゆるものは、原因を持たなければならないことを自明な原理だと考えていることは明らかである。そして後者は、これを自明だとは認めていない。問題をこの点に定めれば、論争は終わるだろう。

こうして学問の問題において、もしも言葉が適切に説明され、推論がそれに基づく第一原理が定められ、吟味にさらされ、規則に従って結論が導かれるならば、真理を愛し、事物を冷静に吟味する労を惜しまない率直で才能のある人々は、その演繹の力について意見が一致し、その違いは、第一原理について彼らが持っているものへと還元されることが期待できるように思える。

四、第四の命題は、自然は、われわれに、人類の率直で正直な人々が第一原理についてたまたま異なったときに、一致に導く手段を与えてくれているということである。人々の意見が、第一原理や自明な真理だとして理解されているものについて異なっているとき、推論は終わりになるだろう。それぞれの立場は常識に訴える。一人の常識が一つの決定を与え、別の人が反対の決定をするとき、それぞれの人に彼ら自身の意見を楽しませておくこと以外には救いがないだろう。これはよく見られることであり、もしも正しく理解されるならば当然のことだろう。

推論が基づく第一原理を否定する人と推論しても無駄だろう。例えば、公理を否定する人に、ユークリッドの命題の証明を試みようとしても無駄だろう。実際に、われわれは、頑固な性格や推論に屈するのを嫌がる性格によって第一原理を否定する人々と、絶対に推論するべきではない。

しかし、本当に真理を愛し、説得に開かれている人々が、第一原理について異なるということが可能だろうか。

私は、それが可能だと思う。そして、寛容の気持ちが大いに欠如していない限り、可能だということを否定することはできないと思う。

このようなことが生じるとき、真理と過誤には本当の区別があると信じる人はみな、そして、神がわれわれに与えた機能は、その本性において誤るようなものではないと信じる人々は、いずれかに判断の欠点や誤用があると確信するはずである。

率直で謙虚な人は、そういった場合に、彼自身の判断を疑って、彼が長い間、第一原理として考えてきたものについてさえ吟味に入ろうと考えるように自然になるだろう。彼は、彼の心が公正であったとしても、彼の判断が、教育や権威や党派心や、過誤の他のよくある原因によって歪められることがありえるかもしれないと考えるだろう。そして才能や誠実さがあっても、それらの影響から人間知性が逃れることはできないのである。

非常に好意的で、気品のあるあらゆる善良な人の、心のそのような状態において、自然は、彼に、もし彼の判断が間違っていたらそれを正し、正しいならばそれを確証することができるような合理的な手段を持たないままにしたのだろうか。

そうではないようにと願う。自然が備え付けた手段によって、第一原理についての論争に決着がつけられ、真理を本当に愛するものが、それらに関して意見がみな一致すればと思う。

確かに、他の論争においては、命題の真理が発見され、命題の誤りが見抜かれる手続きは、第一原理との必然的な結合や、それとの矛盾を示すことによってもたらされる。同じように、その論争が、命題がそれ自体第一原理であるかどうかをめぐるものであるとき、その手続きがあてはめられないことも真実である。それゆえ、この種の論争における真理は、特有の不便さの中で苦しむことになる。しかし、この真理は、これを埋め合わせる別の長所も持っている。

一、というのも第一に、そのような論争においては、あらゆる人が有能な裁判官だからである。そしてそれゆえ、人類全体を欺くことは難しい。

第一原理を判断することは、偏見からの自由な健全な心と、問題の判明な概念以外のものを必要としない。学識ある者もそうでない者も、哲学者も日雇い労働者も、何らかの偏見によって誤って導かれなければ、あるいは、何らかの間違った宗教的な原理からその知性を否定することを教えられなかったら、同じなのであり、同じ判断をするだろう。

日常の知性の手が届かない範囲にある問題において、多くの人々が、少数の人々によって導かれ、喜んでその権威に屈している。しかし、地域的で一時的な偏見が取り除かれたとき、常識の問題において、少数者は多数者に屈しなければならない。今、どのような人もゼノンの運動を否定する難解な論証にどのように反論すればいいのかわからないかもしれないが、それに心を動かされたりはしない。

古代の懐疑的体系は、この真理の顕著な例を与えている。ピュロンが創始者と評されるその体系は、何世代も通して、非常に有能で鋭敏な哲学者によって伝えられた。彼らは、人々に、何も信じないように教えて、どのようなものであれあらゆる命題から同意を差し控えることが人間の英知の頂点だと考えた。それは、われわれがセクストス・エンペイリコスの著作に見るように、かなりの難解さと学識をもって支持されている(49)。セクストス・エンペイリコスは、著作がわれわれの時代に残っているその学派の唯一の著者である。すべての学知に反対する懐疑主義者の攻撃は、独断論者の擁護よりも、さらなる手腕と対処でもって扱われてきたようである。

だが、この体系は、人類の常識に対する侮辱だったので、自ら消え去った。そして、それを復活させようとしても無駄だろう。現代の懐疑主義は、古代のものとはかなり異なる。そうでなければ、それは、聞くに堪えないものだったであろうし、それが新しさの恩恵を失ったとき、たとえそれが論駁されないようなものだとしても、それもまた消え去るだろう。

現代の懐疑主義は――私は、ヒューム氏のことを言っているのだが――哲学者によってかなり一般的に主張されている原理の上に建てられている。ただし、彼らは、それが懐疑主義にいたるとは理解していなかった。ヒューム氏は、その偉大な鋭敏さと才能によって、一般に受け入れられた原理の結果をたどり、それらがすべての知識を覆し、最後には自らをも転覆させ、心を完全な停止状態にすることを示した。

二、第二に、第一原理に反する意見は、次の点によって他の誤りから区別されることが観察できる。つまり、それらは誤っているというだけではなく、不合理だということである。そして、不合理に賛成しないように、自然は、われわれに特殊な感情を、つまり、嘲りの感情を与えたのである。そしてその感情は、意見においてであろうと実践においてであろうと、不合理なものの面目を失わせるというまさにその目的のために意図されているように思われる。

この武器は、適切に用いられたときには、論証と同じくらい鋭い切れ味を持つ。自然は、われわれに不合理を明らかにする第一の武器を与え、そして誤りを論駁する次の武器を与えたのである。両方とも、そのいくつかの役割にうまく適合しており、そして適切に用いられるときには、等しく真理に好意的になるのである。

いずれも、濫用され、誤りの原因を作り出すかもしれない。しかし、誤った推論において論証の濫用を見抜くのに役立つのと同じ程度の判断力で、誤って用いられた嘲りの濫用を見抜くのに役立つのである。

中には、本性から、他の人よりも嘲るのがうまい才能を持っている人がいるかもしれない。そして同じことが、推論の才能に関してもあてはまる。実際に、ルキアノス(50)や、スウィフトやヴォルテール(51)のような人の筆に触れれば、知性を盲目にさせるような宗教的な狂乱や非常に強力な偏見がないときに、面目を失わないような不合理はほとんどないのである。

しかし、次のことは認められなければならない。それは、嘲笑の感情は、最も自然なときでさえ、反対の感情によって抑えられうるし、その反対の情動が取り除かれるまで働かないということである。

例えば、もしも神聖さの思念が対象に結び付けられているならば、それは、もはや笑うことができるものではない。この覆面は、馬鹿げたものに思える前に、ひきはがされなければならない。ここから、われわれは、それらを冷静かつ平常心で考えるすべての人々に最も馬鹿げたものに思える思念も、宗教的な恐れや恐怖の印象のもと以外でそれらについて考えたことがない人々には、決してそのように思えないことがわかる。

宗教が関係していないところでさえ、新奇なものがあまりにも好きな人々にとっての意見の新奇さ、それが導入された厳粛さや荘厳さ、その著者についてわれわれが抱く意見、すでに抱かれている原理とそれの見かけの結合、われわれが心に抱く関心に従うこと、そして何にも増して、われわれが教えられたものをそれとはなく受け入れてきた時期に心の中にそれが固定されること、こういったことはその不合理さを覆い隠し、当分の間、知性を魅了するのである。

しかし、もしもわれわれがそれをありのままで、そしてそれがその重要性や権威を借りてくる外来の状況をはぎ取って眺めることができるならば、嘲りの自然な感情が、その力を発揮するだろう。不合理さは、マスクをかぶっているときのように、もはや良識のある人々によって受け入れられることはない。マスクをはぎ取る技術と大胆さを持っている人が見出されるとき、それはもはや光をまとうことができない。それは、しばらくの間、暗闇へと入り、嘲りの対象として以外には、聞かれることはなくなるのである。

こうして、私は、現実に常識が指図し、そして意見において不合理に真っ向から反対する第一原理は、人間本性の成り立ちによって自らを助け、人類の間で支持を失うどころか、むしろ得るものだと考えている。

三、第三に、次のことが述べられてよい。それは、直接的にあるいは明確に証明されることは第一原理の本性に反対するが、とは言え、正しく確固とした第一原理が確証され、誤っているものが見出されるような推論の方法は、第一原理についてさえあるということである。この種の問題において、ここでわれわれがそこから推論できるいくつかの話題に言及することが適切かもしれない。

第一に、もし、ある人が拒否する第一原理が、その人が受け入れる他のものと同じ土台に立つことが示されるならば、それは、人に訴える良い議論である。というのも、そうであるならば、彼は、一方を認めて、他方を拒否する首尾一貫しない人の罪を犯すことになるはずだからである。

例えば、意識、記憶、外的感官、理性の機能は、すべて等しく、自然の贈り物である。ある一つの機能の証言を受け取るために選ばれる理由は、必ず同じ力で他の機能にも当てはまる。最も偉大な懐疑主義者も、意識の証言を認め、それが証言するものが第一原理として維持されることを認めている。それゆえ、もしも、彼らが感官や記憶の直接の証言を拒否するならば、彼らは、首尾一貫していない罪を犯していることになるのである。

第二に、第一原理は、背理法が適用される。

数学においてかなり一般的な、この種の証明において、われわれは、反対する命題が真であると前提している。われわれは、一連の推論において、その前提の結果をたどる。そしてもしわれわれが、その必然的な結果が明白に不合理だと見出すならば、われわれは、それが生じる前提が誤りだと結論づける。それゆえ、その反対が真になるのである。

孤立していて、他と結びつかないような命題は、ほとんどない。第一原理の特徴があると主張されている場合は特にそうである。第一原理は、壊すことのできない鎖において自らとともに多くの他のものを引き出す。それを取り上げる人は、すべて、その結果の重みに耐えなければならない。そして、それがその人にとってあまりにも耐えるのが重すぎるのならば、その人はそれを手に取るなどと主張してはならない。

第三に、私は、異なる時代や国々の同意、学識者とそうでない人の同意は、第一原理に関して、大きな権威を持っているはずだと考えている、そしてそこでは、あらゆる人が有能な裁判官なのである。

哲学におけるわれわれの思索だけではなく、生活におけるわれわれの日常的な行為も、第一原理に基づいている。そして、行動へのあらゆる動機は、何らかの信念を前提としている。われわれが、人間の生活に関する原理において、人々の間で一般的な一致を見るとき、これは、真理を愛するあらゆる真面目な人々に対して大きな権威を持たなければならないのである。

物質的世界の非存在についてのバークリ主教の体系が、一般人の考えとは対立するものではなく、哲学者たちの考えに反対するだけだということを示そうとする、彼の無駄な苦労を観察することは愉快なことである。

十分な理由に基づいて、彼は、哲学者のすべての学派の人々よりも、この種の問題において、一般人の意見の権威に反対することを恐れた。

ここでおそらく、次のように言われるだろう。意見を決定する問題において、権威は何をするのか、と。真理は、多数決によって決定されるべきなのか。あるいは、権威は、人類を虐げるためにその墓場から再び立ちあがるのか、と。

この時代に、権威に訴える人は、かなり好ましくない申し立てをしていると私は思う。しかし、私は、権威にふさわしいものだけを与えたいのだ。

人々から、自分自身で判断する、自然で分かつことのできない権利を奪う権威の支配な人々がどれほどいたかを思い出そう。
を打ち破ることに多少とも貢献した人々に、恩人という言葉を与えることはほとんどの場合正当なものだろう。しかし、この権威と、われわれをその圧制に服従させた人々に憎しみを抱いている一方で、一方の誤った極端から反対の誤った極端へと向かう、愚かな人々がどれほどいたかを思い出そう。

権威は、私的な判断への非常に専制的な女主人であるが、とは言え、ある場合には、有益な給仕となることもある。これが、権威について述べられるすべてであり、私が彼女のために申し立てることができるすべてである。

この申し立ての正しさは、ひとつの学問における事情を説明することで明らかになるだろう。そこでは、すべての学問の中でも、権威は、最小限の重みしか持っていないことが認められている。

数学者が、その学問において、重要だと考える発見をしたとしよう。彼は、その論証を正しい順序に置き、それを注意深い目で吟味した後、そこには何の欠点もないことを見出したとしよう。そこで私は次のように尋ねる。創意への情熱のために何らかの誤った段階を見逃すといけないので、彼の胸の中にまだ何らかの気後れや嫉妬心がないだろうかと。(52) このことは認められなければならない。

彼は、数学者の友人の吟味に、その論証を委ねる。その友人とは、彼が、有能な裁定者として評価している者であり、彼は、その判断の結果を辛抱強く待つであろう。ここで、私はもう一度尋ねよう。彼の友人の評決は、それが好ましいものであるかそうでないかに従って、彼自身の判断に対する確信を、大きく増加させたり、減らしたりするだろうか。ほとんど確実に、そうであろうし、そうであるべきである。

もしも彼の友人の判断が、彼自身の判断と一致し、特に、それが数人の有能な裁定者によって確証されるならば、彼は、さらに吟味することなくその発見に安心するだろう。しかし、もしそれが好ましいものではなければ、彼は、疑われている部分が、新しくより強い吟味に耐えるまで、一種の不安な状態につれ戻されるだろう。

この事例において想定されていることは、自然と一致しそのような場合における率直で謙虚な人々の経験に一致するだろうと思う。しかし、ここでわれわれは、数学の論証においてさえ、人の判断が、それ自体における何らかの弱さを意識し、その論証を支持する権威の助けを求め、その権威によって大いに強められ、何らかの新しい助けなしにはほとんどそれに立ち向かうことができないことを見出す。

判断における、公正で有能な裁定者だと評価されている人々の社会は、市民社会の人々にかなり似た効果を持っている。それは、あらゆる個人に強さと勇気を与える。それは、自然状態における孤独な人の臆病さと同じように、個人的判断に自然に伴う臆病さを取り除くのである。

それゆえ、われわれは自分自身で判断するべきだが、他の有能な裁定者の権威からの援助を軽んじるべきではない。そういった裁定者は、数学者がその学問では必要だと考えているものであり、あらゆる学問も、権威と少しは関連しているのである。

数学者が数学の論証において有能な裁定者であるように、常識の問題において、誰もが有能な裁定者である。そして、そのような問題において、人類の判断は、神が彼らに与えた能力の自然な結果であると大いに推定できる。そのような判断は、誤りそれ自体と同じくらい一般的である誤りの原因があるときだけ、間違ったものとなる。そしてそうだと示されたとき、私は、それが重視されるべきだと認める。しかし、どのような原因も割り当てられないとき、自明な事物において人類が一般的に真理から逸脱していると想定することは、かなり不合理なことなのである。

おそらく、どのような点においても、人の一般的な意見を集めることは不可能だと思われるかもしれない。それゆえ、この権威は、われわれに、第一原理を吟味するときに少しも役に立たないと思われるかもしれない。しかし多くの場合で、これは不可能でも困難でもないと私は考えている。

物質的世界の存在を普遍的に人々が信じてきたことを、誰が疑うことができるだろうか。自然におけるあらゆる変化が、原因を持たなければならないということを、人々が普遍的に信じてきたことを、誰が疑うことができるだろうか。人間の行為には正しいものと正しくないものがあるということを、つまり、非難に値するものと賞賛に値するものがあるということを、人々が普遍的に信じてきたということを、誰が疑うことができるだろうか。

これらの意見の、そして述べられてきたこのような多くのものの普遍性は、われわれの知見が届く限りの人間の振る舞いの全傾向から、そして、われわれが記録を持っているすべての時代と国家の歴史から、十分に明らかである。

すべての言語の構造に共通のものから、普遍的だと思える他の意見がある。言語は、人間の思考の明示的な像のようなものである。そして、その像から、われわれが、もとのもの〔人間の思考〕について、何らかの結論を導くことができるのである。

われわれは、すべての言語において、発話の同じような部分を見出す。われわれは、実名詞や形容詞的な名詞、能動動詞や受動動詞を、そのさまざまな時制、数、法において見出す。統語のいくつかの規則は、すべての言語において同じなのである。

さて言語の構造に共通するものが、その構造が基づいている事物についての意見が一致していることを示唆している。

実体とそれらに属している性質の区別、思考と思考する者の区別、思考と思考の対象の区別は、すべての言語の構造に見出される。それゆえ、これらの区別を廃止してしまう哲学の体系は、人間の常識に対して戦争を行っているのである。

われわれは、言語を作っている人々は形而上学者ではないということは想像しやすい。しかし、すべての学知の第一原理は、常識の指図するところのものであり、すべての人々に開かれている。そして、哲学的な観点において、言語の構造を考えてきた人は誰でも、それを作った人々とそれを理解して使う人々が、哲学者と同じように正確な区別をし、一般概念を作る能力を持っているという、誤りえない証明を見出すだろう。自然は、それらの能力をすべての人々に与えた。そして、彼らは、その機会が必要とするときには、それらを用いることができるのである。しかし、彼らは、それらに名前を与え、その本性を詳述することを哲学者に任せた。同じように、自然は、目をすべての人々に与え、そして、人々は、それをうまく利用することができる。目の構造や視覚の理論について考えるのは哲学者の仕事なのである。

第四に、人々の心の中に非常に早くに現われる意見は、教育や誤った推論の結果でありえないので、第一原理として考えられることを十分に要求できる。例えば、われわれの周りにいる人々は生命と知性を持った存在者だという信念は、おそらく、われわれが推論できるようになったときには、何らかの理由を与えることができる信念である。しかし、われわれが推論できる前に、そしてわれわれが教育によってそれを学ぶ前に、われわれはこの信念を持つ。それゆえ、それは、われわれの成り立ちの直接の結果であるように思える。

私が述べたい最後の話題は、ある意見が生活を営む際に非常に必要なものなので、その信念なしには、人が実際のところ多くの不合理に陥るに違いないというときには、そのような意見は、これに対する他の理由がないならば、第一原理としてとらえても問題ないだろう、ということである。

こうして、私は、第一原理は直接証明することはできないが、とは言え、率直な人々の間で彼らに起こりうる違いは、救いがないわけではないということを示そうとしてきた。そして、自然は、われわれがこの種の誤りを発見する手段を欠いたままにさせてはおかなかったこと、そして、第一原理に関して、真実に第一原理であるようなものを、通俗的な誤りや先入観から区別できるような推論の方法があるということを示そうとしたのである。

第五章　偶然的真理の第一原理

バークリ主教は言う。「確かに、知識の第一原理について厳密な探究をし、それらをあらゆる観点から調べ、吟味することは、われわれの労苦に値する作業である。[53]」先ほどの章で言われたことは、この探究の重要性を示し、それをより容易にするように意図されているのである。

しかし、そのような探究が実際になされるためには、知識の第一原理が、他の真理から区別され、それらが、ふるいにかけられ、すべての面で吟味されるように視野に現わされなければならない。この目的のために、私がそういったものだと考えているものの詳細と、それらがその特徴を持つと考えている理由の詳細を述べようと思う。

もし数え上げることが、ある人には余分なものに、別の人々には不完全なものに、また別の人々にはその両方に思えるのならば、つまり、もし私が第一原理だと考える事物が、他の人々には通俗的な誤りだったり、その明証が他の真理から引き出される真理だったり、それゆえ第一原理ではないように思えるのならば、それらの事物においては、誰でも自分自身で判断しなければならない。私は、これらの点のいずれにも、そしてすべてにおいて、その数え上げられたものがより完全なものになることに喜ぶだろう。判断力があり率直な人々の第一原理への同意は、幾何学の公理における数学者の同意がその学問の発展にとって重要だったのと同じくらい、知識一般の発展にとって重要なものだということを確信しているからだ。

自明なものであろうと、自明なものから導かれたものであろうと、人間の知識の範囲に入ってくる真理は、二つの部門に還元される。それらは、その反対が不可能である必然的で不変な真理か、偶然的で可変的な真理であり、後者は、意志と能力の何らかの結果に依存し、始まりがあり、終わりがあるかもしれない。

円錐が同じ底面と同じ高さの円柱の三分の一の体積であるということは、必然的な真理である。それは、いかなる存在者の意志や能力にも依存していない。それは普遍的な真理であり、その反対は不可能である。太陽が、地球やわれわれの星系の他の惑星がその周りを回る中心であるということは真理である。しかし、それは必然的な真理ではない。それは、太陽やすべての惑星を作り、最良だと思われる運動をそれらに与えた存在者の能力と意志に依存している。

もしもすべての真理が必然的な真理ならば、それらが表現される動詞において、さまざまな時制を表わすような必要などないだろう。現在において正しいものは、過去や未来においても正しいだろう。そして、自然におけるいかなるものにも変化や変容はありえないだろう。

われわれは、必然的な真理を表現するときに現在時制を用いる。しかし、それは、すべての時間を含む動詞の語形変化がないからにすぎない。私が、3は6の半分だというとき、私は現在時制だけを用いる。しかし、私は、今が何であるのかだけでなく、かつては何だったか、これからは何であろうかも表現することを意図している。そのように、われわれが必然的な真理を表現することを意図しているあらゆる命題が理解されるのである。偶然的な真理は、また別の本性を持つものである。それらは可変的なので、ある時には真理でありうるが、別のときにはそうでないこともありうる。それゆえ、その表現は、時間のある点や期間を含まなければならないのである。

言語が哲学者の生み出したものだったならば、彼らは、おそらく動詞の直接法に何らかの屈折を与えるだろう。そしてそれは、動詞の過去、現在、未来のすべての時制に広げられるだろう。というのも、そのような屈折だけが、時間と関係を持たない必然的な命題を表現するのに適しているのである。しかし、私が知っている限り、動詞のそのような屈折が見られる言語はない。なぜなら、人々の思考と談論は、必然的真理についてほとんど関わることはなく、通常は、偶然的なものについて関わるからである。言語は、前者よりもむしろ後者に適しているのである。

抽象的な真理と、事実の問題つまり実在を表現する真理の間に通常なされる区別は、大部分、完全にではないが必然的真理と偶然的真理の区別に一致する。われわれの知識の範囲内にある必然的な知識は、大部分、抽象的な真理である。われわれは、崇高な存在者の存在と本性を除外しなければならない。それは必然的だからである。他の存在は、意志と能力の結果である。それらは始まりを持ち、変化しうる。その本性は、崇高な存在者がそれらに与えてくださるようなものである。その属性と関係は、神がそれらに与えた本性しだいである。つまり、神がそれらに与えた能力と、神がそれらを置いた状況である。

第一原理からの推論によって導かれた結論は、通常はそれらの結論が導かれる原理に従って、必然的か偶然的かである。一方、必然的な原理から、正しい推論によって導かれたものは、どのようなものであろうと必然的なものでなければならず、どのような偶然的な真理も、必然的な原理からは導かれないことを、私は確実だと考えている。

例えば、数学における公理は、すべて必然的な真理であるので、そこから導かれたすべての結論もそうである。つまり、その学問のすべてがそうなのである。しかし、どのような数学的真理からも、われわれは、何らかの存在も、学問の対象さえも演繹できないのである。

一方、私は、偶然的な原理から必然的な真理が演繹されるような場合がほとんどないと把握している。私は、この種の例を一つだけ思い出すことができる。つまり、偶然的で、可変的なものの存在から、われわれは、それらの不変で、永遠の原因となる存在を推論できるのである。

人々の心は、必然的な真理よりも偶然的な真理についてはるかに多く占められているので、私は、後者の原理をまず指摘しようと思う。

一、第一に、第一原理として、私は、私が意識しているあらゆるものが存在していると主張する。

意識は、独特の知性の働きであり、論理的には定義できない。その対象は、われわれの現在の痛み、快楽、希望、恐れ、願望、疑いといった、あらゆる種類の思考である。一言で言えば、それらが現前している間の、すべての情緒、われわれ自身の心のすべての活動と働きである。われわれは、それらが過去のものであるとき、それを思い出す。

しかし、われわれは、それらが現前している間だけ、それを意識しているのである。

人が痛みを意識しているとき、彼はその存在を確信している。彼が自分が疑ったり信じたりしていることを意識しているとき、彼はそれらの働きの存在を確信している。

しかし、その働きが現実に存在することについての抵抗しがたい確信は、推論の結果ではない。それは、直接的で、直観的である。それゆえ、われわれが意識している情緒や心の働きの存在は、第一原理であり、それを自然は、その権威に基づいて信じるようにわれわれに要求するのである。

もしも、意識によって欺かれないことを証明するように言われるならば、つまり、それが誤る可能性のある感覚ではないということを証明するように言われるならば、私はどのような証明も見出すことはできない。私は、それが導かれる、あるいは、その明証性が依存するいかなる先行する真理も見出すことができない。意識は、そのような引き出された権威を軽蔑し、それ自身の権利において、私の同意を要求するように思える。

もしも誰かが、自分が考えていることを意識している間、そのことを否定するほど、逆上しているのが見出されるならば、私は彼を不思議に思ったり、笑ったり、憐れんだりできるかもしれないが、彼とともに問題を推論することはできない。われわれは、推論できる共通の原理を持っていないので、議論において問題に参加できないのである。

これは、一度も直接に問題にされてこなかった唯一の常識の原理だと思う。それは、あまりにも固く人々の心に根付いているので、最大の懐疑主義者にもその権威を保つほどなのである。ヒューム氏は、物体と心、時間と空間、行為と因果関係、そして彼の心さえも消滅させた後で、彼が意識している思考、感覚、情緒の実在性を認めたのである。

どのような哲学者も、いかなる仮説によっても、われわれの思考の意識のための、そしてそれに伴うそれらの実在の確実な知識を説明しようとはしなかった。このことによって、彼らは、少なくとも意識が心の原初の能力であると認めているようである。意識は、それによってわれわれが観念を持つだけではなく、原初の判断や実在の知識を持つ能力である。

私は、私自身の心の働きについての知識が直接的だということと、すべての知識が観念の一致・不一致の知覚にあるというロック氏の理論を調停させることができない。その比較から、われわれ自身の思考の知識が生じる観念とはいったい何であろうか。あるいは、人が痛みを感じているとき、彼が痛みを感じているということをその人に確信させる、その一致・不一致とは何だろうか。

私は、これ〔意識によって私自身の心の働きについての直接的な知識を持つということ〕と、何かの存在を信じることは、その強く生き生きとした概念を持つことにほかならない、あるいはせいぜい、信念は、信念の対象である観念の何らかの様態でしかないというヒューム氏の理論とを調停させることもできない。というのも、言うまでもなく、観念ではなく命題が信念の対象であり、われわれが意識している思考と情緒のすべての多様性において、われわれは、強いものだけでなく弱いものの存在も信じるし、生き生きとしたものだけでなく、弱々しいものの存在も信じるからである。われわれの心の働きのどのような様態も、われわれに、その実在を疑わせたりしないのである。

それゆえ、われわれの思考、われわれ自身の心の働きと感じが実在することは、すべての人々によって信じられている。そして、われわれがそれを疑えないことを自分自身に見出し、それについての証明を何も与えることができないのを見出すので、それは、第一原理、つまり常識の指図するものとして、正しく考えられるのである。

しかし、この原理は、他のどのような原理にも依存していないが、人間の知識のかなりの重要な部門がそれに依存しているのである。

というのも、意識というこの源泉から、われわれ自身の心の構造や能力についてわれわれが知っているものが、そして実際に、われわれが知りうるすべてのものが引き出されるからである。そしてそこから、われわれは、より堅固な基礎に立つ知識の他の部門はないと結論づけるのである。というのも確かに、どのような種類の明証も、意識の明証を超えて行けないからである。

それではなぜ知識のこの部門において、非常に多くの、そして矛盾する体系があるのだろうか。なぜ非常に多くの、決して決着がつかない、そしてほとんど収まることもなく、決定されない難解な論証があるのだろうか。哲学者が一致する最も確実な手段を持っているところで最も異なる意見があるということがありうるのだろうか。すべての人々が同意し、最も確実だと主張している種類の明証の上にあらゆるものが建てられるところで、どうして哲学者の意見が違うということがありうるのだろうか。

この奇妙な現象は、しばしば不適切に混同されている意識と反省の区別をするならば、説明されると思う。

第一のもの〔意識〕は、すべての時代、すべての人々に共通のものだが、それ自体では、われわれが意識しているものの働きとそれらの相互関係と微細な差異に関する、明晰で判明な思念をわれわれに与えるには不十分である。第二のもの、つまり、これら心の働きへの注意深い反省、それらを思考の対象にすること、それらを注意深く調べること、それらをあらゆる面から吟味すること、これらはすべての人々にとって共通のものではなく、かなりわずかな人にしかできないことである。人々の大多数は、能力の欠如のためにであろうと他の原因からであろうと、彼ら自身の心の働きを決して注意深く反省しないのである。この反省の習慣は、自然がそれに適合させた人々においてさえ、多くの苦痛と訓練なしには到達されえないものである。

　われわれは、目の証言による以外には、視覚の直接の対象について何も知らない。そしてもし人類が、自分たちの心の働きへの注意深い反省におけるように、視覚の対象に注意を与えることにかなりの困難を見出したならば、第一のもの〔視覚の働き〕についての知識は、後者〔心の働き〕についてのわれわれの知識と同じように、進んでいない状態だっただろうと思う。

　だが、この暗闇は永遠には続かないだろう。光が、知的な世界の暗愚な部分に生じるだろう。誰かが、自然において実際にそうあるように、人間の心の能力を描くような幸運に巡り合えば、偏見から解き放たれ、反省できるようになる人々は、彼ら自身の特徴をよく認識するだろう。そして人々がただ注目し、真理が自分自身の胸中に見出されたとき、これほど明らかな事物が、どうしてこれほど長いあいだ神秘や暗闇に閉じ込められていたのか、どうして人々が誤った理論や推測によって連れ出されていたのかと、不思議に思われるだろう

　二、私の考えでは、もう一つの第一原理は、私が意識する思考は、私自身・私の心・私の人格と私が呼ぶ存在者の思考であるということである。

われわれが意識している思考や感じは、絶えず変化し、この瞬間の思考は、直前の思考ではない。しかし、私が自分自身と呼ぶものは、思考が変化している間も同じままなのである。この自己は、私が意識しているすべての連続的思考と同じ関係を持っていて、それらはすべて私の思考であり、私の思考ではないあらゆる思考は、誰か他の人格の思考でなければならないのである。

もしも誰かがこの証明を尋ねたとしても、私は何も出すことができないことを認める。命題それ自体の中に、私が抵抗できない明証性がある。思考は、思考する存在者なしに、それ自身で存在できると私は考えるべきなのだろうか。あるいは、観念が快や苦痛を感じることができると考えるべきなのだろうか。私の本性は、それが不可能だと私に命ずるのである。

そして、自然が、同じことをすべての人々に指図したということは、すべての言語の構造から明らかである。というのも、すべての言語において、人々は、その本性から、思考し、推理し、意志し、愛しあるいは嫌悪する人格を必要とする、人格的な動詞によって、思考すること、推理すること、意志すること、愛すること、嫌悪することを表現してきたからである。そこから人々は自然によって、思考が思考する者を必要とし、推理が推理する者を必要とし、愛が愛する者を必要とすることを信じるように教えられてきたように思えるのである。

ここでわれわれは、意識している思考以外に、その思考の主体となる心があるということを、通俗的な誤りだと考えているヒューム氏から離れなければならない。もし心が、印象と観念以外のものならば、それは意味のない言葉になってしまう。それゆえ、この哲学者によれば、心は、知覚の束を示す言葉なのである。また彼がそれをもっと正確に定義するとき、次のようなものとなる。「それは、われわれが慣れ親しんだ記憶や意識を持っている関連する観念や印象の継起である。」(54)

それゆえ〔ヒューム氏によれば〕私は、慣れ親しんだ記憶と意識を持っている関係した観念と印象の継起なのである。

だが、観念や印象の継起についての記憶や印象を持っている「私」とはいったい誰だろうか。もちろんそれは、継起それ自体でしかないのである。

ここから、観念や印象のこの継起が自分自身について、よく思い出し意識するということを私は学ぶ。さらに教えて欲しいのだが、印象が観念を思い出したり、意識するかどうか、あるいは、観念が印象を思い出したり、意識するかどうか、あるいは、その両方が両方を思い出し、意識するのかどうか。そして、観念が、それらの前にあったものだけでなく、それらの後から来るものを思い出すかどうか。これらは、この体系から当然生じる疑問であるが、まだ説明されたことはない。

だが、この観念や印象の継起が、思い出したり意識したりするだけでなく、それが判断し、推理し、肯定し、否定すること、いや、それが飲食し、ときに喜び、ときに悲しむことは、〔ヒューム氏の理論が正しいならば〕明らかである。

もしもこれらのことが、常識と一致して、観念や印象の継起に帰属させられるならば、私は、無意味なものなど何かあるのか、ぜひ知りたい。

スコラの哲学者たちは、この問題について論じている者として描かれることによって、見事に馬鹿にされてきた。それは、「真空の中で踊るキメラは第二概念を貪り食うかどうか」(55)という問題だ。そして私は、人間の機知は、これ以上愚かな問題を生み出せないだろうと思う。しかし、もしヒューム氏の哲学が認められるならば、この問題は、より深刻に扱われるのに値するだろう。というのも、もしわれわれがこの哲学から学ぶように、観念と印象の継起が、飲食し、喜ぶのならば、同じではないとしても観念の類似物であるキメラが、学院の人々が第二志向と呼ぶ食料を咀嚼できない十分な理由を見出すことができないからである。

三、もう一つの第一原理だと私が考えているものは、私が判明に覚えている物事は実際に起こったということである。

これは、第一原理の最も確かな目印の一つである。というのも、それを証明したと主張した人は誰もいないし、正気の人で誰もそれを疑ったりしていない。意識の証言と同じように、記憶の証言は、直接的である。それは、それ自体の権威において、われわれの同意を要求するのである。

信頼のある証人の一致した証言に反対する依頼人の弁護において、学識ある法廷弁護人が、証言を無効化するための新しい話題を主張するとする。彼は言う、「証人の誠実さを認め、彼らが証拠として述べたことを判明に覚えていることを認めましょう。ですが、だからと言って、この容疑者が有罪だということにはならないでしょう。最も判明な記憶が誤りのないものだとは、一度も証明されたことがないでしょう。われわれが記憶と呼ぶ心の働きと、思い出された出来事の過去の存在の間にある必然的な結合を示してください。誰も、そのような結合を証明するためのほんのわずかな論証も、一度も示してはいないのです。だが、これは、容疑者に対する論証の連鎖をなす一つです。そして、もしそれが論証能力を持っていないのならば、すべての論証は地に落ちるでしょう。それゆえ、このことが明らかにされるまで、そして、われわれが、過去の出来事の正しさのために記憶の証言に安全に頼ることができるということが示されるまで、どのような判事も陪審員も、そのような疑わしい点に基づいて、市民の生命を、公正に取り除くことなどできないのです。」

われわれは、学識ある法廷弁護人のこの論証は、裁判官や陪審員に、彼が間違った判断を下していると確信させること以外には、いかなる効果もないだろうということを認めてよいと思う。法廷弁護人は、依頼人にとって、説得したり気持ちを動かしたりすることが適切なあらゆることを、申し立てることを許されている。しかし、私はどのような法廷弁護人も、大胆にもこの話題を申し立てたということを聞いたことがないと思う。その理由は何であろうか。それが愚かだということ以外には、どのような他の理由もないだろう。さて、法廷の場で不合理なものは哲学者の座席でもそうなのだ。愚かなことは、正直で分別のある市民の陪審員に述べられても、哲学者の論文でまじめに述べられても同じである。

ヒューム氏は、私が記憶しているかぎり、記憶の証言を直接に疑問視したことはない。しかし、彼は、その権威が転倒される前提を置き、結論を導くように彼の読者にそれを委ねたのである。

彼は、記憶や感覚に伴う信念や同意は、それらが示す知覚の鮮明さに他ならないということをいつも示そうとしている(56)。彼は、この鮮明さが、外的な対象の存在を信じる根拠を与えないということを、明確に示している。そして、記憶の対象の過去の存在を信じる根拠がほとんど与えられないということは明らかである。

実際のところ、哲学者によって広く受け入れられている観念に関する理論は、感官の権威だけでなく、記憶の権威もすべて破壊する。デカルト、マールブランシュ、ロックは、この理論によって、一般人が感官の権威のみに基づいて信じている外的対象の存在を証明するための論証を見つけなければならなくなったということに気付いていた。だが、これらの哲学者は、同じようにこの理論によって、われわれが記憶している過去の事物の存在を証明するための論証を見出し、記憶の権威を支持しなければならなくなるということには気付かなかった。

感官の権威を支持するために彼らが主張したすべての議論は、実のところ、非常に弱く、決定力のないものだったので、バークリ主教とヒューム氏によって容易に論駁された。そして、彼らが記憶の権威を支持するために、その理論と整合的に持ち出したあらゆる論証に答えることも、〔バークリとヒュームには〕同じように容易だっただろう。というのも、その理論によれば、知性のあらゆる他の働きの直接の対象と同じように、記憶の直接の対象も、心の中に現われている観念だからである。そして、この記憶の観念が現在存在していることから、私は、推論によって、六カ月前か、六年前には、この観念に似ている対象が存在したと推理しなければならないのである。

しかし、私をこの結論へと導くことができるどのようなものが、観念にあるのだろうか。その原型の日時について、どのような印を持っているだろうか。あるいは、それが原型を持っていたということや、それがその種の最初のものではないということについて、どのような証拠を私は持っているのだろうか。

おそらく、心の中のこの観念あるいは像は、原因を持たなければならないと言われるだろう。

もしも心の中にそのような像があるならば、それは原因を持たなければならない、そして、それは結果を生み出すことができる原因であるということを私は認める。しかし、それに原因があるということから、われわれは何を推論できるだろうか。結果は、原因の類型であり、像であり、写しだということになるのだろうか。そうすると、絵は画家の像であり、馬車は馬車職人の像だということになるだろう。

過去の出来事は、推論によって知られるかもしれない。しかし、それは思い出すということではない。私が判明に物事を思い出すとき、私は、それに賛成したり、それに反対したりする推論を聞くことを、どちらもたいしたことだとは思わない。そして、良識あるあらゆる人もそうだと思う。

四、もう一つの第一原理は、われわれが、何かをはっきりと思い出せる限り、われわれ自身の人格の同一性があり、われわれは継続して存在しているということである。

このことを、われわれは直接に知るのであって、推論によるのではない。実際に、それは記憶の証言の一部であるように思える。われわれが思い出すあらゆるものは、思い出された時間に、われわれの存在を必然的に含意するようにわれわれ自身と関係を持っている。そして、彼が存在する以前に怒ったことを思い出すことほど明らかに馬鹿げたことはありえない。それゆえ、もしも記憶が当てにならないものでないならば、物事を判明に思い出せる限り、彼は存在したに違いないのである。それゆえ、この原理は、先ほど言ったことに非常に強く結び付いているので、両方を一つにまとめた方がいいかもしれない。このことは、それぞれの人が理由を見て判断すればよいだろう。同一性についての厳密な思念、そしてロック氏のこの主題についての考えは、記憶の項目のもとで以前に考察されたものである。(57)

五、もう一つの第一原理は、われわれが感官によって判明に知覚するものは実際に存在し、われわれがそのようなものだと知覚するようなものだということである。すべての人々が、哲学の教育の先入観から偏ってしまうはるか前に、本性によって感官の明白な証言に暗黙の信頼を与えるようになるということは、明らか過ぎて証明する必要がないほどのものである。

われわれのまわりに、父や、母や、姉妹や兄弟や乳母と呼ぶ存在者がいることを、われわれは、最初にどのようにして知るようになるのだろうか。それは、われわれの感官の証言によってではないのだろうか。これらの人々が、どのようにして、われわれに情報をもたらしたり、教えを与えたりするのだろうか。それは、われわれの感官によってではないのだろうか。

われわれは、感官による以外には、いかなる被造物との意志疎通も、交流も、交際もすることができないのは明らかである。そして、その証言を信頼できないならば、われわれは、生命があろうとなかろうと、仲間という被造物のない全世界の中で、自分自身を一人だと考え、一人取り残されて、われわれ自身の思考と会話しなければならない。

われわれが思考する存在者と交流し、その存在について何らかの知識を持つのは物質世界によってであり、われわれから物質世界を奪うことによって、同時に、家族、友人、国家、そしてあらゆる人間を、そして、自分自身を除き、愛情、評価や関心のあらゆる対象を奪うことになることを、バークリ主教が十分に考えていなかったことは確かであろう。

善良なる主教は、決してこういったことを意図してはいなかったはずである。彼は、非常に温厚な友人であり、熱心な愛国者であり、善良なキリスト教徒だったので、そのような考えを受け入れることができなかっただろう。彼は、自分の体系の結果に気付いていなかった。それゆえ、それらは、彼のせいにされるべきではない。しかし、われわれは、その結果を、体系それ自体のせいにしなければならない。それは、寛大で社会的な原理を押さえつけるのである。

私が、自分自身を、私の話を聞き、私の話すことを理解できる人々に話していると考えるとき、私は、そのような聴衆に払われるべき敬意を感じる。私は、率直で、独創力に富む友人との意見の相互伝達に楽しみを感じ、私の魂は、私を人として理性的に楽しめるようにしてくれた私の存在の作者に感謝するのである。

しかし、主教はわれわれに、これがすべて夢であると示している。私は人間の顔を見ているのではなく、私が見たり、聞いたり、手で扱ったりするすべての対象は、私自身の心の観念でしかなく、観念が私の唯一の友人である。実際のところ、なんて冷たい友人なのだろう。あらゆる社会的感情はその思考で凍りついてしまうのだ。

しかし、わが主教よ、私自身の心以外には、この世界に心は残されていないのだろうか。

確かにある。消滅するのは物質的世界だけである。他のあらゆる事物はそのまま残る。このことは、私のあわれな孤独な状態において、いくらかの快適さを約束してくれるように思える。しかし、私は、これらの心の持ち主を見ているのだろうか。私は彼らの観念を見ているのだろうか。彼らもまた、私も私の観念も見ることはない。それらは、私にはもはやソロモンの島の、あるいは月の住民以上のものではないのである。そして、私の憂鬱な孤独が戻ってくる。あらゆる社会の結びつきは壊れ、あらゆる社会的感情が消されてしまう。

もしもこの体系が信じられるならば、人々から社会的な快楽を奪うこの陰気な体系を、非常に有能な主教は、厳密で正確な推論によって、観念に関して哲学者たちによって一般に受け入れられている原理から演繹した。この欠陥は推論にあるのではなく、それが導かれる原理にあるのである。

物質世界の存在に対して、バークリとヒュームによって推し進められたすべての論証は、次の原理に基づいている。つまり、われわれは外的物体それ自体を知覚するのではなく、われわれ自身の心の中にある像や観念を知覚するのである。しかし、これは常識の指図するところのものではなく、哲学によってそれを教えられていないすべての人々の感覚に、真っ向から反対するのである。

われわれは以前に、外的物体ではなく観念が知覚の直接の対象であることを示すために哲学者によって与えられた理由と、感官が誤りやすいものであることを示すために与えられた事例を吟味した。すでにこれらの点について言われたことを繰り返さずに、次のことだけを述べることにしよう。それは、もし外的な物体が直接に知覚されるならば、われわれは、外的な物体の存在を信じるための理由を持っている。それはちょうど、観念が知覚の直接の対象であると哲学者が主張しているときに、観念の存在を信じるために持っているのと同じ理由である。

六、思うに、もう一つの第一原理は、われわれは、自分の行動と自分の意志を決定するある程度の能力を持っているということである。すべての能力は、いくらかの程度の能力と優れた才能という源泉から引き出されなければならず、その素晴らしい満足のもとに、その継続は依存し、それはいつも、その制御に従うのである。

いくらかの程度の能力と、それらを適切に使用させる知性を神によって与えられた存在者は、その創造主に対して責任を負わなければならない。しかし、どのような能力も与えられていない人々は、責任を持つべきことはない。というのも、すべての優れた行為は、能力の正しい使用にあり、すべての悪しき行為は、その誤用にあるからだ。いかなる程度のものであろうと、能力が委ねられたことのない存在者に責任を問うことは、生命のない存在者に責任を問うことと同じように、不合理である。それゆえもしもわれわれが、自分たちの存在を生み出した者に責任があるならば、われわれは、ある程度の能力を持たなければならず、それは、適切に用いられるならば、その方の賞賛を受ける資格を持ち、誤用されたときには、その方の不興から免れられないだろう。

われわれが最初に、どのような仕方で能力の思念あるいは観念を得るのかを言うことは、容易ではない。それは感官の対象でもないし、意識の対象でもない。われわれは、次々に連続する出来事を見る。しかし、それらが生み出される能力を見たりはしない。われわれは、心の働きを意識している。しかし、能力は心の働きではない。もし、外的な感官や、意識によって備え付けられるようなもの以外に思念を持たないのならば、われわれが能力の概念を持つことは不可能なように思える。したがって、この仮説に基づいて、最も鋭く推論したヒューム氏は、われわれが能力の観念を持つことを否定し、この観念の起源についてロック氏によって与えられた説明を明確に論駁している。

しかし、どのような人でも、その人自身の思考に注意することによって、その正しさを見ることのできる事実に反する仮説から、推論することは無駄である。あらゆる人々が、生活の非常に早い時期に、能力の観念を持つだけでなく、彼らが自分自身にある程度能力を持っているという確信を持つことは、明らかなように思える。というのも、この確信は、心の多くの働きに、必然的に含まれていて、その働きは、あらゆる人に馴染みのあるものであり、それなしには、誰も理性的存在者の役割を果たすことができないようなものだからである。

第一に、それは、意志作用のあらゆる働きに含まれている。ロック氏は次のように言う。「意志作用が、心の働きであることは明らかである。それは、心が、人の何らかの部分に対して持っていると考えている支配力を、何らかの個別の活動に用いたり、控えたりすることによって、その支配力を知りつつ行使する働きである。(58)」それゆえ、あらゆる意志作用は、意志されて活動をする能力についての確信を含意している。人は、月を訪れたり木星を訪れたりすることを望むかもしれない。しかし、精神異常以外のどのようなものも、彼にそうすることを意志させたりはできない。そして精神異常であってもこのような作用を生み出すならば、それは、彼がそうすることが、自分の能力内にあるものだと考えてのことでなければならない。

第二に、この確信は、すべての熟慮に含まれる。というのも、正常な理解力のあるどのような人も、自分の能力内にはないと信じていることをするかどうか考えたりしないからである。第三に、同じ確信が、熟慮の結果作られるあらゆる決意や目的に含まれている。人は、月を、天空から引きずり落とそうと決心するかもしれないが、それは、彼が自分の能力内にはないと信じている最もつまらない行動をするようなものだろう。同じことが、人がその信頼を誓うあらゆる約束や契約について言えるだろう。というのも、その人が遂行する能力を持っていると信じていないことを約束する人は、誠実な人ではないからである。

これらの働きが、自分自身におけるある程度の能力についての信念を含意しているように、等しく共通の馴染み深い他者の働きがあり、それは、同じように他者の能力についての信念を含意しているのである。

われわれが、人に、是認や非難の根拠として、何らかの作為や不作為を帰属させるときに、われわれは、彼が、他のことをする能力を持っていたと信じなければならない。同じことは、すべての忠告や奨励や命令、叱責に、そしてわれわれが、何らかの取り決めの遂行や委託の履行における彼の誠実さを信頼するあらゆる場合に含まれている。

自分や他の人々がある程度の能力、つまり、自分で行動したり意志を決定したりする能力を持っていることを人々が確信していることは、人類が物質世界の存在を確信しているのと同じくらい明らかである。この確信は、非常に早い時期から生じ、一般的で、人間の行為全体に織り込まれているので、われわれの成り立ちの自然な結果であり、行動を導くように、われわれの存在の作者によって意図されたものに違いない。

このことは、次の点でも、物質世界の存在についてのわれわれの確信に似ている。つまり、思索においてそのことを否定する人々でさえ、実践においては、それによって支配される必然性のもとに自らがあることを見出すということである。そして、哲学が第一原理に反するとき、こういったことはいつも生じるだろう。

七、もう一つの第一原理は、われわれが真理を誤りから区別する本性的機能は、当てにならないものではないということである。たとえ誰がこの証明を要求したとしても、その人を満足させることは不可能である。というのも、それが数学的に論証されると想定しても、そのことはこの場合には無意味だからである。なぜなら、論証について判断するためには、人は、彼の機能を信頼しなければならず、問題になっているまさにそのものを前提しなければならないからである。

もしも人の正直さが問題とされるならば、その人が正直かどうかを、その人自身の言葉に問うのは愚かなことだろう。同じ不合理さが、蓋然的なものであろうと、論証的なものであろうと、何らかの推論によって、われわれの推論が誤りうるものではないことを証明しようとする試みにある。なぜなら、問題とされるまさにその点が、推論が信頼されるかどうかということだからである。

もしも懐疑主義者が、その懐疑主義を、すべてのわれわれの推論能力と判断能力が、その本性において誤りうるものであるという基礎の上に建てるならば、あるいは、それらが誤りえないものであることが証明されるまで、少なくとも同意を差し控えると決心するならば、この強い足場から、論証によって彼を打ち負かすことは不可能であり、彼に、その懐疑主義を楽しませるままにしておかなければならない。

デカルトは、確かにこの問題において誤った手順をとった。というのも、他の疑いの中でも彼は、次の疑いを提案したからである。つまりそれは、彼の意識、感官、記憶、理性からどのような証拠が得られようとも、何らかの悪意ある存在者が彼を欺くためにそれらの機能を彼に与えたので、それらは適切な保証がなければ信頼されるべきではないという疑いである。この疑いを取り除くために、彼は、欺く者ではない神の存在を証明しようとした。そこから彼は、神が彼に与えた機能は真なるものであり、信頼するに値すると結論づけたのである。

これほど鋭敏な推論者が、この推論において、明らかに論点先取があることに気付かなかったということは、奇妙なことだ。

というのも、もしわれわれの機能が誤りがちなものならば、なぜそういった機能が、他の推論と同じように、この推論でもわれわれを欺かないのだろうか。そしてもしこの事例においてそれらの機能が保証なしに信頼されるべきならば、なぜ他のものでもそうではないのだろうか。

われわれの機能の正しさのためのあらゆる種類の推論は、それら自身の証言を、それらの正しさのために用いることでしかない。そしてわれわれは、神が古い機能を判断する新しい機能をわれわれに与えるまで、暗黙のうちにこのようにするしかないのである。そして、デカルトが、彼の機能の正しさのために行った非常に弱い論証で満足した理由は、彼がそれを真剣には疑わなかったからだろう。

もしも、何らかの真理が、自然の順序において、すべての他のものに先行すると言われるのならば、これ〔われわれの機能が信頼できるものであること〕は、最良の要求を持っているように思える。なぜなら、同意がなされるあらゆる事例において、直観的あるいは論証的、あるいは蓋然的な証拠に基づいていようとなかろうと、われわれの機能の正しさは、当然のものとみなされていて、いわば、われわれの同意が基づく前提の一つだからである。

では、われわれは、どうして他のすべての真理が依存しているこの根本的な真理を確信するようになるのだろうか。おそらく明証は、他の多くの点でそうであるように、この点でも光に似ているのである。つまり、すべての可視的な対象の発見者である光が同時にそれ自体を示すように、すべての真理の保証人である明証は、それ自体をも保証するのである。

しかしながら、人間の成り立ちは、われわれによって識別される明証性が、それに対応する程度の同意を強いるようなものになっているということは確かである。そして、結論が前提から生じることを信じることなしに正しい三段論法を完全に理解している人は、手や足なしに生まれた人よりもはるかに異様な存在なのである。

われわれは、自分の推論能力と判断能力を必ず信じるように生まれている。そして、それらが誤りがちなものだと現実に信じてみても、それは、最も偉大な懐疑主義者によってても、それほど長い時間は維持されない。なぜなら、それは、われわれの成り立ちに反することだからである。それは、逆立ちで歩くようなものであり、ある場合に人々が示す偉業であるが、誰もこのような仕方では、長い旅に出ることはできない。彼の器用さを褒めるのをやめて、他の人々のように、彼の足で行かせることにしよう。

われわれは、考察中の原理の特性に気付くかもしれない。その特性は、それと他の多くの第一原理とが共通しているものであり、推論だけに基づいて打ち立てられるどのような原理にもほとんど見出されないようなものである。つまり、ほとんどの人々において、それは注目されたり思考の対象になったりすることなく、その結果を生み出すようなものなのである。どのような人も、懐疑主義の根拠を考察するときを除いては、この原理について考えることはない。しかしこの原理は、彼の意見を支配しているのである。

人生の通常の過程で、人が、その感官、記憶、理性の証言を信用するとき、それらの機能が彼を欺くかどうか疑ったりしない。とはいえ、彼がそこにおく信頼は、そういった場合に少なくとも彼を欺かないという内なる確信を前提としているのである。

一般的命題のときよりも、個別の事例で、より強力に同意を強いるというのが、このそして多くの第一原理のもう一つの特性である。多くの懐疑主義者が、おそらくわれわれの現前する思考の存在を除いて、学問のあらゆる一般原理を否定してきた。しかし、これらの人々も、個別の事例では、推理し、論駁し、証明し、同意し、反対するのである。彼らは、すべての推論をひっくり返すために推論を用い、判断するべきではないことを判断し、盲目であることを明晰に見るのである。多くの懐疑主義者は、感官が誤りやすいものだと一般に主張する。しかし、彼らの安全のために感官が必要な個々の事例でそれを信用しないほど懐疑的な人は見出されたことがない。そして、懐疑主義者であることを公言した人々について、一般論では彼らは懐疑主義にある一方で、個別の事例では、彼らは他の人々と同じように独断的なのだと言えるだろう。

八、存在に関するもう一つの第一原理は、われわれが交際する友人には、生命と知性があるということである。

子供が質問したり、あるいは質問に答えたりすることができるようになれば、そして愛情や憤りや、他の何らかの情愛の合図を示すようになれば、彼らは自分たちが交流している人々が知的な存在者だと確信しているに違いない。

子供たちが推論できるようになるはるか前に、そのような交流を持つことができることは明らかである。あらゆる人は、子供が一歳になる前に、乳母と子供に社会的な交流があることを知っている。子供は、その年には、自分に言われる多くのことが理解できる。

子供は、合図によってものを尋ねたり、拒絶したり、脅したり、哀願したりできる。子供は、危険に際しては乳母にしがみつき、乳母の悲しみや喜びをくみ取り、彼女のあやしや気遣いに喜び、彼女の不快に悲しむ。これらの事柄は、乳母が知性的存在者であるという確信が子供の中になければありえない。そのことを私は当然のことだと考える。

さて、私は一歳の子供が、どのようにして、この確信を得るのかを尋ねたい。確かに、推論によるのではない。というのも、子供たちは、その年齢では推論しないからである。外的感官によるのでもない。というのも、生命と知性は、外的感官の対象ではないからである。

どのような手段で、あるいはどのような機会に、自然は最初にこの情報を幼い心に与えるのかを決めることは、容易なことではない。われわれは、人生のその時期の自分自身の思考を反省することはできないし、われわれがこの能力を獲得する前に、われわれが最初どのような機会に、どのようにしてこの信念を持つようになったのかを完全に忘れてしまっている。われわれは、生まれながら目の見えない人々にもその信念を見出すし、また生まれながら耳の聞こえない人々にもその信念を見出す。それゆえ自然は、それを、たんに視覚の対象や聴覚の対象だけに結び付けたわけではない。われわれが推論や反省をできる年齢になったときも、この信念はそのまま残る。どのような人も、彼の隣人が生命ある被造物だと信じるどのような理由を持つのかを、自分自身に尋ねようとは思わない。もしも別の人が、彼にそのような馬鹿げた質問をするならば、彼は、少なからず驚くだろう。そして、おそらく、同じように、時計や指人形が生命ある被造物だということを証明しない理由を、おそらく与えることはできないだろう。

しかし、あなたが、彼がその信念のために与える理由の弱さを彼に納得させたとしても、あなたは、彼を、少しも懐疑的にすることはできないだろう。この信念は、推論の基礎とは別の基礎に立っている。そしてそれゆえ、人がそのための十分な理由を与えることができようとできまいと、それを振り払うことは、彼の能力にはないのである。

この自然の確信を脇に置いておいて、他の人々が生命があり、知性があることを示すために持つことができる最良の理由は、われわれが自分自身の中に意識できるように、彼らの言葉と行動が知性の能力のようなものを指し示すということだろう。自然の作品に当てはめられたまさに同じ論証が、われわれを、自然の知的な著者があると結論づけるようにわれわれを導き、そしてその論証は、前者の場合と同じく、後者の場合も同じく強力で明らかなように思える。その結果、推論のたんなる行使によっては、人々が他の人々に生命と知性があるということほどすぐには、神の存在を発見できないかどうか、疑われるかもしれない。

後者の〔他人が生命と知性を持つという〕知識は、教育と例示によって、われわれが何らかの仕方で発達するためには絶対に必要なものである。そして、こういった発達の手段なしには、われわれが、自分の推論能力の使用を獲得することができると考える根拠はない。それゆえ、この知識は、推論に先立ち、第一原理でなければならない。

他者における生命と知性に関して、われわれがなす判断は、最初から誤りを逃れているとは言えない。しかし、この問題における子供の誤りは、安全なものである。彼らは、知性を生命のないものに帰属させがちである。これらの誤りは、たいして重要ではない。そして少しずつ、経験と成熟した判断によって正される。しかし、他者における生命と知性の信念は、われわれが推論できるようになる前に、われわれにとって絶対的に必要なのである。そして、それゆえ、われわれの存在の作者は、われわれに、この信念をすべての推論に先立って与えたのである。

九、もう一つの第一原理だと私が考えているものは、表情のある特徴や、声の音色、身体のしぐさは、心のある思考や傾向性を示しているということである。

心の多くの働きが、表情、声、しぐさに、その自然の記号を持っているということを、私は、あらゆる人が認めるだろうと思う。キケロによれば、「自然は、あらゆる感情に、それ自身の、それぞれの声や態度の個別の見た目や調子を割り当てている」(59)のである。唯一の問題は、われわれが、本性の成り立ちによって、つまり、感官の知覚に似た一種の自然の知覚によって、これらの記号の意味を理解するかどうか、あるいは、煙が火の記号であることを、あるいは水の凍結が冷たさの記号であることを学ぶように、われわれが経験からそのような記号の意味を少しずつ学ぶかどうかである。私は、第一のもの〔本性の成り立ちによって記号の意味を学ぶこと〕が真理だと考えている。

人々が、顔の表情、声、しぐさの表出について持つ思念が、完全に経験の結果だとは、私には信じられないことのように思える。子供は、ほとんど生まれるとすぐに、声の驚かすような、あるいは怒ったような調子によって、恐がり、すぐに興奮する。子供と同じあるいは隣の部屋で、憂鬱な調子で口笛を吹くことによって、泣かせることができ、そしてまた、彼の音のキーと音調を変えることによって、子供を喜びで飛び跳ねさせ、躍らせることができる人と私は会ったことがある。

われわれが音楽の表現を学ぶのが経験によるのではないことは確実である。というのも、その作用は、通常、われわれがそれを初めて聞いたときに、最も強いものだからである。一つの旋律が、陽気さや祝いの喜びを表現する。その結果、われわれがそれを聞くとき、踊るのを止めることは困難である。別の旋律が悲しいものであったり、厳粛なものであったりする。別の旋律は、優しさや愛情をわれわれに吹き込む。別のものは怒りや憤慨をわれわれに吹き込む。

どれほどタイモシウスのさまざまな音色が驚きを生み出し
そして代わる代わる情熱を高めたり鎮めたりするのかを聞いてみるがよい。
情熱が変化するごとに、リビアのジョーブの息子は
今や栄光で燃え、次に愛でとけ
今やその荒々しい目は憤怒の光を放ち
今やため息がもれ、涙が流れる
ペルシア人もギリシア人も自然の情愛の変化を愛し
世界の征服者も詩の音によって制圧されるのである(60)

音楽の効果を感じるために、音楽や情緒を人が学習する必要はない。自然が良い耳を与えた最も無知で未発達の人でも、最も知識がある人と同じように、それらを感じるのである。

表情と身振りは、声と同じくらい強く、自然な表現を持っている。厳格で恐ろしい表情を、狭まった眉を、脅威を与える姿勢を初めて見るとき、人は、その人が怒りで燃え上がっていると結論づける。経験に先立って、最も敵意のある表情は、最も穏やかで、優しい表情と同じくらい心地よい外観を持つと言うべきだろうか。このことは、間違いなくあらゆる経験に反するだろう。というのも、われわれは、怒りの表情が、ゆりかごの子供を恐がらせるということを知っているからである。子供たちが、とても早くから、声の調子や、顔の表情によって、冗談で彼らに言ったことを真面目に言われたことから区別することができることを、観察しなかった人がいるだろうか。彼らは、これらの自然な記号によって、それらが人工的なもの〔言葉など〕に対立するように思えるときでさえ判断するのである。

もし、われわれが表情や音や身振りの意味を経験によって学ぶのならば、われわれが最初にこれらを学んだのがいつかを、あるいは少なくともそういった多様なもののいくつかを学んだのがいつかを、思い出すことが期待されてもよいだろう。子供たちの振る舞いに注意を向ける人々は、子供たちが、炎が燃えたり、ナイフが切ったりするようなものであることに、かなり早くから経験によって気付くことを容易に発見するだろう。しかし誰も、顔や声や仕草の表現が学ばれたときがいつかを、自分自身で思い出したり、他人に観察したりすることはできない。

いや、これが経験から学ばれることは、不可能だと思われる。われわれが記号を見て、それといつも結び付けられた意味表示されているものを見るとき、経験が教育者となり、われわれに、その記号がどのように解釈されるかを教えてくれる。しかし、記号表示されるものが見えないとき、われわれがいつ記号だけを見ているのかを、どのようにして経験はわれわれに教えるのだろうか。さて、これがここでの事例である。心の思考や情緒は、心それ自体と同じように目に見えるものではなく、それゆえ、何らかの可感的な記号との結合は、経験によっては最初に発見されることはない。この知識の何らかのより初期の源泉がなければならない。

自然は、人に、この結合が知覚されるようになる機能あるいは感官を与えたようである。そしてこの感官の働きは、外的感官の働きにとても似ている。

私が、ある象牙の球を手につかむとき、私は、触れた感覚をある程度感じる。感覚においては、外的なものも形体的なものも何もない。感覚は、丸くも硬くもない。それは心の感じる働きであり、そこから私は、推論によっては、いかなる物体の存在も導くことはできない。しかし、私の自然の成り立ちによって、感覚は、それとともに、私の手の中に実在している丸くて硬い物体の概念と信念をもたらすのである。

同じように、私が、顔の表情の特徴を見るとき、私は、さまざまに変容した形と色を見るだけである。しかし、本性の成り立ちによって、目に見える対象が、それとともに、人の心の中にある情緒や考えについての概念や信念をもたらすのである。

前者の場合では、触覚の感覚は記号であり、私がつかむ物体の硬さと丸さは、その感覚によって示されるものである。後者の場合に、人の表情は記号であり、情緒や考えは、それによって示されるものである。

心の考えや情緒を表示するための自然の記号の能力は、口のきけない人々の記号においても見ることができる。彼らは、その言語を完全に経験したわけではない人々によってさえ、かなりの程度で自分を理解してもらえるのである。

それは、共通の獲得された言語がない人々の間で頻繁になされる交流において見られる。人々は、自然記号によって、買ったり、売ったり、尋ねたり、拒否したり、友好的な、あるいは敵意ある傾向を示したりすることができる。

さらにそれは、別の人々が言葉を朗読している間、舞台の上で大げさに演じた古代人の演技において見出される。この芸術が行われたそのような点に対して、キケロとロスキウス(61)が、雄弁家は、役者が言葉を使わない劇で身振りによって表現できなかったものを、言葉によって表現できるかどうか、そして雄弁家が言葉で表現できた同じ言葉や思考が、さまざまな仕方で演じることができないかどうか論争したと言われている。

しかし、この種の最も驚くべき見世物は、ローマ人たちの間で行われた無言劇である。そして彼らは、朗唱なしに演技し、演劇の場面を演じたが、完全に理解されることができたのである。

そしてここで、次のことは注目に値する。それは、彼らの芸術を優れたものにするために、無言劇においては多大なる研究と訓練を必要とするが、それらを理解するために、観客は何も研究も訓練もする必要はないということである。それは自然の言語であり、それゆえ、ローマ人であろうとギリシア人であろうと野蛮人であろうと、学識者であろうとそうではない人であろうと、すべての人々によって理解されたのである。

ルキアノスは、ユークシン海まで支配していたある王が、ネロの統治時代にたまたまローマにいて、無言劇を見たとき、ネロに、すべての隣国との交流において、無言劇の演者を使ってよいか請うた。というのも彼が言うには、さまざまな言語を話し、彼の言語を理解できない隣国の人々と交流し続けるために、どれほど多くの通訳を雇わなければならないかわからないが、この人ならば、彼らすべてに、自分の言っていることを理解させることができるだろうからだ。

これらの理由で、表情、声、身振りにおけるある記号と、心の思考や情緒の間に自然によって確立された結合があるというだけではなく、われわれの成り立ちによって、われわれは、これらの記号の意味を理解し、記号から意味表示されるものの存在を結論づけるということが認められなければならないだろうと私は考える。

一〇、もう一つの第一原理は、事実の問題において、人間の証言に、また、意見の問題においては人間の権威にさえ、払われるべき敬意があるということである。

われわれが、証言や権威について推論できるようになる前に、知ることが重要であるにもかかわらず、権威の他に証拠を持つことができない多くのものがある。自然の賢き作者は、人間の心に、われわれが理由を与えることができるようになる前に、この証拠に依存する傾向性を植えつけた。実際にこのことは、われわれの判断を、人生の最初の時期に、われわれの周りにいる人々の能力に完全に委ねさせる。しかしこれは、われわれの保存と発展に必要なのである。もし子供たちが、証言や権威に敬意を払わないように作られているのならば、子供たちは、文字どおりの意味において、知識の欠如のために死んでしまうだろう。子供たちが、自分で生きていけるようになる前に、養われなければならないということは必要なことなのであり、それは、自分自身の判断で多くのものを発見できるようになる前に、教えられなければならないのと同じなのだ。

しかし、われわれの機能が成熟したとき、われわれは、人生の最初の時期に必要で、自然のものであった証言や権威に従う傾向を調べなおす理由を見出す。われわれは、それらにどれくらいの敬意が払われるべきかを推理することを学び、理性が正当化するものよりもそれらを重視することが、子供っぽい弱さだとわかる。とは言え、人生の終わりには、ほとんどの人々が、それよりもこの極端へと行きがちになるが、自然の傾向性はまだ、いくらかの力を保持していると思われるのである。

われわれの判断や意見が、理性の使用に達する前に規則立てられるようになる自然の原理は、自然の著者が、その時期に行動を規則だてるために、われわれに与えた自然の本能と同じように、人間のような存在者には必要だろう。

一一、人間の意志に依存している多くの出来事がある。そこでは、状況に応じて、大なり小なり自明な蓋然性がある。

人々の中には、何をしていて、何をしていないかを、誰も言うことはできないほど錯乱して狂気の状態にあるものがいるかもしれない。そのような人々は束縛しておくことが必要だとわれわれは考えるので、できる限り彼ら自身や他人に害をなさないようにしておかなければならない。彼らは、社会の理性的な被造物や成員だとは考えられない。しかし、健全な精神を持つ人々については、われわれは、彼らの行為におけるある程度の規則性を頼りにする。そしてわれわれは、十中八九、彼らがそのような仕方で行動し、その反対の仕方では行動しないだろうと言うことができる、非常に多くのさまざまな事例を示すことができるのである。

もしも、仲間の人々がある状況ではある役割を演じるだろうということについて、われわれが彼らを信用しないのならば、彼らと社会生活を送ることは不可能だろう。というのも人々に社会生活をできるようにするもの、そして政府のもとで政治的体制をまとめることを可能にするものは、彼らの行動が、いつも、人間本性の共通の原理によって大部分規則だてられていることだからである。

彼らは、自分自身の利益と評判、自分の家族と友人の利益と評判について、いつも配慮していると期待されてよい。そして彼らは、障害を退け、良い行為についての何らかの感覚を持ち、真理と正義に敬意を払い、そして少なくとも、誘惑がなければそれらから逸れないということが期待されてよいだろう。

すべての政治的な推論が基づいているのはこのような原理である。そのような推論は決して論証的なものではない。しかし、それは、かなりの程度の蓋然性を持っており、特に、人々の大部分に当てはまるときにはそうなのである。

一二、私が言及する偶然的真理の最後の原理は、自然の現象において、起こりうるものは、おそらく同じような状況で起こったものに似ているだろうということである。

われわれは、経験から何かを学ぶことができるようになるとすぐに、このことを確信しなければならない。というのもすべての経験は、未来が過去に似ているだろうという信念に基づいているからである。この原理を取り去れば、百年もの経験も、来たるはずのものについてわれわれをより賢明にはしないだろう。

これは、われわれが成長し自然の過程を観察するとき、われわれが推論によって確証することができる原理の一つである。われわれは、自然が定まった法則によって統治されており、もしそうでなければ、人間の行為に思慮のようなものなどありえなかっただろうということがわかる。また、目的を達成する手段における適切さもなかっただろうし、ある機会に目的を達成させたものが、別の機会にはそれを妨げることが大いにありそうだと思うだろう。

しかし、その原理は、われわれがそれを推論によって発見できるようになる前に、われわれに必要なものなのである。それゆえ、われわれの成り立ちの一部分になっており、理性の使用の前にその効果を生み出すのである。

われわれが理性を使えるようになるときも、この原理はその力を完全に保っている。しかし、われわれは、その適用に、より用心深くなることを学ぶのである。われわれは、過去の出来事が依存した状況をより注意深く観察し、それらを、それと偶然に結び付いていたものから区別することを学ぶ。

このために、状況で変わる多くの実験がしばしば必要である。ときには、一つの実験が、一般的な結論を確立するのに十分だと考えられることもある。例えば、ある程度の冷たさでは水銀が硬く、展性のある金属になるということが一度見出されれば、同じ程度の冷たさが、いつも、世界の終わりまで、この結果を生み出すだろうと考える十分な理由がある。

自然学の全体の構造がこの原理の上に建てられていて、もしそれが取り除かれれば、根底から崩れるに違いないということは、言うまでもないだろう。

それゆえ、偉大なニュートンは、このような言葉で公理、あるいは哲学の法則の一つとしている。それは、「同じ種類の自然の結果に割り当てられた原因は、同じでなければならない」というものである。これは、あらゆる人が、それを理解すればすぐに同意するものであり、どのような人もその理由を尋ねたりはしない。それゆえ、それは第一原理の最も真正なる目印を持っているのである。

自然の経過の中で生じるものについてのわれわれのすべての期待は、この原理についての信念に由来しているが、この信念の根拠が何かを尋ねる人は誰もいないということは、注目に値する。

思うに、ヒューム氏は、この疑問を抱いた最初の人だった。そして彼は、それが推論にも基づかず、数学の公理が持っている直観的明証性のようなものも持っていないということを、明確に打ち負かしがたく示したのである。それは、必然的な真理ではない。

彼は、それを彼自身の原理のもとで説明しようとした。人類の普遍的な信念について、彼が与えた説明を吟味することは、現在の私のすることではない。なぜなら、彼の説明が正しかろうとそうでなかろうと(そして、私は正しくないと思っているのだが)、この信念は人類の中で普遍的なものであり、いかなる先行する推論にも基づいておらず、心それ自体の成り立ちに基づいているので、私がその言葉を用いる意味で、第一原理だと認められなければならないからである。

私が言及した原理が、そこから偶然的真理について推論できるすべての第一原理だと、私は言うつもりはない。そのような数え上げは、かなり多く反省されたときでさえ、ほとんど完全なものではないのである。

第六章　必然的真理の第一原理

必然的真理の大部分の第一原理についてはこれまで論争はなく、それゆえそれらについて長々と話す必要はそれほどない。それらを異なる部類に分ければ十分であろう。そして、そのそれぞれの部類において、見本を用いていくつかに言及し、そして、真理が問題視されてきたものについていくつか言及すれば十分であろう。

それらは、属する学問によって区分されるのが最も適切だろう。

一、文法的と呼ばれる第一原理がある。それは、文章におけるあらゆる形容詞は、表現され、理解された何らかの実名詞に属していなければならない。そして、あらゆる完全な文は、動詞を持たなければならないといったようなものである。

言語の構造に注意し、発話のさまざまな部分の本性と用途についての判明な思念を作った人々は、推論なしに、これらや多くの他のそのような原理が必然的に正しいものだとわかるだろう。

二、論理的な公理がある。それは以下のようなものである。命題を作らない言葉のいかなる組成も、真でも偽でもない。あらゆる命題は真か偽である。どのような命題も、同時に真かつ偽ということはない。循環する推論は何も論証していない。類について正しく肯定されるあらゆるものは、すべての種について、そしてその類に属するあらゆる個体について正しく肯定されるなどといったものである。

三、あらゆる人は、数学の公理があることを知っている。数学者は、ユークリッドの時代から、彼らの推論が基づく公理や第一原理を、非常に賢明に定めてきた。そして、これがこの学問の安定と幸運な進歩に与えたように見える影響は、われわれができるかぎり同じ仕方で、他の学問の基礎を定めるという試みに少なからぬ勇気を与えているのである。

ヒューム氏は、彼が理解しているように、数学の公理にさえ弱点を発見した。そして、例えば、二本の直線が一点だけで互いを切ることができるということは、厳密には正しくないと考えた。

彼がそこから推論する原理とは、あらゆる単純観念は先行する印象の写しであり、それゆえその精密さと正確さにおいて、そのもとのものを決して超えることができないというものである。そこから彼は、このように推論する。それは、どのような人も、まっすぐな線が同様にまっすぐな線を二つあるいはそれ以上の点を通って切ることができる直線として見たり感じたりしたことはないので、そのような直線の観念などありえないというのである。

等しさの観念、直線の観念、四角い平面の観念のような、幾何学に最も本質的な観念は、彼によれば、判明で確定的なものではない。そしてその定義は、主張されている論証を破壊する。こうして数学の論証は、砂のロープのようなものだと考えられているのである。

もしもわれわれが、見たり扱ったりするものより正確に、点や直線や表面の概念を作ることができないのならば、数学的な論証はありえないということについて、私はこの鋭敏な著者に同意する。

しかし、知性を持っている人は誰でも、感官によって提示されるありのままの素材を分析し、抽象し、合成することによって自分自身の心の中に、数学的な直線や表面や固体の優美で正確な形相を作ることができるのである。

もしも人が、数学者によって立方体と呼ばれる形の正確で確定的な思念を作ることができないことがわかるならば、その人は、数学者ではないだけでなく、数学者になることもできない。しかし、もしもその人が、その図形の正確で確定的な思念を持っているならば、その人は、それが完全なる正方形で、完全に大きさの等しい、六面の数学的表面によって区切られていることを知覚しなければならない。その人は、これらの表面が、完全な直線で、完全に等しい一二本の数学的直線によって区切られていて、それらの直線は、八個の数学的な点によって区切られていることを知覚しなければならない。

あらゆる数学者のように、人が、これらの判明で、確定的な概念を持っていることを意識するとき、それらが判明ではないということをその人に納得させるために、形而上学的論証を持ち出しても無駄である。あなたが、痛みに苦しむ人に、その人が痛みを感じていないということを納得させるための論証を持ち出すようなものだろう。

数学の直線、表面、固体の正確な思念をわれわれが持っていることと一致しないあらゆる理論は、間違いに違いない。それゆえ、それらは、われわれの印象の写しではないということになる。

メディチ家のヴィーナスは、それが作られている大理石のブロックの写しではない。たしかに、優美な彫像は、粗雑なブロックから作られたのであり、それは文字通り、われわれが抽象と呼ぶ作業によって作られたのである。数学的な思念は、われわれの感官の粗雑な知覚から、別の種類の働きである抽象によって知性の中に作られるのである。

自然学の真理は必然的な真理ではなく、偶然的で、世界の創造主の意志に依存しているように、それらが演繹される原理も同じ本性のものであり、それゆえ、この部門に属していないのである。

四、私は、嗜好の問題においてさえ、公理があると考えている。嗜好において人々に見出される多様性にかかわらず、この種の問題においてさえ、いくつかの共通の原理があると、私は考えている。鼻や目を欠いている、あるいは顔の片側に口がついていることを、人間の顔の美しさだと考える人についてなど聞いたことがない。ホメロスの時代から、どれほど多くの時が過ぎただろうか。だが、時代の長い経過において、テルシテス[62]を美しさで選んだ人など、一度も見出されたことがないのである。

芸術は、極めて適切に、嗜好の学芸と言われる。なぜなら、両者の原理は同じだからである。そして芸術において、われわれは、他の技術者と同じように、それらを実践する人々にも一致を見出すのである。

嗜好が生み出すどのような作品も、嗜好の原理において作者に同意しない人によっては、好まれもしないし、理解もされない。

ホメロスやウェルギリウス、シェイクスピアやミルトンは、同じ嗜好を持っている。そして彼らの著作を知り、それらを賞賛することに同意する人々は、同じ嗜好を持っているはずである。

詩や音楽や絵画や、演劇や雄弁の根本的な規則は、いつも同じだったし、世界の終わりまで同じであろう。

嗜好の問題において人々の間でわれわれが見出す多様性は、われわれが主張してきたことと、整合的に一致し、容易に説明される。

獲得された嗜好と、本性的な嗜好がある。これは、嗜好の外的感覚と内的感覚の両方に当てはまる。習慣と風習は、このいずれにも強い影響を与える。

本性的な嗜好の中には、理性的な嗜好と呼ばれるものもあれば、たんに動物的だと呼ばれるものもある。

子供たちは、きらきらとした派手な色、元気で騒々しい賑やかなもの、勢いのあるものであろうと巧みなものであろうと機敏な芸当に喜ぶ。そして未開な人々も、子供たちとほとんど同じ嗜好を持っているのである。

だが、より知的な嗜好がある。それは、われわれの理性的な本性の命じるところのものであり、その結果、対象に固有の価値がないときには、愛や賞賛が間違って与えられるのである。

理性的な嗜好のそういった働きにおいて、われわれは、対象の本当の価値や卓越性について判断し、われわれの愛や賞賛は、そういった判断によって導かれる。そのような働きの中には感じと同じように判断があり、そして感じは、われわれが対象について作る判断に依存しているのである。

嗜好は、それが獲得される限りにおいて、あるいは、それがたんに動物的なものである限りにおいて、原理にまとめられるなどと、私は主張するつもりはない。しかし、それが判断に基礎づけられる限り、確かにまとめられるだろう。

美徳、慈悲、思慮深さは、本来備わっている美を持っている。それは、見る者の感じにあるのではなく、対象の本当の卓越性にあるのだ。もしもわれわれがその美を知覚しないならば、それは、われわれの機能の欠点や誤用によるのだ。

そして、ある道徳的で知的な性質に原初の美しさがあるように、そのような性質の自然な記号や表現にも、その性質から借用され、そこに由来する美しさがある。

人間の顔の特徴、声の抑揚、体の均衡、姿勢、身振りは、すべて、その人格の良い・悪い性質の自然な表出である。そして、それらが表現する性質から、美しさや醜さが引き出される。

芸術作品は、芸術家の何らかの性質を表現しており、しばしば、その付加的な美しさを、その有益性やその目的に対する適合性から引き出している。

そのような事物について、喜びを与えるものもあれば、不快にさせるものもある。もしもそういったことがなければ、見る者における何らかの欠陥によるのである。しかし、本当に卓越したものを持つものは、正しい判断力を持ち、健全な心を持っている人々をいつも喜ばせるのである。

この主題についてこれまで言われてきたことをまとめると、習慣や風習によって人々が獲得する嗜好を除けば、部分的には動物的で、部分的には理性的である自然な嗜好がある。第一のものについてわれわれが言えるすべてのことは、自然の著者は、賢明な理由によって、われわれがあるものには本当の卓越性を理解し、別のものには欠点を理解できるようになる前に、ある対象の熟慮から快を得て、そうではないものからは不快を得るようにわれわれをお造りになったということである。しかし、われわれが理性的なものと呼ぶ嗜好は、われわれが、その種における卓越性だと考えるものの思索から快楽を受けるようになるわれわれの成り立ちの部分であり、その快楽はその判断に結びつけられ、その判断によって規則立てられるのである。この嗜好は、それが真なる判断か偽なる判断に基づくのに応じて、真であったり、偽であったりする。そして、もしそれが真や偽でありうるならば、それは第一原理を持たなければならないのである。

五、道徳にも第一原理がある。

不正な行為は、非寛容よりも、さらに悪徳である。寛容な行為は、たんに公正な行為よりも美徳を持つ。その能力では妨げることができないことのために、誰も非難されるべきではないということ、われわれは、同じような状況でわれわれになされることが不正や不公平だと考えるものを、他の人にするべきではないということ、これらは道徳的な公理であり、そして数学の公理と同じように明証性を持つように見える多くの他ものが、道徳的公理と名付けられてよいだろう。

われわれの決定に関することは、嗜好の問題であろうと道徳の問題であろうと、必然的な真理として考えられるべきではないと、おそらく考える人もいるだろう。そのように考える人によれば、それらは、われわれが嗜好と呼ぶ機能の、そして道徳感官や良心と呼ぶ機能の成り立ちの上に基づいており、その機能は、それらが今与えているものとは違う、あるいは対立しさえする決定を与えるように作られていたかもしれない。また、〔そういった人々によれば〕それが、味覚と呼ばれる外的感官と一致したり一致しなかったりする以外には、それ自体には甘いものや苦いものがないように、これまたわれわれが嗜好と呼ぶ内的感官に一致したり一致しなかったりする以外には、それ自体に美しいものとか醜いものとかはなく、それがわれわれの道徳感官に一致したり一致しなかったりする以外には、それ自体には道徳的に良いとか悪いとかはないということになる。

実際にこれは、偉大な権威によって現代に支持されてきた道徳と嗜好に関する体系である。そして、もしこの体系が真であるならば、その帰結は、必然的な真理となる嗜好や道徳の原理はありえないということであろう。というのも、この体系によれば、嗜好の問題についても、道徳の問題についても、事実の問題に還元されることになるからである。私は、このような問題に対して、われわれの成り立ちによって、われわれがある機会に心地よい感じを持ち、別の機会には不快な感じを持つということを、言わんとしていることになるだろう。

しかし私は、その意見とは反対の意見を持ち、正しい振る舞いはとても不格好なもので、粗野で育ちの悪さに偉大なる美があると判断する人は、彼の感じがどのようなものであっても、間違った判断をしているのだと、確信せざるをえない。

同じように、残酷さ・不誠実・不正に、寛大さ・公正さ・分別・節制よりも道徳的な価値があると決定する人は、彼の成り立ちがどのようなものであっても、誤って判断しているだろうと考えないわけにはいかない。

そして、もしも嗜好や道徳の決定に判断があるというのが正しいならば、道徳や嗜好の問題において真なるものと偽なるものは、必然的にそうなるのだと認めなければならない。この理由で、私は、道徳や嗜好の第一原理を、必然的な真理の部類のもとに位置づけたのである。

六、私が言及したい第一原理の最後の部類は、われわれが、形而上学的と呼ぶものである。

私は特に、次の三つのものを考察したい。なぜなら、それらはヒューム氏によって疑問視されているからである。

第一に、われわれが感官によって知覚する性質は、われわれが物体と呼ぶ主体を持たなければならず、われわれが意識する思考は、われわれが心と呼ぶ主体を持たなければならないということである。

形あるものがなければ、形は存在できず、動かされるものがなければ運動は存在できないということ以上に、2＋2が4だということが明らかなわけではない。私は、形や運動を知覚するだけではなく、それらを性質だと知覚するのである。それらは、主体として存在するものに、必然的に関係している。いく人かの哲学者がこのことを認めるときに見出した困難は、完全に、観念の理論によるものである。われわれが感官によって知覚する可感的性質の主体は、感覚の観念でも意識の観念でもない。それゆえ、彼らは、われわれはそのような観念を持っていないと言う。あるいは、ヒューム氏の言い方では次のようになる。実体の観念はどのような印象に由来するのだろうか。それは、いかなる印象の写しでもない。それゆえ、そのような観念はないのである。

可感的な性質と、それらが属している実体との区別、思考と思考する心の区別は、哲学者がでっち上げたものではない。それは、すべての言語の構造に見出され、それゆえ、知性を持って話すすべての人々に共通のものでなければならない。そして私は、どのような人であっても、どれほど思索において懐疑的であろうとも、これらの区別の真実性への信頼を示すようなことを言わずに、日常生活の事柄で、半時間も話をすることはできないだろうと思う。

ロック氏は次のように認めている。「可感的性質の単純観念が、どのようにして単独で存在できるのかを、われわれは想うことができない。それゆえ、われわれは、それらが、ある共通の主体の中に存在し、それによって支えられていると想定する。(63)」実際のところ、彼の試論の中では、いくつかの彼の言い方は、可感的性質が主体を持つという信念が正しい判断であるか、ただの一般的な先入観であるかについて疑いを残すようのものになっている。しかし、ウースターの主教への最初の手紙の中で、彼は、この疑いを取り除き、思考するものも物質的なものについても、彼が実体の存在を決して疑っていないことを、そして彼は、その主教と同じ根拠のもとで、その存在を信じていることを示すために、その試論の多くの箇所を引用した。つまり、「様態や偶有性が、それ自体で存在するということが、われわれの概念に矛盾する」という根拠である。彼は、この矛盾にいかなる証明も与えないし、与えることもできないと私は思う。なぜなら、それは第一原理だからである。

人間の知識の起源、確実性、範囲を、これほど正確に、そして賞賛に値するほどに探求したロック氏が、彼の注意を、彼が固く信じた二つの意見の起源に特に向ければ良かったのにと思う。つまりそれは、可感的な性質は、われわれが物体と呼ぶ主体を持たなければならないということ、そして、思考は、われわれが心と呼ぶ主体を持たなければならないということである。すべての人々の、いや人生の実践においては懐疑主義者さえ支配するこれら二つの意見に適切に注意を向けることによって、彼は、感覚と意識が人間の知識の唯一の源ではないということに気付いただろう。そして人間の本性には、われわれの機能の成り立ちから必然的に生じるということ以外には説明を与えることができない信念の原理があり、そして実践と振る舞いへのそれらの影響を捨て去るならば、われわれは理性的な人間のように話すことも行為することもできなくなるということに気付いただろう。

われわれが、なぜ感覚さえもが本当のものであり、誤りうるものではないということを信じるのか、そして、なぜ自分が意識するものを信じるのか、そして、なぜ自分たちの自然の機能のいずれをも信じるのか、これらの理由を与えることはできない。われわれはそうでなければならないのであり、それ以外ではありえないと言うだろう。これは、ただ強い信念を表現しているのだが、それは実際のところ、自然の声であり、それゆえわれわれが抵抗しようとしても無駄なのである。しかし、自分たちの機能が誤りえないものであるということを示す理由がないので、自然を無視してわれわれがより深く進み、それらを信じないことを決心するとしても、それは、より賢明になり、神のようになることを望んで、かえって愚かになり、そして豊かな人間性に満足しないで、常識を投げ捨ててしまうようなものだろう。

私が言及する第二の形而上学的原理は、存在し始めるものはどのようなものでも、それを生み出す原因を持たなければならないというものである。

哲学は、次の点において、とりわけヒューム氏に負っている。それは、人間の知識についての多くの第一原理を疑うことによって、彼は、思索家たちに、彼らが依存している明証の本性について、以前よりもさらに注意深く探求させるようにしたということである。真理は、決して公正なる探求によって苦しめられることはない。それは、そのままの姿で、より完全な光の中でも見るに耐えうる。そして、最も厳密な吟味は、いつも結局はその利点を明らかにした。私は、ヒューム氏こそが、存在し始める事物が原因を持たなければならないかどうかを問題にした最初の人物だと思う。

この点について、われわれは、次の三つの意見のいずれか一つを主張しなければならない。それは、存在し始めるものが原因を持つということが、われわれが証拠を持っておらず、根拠なしに人々が愚かにも取り上げる意見であるということか、第二に、それが論証によって直接証明できるということか、あるいは第三に、それは自明であり、証拠が必要ではないが、理性的な人々によって疑問視されることができない公理として受け入れられるべきであるものかのいずれかである。

これらの第一の想定は、われわれに感官の対象を超えさせるすべての哲学、すべての宗教、すべての推論、そして生活の行為におけるすべての思慮を終わらせるだろう。

この原理は直接の推論によって証明されうるという第二の想定について、それは、まったく不可能ではないにしても、その証明が極端に難しいとわかるだろう。

私は、抽象的な推論によって、存在し始めるものは原因を持たなければならないということを証明するために、哲学者によって主張されてきた論証を、三つ、四つだけ知っている。

一つは、ホッブズ氏によって、もう一つのものはサミュエル・クラーク博士によって、そしてもう一つのものはロック氏によって提示された。ヒューム氏は、彼の『人間本性論』の中で、これらすべてを調べあげた。そして、私の意見では、ヒューム氏は彼らが、そのことが証明されるべきであることを当然視していることを示した。それは一種の誤謬推論であり、人々が自明であるものを証明しようとするときに陥ってしまうものである。

この原理は、抽象的な推論からの証明を受け入れないが、経験から証明され、われわれの観察できる事例から、帰納によって正しく導かれるかもしれないと考えられてきた。私は、証明のこの方法は、次の三つの理由で、われわれを大いなる不確かさの中に置き去りにするだろうと考える。

第一に、証明される命題は、偶然的な命題ではなく、必然的な命題だからである。存在し始めるものは、通常は原因を持つということ、それらは事実いつも原因を持っているということでさえない。そうではなくて、それらは原因を持たなければならない、そして、原因がなければ存在し始めることはできないということなのである。

この種の命題は、その本性からして、帰納によって証明できない。経験は、われわれに、現在のこと、これまでのことを教えるが、どうでなければならないかは教えてくれない。そして、その結論は、前提と同じ本性のものでなければならない。

このために、どのような数学的な命題も、帰納によっては証明されえない。平面三角形の面積は、同じ高さと半分の底辺の長方形と同じだということは、幾千もの事例において経験によって見出されるだろうが、このことは、それがすべての場合においてそうでなければならずそれ以外ではありえないということを証明せず、そのことは数学者も認めている。

同じように、存在し始めたものは原因を持っていたという、最も豊富な実験的な証拠をわれわれは持っているが、このことは、それらが原因を持たなければならないということを示しはしないだろう。経験は、自然の確立された経過がどのようなものであるのかをわれわれに教えるかもしれないが、事物のどのような結合が、その本性において必然的であるのかを、決して示すことはできない。

第二に、経験に基づいた一般公理が、われわれの経験の範囲に応じた程度だけの蓋然性を持ち、もしも未来の経験が何か例外的なものを発見するのならば、それは、例外の余地があるものとしていつも理解されなければならない。

引力の法則は、どのような原理も持つと想定されているような、十分な証拠を経験と帰納から得ている。とは言え、もし誰か哲学者が、明確な実験によって、何らかの物体において、物を引きつけない一種の物質があるということを示すことができるのならば、引力の法則は、その例外によって制限されなければならないのである。

さて、人々は、原因の必然性の原理を、制限や例外を許すような種類の真理として考えたことなどなかったことは明らかである。それゆえ、それはこの種の証拠によって受け入れられてきたのではなかったのである。

第三に、自然におけるあらゆる変化が原因を持たなければならないということを、経験がわれわれに満足させることができるということが、私にはわからない。われわれの観察できる範囲に入る、自然における変化の最大部分において、原因は未知のものである。だから、経験からそれらが原因を持つかどうか、われわれは知ることはできない。

因果関係は、感覚の対象ではない。われわれがそれについてできる唯一の経験は、われわれの思考と行動を定めるときに何らかの能力を行使するという意識の中にある。しかし、この経験は、確かに、始まりがあり、あるいは始まりを持つだろうすべての事物が原因を持たなければならないという一般的な結論のためには、あまりにも狭い基礎なのである。

こういった理由のために、この原理は、抽象的な推論からと同じように、経験からも引き出すことができない。

第三の想定は、それが、第一の、あるいは自明な原理として認められているということである。これには二つの理由が挙げられる。

第一に、哲学者だけでなく無教養で学識のない一般人も含めた、人類の普遍的な同意である。

私が知っている限り、ヒューム氏は、この原理に疑いを表明した最初の人物である。そして、意識の原理をのぞいて、人間の知識のあらゆる原理を彼が拒絶し、数学の公理にさえ情けをかけなかったのを考察するとき、彼の権威は、わずかな重要性しかもたないのである。

実際に第一原理に関して、哲学者の意見が、そのような事例で判断するのに慣れてきた常識人の意見よりも権威を持っていると考える理由はない。学問のない一般人は有能な裁定者であり、哲学者は、この種の問題で特権を持っているわけではない。それどころか哲学者は、もしも特に好ましく思える体系が彼自身のものならば、一般人よりもそれによって誤って導かれがちなのである。

ヒューム氏の権威は脇によけておいて、人々が最初に哲学を始めて以来、事物の原因の探求以外に、哲学は、何に従事してきたのだろうか。そのことは、われわれが哲学をそのゆりかごまでたどるとき、哲学がいつも告げてきたことである。われわれが言及した哲学者以前では、事物が原因を持つかどうかという問題を問うことは、いかなる人の思考にも入ってこなかった。もしも事物が原因を持たないことが可能だと考えられていたならば、さまざまな愚かで矛盾反対する原因が割り当てられたときには、誰かがその仮説に頼っただろう。

彼らは、世界が卵から、愛と不和、湿度と乾燥、熱さと冷たさの闘争から生じると考えた。しかし、彼らは、それが原因を持っていないとは想定しなかった。われわれは、この〔世界が原因を持たないという〕話題に頼ったいかなる無神論的学派も知らない。もっともそれによって、彼らは、彼らに対して向けられたあらゆる議論を避け、彼らの体系に対するすべての反論に答えることができたかもしれないのに。

だが、そのような不合理を採用するよりも、むしろ彼らは、偶然や原子の集合や必然性のような想像上の原因を、全世界の原因として考案してきた。

哲学者が普遍一般だけでなく個々の現象について与えてきた説明も、同じ原理で進行する。あらゆる現象が原因を持たなければならないということは、いつも当然とみなされてきた。キケロによれば「自然学者にとって、理由なしに何かが生じると語ることほどの恥辱はない。」(64) もっとも、アカデメイア学派の人々は、この点について独断的だったが。そして、アカデメイア学派の創設者のプラトンもまたそうだった。ティマイオスによれば「いかなるものも、原因なしにその起源を持つことは不可能なのである。」(65)

私は、ヒューム氏は、かつてそれに反対した最初の人だったと思う。実際にこれは、彼が公言し、発見の名誉を決めてかかったものである。彼によれば、「存在し始めるどのようなものでも、存在の原因を持たなければならないということは、哲学における格率である。どのような証拠も与えられたり要求されたりすることなしに、すべての推論でいつも当然視されている。それは、直観に基づき、言葉では否定できるかもしれないが、人が心の中で本当に疑うことは不可能な格率のひとつだと想定されている。しかし、われわれがすでに説明した知識の観念によってこの格率を吟味するならば、われわれは、そこに、そのような直観的な確実さの目印を発見しないだろう。(66)」この意味は、始まりがあるどのようなものも存在の原因を持たなければならないという格率は、直観的な確実性の理論と一致しないということであろう。それゆえ、彼はそれをその特権から除外している。

一般人も、哲学者と同じくらい堅固かつ普遍的にこの格率に固執している。彼らの迷信は、哲学者の体系と同じ起源、つまり、事物の原因を知ろうとする欲求という起源を持っている。「事物の原因の知識を勝ち得た者は、幸福だろう」ということは、人々の普遍的な感覚である。しかし、あるものが原因なしに起こりうると言うことは、未開人の常識に衝撃を与えるのである。

この人類の普遍的な信念は、あらゆる出来事の原因の必然性が人の理性的な能力にとって明らかであることを認めるならば、容易に説明される。しかしそうでなければ、それを説明することは不可能である。それは教育、哲学の体系、聖職者の技能に帰属させられるものではない。それを一般的な幻覚あるいは偏見であると考える哲学者が、人間の本性におけるどのような原因からそのような一般的な誤りが生じるかを示そうとしていると、人は考えるだろう。しかしヒューム氏は、彼自身の原理をもとにして、事物が原因なしに生じうるので、人々のこの誤りや幻覚も原因のない普遍的なものかもしれないと答えることができたということは、忘れてしまうことにしよう。

これが第一原理だと私が考える第二の理由は、人類は、思索においてそれに同意するだけでなく、人生におけるその実践は、最も重要な問題において、そして、経験がわれわれに疑いを抱かせたままにしておく事例においてさえ、その考えに基づいているということである。もしわれわれがそれを脇に置いてしまうならば、通常の思慮で行為することは不可能なのである。

大家族の中で「取るに足らない人」(nobody)と呼ばれる人によってなされる悪いことが非常に多くあるように、どんな家でも、多くの悪さをする取るに足らない人がいるということはよく知られたことである。そして、最も正確な監視や統治があるところでさえ、どのような他の著者も見いだせなかった多くのことが起こるのである。その結果、もしもわれわれが、この問題についてたんに経験を信じるならば、誰も、活動的な人とは見られないだろうし、事物の扱いに少なからず貢献しないと考えられるだろう。しかし、この体系が経験からどのような支持を得ようと、最大の無知につけ込むことは、常識にとって、あまりにも衝撃的なことなのである。子供は、彼のコマやおもちゃが取り上げられたとき、それが誰かに取り上げられたはずだということを知っている。おそらく、それが、見えない誰かに取り上げられたということを、彼を説得して信じさせることは、難しいことではないだろう。しかし、それが誰によってもなされたのではないということを、彼は信じないだろう。

ある人の家がこじ開けられ、彼のお金と宝石が盗まれたとしよう。そのようなことが、何か目に見える原因なく数え切れぬほど何度も生じてきたとしよう。そして、もし彼が、そのような事例において経験からしか推論できないならば、彼はどのように振る舞わなければならないのだろうか。彼は、原因がそのような出来事について見出される事例を一方の秤に置き、そしてどのような原因も見出されない事例をもう秤の一方に置かなければならない。そして重さでまさる秤が、この出来事の原因があるということがもっともらしいか、そのようなものがないというのがもっともらしいかを決定するはずである。

いったい普通の理解力のあるどのような人が、彼の判断を方向づけるためにそのような手段に頼るだろうか。

ある人が大通りで死んでいるのが発見され、彼の頭蓋は破壊され、彼の体は刺されて致命傷を負っており、彼の時計やお金が持ち去られているのが発見されたとしよう。検視陪審員がその体を調査し、この人の死の原因が何か、事故か、自殺か、未知の人間による殺人かが問われる。そして、この陪審員の一人がヒューム哲学の支持者だとして、彼が、その出来事に何か原因があるかどうか、それとも原因なしにこの出来事が起こったのかどうかという質問をまずしたとしよう。

確かに、ヒューム氏の原理のもとでは、かなりのことがこの点について言えるだろう。そして、問題が過去の経験によって決定されるとしても、議論の重みがどちら側にあるのかは疑わしい。しかし、われわれは敢えて次のように言おう。ヒューム氏がそのような陪審員だったならば、彼は、その哲学的原理を棚に上げて、常識的分別の指示に従って行動しただろうと。

ヒューム氏が、原因の必然性について内心では確信していることを――それは他の人々と共通していることなのだが――、うっかりと漏らしている多くの箇所を、彼の哲学の著作の中からでさえ引き出すことができるだろう。私は、『人間本性論』の中の一箇所だけに言及しよう。その一部で、彼は、まさにこの原理と戦っている。彼によれば、「感官から生じる印象について、私の意見ではその究極の原因は、人間の理性によっては完全には説明できないものである。そして、それらが対象から直接に生じるのか、心の創造的な能力によって生み出されるのか、あるいは、われわれの存在の創造主から由来するのかどうかを確実に決めるのはいつも不可能だろう[67]。」

これらの選択肢の中で、彼は、それらがいかなる原因からも生じないとは一度も考えていない。

これが自明の原理ではないことを証明するために、ヒューム氏が提示した論証は次の三つのものである。第一に、すべての確実性は、観念の比較と、その不変の関係の発見から生じ、その関係のどれもが、始まりを持つものがその存在の原因を持たなければならないという命題を含意しないことである。確実性のこの理論は、以前に吟味された。

第二の論証は、われわれが想えるものはどのようなものでも可能だというものである。これも同じように以前に吟味された。

第三の論証は、われわれが原因と呼ぶものは、結果に先行し、いつもこれに結合しているものでしかないということである。これは、ヒューム氏独特の学説の一つであり、それを後に考察する機会があるだろう。ここでは、われわれは次のことを述べれば十分だ。それは、われわれが、夜は昼の原因であり、そして昼は夜の原因であるということを、そこから学ぶということである。というのも、世界の始まり以来、どのような二つの事物も、これほど互いに絶えず引き続いて起こるものはないだろうからである。

同じ著者によって反対されている、私が言及する最後の形而上学的原理とは、原因における目的と知性が、確実に、結果におけるその目印あるいは記号から導かれるということである。

知性、目的、技術は、外的感官の対象ではないし、われわれは、自分自身以外のどのような人格の中にもそれらを意識しない。われわれ自身においてさえ、われわれは、適切にはわれわれが所有している本性の、または獲得された才能を意識しているとは言うことができない。われわれは、それらの才能が発揮される心の働きについてのみ意識しているのである。実際のところ、人は、心的な才能が行使される機会があるとき、別の人の心の能力を知るように、それらが生み出す結果によって、自分自身の心の能力を知るようになるのである。

人の英知を、その人の行為における記号によってでしか、われわれは知ることはできない。彼の雄弁さを、その演説におけるその記号によってでしか知ることはできない。同じように、われわれは、彼の美徳、剛毅さ、すべてのその才能と長所について判断するのである。

とは言え、われわれは、人々の才能について、感官の直接の対象について判断するように、ほとんど疑いなくあるいは躊躇なく判断するということが指摘される。

間違いなく完全なる愚か者がいる。また別の人は、罰から自らを守るために、愚か者のふりをするが、試されることによって人間の知性を持っていることが見抜かれ、その行為に責任をとらされることになる。われわれは、ある人が公平な人であることを知り、別の人がずるい人間だと知る。またある人は無知だとわかり、別のある人は非常にもの知りであり、またある人は頭の回転が遅く、別の人は速いことがわかる。あらゆる人は、彼が交わる人々についてそのように判断する。そして、日常生活の事柄は、そのような判断に依存している。われわれは、自分たちの目の前にあるものを見るのを避けられないように、それらの判断をほとんど避けることはできない。

ここから、次のことが明らかに思える。それは、人々の行動や会話における記号から、人々の性格とその知的な能力について判断することは、感官によって形体的対象について判断することと同じように、人間の成り立ちの一部だということである。そして、そのような判断が、知性を授けられた全人類に共通のものであり、それらが生活の行為において絶対的に必要であるということである。

さて、われわれが作るこの種のあらゆる判断は、一般原理の特殊な適用でしかなく、それは、原因における知性や英知や他の心的な性質は、結果における目印あるいは記号から推論されうるというものである。

人々の行動や談話は、行為者や話し手を原因とする結果である。結果は、感官によって知覚されるが、原因は風景の背後にある。われわれは、その存在や程度を、結果についての観察から結論づけるだけである。

賢明な行為から、われわれは原因における賢明さを推論する。大胆な行動から、勇気を推論する。そして他の場合についてもそうなのである。

この推論は、すべての人々によって、まったくあぶなげなく行われる。われわれは、それを避けることができない。それは、日常生活の行為に必要なのである。それゆえ、それは、第一原理の最も強い目印を持っている。

おそらく、この原理が、推論によってか経験によってかのいずれかによって学ばれ、それゆえ、それを第一原理だと考える根拠はないと考える人がいるかもしれない。もしもその原理によって支配されているすべての人々、あるいは大部分において、それが推論によって得られることが示されるならば、私は、それを第一原理としてみなすべきではないということをすぐに認めよう。しかし、私は、その反対のことが非常に納得のいく論証から生じると理解している。

第一に、その原理はあまりにも普遍的なために、推論の結果ではない。それは、哲学者にも一般人にも、学識者にも大部分の無学な人にも、市民にも未開の人々にも共通のものである。そして、その原理に支配されている人々の中で、万人に一人も、その理由を示すことはできないだろう。

第二に、われわれは、推論を許す主題において、卓越した推論をする古代や現代の哲学者が、この原理を擁護する機会があるときに、その理由を述べたり、証明の手段を与えるのではなく、人類の常識に訴えるのを見出す。特に、個々の事例に訴え、反対の意見の不合理をより明晰にし、ときには、機知や嘲笑といった武器を用いるのを見出す。それらは、不合理を論駁するためには非常に適切な武器であるが、推論によって決定されるべき論点においてはまったく不適切なものである。

この観察を確証するために、私は、古代と現代の二人の著者を取り上げたい。彼らは、私がこれまで会ったことを覚えている他のどのような人々よりもこの原理の擁護を試み、推論が適切なところでは、彼らの良識と推論能力は、疑われることのないようなものである。

第一の人はキケロである。彼の言葉は、『預言について』に書かれており、それは次のように訳される。

「偶然によってなされるものが、目的のすべての目印を持つことができるだろうか。四つのさいころを振れば、偶然に四つの一がでるかもしれない。しかし、あなたは、四百のさいころが偶然によって投げられたときに、四百の一が出るだろうと考えるだろうか。何の目的もなくキャンバスに投げつけられた色が、人間の顔に似ていることがあるかもしれない。しかし、あなたは、それらがコアンのヴィーナスの絵と同じくらい美しい絵になると考えるだろうか。鼻を地面にこすりつけている豚は、Aという文字のような形のものを作るかもしれない。しかしあなたは、豚が地面に、エンニウスのアンドロマケという文字を描くと考えられるだろうか。カルネアデスは、キオスの石切り場で、割れた石の中に、小さな牧羊神の頭あるいは森の精の神性が描かれているのを見つけたと考えた。私は、彼が、似ていないわけではないが、スコパスのような卓越した彫刻家によって作られたものではないと、あなたも間違いなく言うだろうような形を見つけたのだと思う。というのも、偶然は決して完全には目的をまねることはできないということがまことに事実であろうからである(68)。」このようにキケロは言う。

さて、このすべての議論において、私は素晴らしい良識と、あらゆる先入観のない心を納得させるようなものを見る。しかし、私は、全体として、ただ一つの推論の段階も見ていない。それはたんなる、あらゆる人の常識への訴えなのである。

次に、同じ点が、卓越した司祭であるティロットソンによってどのように扱われているかを見てみよう。彼の『第一説教』第一巻に次のように書いてある。

「ある結果を前にしたときに、それが目的を持ってなされたことを示すあらゆる論証と特徴を示しているにもかかわらず、頑なに偶然のせいにすること以上に不合理なものがあるかどうか、理性のある人に訴える。非常に多様な諸部分とこれらの諸部分の秩序ある規則的な調整が必要とされる、注目に値する作品が、偶然によってなされたことがあっただろうか。偶然が目的への手段に適合し、一万もの事例の中でどの一つも失敗しないなどということがあるだろうか。人が、一揃いの文字をカバンの中でごちゃ混ぜにした後、地面の上にそれらの文字を投げ出して、それらが正確な詩になる、あるいは散文で優れた話を作るということができるだろうか。そして、小さな本は、世界のこの偉大な一冊と同じくらい容易には作られないのではないだろうか。そして、人は、色を用いて人の正確な人物画を描く前に、不注意な仕方で、キャンバスに色をばらまくとしたら、どれほど長くかかるだろうか。人が絵よりも偶然によって容易に作られるということがあるだろうか。イングランドの離れたところから送られてきた二万人もの盲目の人は、彼らがサリスベリー平野で全員が会うまでに、列に並び、軍隊の正確な秩序にまとまるまでに、どれほど長い間、行ったり来たりするだろうか。とは言え、これは、物質の多くの諸部分が、どのようにして集合して世界になるのかということよりもはるかに想像しやすい。ウエストミンスター寺院のヘンリー七世礼拝堂を見る人は、十分な理由で（世界の小さな構造と巨大な構造の間の非常に大きな違いを考慮すればさらに良いだろうが）、それがどのような人によって考案されたものでも建てられたものでも決してなく、石が切られたり彫りこまれたりするのがわかる興味深い形に偶然になり、そして時間とともに、（物語が語るように）その建造物の素材、石、レンガ、木材、鉄、鉛、ガラスが幸運にも出会い、そして非常に幸運にも、われわれが今それほど緊密に詰め込まれているのを見出す繊細な秩序に配置され、それらをばらばらにするのも偉大な偶然に違いないと主張できてしまうかもしれない。だが世間は、このような意見を主張し、そのための本を書く人をどのように考えればよいのだろうか。もしも人々がその人を正しく扱うならば、彼らは、彼を狂気とみなすはずだ。しかし、世界は偶然によってできているとか、最初の人々が植物のように大地から出てきたとかと言う人よりも、少しばかり理性的にこの意見を言っているかもしれないが。というのも、あまりにもひどい想定を支持するような、いかなる時代や歴史にも事例や実験が一つもないのに、人々の生成を、大地の最初の果実だとすること以上に、愚かで、あらゆる理性に反することがあるだろうか。話は一目瞭然で、それについてのどのような話も、さらに明白なものにすることはできない。とは言え、事物の起源のあやふやな説明を与える、原理のいかがわしい主張者は、自分自身、理性の人であり、世界の偉大な機知の持ち主であり、そして、欺かれるのを嫌い、あらゆるものに対する説得力のある証拠を持たなければならず、それに対する明晰な論証なしには何も受け入れることができない、唯一の注意深く用心深い人間だと考えているのである。(69)」

この箇所で、卓越した著者は、常識のあるあらゆる人が、不合理なものが愚かだとわかるさまざまな状況を見せることによって、私が不合理を論駁する適切な方法だと考えているものを、取り上げている。そして、私が引用した箇所には、機知だけでなく多くの良識があるが、私は、全体として証明の手段は一つも見いだせなかった。

私が出会った数名の尊敬すべき著者は、諸部分の規則的な配置が偶然の結果であったり、あるいはそれが目的の結果ではありえないことがどれほどありそうにないことかを示す論証を、偶然の学説から導き出した。

私は、この推論に反対しない。しかし、私は次のことを述べたい。それは、偶然の学説は、一〇〇年より少し前から、数学の一部門だということである。しかし、そこから導かれる結論は、世界の初めよりすべての人々によって主張されてきた。それゆえ、その推論によって、人々がこの結論に到達したとは考えられない。実際に、偶然についてのすべての数学的推論が基づいている第一原理が、そこから導かれる結論以上に自明かどうか、あるいは、その一般的な結論の個別の一例ではないのかどうか疑わしい。

次に、われわれがこの真理を、つまり目的のあらゆる目印や印を持つ結果が目的を定めた原因から生じなければならないという真理を経験から学べないかどうかを考察しよう。

私は、二つの理由で、この真理を経験から学ぶことができないと考えている。

第一に、それは偶然的な真理ではなく、必然的な真理だからである。三角形の面積が、その底辺と高さをかけたものの半分に等しいということは、世界の始まり以来、人類の経験に一致している。太陽が東から昇り、西に沈むということも、同じように経験に一致している。経験が続く限り、これらの真理は同じ土台の上に立つ。しかし、あらゆる人が、それらの間にある次の区別を理解している。それは、最初のものは必然的な真理であり、それが正しくないということはありえないが、後者は必然的なものではなく、偶然的なものであり、世界を作ったものの意志に依存しているということである。われわれは、3の2倍は必然的に6にならなければならないということを経験から学べないように、ある結果が、目的を定めた知性的な原因から生じなければならないということも、経験から学ぶことはできない。経験は、われわれに、何があったかということを教えてくれるのみで、何でなければならないかということを決して教えてはくれない。

第二に、記号と記号によって意味表示されるものの両方が知覚され、両方がいつも結合して知覚されている場合にのみ、経験は両者の結合を示すことができると言える。しかし、もしも記号だけが知覚される場合があったならば、経験は、記号と記号表示されるものとの結合を決して示すことができない。例えば、思考は、思考する原理あるいは心の記号である。しかし、思考が心なしにはあり得ないことを、われわれはどのようにして知るのだろうか。もし誰かがこれを経験によって知ると言うならば、彼は自らを欺いているのである。彼がこの経験を持つことは不可能である。なぜなら、われわれは、意識によって、自分自身にある思考の存在についての直接的な知識を持っているが、われわれは、心の直接的な知識を持っていないからである。心は、感覚や意識の直接の対象ではない。それゆえわれわれは、思考と心あるいは思考する存在者の必然的な結合が経験から学べないということを結論づけることが正しいだろう。

同じ推論が、ある意図に優れて適合した作品と、作品の著者あるいは原因における目的との間にある結合に当てはまる。つまり、これらの一つの作品は、知覚の直接の対象であるだろう。しかし、著者の目的や意図は、知覚の直接の対象ではありえない。それゆえ、経験は、両者の結合についてわれわれには決して教えないし、ましてやその必然的な結合について教えたりしない。

こうして私は、次のことが明らかだと思う。それは、われわれがこれまで考察してきた原理が、つまり、結果におけるある記号や指標から、原因における知性や英知や他の知的あるいは道徳的性質がなければならないとわれわれが推察することが、推論によっても経験によっても得られる原理ではなく、それゆえ、もしそれが真の原理ならば、それは第一原理に違いないということである。人間の知性には、用いられる機会があるときには、その明証性を直接に見るための光があるのだ。

この原理が、日常生活においてどれほど重要かについて、われわれはすでに見てきた。そして、自然神学におけるその重要性をほとんど言う必要はないだろう。

世界の成り立ちと統治において、英知や能力や善性の明らかな目印や特徴となる記号は、神という存在者と摂理のために主張されてきたすべての論証の中でも、あらゆる時代で、率直で思慮深い精神に最も強い印象を与えてきたものである。この論証は、この特有の利点を持っており、それは、人間の知識が進むにつれて力を増し、現在では、数世紀前よりもより説得力のあるものとなっているのである。

アルフォンソ王(70)なら、天文学者がその時代に考えたよりもすぐれた惑星の体系を自分が考えられると言うかもしれない。その体系は、神の御業ではなく、人々の作り出したものであると。

しかし、太陽と月と惑星の真の体系が発見されて以来、どれほど無神論的な人であろうと、どのようにさらに良いものが考えられるかを示した人はいない。

神の御業に現われている素晴らしい工夫の目印に注意するとき、われわれが、物質的あるいは知的な体系の成り立ちにおいて発見することはいずれも、世界の偉大な創造主や統治者への讃美歌となる。そして、哲学の真正な魂を所有している人は、神の手業と、理論や仮説と呼ばれる人間の空想という虚構を混ぜ合わせることによって、神の手業を汚すことは不敬だと考えるだろう。というのも理論や仮説というのは、他のものが神の英知の指標を生み出そうとすることにほかならず、いつも人間の愚かさの指標を生み出すからである。

私は、今われわれが考察中の原理が人々の行動や談話に適用されたとき、それを疑問視した人を誰も知らない。というのもそのような疑問視は、われわれが賢明な人を愚か者から区別する手段を持っていることを否定することであり、最もはなはだしく無教養な人を知識と学識のある人から区別する手段をわれわれが持っていることを否定することである。そしてそれを否定することは厚かましいことだろう。

しかし、すべての時代において、この原理に基づいた宗教の原理に好意的ではない人々は、神の存在と完全性のための論証の力を弱めようとした。その論証は、最終原因からの論証という名前を持っている。そしてこの名前の意味が十分に理解されているので、われわれはその名前を用いてよいだろう。

最終原因からの論証は、三段論法にまとめられたとき、次の二つの前提を持っている。第一に、原因におけるその目的や知性が、確実に、結果におけるその目印や記号から推論されうるということである。これは、われわれが考察してきた原理であり、われわれは、それを論証の大前提と呼んでよい。第二のものは、小前提と呼ぶものであるが、自然の御業には、実際に、目的と英知の最も明確な目印があるということである。そしてその結論は、自然の御業は、英知と知性ある原因の結果だということである。人は、その結論に同意するか、前提のいずれかを否定しなければならない。

神や摂理を否定した古代人の中には、大前提を認めて、小前提を否定した人々がいるように私には思える。それは、結論を疑いがないものにするのに十分な、賢明なる考案の目印のようなものが、事物の成り立ちの中にはないと想うことである。これをわれわれは、キケロの、神の本性についての三番目の本の中で、アカデメイア学派のコッタ(71)の推論の中から学ぶことができると思う(72)。

自然に関する知識においてなされた少しずつの前進が、この意見を、完全に揺るがした。

人間の身体の構造が今よりもはるかに知られていないとき、有名なガレノス(73)は、そこに賢明なる考案の明らかな目印を見たので、エピクロス学派の教育を受けていたが、その体系を放棄し、彼にとって非常に明らかに思えるものを他の人々に納得させるという意図で、人間の身体部分の用途に関する本を書いた。それは、そのような素晴らしい工夫は、偶然の結果ではありえないというものである。

それゆえ、最終原因からの論証に満足しない後の時代の人々は、古代の無神論者の議論が維持できないものになったので、それを強く支持することを止めた。そして、むしろ大前提に反対して無神論を防御するほうを選んだのである。

デカルトは無神論者ではないが、この道を進んだように思える。しかし、神の存在のための新しい論証を作り出したので、彼は、以前に用いられた論証を軽視するようになり、彼自身の論証により信頼を置くようになったのだろう。またおそらく、彼は、ペリパトス学派に不満を抱いていたのだろう。なぜなら、彼らは、自然の現象を説明するために最終原因と物理原因を、しばしば混同したからである。

それゆえ彼は、物理的な原因だけが現象に割り当てられるべきであり、哲学者が最終原因に関わることはなく、自然の作品がどのような目的で作られているのかを決定するなどということは厚かましいと主張した。デカルトの大いなる賛美者で、そして多くの点で彼に追従してきた人々の中には、この点で彼とは袂を分かった者もいる。特にヘンリー・モア博士[74]と敬虔なるフェヌロン大司祭はそうである。しかし他の人々は、デカルトに倣って、最終原因からのすべての推論を嘲った。これらの人々の中で、私は、モーペルテュイ[75]とビュフォン[76]を数え上げてよいと思う。しかし、最も直接的な攻撃は、ヒューム氏によって次の原理の上に作られた。彼は、彼が非常に重視したように見えるエピクロス主義者の言葉を借りて議論をした。

その論証は、全世界は単一の結果でしかなく、それゆえ、それが英知によってなされるかどうか、そこから結論を導くことはできないということである。

もし私がこの論証の力を理解できているならば、次のようなものになるだろう。それは、もしもわれわれが、ある世界が英知によって作られるのを見たことがあり、別の世界が英知なしに作られるのを見たことがあり、そしてわれわれが住んでいるこのような世界が常に英知の結果であることを観察してきたならば、われわれは過去の経験から、この世界が英知によって作られたと結論づけるだろう。しかし、そのような経験を持っていないので、われわれはそれについてどのような結論を作る手段も持たないだろうということである。

　この論証の強さは次のことから分かるだろう。それは、もしも一つの世界で見られる英知の目印が英知の証拠でないならば、過去の時代において、英知それ自体を英知の印と結びつけてわれわれが知覚し、そして、過去の時代に知覚されたその結びつきから、今の世界においては、二つ〔英知の目印と英知自体〕のうちの一方しか知覚しないが、他方もそれに伴わなければならないと結論づけない限り、一万の事例において見られる類似した目印も、ほとんど明証を与えないだろうというものである。

　ここからヒューム氏のこの推論が次のような想定に基づいているということがわかる。すなわち目的の最も強い目印から目的を導く推論は、完全に、これら二つのものが結びついているのをいつも見てきたというわれわれの経験のおかげであるという想定である。しかし、私は、これが事実ではないということを明らかにしたと思う。そして実際に、この推論によっては、われわれの仲間たちの心や目的のどのような証拠も持つことができないことは明らかである。

　私の知人が知性を持っていると、私はどのようにして知るのか。私はその人の知性を一度も見たことがない。私は、ある結果を見るだけであり、それによって、私の判断力が、その目印や印であると、私に結論づけさせるのである。

しかし、懐疑的な哲学者は次のように言うだろう。過去の経験によって、そのような印がいつも知性と結び付けられなければ、あなたはそういった印からは何も結論づけることができないだろうと。ああ！　私はこの経験を決して持つことができないのに。別の人の知性は、視覚の直接の対象ではないし、神が私に与えた他の機能の直接の対象でもない。そして、私は、その存在を、目に見える印から結論づけることができないならば、人に知性があるということの証拠を持っていないことになるのだ。

そして、最終原因からの論証に論証力がないと主張する人は、もしもその人が整合的ならば、彼自身以外の知的存在者の存在について、どのような証拠も見出すことができないように思える。

第七章　第一原理についての古代と現代の意見について

私はアリストテレス以前に、第一原理を明確に扱った著者を知らない。しかし、プラトンとアリストテレスが多くを受け継いだ古代のピュタゴラス学派において、この主題が触れられないままではなかっただろう。

アリストテレスの時代より前に、かなりの進歩が、数学において、特に幾何学においてなされた。

ユークリッドの第一巻の四七番目の命題の発見、正五面体の発見は、古代人によって、ピュタゴラス自身のものとされている。そして、彼が数学における多くの他の命題を知ることなしに、そういった発見はなされないだろう。アリストテレスは、正方形の対角線の辺に対する共約不可能性について言及し、それが論証される方法についてほのめかしている。われわれは、アリストテレスによって言及されている幾何学の公理のいくつかを公理として、そして、数学的推論の論証不可能な原理として見出すのである。

それゆえ、アリストテレスの時代以前に、今は失われている幾何学の原論があったということはありそうなことである。そしてそこでは、公理は、証明を必要とする命題とは区別されていただろう。

ユークリッドの『原論』のように完全な体系が、先行するモデルや材料なしに、一人の人間によって作られたと考えることは、ユークリッドを人以上のものだと考えることだろう。もしもわれわれが、先行する時代に作られた幾何学における発明が、彼によって、さらに推し進められただけではなく、あれほど賞賛するべき体系へとまとめ上げられ、その結果、彼の著作が、それに先行するすべてのものを覆い隠し、それらを忘れさせ、失わせたと考えるならば、われわれは、人間知性が弱さを持つとは言え、その最大のものを彼に帰属させることになるだろう。

ひょっとすると同じように、第一原理と、多くの他の抽象的な主題についてのアリストテレスの著作は、より古代の哲学者によるそれらの主題について書かれたものの消失を引き起こしたかもしれない。

それはともかく、論証についての第二の本の中で、彼は第一原理を極めて完全に扱った。(77) そして、彼は、それらを数え上げようとしようとしなかったが、彼は、すべての論証がそれ自体自明ではあるが、論証できない真理のうえに作られなければならないということを示した。三段論法についての彼のすべての学説は、彼が、数学的な仕方で三段論法の規則を論証しようとした、いくつかの公理に基づくのである。そして、その主題において、彼は、多くの蓋然的な推論の第一原理を指摘している。

アリストテレスの哲学が広まった分だけ、すべての証明は、固定点としてすでに知られ認められた原理から導かれなければならないということが主張された。

しかしその哲学では、第一原理としての特徴を主張することが正しくないような多くのものが、第一原理として認められていることが述べられなければならない。例えば、地球は静止しているとか、自然は真空を嫌うとか、月の領域を超えたところの天体には変化はないとか、天空の物体は円運動をするとか、それは最も完全な形であるとか、物体は、その固有の場所では落下しないとか、そういったものやそれ以外の多くのものである。

それゆえ、ペリパトス学派の哲学は、第一原理において不完全なままでいる代わりに冗長なものになった。つまり、真に第一原理であるようなものを拒否する代わりに、多くの通俗的な偏見と性急な判断を原理として採用した。そして、このことは、一般に、古代哲学の精神であったように思われる。

確かに、古代の哲学者の中には、原理がないと公言したり、同意を控え、完全な平静心を持って、矛盾する意見への判断を保留したりすることが哲学者の最大の美徳であると主張した懐疑的な哲学者がいた。しかし、この学派は、非常に博識で鋭敏な人々によって擁護されたが、それは自ら死に絶え、アリストテレスの独断的な哲学が、それに完全な勝利を得たのである。

道徳的な区別に懐疑的な人々に関してヒューム氏が言っていることは、古代の懐疑主義者の学派の中ではうまく当てはまるものだったように思える。彼によれば、「この種の敵対者を改宗させる唯一の方法は、彼を一人きりにさせることである。というのも、彼との論争を誰も続けないことがわかれば、彼は、たんなる退屈から最後には自分自身で、常識と理性の側に意見を変えるということがありそうだからである。」(78)

アリストテレスの権威が弱まる何世代も前に滅んだ、懐疑主義者のこのわずかな学派を別にすると、私は、古代人の中で第一原理に対してなされた反論を知らない。すでに観察されたように、その傾向は、第一原理に反対するものではなく、それを極度に多様化したのである。

人々は、ある極端から別の極端へと、いつも進みがちであった。そして、法外に第一原理を増やそうとする、古代哲学におけるこの精神は、ペリパトス学派の権威が終焉を迎えたとき、次の支配的体系が法外にその数を減らそうとすることの強い予兆だったといえる。

その結果、このことは、デカルトによってもたらされた哲学界の偉大な革命にも起こった。この哲学における真に偉大な改革者は、あまりにも性急に第一原理としてあるものを認めるという、アリストテレスが陥った罠を避けるように用心し、あらゆるものを疑い、それが最も明晰な明証によって強化されるまで、その同意を差し控えることを決意した。

こうして、デカルトは、自らを判断停止の状態に置いた。そしてその状態は、古代の懐疑主義者が、賢明な人の最高度の完全性として、そして心の平静さへの唯一の道として勧めたものである。しかし、彼はこの状態には長くとどまらなかった。彼の疑いは、真理を見つけることの失望から生じたのではなく、欺かれないように、そして女神の代わりに雲を受け入れないようにという警戒から生じたのである。

まさに彼の疑いが、彼に、自分自身の存在を確信させた。というのも、存在しないものは、疑うことも、信じることも、推理することもできないからである。

こうして彼は、「われ思う、ゆえにわれあり」〔コギト・エルゴ・スム〕というこの短い省略三段論法によって、普遍的懐疑主義から脱却した。

この省略三段論法は、「われ思う」という先行命題と、そこから導かれる「ゆえにわれあり」という結論からなる。

もし、どのようにしてデカルトが先行する命題について確信を持つようになったのかと尋ねられれば、〔それに対する答えは次のようになるだろう。〕そのために彼が意識の証言を信頼したことは明らかである。彼は、彼が考えていることを意識し、他の論証を必要としなかったのである〔と〕。

その結果、彼が、この有名な省略三段論法で採用している第一原理は、彼が意識していた疑いや思考や推論は確実に存在し、そして彼の意識は、その存在を疑いを超えたところに置くというものである。

デカルトのこの第一原理に対して、次のように反論されるかもしれない。あなたは、あなたの意識があなたを欺くことができないということをどのようにして知るのだと。あなたは、あなたが見たり、聞いたり、扱ったりするあらゆるものが、幻覚かもしれないと想定した。それゆえ、あなたの他のすべての能力が誤りうるものだと想定されているときに、意識の能力は特権を持っているとなぜ暗黙のうちに信じられているのだろうかと。

この反論に対して、私は、われわれが意識している事物を疑うことが不可能だということ以外には、どのように答えてよいのかわからない。われわれの本性の成り立ちは、この信念を、われわれに抵抗できないくらいに押し付けるのである。

このことは真であり、デカルトが意識している思考の存在を、第一原理として想定することにおいて、彼を正当化するのに十分である。

しかしながら、彼は、この道をさらに進み、同じ理由で採用されるべき他の第一原理がないかどうか考えるべきだったのだ。しかし、彼は、この一つの第一原理のもとで、人間の知識の全構造を支えることができると考えたので、それが必要だとは思わなかった。

デカルトの省略三段論法の結論へと進もう。彼の思考の存在から、彼は彼自身の存在を推論している。ここで彼は、偶然的ではなく必然的な別の第一原理を想定する。つまり、思考があるところでは、思考する存在者や心がなければならないということである。

こうして、彼自身の存在を確立したので、彼は、崇高で無限に完全な存在者の存在を証明しようとした。そして、神の完全性から、彼は、神が彼に与えた感官、記憶、他の機能が誤りがちなものではないことを推論している。

他の人々は、世界の始まりの頃より、彼らが感官によって知覚するものの真理と実在を、第一原理としてきたのであり、そしてそこから、世界の崇高な著者であり造物主の存在を推論した。一方、デカルトは、意識の証言を除いて、われわれの感官とすべての機能の証言を、前提とされるべきではなく、論証によって証明されるべきだと考え、反対の道を選んだのである。

中には、デカルトは、意識の第一原理以外のどのような他の偶然的な真理の第一原理も認めようとしなかっただけであり、数学の公理と他の必然的な真理は、証明なしに受け入れられるべきだということを認めようとした、と考える人もいるかもしれない。しかし、私は、それが彼の意図ではないと考えている。というのも、数学的公理の真理は、われわれがそれを判断する機能の真理に依存しなければならないからである。もし機能が誤りがちなものならば、われわれは、それを信じることによって騙されるかもしれない。それゆえ、意識を除いたすべての機能が誤りがちなものだと彼は想定し、それらが誤りがちではないということを論証によって証明しようとしているので、彼の原理によれば、数学的な公理さえ証明が必要だということになる。彼は、必然的な真理があるということも認めなかったが、普通、そう呼ばれている真理は、神の意志に依存していると主張した。そして、われわれは、彼の原理を理解していると想定される、彼に追随する人々が、次のことを主張する点で一致しているのを見出す。それはわれわれ自身の存在の知識が、第一の、そして根本的な原理であるということである。そして、哲学を規則的に進めていく人は、すべての知識をそこから導かれなければならないということである。

疑いなく、わずかな第一原理の上に、知識のかなり多くの構造を作ることは美しい。わずかな公理と定義の基礎の上に建てた、数学的知識の堂々たる構造は、あらゆる観客をひきつける。数学におけるこの美しさをよく知っていたデカルトは、同じく美しい単純性を、彼の哲学の体系に与えようとしたようである。それゆえ、われわれのすべての知識の、少なくとも偶然的真理の基礎として、ただ一つの第一原理を求めたのである。そして、彼の権威が非常に広く行きわたったので、彼の後に登場した人々は、ほとんど全体的に、彼に従ってこの道をたどった。それゆえ、これ以外の偶然的な真理のどのような第一原理も認めないということが、つまり、われわれが意識している思考や自分自身の心の働きは自明に実在のもので真であるが、偶然的な他のあらゆるものは論証によって証明されなければならないと認めることが、現代哲学の精神だと考えられたのかもしれない。

物質世界の存在、そしてわれわれが感官によって知覚するものの存在は、この哲学によれば自明ではない。デカルトは、その存在を、次の論証に基づかせた。それは、われわれに感官とすべての機能を与えた神は欺瞞者ではなく、それゆえそれら〔感覚と機能〕

は誤りがちなものではないという論証である。

もしも、われわれの機能が誤りがちなものではないということが第一原理として認められないならば、どのような他のものも第一原理として認められず、そして神が、古い機能を判断するための新しい機能をわれわれに与えなければ、論証によってこのことを証明することは不可能だということを、私は示そうとしてきた。

マールブランシュ教父は、物質世界の存在が証明を必要とするという点で同意したが、神の完全性からのデカルトの論証には満足しないで、唯一の確固たる証明は、神の啓示から引き出されなければならないと考えた。

アルノーは、マールブランシュと論争し、物質世界の存在を証明するための論証を提示するという点では彼の論敵に賛成したが、彼の論証が堅固ではないと考えて、自分自身の他の論証を提示した。

デカルトとマールブランシュの偉大な賛美者であるノリス氏は、彼らやアルノーによって出されたすべての議論が弱いものだと考え、われわれは、せいぜい、物質世界の存在について蓋然的な明証性しか持つことができないと打ち明けている。

ロック氏は、われわれがこの点について持っている証拠は、直観的でも論証的でもないことを認めている。とは言え、彼は、それが知識と呼ばれうると考えて、それを、感覚的知識という名前で区別している。そして、この感覚的知識の根拠として、彼は、いくつかの弱い論証を示しているが、それは、人を信じさせるよりも、むしろ疑わせるようなものである。

最後に、バークリ主教とアーサー・コリアは、互いには何も知らずに、それぞれの著書に現われているように、物質世界がない、あるいはありえないということを示そうと試みた。前者の卓越した文体と優美な構成によって、彼の著書を人々は知り、読み、まるでコリアが存在しなかったかのように、この体系は彼だけに帰属させられることになった。

実際のところ、両者とも、非常に多くをマールブランシュに負っていて、もしもわれわれが彼の体系から、神においてすべてのものを見るということと、神の啓示から外的な世界の存在をわれわれが学ぶという独特なものを取り除くならば、残るものはただバークリの体系でしかない。私は、英国の著者たちが、彼らの考えが負っていることを認めていないように思える海外の著者に公正を期すために、このような仕方でこのような主張を行うのである。

ヒューム氏は、物質の存在に反対するバークリ主教の論証を採用し、それらが反論できないものだと考えた。

われわれは、次のことを述べてもよい。それは、この偉大な形而上学者が、全体的に普遍的な懐疑主義に味方し、それゆえ第一原理を持たないように思えるのだが、とは言え、デカルトともに、われわれが意識している思考や心の働きの実在性をいつも認めているということである。その結果、彼は、デカルトの省略三段論法の前項である「われ思う」を認めたが、結論である「われあり」を否定している。というのも、彼によれば、心は、われわれが意識している印象や観念の連鎖でしかないからである。

こうしてわれわれは次のことを見る。デカルトが創設者であると正しく考えられる現代哲学は、ペリパトス学派の廃墟の上に建てられているので、まったく反対の精神を持っており、反対の極端へと向かう。ペリパトス学派は、その最も重要な日々のやりとりの中で人類がいつも依存しているものを第一原理として採用しただけではなく、それらとともに、多くの通俗的な偏見も第一原理として採用している。だから、この体系は広いすそ野を持っているが、その多くの部分において健全なものではない。現代の体系はその基礎を狭めたが、その上に建てられた上部構造は、不安定なものに思える。

われわれ自身の思考という単一の原理からは、たとえ何かがあったとしても、推論のみによっては、ほとんど何も導かれないだろう。特にもしもわれわれがすべてのわれわれの他の機能が誤りうるものだと想定するならば、そうなるだろう。

したがってわれわれは、ヒューム氏が、第一原理の欠如によって懐疑主義に陥った最初の人ではなかったことがわかる。というのも、デカルトのすぐ後に、独我論者と呼ばれる学派がフランスに起こったからである。彼らは、われわれが自分自身以外のどのようなものの存在についても証拠を持っていないと主張した。

ヒューム氏のように、こういった独我論者が、自分自身を一連の観念や印象でしかないと信じるのかどうか、あるいはより永続的な存在だと信じるのかどうかは、彼らの著書を見たことがないので、私にはまだわからない。また、この学派の人が彼らの原理を支持するために著述したかどうかもわからない。読者がいると信じていない人々は、もしペルシウスが、(79)才能の源泉であり芸術の教師であるとしたような内部の監視者によって突き動かされないならば、ほとんど著述へと向かわないだろうと、人は考えるだろう。しかし、彼らが多くの著者によって言及され、いく人かによって、特にビュフィエによって、彼の第一原理についての論考の中で論駁されたように、そのような学派の存在については疑うことができない。

そういった独我論者やヒューム氏は、デカルト自身以上に、デカルトの原理から首尾一貫して推論したように思える。そして実際に、私は、自分自身の思考の存在を除いたあらゆるものについて、論証による証明を必要とするというデカルトの方法に従ったすべての人々は、他のどのような手段よりも弱い推論と強い信仰によって、懐疑主義の絶望を逃れてきたとしか考えられない。そして信念が基づかなければならない第一原理を拒否し、何も信じない人々は、同じように第一原理を拒否しながらも、信念がよって立つ堅固な基礎なしに信念の体系を持つ人々よりも、整合的に振る舞っているように私には思える。

私がこれまで言及してきた、デカルト以降の哲学者たちは、第一原理として彼ら自身の思考の原理に依存し、偶然的な本性のあらゆる他の真理を証明する論証を要求する点で、デカルトの方法に従った。しかし、彼らの中の、ロック氏以外の誰もが、第一原理を明確には扱わず、その有効性についても非有効性についても意見を与えなかった。われわれは、物質世界の存在の証明を要求したり、他の証明を主張したりしている点でデカルトに従っている人々から、彼らの意見を推理するだけである。そして、その物質世界の存在は、もしもわれわれが意識しているものを超えたものが何かあるとすれば、きっと第一原理として受け入れられなければならないようなものだろう。

それゆえ、私は、第一原理あるいは格率を主題にしてロック氏が言ったことを考えることにしよう。

私は、彼がどこかで彼の試論は、大部分、彼自身の思考から紡ぎ出されたと言っていることについて、著者の率直さを少しも疑わない。しかし、われわれが彼に帰属させがちな思念の多くのものについて、他の人々が彼に先行していたこと、特に、デカルト、ガッサンディ、ホッブズがいたことは確かである。賢明な人々が、同じ轍に入り込んだときに、同じことをひらめくということは、まったく奇妙なこととは考えられない。

しかし、彼が知識一般について与えている定義において、そして、公理や第一原理についての彼の思念の点で、私は、彼に先行する人を誰も知らない。もっとも彼はその両方の点で一般的に従われているのだが。

知識がわれわれの観念の一致と不一致の知覚だけにあるとした、知識についての彼の定義はすでに考察された。しかしそれが正しいなら、観念のある一致と不一致が直接に知覚されるということも正しいだろう。そしてそのような一致や不一致は、それらが肯定的命題や否定的命題によって表現されるときは第一原理である。なぜならその真理は、それらが理解されるとすぐに、直接に識別されるからである。

このことは、ロック氏によって認められていると思う。『人間知性論』の第四巻第二章で次のように書かれている。「われわれが直観的だと呼ぶことができる知識の部分がある。ここにおいては、心は、証明したり吟味したりする苦労をせず、心を真理にただ向けることによって、目が光を知覚するように真理を知覚するのである。そして、この種の知識は、人間の弱さが受け取る中でも最も明晰で確実なものである。この部分の知識は抵抗できないものであり、輝かしい陽の光のように、心がそのほうへと視点を向けるとすぐに、直接に知覚されるのである[80]。」

　彼はさらに次のように言う。「この直観的知識が論証のすべての段階を結び付けるのに必要である[81]。」

　ここから、知識のあらゆる部門において、われわれは、証明が必要なものを導くために、直観的に知られる真理を利用しなければならないということに、必然的になるだろうと思う。

　しかし私は、このことと、同じ章の第八節で彼が言うことを調停できない。それは、「学知的あるいは論証的推論のあらゆる段階での直観的知識の必然性は、次のような誤った公理を生み出すと思う。それは、すべての推論は前に知られたものと、前に認められたものからであるというものだ。それがどれほど間違っているかを、命題と特に格率と呼ばれる命題を考察するときにより詳しく示し、そして、それらがすべてのわれわれの知識と推論の基礎だと想定されることが間違いによるものだということを示すための機会があるだろう[82]。」

　ロック氏がここで言及している格率についての章を、私は注意深く考察してきた。そして、最後の引用から、第一原理について私が以前に言ったことに反していると思う人もいるかもしれないが、私はその中の二、三文だけ、そして主に付随的なものが私には同意できないものだとわかった。そしてとても尊敬している哲学者に同意できることに、私はいつも幸せを感じる。

彼は、公理あるいは直観的真理が生得的なものではないと示そうとしている。私はこれに同意する。私が言いたいのは次のことだけである。それは、知性が成熟し、われわれがその真理を判明に把握するとき、われわれはすぐにそれに同意するということである。

彼は、自明性が、公理の名前で通り、それらに帰される品格を持っている命題に特有のものではないと言う。

私は無数の自明な命題があることを認める。だが、それらは品格も実用性も持っておらず、それゆえ公理の名前には値しない。というのも、公理という名前は、一般には自明なだけでなく、ある程度の品格や実用性を持っているものだと理解されているからである。人は人であるとか、人は馬ではないということは、自明な命題である。しかし、それらはロック氏が正しくそう呼んだように、取るに足らない命題である。ティロットソンは、そのような命題について、非常にうまく、それらの命題は真理にあきあきしているので何の役にも立たないと言っている。それらは公理の名前に値しないように、知識の名前にも値しないのである。

彼は、(83) われわれが名付けたような、そういった取るに足らない自明な命題は、公理から引き出されず、それゆえ、すべてのわれわれの知識が公理に由来するわけではないと言う。

それらが公理から引き出されないことを私は認める。なぜならそれらの命題は、それ自体自明だからである。しかし、それらを公理と呼ぶことが言葉の誤用であるように、それらを知識と呼ぶことも言葉の誤用である。というのも、それらをどれほど多く蓄えていたとしても、それによって人がより賢明だとか物知りだとは言われないからである。彼は言う。一般公理に含まれている個々の命題は、一般公理と同じように自明であり、そして、それらはすぐに知られ、理解される。例えば、私の手が私の体より小さいことが明らかなのは、部分が全体より小さいことが明らかなのと同じである。そして私は、一般命題が真であることを知ればすぐに、個々の命題が真であることを知るのである。

このことは真である。人は、部分や全体の一般思念が心の中に作られるまで、部分は全体より小さいというような一般公理の正しさを理解できない。そして、彼がこれらの一般思念を持つ前に、彼は手が体より小さいということを理解できるのである。

公理についてのこの章の大部分は、いく人かの人が考えているように思える次の思念に対して向けられている。それは、すべてのわれわれの知識が二つの原理から引き出されるということ、つまり、あるものはあるという原理、そして同じ事物があると同時にないということは不可能だという原理から引き出されるということである。

私はこれが馬鹿げた思念であると思う。というのも、もしそれが完全にロック氏の注意に値するとしても、彼がそれに与えた処遇に正しく値しているからである。これらは同一命題である。それらは取るに足らないものであり、真理にあきあきしている。どのような知識もそれらからは引き出されないのである。

格率あるいは第一原理について、私がどれほどロック氏に同意しているのかに言及してきたので、次に私は、彼に同意できない二、三のことに注意を向けることにしよう。この章の第七節で彼は言う。われわれ自身と第一原因を除いた、すべての他の存在者の実在について格率はない。

他者の存在についての格率、あるいは第一原理があることを、私は示そうとしてきた。ロック氏は、われわれがそのような存在物の知識を持っていることを認めており、それは、彼が言うには、直観的でも論証的でもなく、それゆえ、彼が感覚的知識と呼ぶものである。われわれが合理的な同意を与えるあらゆる命題は、それ自体がその明証性を持つか、あるいは何らかの先行する命題からそれを引き出さなければならないということは、論証可能であるし、またアリストテレスによってはるか以前に論証された。そして、同じことがその先行する命題についても言える。それゆえ、われわれは果てしなく先行する命題をさかのぼることができないので、最後には、明証性は、それ自身に明証性を持っている一つ、あるいはそれ以上の命題に、つまり、第一原理に基づかなければならない。

われわれ自身の存在と第一原因の存在の明証性について、ロック氏は、それが第一原理に依存しているかどうかを言っていない。しかし、彼がその両者についてこれまで言ってきたことから、そうだということは明白である。

われわれ自身の存在について、われわれはそれを非常に明らかに知覚し、極めて確実に知覚するので、それはいかなる証明も必要ないし、証明できないとロック氏は言う。これは、われわれ自身の存在が第一原理だと言うのに等しい。というのも、それは、この真理に、まさに第一原理の定義を当てはめることだからである。

彼は次のように付け加える。もし私が疑うなら、まさにその疑いが、私に私自身の存在を知覚させ、そして私にそれを疑わせない。もし私が苦痛を感じるならば、私は自分が感じる苦痛と同じくらい、私自身について確実に知覚するのである。

ここでわれわれは、含意されている二つの第一原理を得る。第一に、私が痛みを感じている、あるいは痛みを意識していることは、その痛みが実在している確実な証拠だということである。第二に、痛みは心なしには存在しないし、あるいは痛みを感じる存在者なしには存在できないということである。これらは第一原理であり、証明できないものであることを、ロック氏は認める。そして、もしそれが真でないならば、確実に、われわれは自分自身の存在の証拠を持つことができない。というのも、もしも痛みが実在しないときに、われわれが痛みを感じるならば、あるいは、痛みを感じる存在者なしに痛みが存在しうるならば、われわれが痛みを感じることが、われわれの存在の証拠をわれわれに与えることができないことは確実だからである。

こうして、われわれ自身の存在の証拠は、それについてロック氏が与えた考え方によれば、われわれが言及する機会のあった第一原理の二つに基づいているように思える。

もしわれわれが、彼が第一の知的原因の存在のために与えた論証を考察するならば、それが他の二つの第一原理に基づいているのは同様に明らかである。第一に、存在し始めるものは、その存在の原因を持たなければならないということ。第二に、知性がなく思考しない存在者は、思考し知性のある存在者の原因になりえないということである。これら二つの原理に基づいて、彼は、事物の第一の知的原因の存在を、非常に納得がいくように論じる。そしてもしもこれらの原理が正しくないならば、われわれは、われわれ自身の存在からも、われわれの視野に入ってくる他の事物の存在からも、第一原因の存在についての証明を得ることはできない。

この主題についてロック氏によって主張されているもう一つのことは、どのような学知も格率の上に建てられていないし、建てられてこなかったということである。

ロック氏が幾何学に無知ではなかったということは間違いない。その幾何学は、われわれがたどれる限り、『原論』の冒頭に付された格率に基づいて打ち立てられたのである。それらは前につけられていなかったとしても、それらは必然性よりも有益性の問題であり、幾何学におけるあらゆる論証は、以前に論証された命題か、自明な原理のどちらかに基礎づけられていることが、認められていなければならない。

ロック氏はさらに次のように言う。格率は、学問の進歩やまだ未知の真理の新しい発見において人々を前進させるのには役立たない。かのニュートンは、いくら賞賛してもしたりない彼の書における発見で、「あるものはある」や「全体は部分より大きい」というような一般格率によって助けられたことはなかった。

答えて言うと、これらのうちの第一のものは、以前に見られたように、同一性の取るに足らない命題であり、数学や他のいかなる学問にも役に立たない。第二のものは、しばしばニュートンやすべての数学者によって用いられており、多くの論証がそれに依拠している。一般に、すべての他の数学者と同じようにニュートンも、数学の命題についての彼の論証を、ユークリッドによって定められた公理や、それらの公理によって以前に論証された命題に基づかせている。

しかし、特に次のことは述べておくのに値する。それは、ニュートンは、その『プリンキピア』の第三巻で意図しているように、彼が最初には一般的な形式で書いた天文学の物理学的部分に、より学問的な形式を与えるために、ユークリッドの例に従い、彼が「哲学規則」と呼ぶものと、「現象論」の中で、彼がその推論において前提している第一原理を最初に置くことが適切だと考えたということである。

それゆえ、アイザック・ニュートン卿の例ほど、第一原理への反感を支持するために、ロック氏によって言及されることが残念なものはなかっただろう。アイザック・ニュートン卿は、彼が育成した自然学のそういった部分に、彼の推論が基づいている第一原理を置くことによって、その学問が以前には持っていなかった、そしてその学問が世界の終わりまで保持するだろう安定性を、与えたのである。

私は今から、ロック氏の後に、第一原理という主題についてはっきりと著している哲学者についていくらかの説明をするつもりである。

フランスのイエズス会修道士であるビュフィエ師は、私が間違っていなければ、一七二四年に八巻からなる、『第一原理とわれわれの判断の起源に関する考察』を初めて出版した。それは後に、彼の『学問の課程』の一部として、一七三二年にパリで、二つ折り版で出版された。

彼は、第一原理を、非常に明晰な命題であると定義しているので、それらは、より明晰なものによって、証明されもしないし、争われることもない。(84)

彼が言及している第一原理の第一の源泉は、あらゆる人が、その人自身の存在について、そしてその人自身の心の中に通り過ぎるものについて持っている深い確信である。彼が言うには、何人かの哲学者は、これらを第一原理として認めており、そして彼らは、他のどのようなものも、第一原理としては認めようとしない。そして、彼は、この体系から生じる奇妙な結果を示しているのである。

彼は、第一原理の第二の源泉を、常識であるとしている。そして常識は哲学者たちによってあまり考察されてこなかったものだと彼は言う。彼は、常識を、自然がすべての、あるいは非常に大部分の人間の中に植え付けた傾向性だと定義している。そしてそれは、人々が理性を使用するようになったときに、意識の対象でもなく、いかなる先行する判断にも基づいていない対象について、共通で一様な判断を形成するように、人々を導く

のである。(85)

彼は完全な列挙としてではなく、見本として、常識の次の原理に言及している。

一、全世界には、私自身以外に、他の存在者や他の人々がいるということ。

二、それら〔常識という原理〕には、真理や英知や、思慮と呼ばれるものがあり、これらは、純粋に恣意的なものではないということ。

三、私が知性と呼ぶものと、私の身体だと私が呼ぶ知性ではないものが、私の中にはあり、そしてこれらの事物は異なる特性を持っているということ。

四、すべての人々は、私を欺いたり、私の軽信に付け込んだりするような陰謀の状態にあるのではないということ。

五、知性を持っていないものは、知性の結果を生み出せないし、偶然によって集められた物質は、(86)置時計や腕時計のようないかなる規則的な働きをも形成できないということ。

彼は、常識についての彼の定義のいくつかを特に詳しく説明し、常識の指図するところのものが、共通の偏見からどのように区別しうるかを示している。それから、存在者一般に関する最も重要な真理の個別の考察を始める。それは思考する存在者に関する真理であり、物体に関する真理であり、人間の知識のさまざまな部門がそこに基礎づけられる真理である。

私は、これらの主題についての彼の意見の詳細に立ち入るつもりはない。私は、私がこれまで出会った形而上学的なものを論じた書物の大半よりも、この論考において述べられたのが最初だと考えられる多くのものがあると思う。そして彼の思念の多くが確固としたものであり、そして、他のものも、私は完全には賛成できないが、独創的だと思う。

デカルト以降の哲学者で、私が言及してきた他の著述家は、デカルト主義者と呼ばれるのが適切だろう。というのも、彼らは、ある点ではデカルトと異なり、別の点では彼と対立するが、彼らは同じ原理から出発し、同じ方法に従い、彼ら自身の存在と、彼らが意識している心の働きの存在以外には、事物の存在に関して第一原理を認めず、物質世界の存在と、他者や事物の存在が論証によって証明されることを要求するからである。

哲学のこの方法は、デカルト、マールブランシュ、アルノー、ロック、ノリス、コリア、バークリ、ヒュームに共通している。そしてそれは、デカルトによって導入されたので、私はそれをデカルト的体系と呼び、それに従う人々をデカルト主義者と呼ぶのである。だが私は、この言葉によって、何も軽蔑の気持ちを意図しているのではなく、彼ら全員に共通し、デカルトによって始められた哲学の特定の方法を表わそうとしているだけなのである。

彼らの中には、徹底的に懐疑主義に進み、自然の中に、観念と印象以外のいかなる存在をも残さなかった者もいた。またある者は、物質世界の信念だけを捨て去り、われわれに観念と精神だけを残そうとした。彼らはみな、非常に粗雑な背理へと陥った。そしてその背理は、人間知性の上にくつろいで座っていることができず、彼らも私室では採用してみたものの、社会に出たときには、捨て去り放棄しなければならないとわかる背理である。

実際に、私が判断するところでは、この体系について最も鋭敏に、そして首尾一貫して推論した人々は、最も深い懐疑主義へと進んだ人々なのである。

しかしながら、ビュフィエ教父はこの意味ではデカルト主義者ではない。デカルトの体系が栄光の絶頂にあったとき、彼はその欠点に気付いており、愚かな懐疑主義がその当然の結果であり、それゆえ、人間の知識のためのより広い基礎を堂々と置こうとしたようである。そして、彼は、私が知っている限り、アリストテレス以降、第一原理について正しい論考を世界に与えた最初の人であるという名誉を得ているのである。

何人かの後の著述家たち、特に、オズワルド博士やビーティ博士やキャンベル博士は、ビュフィエの考え方と、いくらか似ている考え方へと導かれた。そして前者二人は、私がそう信じる理由を持っているように、〔ビュフィエと〕互いに交流もなく、ビュフィエがこの主題について書いたことを何も知ることなしに、そうなったのである。実際に、物を考え、ヒューム氏の哲学を知っている人は、かなり自然に、次のことを理解するようになるだろう。それは、人知の構造を支えるためには、デカルトやロック氏の原理とは違う原理が必要であるということである。ビュフィエは、デカルトの体系の結果が、ヒューム氏がしたように完全に示される前に、これを発見した功績をあげたことが認められなければならない。しかし、今このことがわからない人は、これらの主題のほんの表面的な知識しか持っていないだろうと思いたくなる。

上述した三人の著述家を、私は人としてとても尊敬しているし、好意を抱いている。しかし、不公平の誹りを受けるといけないので、私は、この主題についての著述家としての彼らについて何も言うつもりはない。彼らの中の二人は、有名な著者の非難において、私と密接に結び付けられているので、われわれは、互いの証言を与えるには近すぎると思われるかもしれない。(87)

第八章　先入観、誤りの原因について

われわれの知的能力は、われわれの現在の状態に適合している限り、真理の発見のためにわれわれの本性の著者によって、賢明に備え付けられている。誤りは、それらの本性的な結果ではない。それは、病が身体の本性的な構造ではないのと同じである。とは言え、われわれが、外的あるいは内的を問わず、先行する原因からさまざまな身体の病にかかりがちであるように、われわれは、同じような原因によって、誤った判断をしがちなのである。

医学の著述家は、身体の病気を数え上げようと努めている。そして、それらを、疾病病理学の名前のもとに、体系にまとめようと努めている。そして、われわれが人間知性の疾病病理学も持つようになることが望まれているのである。

われわれが体の不調を知るとき、適切な治療方法を見出すのに困ることがしばしばある。しかし、多くの場合に、知性の不調は、その治療方法を明らかに指し示すので、一方を知る人は、他方も知らなければならない。

多くの著述家たちは、この目的のために有益な素材を与えてくれており、そして中には、それらを一つの体系にまとめあげようとした者もいた。私は、ベーコン卿による彼の五番目の著書である『学問の進歩について』[88]によってそれらについて与えられ、そして、『ノヴム・オルガヌム』[89]においてより完全に扱われた一般的な区分が最も良いと思う。彼は、それらを四つの部類に分けている。つまり、種族のイドラ、洞窟のイドラ、市場のイドラ、劇場のイドラである。おそらく名前は奇抜なものである。しかし、私は、この区別が賢明なものであり、その素晴らしい才能の大いなる産物であるように思える。そしてこの区別は、彼によって最初になされたものだったので、彼は、それらに名前を与える特権が与えられたのである。

この章では、著者の意味に従ったこの区別のいくつかのものを説明し、ベーコン卿が与えたものに制限されることなく、完全な数え上げを主張することもなく、それぞれの例を与えようと思う。

人が、判断において、誤りへと導かれる知性の偏見に、ベーコン卿は、イドラの名前を与えている。その自然で、最善の状態において、知性は、真理のみに敬意を払うのである。誤りの原因は、多くの誤れる神のように彼は考えており、それは、真理にふさわしい分しか敬意を受けないのである。

最初の部類は、種族のイドラである。これらは、人類に付きまとうようなものであり、その結果、あらゆる人がその危険にさらされている。それらは、人間の成り立ちの原理から生じており、その原理はわれわれの現在の状態において、非常に有益で必要なものであるが、その行き過ぎや、欠損、あるいは誤った指示によって、われわれを誤りへと導いてしまうのである。

人間の成り立ちの能動原理は、われわれの存在の作者によって、その行動の指針のために賢明に考案されているが、適切な規則化と制限がなければ、われわれを誤りへと導きがちであるように、われわれの意見に影響のある成り立ちの部分に関してもまたそうなのである。これについて、われわれは次のような例をとりあげよう。

一、第一に、人々は、その意見において権威にあまりにも多く導かれがちである。人生の最初の頃には、われわれには権威の他に導き手がない。そして、われわれが教えられるものを暗黙のうちに受け取る傾向なしには、われわれは、教育も発達もできない。

判断力が成熟しても、われわれが判断する資格のない多くの物事がある。そのような問題において、資格があって、私心がないと信じられる人々の判断に頼ることが最も合理的だろう。国家における司法権の最高位の法廷は、その個々の専門に属する問題において、法律家や医師の権威に頼るのである。

われわれが知る手段を持っている問題においてさえ、権威は、いつも、われわれ自身の判断が依存する証拠や、われわれとは異なっていたり、われわれに同意する人々の判断や率直さについて、われわれが持っている意見に比例して、重みを持ったり持たなかったりするだろうし、するはずである。判断において自らの可謬性を意識している穏健な人は、権威にあまりにも多くのものを与える危険がある。また尊大な人は、ほとんど与えない危険がある。

われわれの認識に属しているすべての問題において、あらゆる人は、その人自身の最終判断によって決定しなければならない。そうでなければ、その人は理性的存在者の役割を演じることができない。権威は、ある一定の割合で重みを加える。しかし、人はバランスを保ち、権威にどのような重みを認めるのかを判断するのである。

もしも人が不可謬性を主張するならば、われわれは、その特権に対する彼の称号を判断しなければならない。もしも誰かが、天からの大使だと主張するならば、われわれは、その資格を判断しなければならない。どのような主張も、われわれからこの権利を奪うことはできないし、それを行使しないようにわれわれに求めることはできない。

それゆえ、われわれの権威に対する敬意は、あまりにも大きいか小さいかなので、人間本性の偏見は、これらの極端の大きい方へと傾くように思える。そしてそうであるということは、一般的な人々にとっては良いことだろう。

この偏見が、真理についての無関心と同時に起こるとき、その作用は、より強力なものとなるだろう。

真理への愛は、人間に自然なものであり、正しい心の持ち主には強いものである。しかし、それは、党派心、虚栄心、勝利への願望、あるいは怠惰によってさえ押しつぶされる。真理への愛が、これらに勝るとき、それは素晴らしい美徳であり、勤勉、不屈の精神、自制、率直さ、心が説得に対して開かれていることなどを必要とするのである。

世の中には、自分自身の財産を勤勉によって獲得するよりも、他人の好意によって生きながらえようとする、卑しく卑屈な精神の人がいるように、その意見についてたんなる物乞いと呼ばれても仕方がないような多くの人々がいる。真理についての怠惰や無関心によって、その人たちは、その価値あるものを見つけ出す骨の折れる仕事を他の人に委ねる。その人たちは、また聞きで、その必要を十分に満たすのである。その関心は、何が真であるかを知ることではなくて、そのような主題について、何が言われ、何が考えられているかを知ることである。そして彼らの知性は、その衣服と同じように、流行によって裁断されるのである。

知性のこの異常は、人類の大部分に非常に深く根付いているので、人々が、そのときどきの関心に関わらない事物において、自身の判断力を用いているとはほとんど言えない。また、それは無知な者に特有なものでもない。それはすべての地位の人々に波及しているのである。われわれは、どこでその人たちが生まれ、どのような両親を持ち、どのように教育され、どのような仲間を持っているのかを知るとき、その人たちの意見を推測する。これらの状況は、宗教、政治、哲学において、その意見を決定する。

二、第二の一般的な偏見は、より知られているものや、より馴染みあるものによって、あまり知られていない、より馴染みのない事物を考える傾向から生じる。

これが、自然によって大いなる傾向を与えられている類推的推論の基礎であり、実際のところ、それに、われわれは知識の大部分を負っているのである。この種の推論を完全に脇によけてしまうことは不合理であり、どこまで、われわれがそれに賭けてよいのかを判断することは難しい。人間本性の偏見は、あまりにもわずかな類推から判断することである。

感官の対象は、人生において、まずわれわれの思考を独占する。そして、人生の全体を通して、最も馴染みあるものである。ここからすべての時代において、人々は、人間の姿や人間の情念や弱点を、より優れた知性へと、そして崇高な存在者にさえ、帰属させがちだったのである。

こう言ってよければ、あらゆるものを物質化する傾向が人々にはある。つまり、われわれが、物質的対象について持っている思念を、別の本性の事物にあてはめる傾向があるのである。思考は、物体における運動に類比的なものとして考えられる。そして物体が、隣接する別の物体によって、それらに作られた印象や衝撃によって運動させられるように、心は、それに作られた印象によって考えさせられるようになるのであり、心と思考の対象には何らかの接触がなければならないと、われわれは結論しがちなのである。ここから、観念と印象の理論は、これほど一般的に広まったのである。

人間の芸術家の最も完全な作品は、範型を真似して作られ、以前に存在した素材から作られるので、古代の哲学者は、世界が、既に存在していて、〔それ自体〕作られたのではない物質から作られていると普遍的に信じていた。そして彼らの多くは、神が作ったあらゆる種類の事物の、永遠で作られたのではない範型があったと信じていたのである。

この先入観による、日常生活における誤りは数えきれないものであり、ほんのわずかな観察からも逃れることはできない。人々は、他の人々について、自分自身や彼らの知り合いからなるわずかな範囲で判断する。利己的な人は、善行や公共心へのすべての主張を、たんなる偽善や自己欺瞞であると考えている。寛大で心の広い人は、公正な主張をあまりにも容易に信じていて、人々が実際よりも良い人々だと考えがちである。気まま不品行な人は、世界に本当の徳のようなものがあるということにほとんど納得できない。粗野な人は、その田舎の村の作法から、人々のしぐさや性格の思念を作り、大都市に行ったときには、容易に騙されるのである。

次のことは、通常、当然のものとみなされている。人々の判断するこの限られた仕方は、さまざまな地位、職業、国家の人々と広く交流することによってのみ癒されるということである。そして、知人が、限られた範囲の中に限定されている人は、多くの先入観や限られた思念を持っているにちがいなく、これらはより広い交流が癒すだろうということである。

三、人々は、単純なものへの愛によって、しばしば誤りへと導かれる。それは、われわれに、事物をわずかな原理へと還元するようにしむけ、実際以上に、自然に大いなる単純性があると考えさせるのである。

単純性を愛し、われわれがそれを見出すときには、それに喜ぶことは、不完全性ではなく、その反対である。それは、素晴らしい嗜好の結果である。われわれは、次のことを喜んで述べざるをえない。それは、硬かったり、柔らかかったり、柔軟であったりする物体の衝突によって生み出された運動のすべての変化は、哲学者の勤勉さが発見した運動の三つの単純な法則に還元できるということである。

どれほど素晴らしい多様性が、引力の法則に依存しているか、すべての先行する時代に哲学者を苦しめ、何千もの無駄な理論を生み出してきた、大地や海、空気におけるどれほどの多くの現象が、この一つの法則の必然的な結果であることが示されるか、太陽、月、惑星や衛星、彗星の全体系が、どのようにしてその法則によって秩序を保ち、それらの一見したところの不規則性が説明され、正確な計測に還元されるかをわれわれが考察するとき、原因の単純性や、結果の美しさや多様性は、あらゆる思索する精神に快楽を与えるのである。この高貴な発見によって、われわれは、いわば自然のこの偉大なドラマの光景の背後に連れて行かれ、この体系の神聖な作者の技芸のいくつかを見せられるのである。それは、この発見がなされる以前は、目では見えず、耳でも聞こえず、想う人の心にも入ってこなかったものなのである。

疑いなく、自然のあらゆる御業には、それが作られた目的と整合的な、完全に美しい単純性がある。しかし、自然が最も単純で、最良のやり方で作用するというたんなることの原理から、どのようにしてその目的が実現されるのかを発見しようと思うならば、わわれわれは、自らを欺き、大人の英知が子供の英知を超えるということ以上に、自然の英知が人の英知を超えるということを忘れてしまうのである。

もしも都市が要塞化される仕方を、あるいは戦闘当日に軍隊の配置のされ方を、子供が座って考えるならば、きっとその子供は、自分の知性にとって、最も単純で最良の仕方に思えるものを推測するだろう。しかしその子供は、正しい方法を思いつくことができるだろうか。きっとできないだろう。どのようにしてこれらの結果が生み出されるかを事実から学ぶとき、彼は、自分の子供っぽい推測がどれほど愚かしいものかがわかるだろう。

われわれは、事実とその観察から、自然が働きかける仕方についていくらかを学ぶことができる。しかし、われわれの知性にとってそれが最良のもので、最も単純な仕方であるように見えるという理由だけによって、自然がそのように働くのだと結論づけるならば、われわれはいつも間違うことになるだろう。

われわれが、この地球で見つけ出す個々の多種多様な物体は、それらが合成される、そしてそれらが分解される四つの要素に還元されると何世代も信じられてきた。それがこれほど一般的に受け入れられてきたのは、この理論の単純さによるのであり、事実からの証拠によるのではない。というのも、吟味されればされるほど、われわれは、それを信じる根拠がないとわかるからである。

ピュタゴラス主義者とプラトン主義者は、同じく単純性への愛によってさらに進んでいった。ピュタゴラスは、数学における彼の技術によって、すべての類似し、等しい平面によって囲まれたものは、五つの正多面体以外はありえないことを発見した。つまり、四面体、立方体、正八面体、正一二面体、正二〇面体である。自然は、最も単純で、規則的に働くので、彼は、すべての基本物体は、これらの定形の一つ、あるいはどれかをもたなければならないと考えた。そして、正多面体の特性や関係の発見は、自然の神秘を開く鍵となるだろうと考えた。

ピュタゴラス主義者とプラトン主義者の思念は、疑いなく、偉大なる美と単純性を持っている。それによって、その思念は少なくともユークリッドの時代にまで広まった。ユークリッドは、プラトン主義哲学者であり、五つの正多面体の比率と関係を発見するために、その『原論』のすべての書物を書いたと言われている。その『原論』において、ユークリッドが目指した古代の伝統は、著作それ自体によって、支持されている。というのも、『原論』の最後の巻は、正多面体を扱い、それに先行するすべてのものは、この最後の巻に従属しているからである。

その結果、この最も古い数学の著作は、その賞賛すべき構成のために、数学におけるすべての後続する著者の模範として役だち、ニュートンの『プリンキピア』の二つの最初の巻と同じく、自然学の数学的原理を展開するように、その著者によって、意図されているように思える。

身体のすべての性質とそのすべての医学的美徳は、四つのものにまとめ上げられると長らく信じられていた。湿気と乾燥、熱さと冷たさである。そして、人間の身体には四つの体質だけがあるとも信じられていた。つまり、多血質、黒胆汁質、胆汁質、粘液質である。すべての物体を、塩、硫黄、水銀に還元する化学的体系も、同じ種類のものである。思考のすべての対象を一〇のカテゴリーに区別することと、何かについて肯定されたり、否定されたりしうるすべての対象を五つの普遍あるいは述語に区別することが完全な数え上げであるということを、どれほど多くの世代の人々が信じていただろうか。これらの体系のために生み出された推論からの明証は、ほとんど無に等しく、人々の信念においてそれらが得る根拠に釣り合わなかった。しかし、それらは単純で、規則的で、事物を二、三の原理に還元し、明証の欠如を補った。

われわれが知っているすべての体系の中でも、デカルトのものは、その単純性において最も顕著なものである。「われ思う」という一つの命題の上に、彼は、人間の知識のすべての構造を建てている。そして、最初にある運動量を与えられたたんなる物質から、彼は、物質世界のすべての現象を説明している。

この体系の物理に関する部分は、たんなる仮説である。それは、その単純さ以外に、推奨されるべき部分を何も持っていない。しかし、それは、アリストテレスの体系が千年以上ものあいだ広まった後、その体系を覆すほど十分な力を持っていた。

重力や他の引力や斥力の原理は、アイザック・ニュートンが自然におけるその実在の最も強い証拠を示した後、半世紀の間、ヨーロッパの大部分によって拒否された。なぜなら、それらは物質と運動によって説明されることができなかったからである。それほど人々は、デカルト的体系の単純さに夢中になっていたのである。

いや、思うに、ニュートン自身に、彼の『プリンキピア』への序文で、物質世界の現象について語るときに次のように言わせたものは、実在の証拠よりも単純性への愛だった。そこで彼は、「多くの事物が、私に次のような疑いを持たせた。それは、すべての現象は、いまだ知られていない原因によって、物体の粒子がたがいに引き合い、規則的な形に結合したり、あるいは、たがいに排斥し後退する力に依存しているということである」と述べている。というのも確かに、物質世界のすべての現象が、引力や斥力によって生み出されるという証拠は、事実からは得られていないからである。

いつもの謙虚さで、彼は、それをわずかな疑念として提起している。そして、この疑念の根拠は、多くの自然の現象が、この種の原因に依存していることであり、それゆえ、自然の単純性からすべてがそうだと彼が考えるようになったのだろう。

本当の原因が発見されるとき、同じ単純性への愛情が、人々に、その原因の領域を超える結果を、その原因に帰属させるようになる。

一つの疾患で最大の効用が見出される薬は、それが万能薬になるまで、通常その効能が多様化される。長生きした人は、このような多くの事例を思い出すことができる。知識の他の部門においても、同じことがしばしば生じる。特定の原因が目覚ましい結果を生み出すことが発見されることによって、それに注意が向けられるとき、人々は、そのわずかな証拠に基づいて、その影響を関係がない事物へと拡大させる大いなる危険性を持つ。そのような先入観は、自然の原因を単純化し、多くの現象をその同じ原理から説明しようとする自然な欲求から生じるのである。

四、哲学における誤りの最も豊富な源泉の一つは、われわれの最も高貴な知的能力を、その資格がない目的に間違って用いることである。

人間のすべての知的能力の中で、発明〔創意〕の能力は、最も高い価値を持っている。それは、創造の能力にかなり似ていて、その名の栄誉を受けるのである。

われわれは、目的を達する手段を見出す才能に卓越性を示す人を賞賛する。それは、幸運な結合によって、結果を生み出し、他の人間の手の届く範囲を超えた発見をする人であり、普段なら気付かずにやり過ごされる状況から重要な結論を導くことができる人であり、最大限の聡明さで、他の人々の目的や自分自身の行動の結果を判断する人である。知性のこの卓越さに対して、われわれは、天才という名前を与え、賞賛とともに、その目印を持つあらゆるものを尊敬するのである。

とは言え、この能力は、それ自体かなり高い価値があるもので、生活の行為でとても有益なものだが、誤って用いられることもある。そしてすべての時代において、才能ある人々は、それをまったく役に立たない目的に用いがちだったのである。

人々の作品と自然の作品は、同じ序列のものではない。天才の力を持つ人は、人々の作品ならば完全に把握し、徹底的に調べ上げることができるかもしれない。ある人によって考案され、実行されるものが別の人によって完全に理解されるかもしれない。大いなる蓋然性を持って、彼は部分から全体を推測し、あるいは、結果から原因を推測するかもしれない。なぜなら、それらは彼自身ほど優れていない英知によって生み出されたものだからである。

しかし、自然の作品は、人間の作品よりも無限に優れた英知と能力によって考案され、実行される。そして、人々が、天才の力によって、自然現象の原因を発見しようとするとき、彼らは、巧妙に間違った方向へと進む機会を持つだけである。彼らの推測は、彼ら自身よりも賢明ではない存在者にとっては、非常にありそうなものに思えるかもしれない。しかし、彼らの推測は、真理に当てはまる見込みを持っていない。それは、軍船がどのように作られ、海でどのようにそれが操舵されるのかについての子供の推測のようなものなのである。

才能ある人に、最も卑俗なものでもいいから、動物を作らせ、植物の一枚の葉だけでいいから、植物を作らせ、鳥の羽でもいいから作らせよう。彼は、すべての自分の英知や賢明さが、自然の英知とは比較もできるようなものではなく、自分の能力は自然の能力とは比較できるようなものではないことがわかるだろう。

あらゆる時代の経験は、賢明な人々が自然の現象を説明するための仮説をどれほど生み出しがちであるか、一種の期待によって、その秘密を発見することにどれほど喜びを見出すかを示している。正しく豊富な帰納によって、自然の原因のはしごを、ゆっくりと少しずつ上昇するかわりに、それらは作業を短くし、才能の飛翔によって、一度に頂点へとたどり着くのである。このことは、人間知性の自尊心を喜ばせるが、それは、太陽の戦車をみちびくための二頭馬車のように、われわれの力を超えた試みなのである。

人が、ある体系を作り上げるにあたって、そのすべての才能を発揮したとき、彼は、それを親のような眼差しで眺める。そして彼は現象を、体系と一致させ、自然の御業に似せるように捻じ曲げるのである。

帰納という緩やかで辛抱強い方法は、自然の作品の知識を得るための唯一の方法だが、それがベーコン卿によって描写されるまで、ほとんど理解されず、それ以後もほとんど従われなかった。それは、人の自尊心をくじき、神の御業に関する彼の最も賢明な推測が、絶えずその人を、みじめで、子供っぽいという気持ちにするのである。

創意という好まれる才能のための余地はここにはない。情報を積み上げるというつつましやかな方法において、自然の偉大な書物から、われわれは、自然のすべての知識を受け取らなければならない。その書物の正しい解釈を超えたものはなんであれ、人が行ったことである。神の御業は、それとの混ざり合いによって汚されるべきではない。

才能ある人にとって、自制は、宗教におけるのと同じく、哲学における困難な教えである。それによって、素晴らしい想像力と最も才能ある推測の、全体ではないにしてもその大部分が無価値なものだとわかる、実験と帰納の熱烈な試練に、それらをもたらすことは、屈辱的な作業である。これは、人がワシの羽で飛ぼうとしているときに、その人に坑道の中で穴を掘らせるようなものである。

その目的が人を喜ばせることにあるすべての芸術において、天才は、まさしく最高位のものである。人間が関心を持つ行為において、それはしばしば驚くべきものとなる。しかし、あらゆる自然の成り立ちの探究において、天才は、自らが誇りにする卓越性に不似合いな、従属的な役割を演じなければならない。それは〔さまざまなものを〕結び付けてもよいが、作り上げてはならない。それは証拠を集めてもよいが、推測によっては、その欠如を補ってはならない。それは、十分に工夫された実験において、自然を吟味することによってその能力を示すかもしれないが、その答えには何も付け加えてはならないのである。

五、一つの極端を避けるときに、人々は、その反対へと走りがちである。例えば、素朴な時代には、自然の原因を探求するのに不慣れな人々は、あらゆる珍しい現象を、目には見えない存在者による直接の干渉のせいにするのである。しかし、無知の時代には、神や悪魔の直接の働きかけのせいにされていた多くの出来事の自然の原因を哲学が発見したとき、人々は、自然のすべての現象が同じ方法で説明され、目に見えない世界の創造主や統治者は必要ないと考えるようになる。

素朴な人々は、最初、知性や活動能力を、彼らが動くのを見たり、何らかの変化を被るのを見るあらゆるものに帰属させがちである。アビー・レイナルは次のように言う。[90]「未開の人々は、彼らが説明できない運動を見ると必ず、そこに魂を想定する。」彼らがこの極端な考えの愚かさを確信するようになると、その対極へと走りがちである。そして、あらゆるものは、それが動かされるときだけ動き、働きかけられるときだけ活動すると考えるようになる。

こうして、迷信の極端から無神論への、そして、活動を自然のあらゆる部分に帰属させる極端から、それをまったく排除し、知的存在者の決定さえ、一つの決定的な連鎖の結び付き、あるいは一つの偉大な機械の歯車にしてしまう極端への移行が容易に起こるのである。

ペリパトス学派の哲学における隠れた性質の誤用は、デカルトと彼の追従者を、すべての隠れた性質の否定、そして、たんなる物質と運動によって自然のすべての現象を説明しようとすること、そして、隠れた性質の名前を不名誉なものにしてしまうことにさえ導いた。

六、人々の判断は、その感情と情緒によってしばしばゆがめられる。これは、非常によく観察され、普遍的に認められるので、証明も例証も必要ではない。

ベーコン卿の区別におけるイドラの第二の分類は、洞窟のイドラである。

これらは、人間本性の成り立ちからではなく、個人に特有な何かから生じるという起源を持つ先入観である。

洞窟の中では、洞窟の形態やそれが光を受け取る仕方によって、対象の見た目が変わるように、ベーコン卿は、あらゆる人の心が、洞窟に似ていると考えた。洞窟は、その個々の形態と、それぞれの光の照らされ方を持っていて、そしてその状況から、しばしば、誤った色や偽りの外観を、そこで見られる対象に与えるのである。

この理由で、彼は、「洞窟のイドラ」の名前を、人が訓練された個別の方法や、彼が何らかの個別の職業に夢中になっていることや、彼の心の傾向におけるある個別なものから生じる偏見に与えている。

その人の職業や生き方によって思考がある行路に制限されている人は、その行路から外れたとき、間違った判断をしがちである。その人は、その職業の領域の中であらゆることを引き出し、無関係な事物の格率によって判断しがちなのである。

たんなる数学者は、計測や計算を、それを受け付けない事物に当てはめがちである。正比例と反比例が、人間の感情と行為の道徳的価値を測るために、才能ある著者によって用いられた。著名な数学者は、計算によって、事実の明証性が、時間の経過とともに減少する割合を確かめようとし、キリスト教が基づいている事実の明証が弱まり、結果的に、どのような信仰も地上では見られなくなる時期を定めた。私は、非常に優れた数学者によって出版された哲学的論考を見たことがある。そこで彼は、事物を一〇個のカテゴリーに分ける古代の区分に反対して、二つ以上のカテゴリー、つまり与えられるもの、と求められるもの以外はない、またはありえないと主張している。

古代の化学者は、自然のすべての神秘を、そして宗教のすべての神秘さえも、塩と硫黄と水銀によって説明するのを常としていた。

ロック氏が言及した著名な音楽家は、音楽には七つの音符しかないために、神は、世界を六日間で作って、七日目を休息日にしたと信じていたようだ。私が知っている音楽家の一人は、和音には三つのパートしかあり得ないと、つまり、バスとテノールとソプラノしかないと考えていた。なぜなら、三位一体には三つの人格しかないからである。学識のある、賢明なヘンリー・モア博士は、入念に、そして整然と、彼の『形而上学の手引き』と『倫理学の手引き』を編纂し(91)、両方のすべての区分とその下位区分が、創世記の第一章で寓話的に教えられていることを見出した。このように、非常に賢明な人々さえ、彼らの思考が長く走ったその筋道に、それとはまったく異質な事物を引き込むことによって、ばかげた象徴を作りがちなのである。

さまざまな人々は、気質からか教育からか、知性の異なった傾向を持ち、それが過剰に作用することによって、健全な判断にとって好ましくないものになるときがある。

中には、古いものを不適切に賞賛したり、新しいものならどんなものでも軽蔑したりする人がいれば、また、その反対の極端に進む人もいる。前者は、古代の著述家について彼らが知っていることを自慢する人であり、後者は、この種のものについてほとんど知識を持っていないような人である。

踏みならされた道から思い切って出ることを恐れ、大多数のものと一緒に進むことが最も安全だと考えている者もいれば、特異なものや背理の雰囲気を持ったあらゆるものを好む者もいる。

自分の意見に関して気まぐれで移り気な者もいれば、過度に固執する者もいる。ほとんどの人々は、自分の学派や党派の主張に特別の愛着を持っているが、自分自身の創意に対してはなおさらである。

市場のイドラは、われわれの思考の道具であると同時に、その伝達の道具である言語の不完全さと誤用から生じる誤謬である。

それがわれわれの成り立ちの結果であるのか習慣の結果であるのか、私には決定できない。しかし、これらの原因の一方からか、あるいは両方からか、どのような人も、言語の使用なしに、思考や推論の連鎖を追求できないということが起きる。言葉は、われわれの思考の記号であり、記号は、意味表示される事物に関連づけられているので、意味表示されるものは、それとともに言葉を引き出さずには、ほとんど想像力に現われることができないのである。

何らかの言語で創作しようとする人は、その言語で考えなければならない。もしも彼が、ある言語で表現しようとするものを別の言語で考えるならば、それによって、彼は、その作業を二倍にしているのであり、その結果、彼の表現は、独自のものというよりも、翻訳調になるだろう。

このことは、われわれの思考が、ある程度、われわれが用いている言語からそのニュアンスを取り出していることを示しており、また、言語はいつも思考に従属しているには違いないが、時々そしてある程度、思考が言語に従属しているに違いないということを示している。

主人にとってとても役立ち、必要である召使が、徐々に権威を獲得するようになり、その結果、主人が屈しなければならなくなるように、そのことは、言語についてもそうなのである。言語の目的は、知性の奴隷になることである。しかし、それは非常に有益で必要なものなので、われわれは、言語が従わなければならないときに、〔逆に〕言語に導かれることがあることを避けられない。われわれは言語の妨害を振りほどくことができない。われわれは、それを引きずっていくしかない。それゆえわれわれは、言語が許すように行路を定め、歩みを整えなければならない。

言語には、哲学で用いられるとき、多くの不完全さがある。なぜなら、それは哲学で使用するために作られたのではないからである。初期の社会においては、粗野で無知な人々が、その要求や願望やおたがいのやりとりを表現するために、ある会話形態を用いている。その言語は、彼らの思索や思念以上には届かない。そしてもしもその思念が曖昧で、不明確なものならば、それらを表現する言葉も同じように曖昧で不明確なものに違いない。

一般的な言語の不完全さから逃れた哲学的な言語を作り出すことは、ウィルキンズ主教の偉大で高貴な計画だった[92]。この試みが一般的に役立つようになるほど成功するかどうかは、私が決定することではない。この目的において、その卓越した人によって費やされた労力は、これまで効果を生み出していない。彼の見解の中に詳細に立ち入った者はほとんどいなかった。ましてや、彼の哲学的言語と真性の文字が利用されることはほとんどなかった。

彼は、彼の哲学的言語と真性の文字が、言語によって表現されるすべての事物の体系的な区分とその下位区分に基づいていることを見出したが、それは一〇個のカテゴリーへの古代の区分の代わりに、四〇のカテゴリーあるいは最高位の類を作り出した。この区分は、非常に理解力のある精神によって作られたものであるが、常に導入されうるさまざまな体系に適合し、人間の知識においてなされたあらゆる本当の発展に適合するかどうかは疑わしい。その困難は、下位区分においてさらに大きい。その結果、偉大な才能のこの高貴な試みは、哲学者たちが人間の知識のさまざまな部門において同じ意見で同じ体系を持つまで、実を結ばないことが示されると思われるのである。

哲学者によって用いられる言語が、豊富さと明確さにおいて、少しずつ発展し、知識と言語における発展がたがいに協力し、促進しあうだろうと期待できるさらなる理由がある。しかし私は、われわれの知識が不完全な間は、言語の不完全さが決して完全には救済されないのではないかと思う。

いずれにせよ、言語の不完全さが、そしてさらにはその誤用が、多くの誤りの原因であることは明らかであり、学識ある人々が従事してきた多くの論争において、その〔見解の〕違いが部分的に、そしてある程度全体的に、言葉の意味についてのものであることは明らかである。

ロック氏は、彼の『人間知性論』の第四巻を(93)、言葉について、つまり、言葉のさまざまな種類、その不完全性と誤用、それら両方の是正について扱うことが必要だと考えた。そして、これらの主題について、注意深く精読する価値が十分にある多くの主張をした。

第四の部類の偏見は、劇場のイドラであり、それによって、われわれが訓練を受けたり、われわれが採用したりしている体系や学派から生じる偏見が意図されている。心の中にいったん固定された誤った体系は、言わば、われわれがそれを通して対象を見る媒介となる。対象は、その媒介から色合いを受ける。そして、純粋な光によって見られたときとは違う、別の色を持っているように見える。

同じ主題について、プラトン主義者、ペリパトス学派、エピクロス主義者は、その特定の主張と結び付いた問題についてだけでなく、それらから離れた事物においてさえも、異なった考え方をするだろう。

哲学者のさまざまな学派と、人類の間で通用してきた哲学のさまざまな方法の思慮深い歴史は、真理の探求において、人々を指示するのに少なからず役立つだろう。そのような歴史において、最も重大なものは、個々の学派の細かく詳細なドグマではなく、学派の精神と、物事が創始者に現われる視点を描くことである。このことは、道徳の理論に関する限り、スミス博士によって完全に理解されており、『道徳感情論』の中で、偉大な判断力と率直さでもって実行されているものである(94)。

人にはある種類の病気にだけかかり易い身体気質があり、その一方で、その種の病気が偶然に生じたときに、その病気に合った気質を誘発してしまうことがある。知性の病にもこれと似ている所がある。

ある気質の知性は、人を、ある意見の体系よりも別の体系へと向かわせる。そして一方、意見の体系は、教育あるいは他のものによって心の中に固定され、それに適した気質を知性に与えるのである。

流布してきたさまざまな体系は、その創設者から名付けられるだけではなく、その精神に従って分類されることが望ましいだろう。ベーコン卿は、誤った哲学を詭弁的なもの、経験的なもの、迷信的なものに区別し、それらの種類の個々のものに思慮深い意見を述べた。しかし、この主題は、もしもそのような面が見出されるならば、それによってより完全に扱われるべきだと思う。

第七巻　推論について

第一章　推論一般について、そして論証について

推論能力は、かなり緊密に判断能力と関係している。そして、それらを詳細に区別することは、日常生活の事柄にはほとんど重要ではない。このため、同じ名前が、しばしば両方へと付けられる。われわれは、推理の名前で両方を呼んでいるのである。われわれが命題に与える同意は、その命題が自明なものであろうと、推論によってその明証性が他の命題に由来するものであろうと、判断と呼ばれるのである。

だが、推論することと判断することには違いがある。推論することは、われわれが、ある判断から、その結果である別の判断へと進む過程である。したがって、判断とは、何ら先行する判断に基づかない直観と、推論によって何らかの先行する判断から演繹される論証に区別される。

それゆえ、すべての推論において、推理される命題と、それがそこから推理される一

つまたはそれ以上の命題がなければならない。そして、推理し、あるいは結論を導くこの能力は、推論に与えられたもう一つの名前でしかないのである。推理される命題は、結論と呼ばれる。そして、それがそこから推理される命題は、前提と呼ばれている。

推論は多くの段階からなる。第一の結論は、第二の結論の前提であり、また第二の結論は第三の結論の前提となるように、それはわれわれが最後の結論に行き着くまで続くのである。この種の多くの段階からなる過程は、非常に容易に判断から区別されるので、その名前で呼ばれることはない。しかし、結論への段階が一つしかないとき、その区別はそれほど明らかなものではなくなり、その過程はときには判断と呼ばれ、ときには推論と呼ばれるのである。

日常の談話では、判断と推論が十分に区別されないことは奇妙なことではない。なぜなら、それらはいくつかの場合では論理学者によってさえ混同されているからである。われわれは、判断は一つの命題で表現されるが、推論は二つあるいは三つの命題で表現されることを、論理学で教えられている。しかし、会話の様態はたいへんにさまざまなので、ある様態において、二つや三つの命題で表現されるものが、別の様態では一つの命題で表現されることもある。例えば、私は次のように言うことができる。「神は善だ。それゆえ、善人は幸福だ。」これは、論理学者が省略三段論法と呼ぶ種類の推論で、先行命題と、そこから導かれる結論とからできている。しかし、この推論は一つの命題によっても表現できる。つまり、「神は善なので、善人は幸福だ」というものだ。これは、論理学者が因果命題と呼ぶものであり、判断を表現している。しかし、推論である省略三段論法は、判断のようなものを何も表現しない。

判断と同じように推論も、真か偽でなければならない。いずれも、蓋然的なものか論証的な証拠に基づいている。そしていずれも、同意や信念を伴うのである。

推論能力は、まさしく、人間本性の特権の一つだと考えられる。なぜなら、それによって、それがなければわれわれの手に届く範囲にないだろう多くの重要な真理が、これまでにも発見され、これからも発見されるだろうからだ。しかし、制限された知性にとっては、それは一種の松葉杖のようなものでしかないように思える。われわれは、人間よりも優れていて、われわれが推論によって発見するしかない真理を、直観的に理解する知性を想うことができる。このため、われわれは、判断を全能者に帰属させなければならないが、推論は知性の欠点や何らかの制限を含んでいるので、全能者にそれを帰属させたりはしないのである。人々の間でさえ、自明な事物において推論を用いることは、くだらないことだろう。それは、足で歩くことができるときに、松葉杖で歩くようなものだ。

推論がどのようなものかということは、推論したことがあり、自分自身の心の働きを反省できる人によってだけ理解されるものである。われわれは、それを「推理する」、「結論を引き出す」というような、同じような言葉や言い回しによってだけ定義できる。それゆえ、推論というまさにその思念は、われわれ自身の心の中での推論の働きを反省するという経路以外には、心に入ってこないのである。そして、前提や結論、三段論法とその構成要素のすべての思念や省略三段論法、連鎖式、論証、誤謬推理、その他の多くのものの思念も、同じ起源を持っているのである。

推論能力をわれわれに与えるのは、間違いなく自然である。これが欠けていると、どのような学芸も教育もそれを与えることはできない。しかしこの能力は、熱と湿気の欠如のために、決して成長しない植物の種子のように、一生を通して睡眠状態にあるかもしれない。これが、おそらく未開人の場合なのである。

能力は純粋に自然の贈り物で、おそらく、さまざまな人々に、かなりさまざまな程度で与えられている。しかし、推論能力は、歩いたり走ったりする能力と同じように、習慣によって得られるもののように思える。その最初の行使を、われわれは思い出すことができないし、他人にも明確に見つけることはできない。それらはかなり脆いものであり、そして、見本によって導かれ、権威によって支持されなければならない。少しずつそれは強まるが、それは主に模倣と訓練によってなのである。

さまざまな主題について推論を行使することは、その機能を強めるだけではなく、心に多くの材料を備え付ける。馴染み深い推論のあらゆる連鎖は、多くの他の推論への踏み固められた道となる。それは、われわれの途上にある多くの障害を取り除き、われわれが将来の探求において旅をする機会を持つ多くの道をなだらかなものにする。

同じ本性的な資質を持っている人々が、その推論能力を何らかの主題に用いるとき、同じ、あるいは類似した主題でたくさん推論した人が、そうではない人に対して勝る。それは、作業のための多くの道具を持っている機械工が、これから道具を作ったり、発明さえしなければならないような人に対して優位にあるのと同じようなものなのである。

推論の連鎖において、読者や聞き手によって補われるべきものが何もない一つ一つの段階の明証性はいずれも、前提と結論を判明に把握し、それらを一緒に比較する成熟した知性を持つあらゆる人々に、直接に識別されるはずである。一つの視野で、この種の段階を組み合わせたものを把握することは、より難しく、卓越した本性的な力量を必要とするようである。すべてにおいて、その能力は習慣によってかなり発展するかもしれない。

しかし、推論における最も高度な才能は、証明の発明である。それによって、前提から離れた真理が光にもたらされる。知性のすべての作業において、証明を生み出すことは、最高の賞賛を得る。それは、主題に関係しているものについての広い視野を必要とし、目的に従属する類似や関係をすばやく識別することを必要とするのである。

すべての創意〔発明〕において、何らかの目的が考慮に入れられていなければならない。そして、この目的へと至る道を見つけるときの聡明さが、創意と呼ばれるものだと思う。主としてここに、そして明晰で判明な概念に、われわれが天才と呼ぶ知性の卓越性があると考えられる。

推論のあらゆる連鎖において、最後の結論の明証さは、残りのものの強さがどのようなものであろうと、連鎖の最も弱い結合の明証さよりも強くなることはありえない。

推論の最も注目に値する区別は、あるものは蓋然的であり、また別のものは論証的だということである。

論証的推論におけるあらゆる段階において、推論は必然的であり、その結論が、前提から出てこないということは不可能だとわれわれは知っている。蓋然的推論において、前提と結論の結び付きは、必然的ではなく、われわれは、前提が真であるのに結論が偽であることが不可能だとも考えたりしない。

ここから、論証的推論は程度も持たず、ある論証が別のものより強いということもあり得ない。とは言え、われわれの能力に関係して、あるものは別のものよりも容易に把握される。あらゆる論証は、その結論に同じ強さを与え、誤りである可能性を残さない。

思うに、論証的推論は、必然的な真理にだけ当てはまり、偶然的な真理には当てはまらないということが、すべての古代の人々の意見だった。この点において彼らは正しく判断していると思う。すべての被造物について、存在、属性、そして、結果的にそういった属性に由来する関係は偶然的なものである。それらは、それを作った方の意志と能力に依存している。これらは、事実の問題であって、論証を認めるようなものではない。

それゆえ、論証的推論の領域は、抽象的な事物の、つまり、存在にかかわらずわれわれが想う事物のさまざまな関係である。これらの関係について、事物は心によって想われ、実際にそうだと想われる以外のものではないので、われわれは、明晰で厳密に把握しているのである。その関係や属性は、必然的で不変なものである。それらは、ピュタゴラス学派やプラトン主義者が観念〔イデア〕という名前を与えたものなのである。観念という言葉のこの意味を、私が古代の哲学者から借りていることをご容赦願いたい。それから、観念が、われわれが論証的に推論できる唯一の対象であることを、彼らに同意しなければならない。

あまり多くない推論の連鎖においてさえ、われわれが関わる多くの観念がある。それらは、十分に定義され、完全に把握されていて、その一致と不一致はわずかであり、これらはすぐに識別される。われわれは、そのような対象について結論を作るときに、一つあるいは二つの段階を進むかもしれないが、それ以上進むことができない。論証的な推論の長い連鎖によって、われわれが非常に離れて予想もできないような結論に到達できるような別の推論もある。

私がかつて出会った推論の中で、厳密に論証的だと呼ばれる推論は、二つの部類にまとめられるかもしれない。それらは、形而上学的なものであるか、数学的なものである。形而上学的な推論において、その過程はいつも短い。結論は、それが基づく第一原理や公理からほんの一段階あるいは二段階で生じ、ほとんどそれ以上のものではない。そして、さまざまな結論はたがいに依存していないのである。

数学的な推論においてはそうではない。そこでは領域には制限がない。一つの命題は、別の命題へと至り、それは第三のものに、というふうに、終わりなく続くのである。もしもなぜ論証的推論が、数学の領域においてこれほど広い領域を持ちながら、その一方で他の抽象的な主題がかなり狭い範囲に制限されるのかと尋ねられればどうだろうか。私は、このことが主として、数学の対象である量の本性によるものだと考える。あらゆる量は、それが大きさを持ち、際限なく部分へと分割できるので、その大きさについて、同じ種のあらゆる量に対してある割合を持っている。量の割合は無数にあり、それは二分の一、三分の一、一〇分の一、二倍、三倍といったものである。数のすべての力をもってしても、割合の多様性を表わすには不十分である。というのも、数によって完全には表現できない無数の割合があるからである。それは、正方形の対角線に対する辺の割合、円の直径に対する円周の割合のようなものである。割合の無限の多様性について、あらゆるものが、他のものに間違われる危険がないように、明晰に想われ、そして判明に表現される。

線、面、立体のような、延長の量は、それらが大きさについて持っているさまざまな関係とは別に、形の点で、同じような多様性を持っている。そして、あらゆる数学的な形は、それがすべての他のものと区別するために、正確に定義されうる。

抽象的な推論の他の対象について、この種のものは何もない。それらの中には、さまざまな程度がある。しかし、これらは測ることもできないし、その種の他のものに対して割り当てられる比率を持っているとも言えない。それらは、単純であるか、いくつかの不可分の部分からできている。それゆえ、もしわれわれが表現することを許されるとしても、わずかな点に触れられるだけである。しかし、数学的量は、無数の部分からできているので、数えきれないほどの点に接することができ、数えきれないほどの異なった仕方で比較されるのである。

愛情の比率やそれらが生じる行動の原理によって、行動の価値を測るという試みがなされたことがある。このことは、おそらく類推という点では、以前に知られているものを例証するのには役立つかもしれない。しかし私は、いかなる真理も、この仕方で発見されるとは考えていない。慈愛や自己愛や他の愛情のさまざまな程度があることは間違いないだろうが、われわれが割合をそれらにあてはめても、判明な意味を持つことはないだろう。

直接的だと呼ばれる論証もあれば、間接的だと呼ばれるものもある。最初の種類のものは、証明されるべき結論に直接行きつく。間接的な論証の中には、背理法と呼ばれる論証もある。これらにおいて、証明されるべき命題に矛盾する命題が誤りであると論証されるか、不合理に行きつく。ここから、その矛盾、つまり証明されるべき命題が真であるということが導かれる。この推論は、二つの矛盾する命題について、もし一方が誤りならば、他方は真でなければならないという論理学の公理に基づいている。

別の種類の間接的な論証は、証明されるべき命題に関してなされうるすべての仮定を数え上げ、それから、証明されたものを除いて、他のすべてのものが誤りだと論証することによって進んでいく。そこから、残った仮定が真であるということになる。こうして、ある直線は、それが別の直線より大きなものではありえないことが最初に証明され、それからそれ以下ではありえないことを証明されることによって、それと等しいということが証明される。というのも、それは、より大きいか、より小さいか、あるいは等しいかでなければならず、そしてこれらの仮定の二つが誤りであると論証されるとき、三番目のものが真でなければならないからである。

これらすべての種類の論証は、数学で、そしておそらく他の学問でも用いられている。それらはすべて同じ強さの論証である。直接的な論証は、それが可能なところでは好まれる。それは、私が理解しているように、結論への最大の近道であるという理由のためだけによる。証拠とその強さの本性は、すべてにおいて同じである。ただ、われわれは、さまざまな道によって、結論へと導かれるのである。

第二章　道徳性が論証できるものかどうかについて

論証的推論について言われてきたことは、『人間知性論』のいくつかの箇所で述べられているロック氏の意見についてわれわれが判断するのに役立つ。つまり、「道徳性は、数学と同じく論証可能である」ということである。

第三巻第一一章で、混合様態は、とくに、道徳性に属している混合様態は、心がそれ自身の選択から集めた観念の組み合わせなので、その名前の意義が完全かつ正確に定義されうることを述べて、彼は第一六節で次のように付け加える。

私が、道徳は数学と同じように論証できると大胆にも考えているのは、この根拠によるのである。というのも、道徳の言葉が表わす事物の正確な実在的本質は完全に知られるので、事物それ自体の適合性や不適合性そのものが、確実に発見され、そこに完全な知識はあるからである。実体の名前が、様態の名前と同じように道徳性においてしばしば利用され、そしてそこから曖昧さが生じるということは、誰も反対しないだろう。というのも、実体について言えば、道徳的な議論に関するとき、そのさまざまな本性は探求されるというよりもむしろ、想定されているからである。例えば、われわれが人は法律に従うべきだと言うとき、われわれは、形ある理性的な被造物ということ以外には、人という言葉によって何も意味してはいない。そして、その被造物の実在的本質あるいは他の性質が何であるのかは、この場合、決して考察されていないのである。(1)

また、第四巻第三章第一八節では、次のように言う。「われわれがその作品である崇高な存在者の観念と、われわれ自身の観念は、われわれの中で明晰なものなので、もしも十分に考察され、追求されるならば、論証できる学問の中に道徳性をおくことができるような、行為についてのわれわれの義務と規則の基礎を提供するだろう。他の様態の関係は、数と延長の関係と同じように、確実に知覚される。そして、私は、もしも適切な方法が、その一致や不一致を吟味したり、追求したりするために考えられるならば、それらがなぜ論証できないのか分からない。(2)」

彼は後に、数学のどの命題にも劣らず確実だと思える道徳的命題として、二つの命題を例に挙げている。そして、何が量の観念に優位を与え、それらを確実で論証できるものだと考えさせるのかということを、詳細に考察している。

また、同書の第一二章第七、第八節では、次のように言っている。「私は次のことを言っていいと思う。それは、もしもそのいくつかの種類の唯名的本質だけでなく、実在的本質である他の観念が、数学者に馴染み深いやり方で追求されるならば、それらは、おそらくわれわれが想像できる以上に、偉大なる明証性と明断さを伴いつつわれわれの思考をさらに遠くまで運ぶだろうということである。このことは、われわれに、私が第三章で示唆した推測を押し進める自信を与えるだろう。つまりそれは、道徳性は、数学と同じくらい十分に論証できるということである。」[3]

これらの箇所から、この意見は一時的に思いついたことではなく、彼が、さまざまな機会において、心の中で考えたことだと思われる。彼は、それに対する理由を与え、事例によってそれを説明し、数学が道徳よりも論証できると人々が考えるようになった原因を、詳細に考察している。[4]

学識ある彼の友人の中の何人かは、特に彼の友人のモリニュー氏は、ロック氏の試論で彼が主張した観念による道徳の体系を作るように、彼をせき立て、要求した。そして、この請願に対する彼の答えの中で、彼は、自分の意見を変えることや〔友人たちに〕望まれたことを実行する困難を示唆することなく、他にするべきことがあるとだけ訴えたのである。

彼がこの意見のために与えている理由は賢明なものである。そして彼は、人類の最も高度な特権である美徳に対する関心から、美徳に最も有利で、理性において正しい基礎を持つように思われた選択肢を好んだのである。

しかしわれわれは、美徳の重要性が、この問題、またはどのような問題であろうと、自由や率直な吟味によって痛手を被るなどと恐れる必要はない。というのも、真理と美徳の重要性は、〔自由で率直な吟味の〕反対側には決して見出されない。暗愚と誤りが、悪徳に力を貸すかもしれないが、美徳に決して味方することはできないのである。

道徳におけるわれわれの決定が本当の判断ではなく、人間の行為における正しさや誤りが、行為を思索する人におけるある感じや感覚でしかないと考える哲学者たちは、吟味することなく、ロック氏の意見を拒否するに違いない。というのも、もしも道徳の原理が判断の問題ではなく、感じの問題でしかないならば、それらについての論証もありえないからである。また人々が、その存在の作者によって、美徳と呼ばれる行為を快楽を伴いつつ考察し、悪徳と呼ばれる行為を嫌悪感をもって考察するように作られているということ以外の理由も、それらに対して与えることもできない。

それゆえ、この類の哲学者たちが、ロック氏のこの意見に吟味する価値があると考えるとは期待されるべきではない。なぜならそれは、彼らが誤った仮説だと考えているものに基づいているからである。しかし、もしも道徳性におけるわれわれの決定が本当の判断であり、すべての他の判断のように、真か偽であるならば、これらの判断がどのような種類の明証に基づいているのかを理解するのかは重要だろう。

道徳性が論証できることを示すために、ロック氏によって提示されている論証は、「道徳についての言葉が表わす事物の正確な実在的本質は、完全に知られており、それで、事物それ自体の一致や不一致が完全に発見され、そこに完全な知識がある」(5)というものである。

確かに、論証の領域は、われわれが、完全で厳密な概念を持つことができる、抽象的に想われた事物のさまざまな関係である。そしてロック氏は、道徳的な言葉が言い表わしているすべての事物を、この種のものだと捉えて、道徳性は数学と同じように論証できるものだと結論づけた。

私は、美徳と悪徳の名前、権利と義務の名前、自由と所有の名前が、正確に定義され、あるいは少なくとも数学的量と同じくらい判明で正確に想われる抽象的な事物を表わすということを認める。そしてそこから、実際に、その相互の関係は、数学の真理と同じくらい明晰で確実に知覚されるのである。

このことについて、ロック氏は、二つの適切な例を挙げている。その第一のものとして、彼は次のように言う。「財産のないところには、不正もないということは、ユークリッドの論証と同じくらい確実な命題である。(6)」

不正が財産の侵害だと定義されるとき、人が持っていないものをあなたがその人から取ることができないのと同じように、財産のないところでは不正はありえないということは、必然的な真理である。

第二の例は、「どのような統治も絶対的な自由を許さない(7)」ということである。これは確実なだけではなく、必然的な真理である。

そのような抽象的な真理を、私は、道徳的なものというよりも、むしろ形而上学的なものと呼ぶつもりである。われわれは、数学的という名前を、抽象的に考察された量の関係を言い表わす真理に与える。すべての他の抽象的な真理は、形而上学的と呼ばれうる。しかし、ロック氏によって言及されているものが道徳的な真理と呼ばれるべきならば、私は、必然的に真であり、しかも数学的な真理が持ちうるすべての明証を持つ多くのそういった真理があることについて、彼に同意する。

しかしながら、次のことが思い出されるべきである。それは、以前述べられたように、数学的な量の関係を除いて、われわれが知覚できる抽象的な事物の関係はほとんどなく、われわれが論証と呼ぶ一連の推論を要求しないほど、大部分は直接に識別されるということである。その明証性は、数学的な命題よりも数学的な公理の明証性により似ている。

このことは、ロック氏によって例として与えられている二つの命題に現われている。最初のものは、不正についての定義からすぐに導かれる。第二のものは、統治の定義から導かれる。その明証性は、論証的と呼ばれるよりも、直観的と呼ばれるほうがより適切だろう。そして、このことを私は、先ほどの章で示した理由によって、数学的ではないすべての抽象的な真理について事実だと、あるいは、ほとんど事実だと考えている。

道徳的だと呼ばれることが適切だと思われる命題は、何らかの道徳的な義務が、一人あるいはそれ以上の個々の人格に義務としてのしかかっているか、そうでないかを断定する命題である。そのような命題に、ロック氏の推論は適用されない。なぜなら、その命題の主語は、実在的本質が完全に知られるものではないからである。それらは、神の被造物であり、その義務は、神がそれらに与えた成り立ちと、神がそれらを置いた状況に由来する。個人がそのような成り立ちを持ち、そのような状況に置かれているということは、抽象的で必然的なものではなく、偶然的な真理である。それは事実の問題であり、それゆえ、必然的な真理にしか属していない論証的な明証を持ちえない。

あらゆる人が、自分自身の存在について持っている明証は、抵抗しがたいものとは言え、論証的なものではない。そして、同じことが、あらゆる人が持っている次のことについての明証にも言える。つまり、彼は道徳的な行為者であり、ある道徳的な義務のもとにあるということである。同じように、われわれが他者の存在について持っている明証は、論証的なものではないし、彼らを道徳的にし責任ある行為者にするような機能を、彼らが与えられているということについて持っている明証も、論証的なものではないのである。

もしも人が、行為におけるある事柄が正しく、また別の事柄が間違っていることを知覚し、そしてその人の義務が正しいことをすることであり、間違っていることをしないことだということを知覚するという、神によって与えられた能力を持っていなかったならば、その人は、道徳的で、責任ある存在ではないということになるだろう。

もしも人が、そのような機能を授けられるならば、この機能によって、正しいと直接的に識別されるものと、間違っていると識別されるものがなければならない。それゆえ、他の学問におけるのと同じように、道徳にも、その明証性が先行する原理に由来するのではなく、直観的に識別されると言われる第一原理がなければならない。

それゆえ、道徳の真理は、二つの部類に、つまり知性と道徳機能が成熟したあらゆる人に自明なものと、自明なものから推論によって演繹されるようなものに分けられる。もしも最初のものが推論なしに識別されないならば、後者はいかなる推論によっても識別されることはないだろう。

もしも誰かが、自分の現在と将来の幸福を気遣う義務や、約束に忠実である義務、創造主に従う義務、人を傷つけない義務を意識していないと心から言えるならば、私は、蓋然的なものであろうと論証的なものであろうと、何らかの道徳義務について彼を納得させるためにどのような推論を使うことができるのかがわからない。あなたが数学において公理を否定する人と推論できないように、道徳の第一原理を否定する人と道徳についてほとんど推論できないだろう。彼自身の心の光によって行為におけるあるものが正しく、別のものが間違っていることがわからない人は、盲目の人が色について推論できないのと同じように、道徳について推論できないだろう。もしそのような人がいたとしても、そのような人は、道徳的行為者ではないし、道徳義務を持ちえないだろう。

道徳の第一原理のいくつかは、直接に識別されなければならない。そうでなければ、われわれは、それ以外のものが依拠し、あるいはそこからわれわれが推論できる基礎を持たないだろう。

誰でも次のことを確実に知っている。それは、自分が他の人々においてよしとするものを、同じような状況では自分もするべきだということであり、他人について自分が非難することを自分もするべきではないということである。誰でも、率直に、自分の義務を履行するための最良の手段を用いるべきだと知っている。良心を持っているあらゆる人にとって、このことは自明である。それは、われわれの道徳的機能が直接に命ずるものである。そしてそれは人間の成り立ちの一部なのである。そして誰もが、それらに反しているとわかっていることをするとき、自分が意志したことであろうとそうでなかろうと、自らを責めるのである。それゆえ道徳のこれら根本的な原理と、他のものと呼んでよいだろう原理の明証性は、論証的なものではなく、むしろ直観的なものに思える。

良心の指図に従って行為し、正しく義務を知ることに適切な労苦を払う人は、その知性の不完全さや誤りがどのようなものであろうと、道徳については完全な人であり、非難に値しない。そういった指図に反することをわかっていて行動する人は、罪を意識し、自責の念にとらわれることだろう。道徳の根本的な規則の中に明らかに含まれているあらゆる個々の行為は、明らかにその人の義務となるものであり、そうだと自分を納得させるためのいかなる推論も必要ではない。

こうして、次のことが明らかに思える。それは、共通の知性をもつあらゆる人は、確実に、そして推論なく、自分が追求するべき究極の目的を知っていて、推論は、それらを達成する最も適切な手段を発見するためだけに必要である、ということである。そして実際に、優れた人がしばしば疑いを抱くのはこの点〔どの手段が最も適切かということ〕なのである。

例えば、行政官は、自分に権威を委ねた共同体の善を促進することが義務だと知っている。そして、推論によってこのことを彼に示そうとすることは、彼を侮辱することだろう。しかし、彼の職や別の職における運営計画が、最もその目的に役立つかどうかについて、彼は多くの場合において疑いを抱くだろう。そのような場合に、彼は、ほとんど論証的な明証を持つことができないと私は思う。彼の良心が彼が追求するべき目的を決定し、彼は、彼の目的がよいものであるという直観的明証を得る。しかし、思慮によって、その目的を達するための手段が決定されなければならない。そして思慮は、ほとんど論証的推論を用いることができず、最も蓋然性が高いように思えるものにとどまらなければならないのである。

われわれが神や人に負っているあらゆる種類の義務について、同じことが言えるだろう。つまり、義務の最も一般的な規則の責務は自明であり、これらの規則を個々の行為に当てはめることも、しばしば同じように自明であり、そしてそれが自明ではなく推論を要求するときには、その推論は、論証的なものではほとんどありえず、蓋然的な種類のものとなるだろう。その推論がその人自身の気質や才能や状況に依存するときもあれば、他人の性格や状況に依存し、その両方に依存することもあるだろう。これらは、論証を許さない事柄なのである。

あらゆる人は、神がその人に最善の目的で与えた才能を利用しなければならない。しかし、もしもその人が予見できない偶然や克服しがたい無知によって、それらが本来よりも有益に利用されなかったとしても、正しい裁判官によって彼のせいにされないだろう。

有徳の人が、世知に長けた人よりも、その目的を達成するために、より確実に行動するということは、共通した、正しい意見である。しかしそれは、その目的を達成する手段についてその人がよりよく推論するからではない。というのも、一般にこの世の子供というものは、しばしば、光の子供よりも、その時代のことについて賢明に振る舞うからである。(8) しかしこの意見の理由は、現世のすべての関心事に深く影響を与える、不本意な誤りや、予見できない事故、そして克服できない無知は、美徳やその報酬に影響を与えないというものである。

人生における通常の出来事において、何が正しくて、何が間違っているかを判断するときに、その道徳的な機能を行使してきた誠実な人は、常道を理解するように、推論なしに、その義務を理解するのである。推論を必要とする事例は、必要としない事例に比べてほとんどなく、そして推論できず、論証が何を意味するのかを知らない人が、とても正直で、美徳のある人かもしれないのである。

推論能力を持っている人々でも、その能力は、他の問題におけるのと同じように、道徳において誤用されるかもしれない。正直な気持ちと、何が義務かを見つける正しい目で推論能力を使う人にとって、その能力は大いに役立つだろう。しかし、人が強い傾向性を持っているものを正当化するときに使われるとき、それは、自分自身や他人を欺くのに役立つだけだろう。そういった人が推論するとき、その情緒が推論し、それらは、われわれが出会う最も巧みな詭弁家になるだろう。

もしも美徳の規則が、論証的な推論によって、あるいは何らかの種類の推論によって発見されなければならないならば、推論能力を高める手段を持っていない大部分の人々の状態は、残念なものであろう。美徳がすべての人々の務めであり、美徳についての第一原理は、それぞれの人の心の中や性格に非常にわかりやすく書きこまれているので、どのような人も美徳についての第一原理やそれらを実践する彼の義務の無知を主張することはできないのである。

義務と道徳的責務についてのいくらかの知識は、すべての人々に必要なものである。それがなければ、人々は、道徳的でも責任ある被造物でもありえないだろうし、市民社会の成員でもいられない。それゆえ、自然は、すべての人々の手の届く範囲にこの知識を置いたのだと考えられてよい。推論と論証は、大部分の人類が振りかざすことのできない武器である。すべての人々にとって必要な知識は、すべての人々によって獲得できるものでなければならない。われわれは、人の自然の生活にふさわしいものでは、そのようになっているということを知っている。

有益な事物と有害な事物の知識は、すべての人にとって必要なものなので、それなしては、人類はすぐに滅ぶだろう。しかし、この知識が得られるのは、推論によるのではないし、ましてや論証的推論ではない。それが得られるのは、感官、記憶、経験、情報によってなのである。これらは、すべての人に開かれていて、学識ある人も学識のない人も、推理できる人も推理できない人も、同じ水準に置く知識の手段なのである。

それゆえ、自然の類推から、すべての人々にとって必要なものである道徳の知識は、論証的推論よりも、すべての人々の能力に適した手段によって得られなければならない、と期待されるかもしれない。(9)

これは、事実そうであろう。人々の能力が成熟するとき、すべての道徳推論が還元されうる道徳の第一原理は、直観的に知覚され、いわば、論証的推論の結論よりも、感官の知覚に類似しているのである。

道徳的な言葉が表わす抽象的な事物の一致や不一致を表現する命題が、数学的真理が有するすべての明証性を持っているという点で、私は、全体としてロック氏に同意する。だがこれは、道徳的な言葉が表わす事物に特有のことではない。あらゆる種類の抽象的な命題に共通のものなのである。例えばあなたは、彼が持っていないものを彼から取り上げることはできない。人は、束縛されると同時に、完全に自由であることはできない。誰もこれらを道徳的真理だとは呼ばないだろう。しかし、それらは必然的な真理であり、数学におけるあらゆる命題と同じように明らかである。実際、それらは、ロック氏が論証可能な道徳命題の例として与えている二つの例に非常に密接に関連している。そのような抽象的な命題について、それらが論証できるものであるということよりも、それらが数学的公理の明証性と同じ明証性を持っていると言われるほうが、より適切かもしれないと、私は考えている。

単独で道徳的命題の名前に値する、もう一つの種類の命題がある。それは、あるものを、実際に存在している人格の義務であると肯定するような命題である。これらは、抽象的な命題ではなく、それゆえ、ロック氏の推論は、それらには当てはまらない。そのようなすべての命題の真理性は、それらが適用される人格の成り立ちや状況に依拠しているのである。

そのような命題の中には、良心を持っている人になら誰にでも自明な命題がある。そしてそれらは、すべての道徳推論がそこから導かれなければならない原理なのである。それらは道徳の公理だと呼ばれてよい。しかしこれらの公理から、自明ではない義務へのわれわれの推論は、ほとんど論証的なものではありえない。またこれは、美徳の理念に損害を与えるようなものでもない。なぜなら、義務の問題において、最も蓋然的だと思えるものに反して行動することは、論証に反して行動するのと同じように、道徳の第一原理に対する本当の違反だからである。だから推論するときにたった一つの才能しか持っておらず、それを適切に使う人は、神が一〇個の才能を与えた人と同じように、そのことを受け入れられるだろう。

第三章　蓋然的推論について

すでに見てきたように、論証の領域は、必然的な真理である。そして蓋然的推論の領域は偶然的真理であり、必然的に、すべての時代で真理というわけではないが、今は真理かもしれないし、過去に真理だったかもしれないし、そして未来には真理かもしれない。

どのような偶然的真理も厳密には論証できない。しかし、必然的真理もときには蓋然的な明証を持つかもしれない。

ウォリス博士は、個々の前提から一般的結論を引き出すような種類の帰納によって、多くの重要な数学的真理を発見した(10)。これは厳密な論証ではないが、時には論証と同じくらい完全な確信を与える場合もある。そして人は、ある真理は論証される前でも論証可能だと確信するかもしれない。別の場合には、数学的命題は、数学者にその論証を探求するように促すような蓋然的な明証を、帰納や類推から持つようになるかもしれないのである。しかし、それでも数学的あるいは他の必然的な真理に適切な推論は論証である。そして、偶然的な真理に適切なものは、蓋然的な推論である。

これら二種類の推論は、他の点でも異なる。論証的推論において、一つの論証は、千の論証と同じくらい十分なものである。ある論証は、別の論証よりも見事なものであるかもしれない。それはさらに容易に把握されるかもしれないし、または現在のものを超えて、ある目的により貢献するかもしれない。これらの説明の中に、人に好まれるようなものがあるかもしれない。しかしその一方で、論証はそれ自体で十分なのであり、別のものからの助けを必要としないし、どのような助けも受け取ることはできないのである。同じ結論についてさらなる論証を加えることは、推論における一種のトートロジーである。なぜなら、明晰に把握された一つの論証は、われわれが持つことのできるすべての明証性を与えるからである。

蓋然的推論の強さは、大部分、どのようなものであれ一つの議論に依拠するのではなく、多くの議論に依拠しているのである。それら多くの議論は、その力を合わせて、同じ結論に至るのである。それらの中のいかなる一つのものも、それ自体では、確信させるには不十分である。しかし、一緒になった全体が、抵抗しがたい力を持ち、その結果、それ以上の明証性を望むことは不合理である。チャールズ一世やオリバー・クロムウェルのような人がいたということを証明するための新しい論拠を求める人が誰かいるだろうか。

そのような明証性は、一緒により合わされた多くの細い繊維からなるロープになぞらえられてよい。ロープは、その上に置かれた圧力に耐えるのに十分な強さ以上のものを持っている。もっとも、ロープが作られる繊維のどの一本をとっても、その目的には十分ではないだろうが。(11)

論証を認めない事物に論証を要求することが不合理であることは、共通の意見である。推論なく知られる事物のために、いかなる種類のものであっても論証を要求することは、同じように不合理である。あらゆる推論は、推論なしに知られる真理に基づかなければならない。真知のあらゆる部門には、蓋然的にであろうと論証的にであろうと、推論なしに、その真理が直観的に知られる第一原理がなければならない。それらは推論に基づいていないが、すべての推論がそれらに基づいているのである。必然的な真理の第一原理や、偶然的真理の第一原理があるということはすでに示された。論証的推論は、前者に基づいており、蓋然的推論は後者に基づいている。

われわれが言葉の曖昧さによって困惑しないように、上述した蓋然的明証性――哲学的な意味と混同するべきではない――の一般的な意味があるということを述べておくことは適切である。

日常の言語では、蓋然的明証性は、劣った程度の明証として考えられており、確実さに反するものと考えられている。それゆえ、確実なものは、蓋然的である以上のものであり、蓋然的でしかないものは、確実なものではない。哲学者は蓋然的明証性を、確実性にではなく論証と呼ばれる別の種類の明証性に反対する一種の明証性として考えていて、明証性の程度として考えているのではない。

論証的な明証には程度がない。しかし、哲学的な意味で理解されている蓋然的な明証には、最小限のものから、われわれが確実性と呼ぶ最大限のものまで、あらゆる程度がある。

ローマのような都市があることを、ユークリッドにおけるあらゆる命題と同じように、私は確信している。しかし、その明証性は論証的なものではなく、哲学者が蓋然的だと呼ぶ種類のものである。とは言え、日常の言語においては、ある程度の疑いや不確実性を含んでいるからといって、ローマのような都市があるのは蓋然的だと言うことは奇妙に聞こえるだろう。

それゆえ蓋然的な明証性を、論証的なものと対立するように哲学的な意味で理解すれば、それは、最小限のものから最大限のものまであらゆる程度の明証性を持ちうるのである。

ほとんどの場合において、明証性の程度は、それらが明晰で先入観なしに把握されるときに、健全な知性に対して与える効果によって測られるだろう。心によって知覚されるあらゆる程度の明証性は、それに比例する程度の同意や信念を生み出す。二つの対立する意見の間で、どちらに対する明証もないか、あるいは両方に対する等しい明証があるとき、それらの間で判断は完全に停止するかもしれない。少しでも一方が優勢だと、それに比例して判断も傾く。すべての疑念が消失し、そして信念が堅固で確固としたものになり、最高度の明証性に到達するまで、信念は大なり小なり疑いと混ぜ合わされるのである。その最高度の明証性、つまり、人間の機能が到達できる最高度のものを、われわれは確実性と呼ぶのである。

蓋然的な明証性は、論証的な明証性とは種類の点で異なるだけでなく、それ自体様々な種類のものがある。これらの主なものについて、私は、完全に数え上げると主張はしないが、言及していくことにしよう。

第一の種類は、人間の証言についてのものであり、人間の知識の最大部分がその上に建てられている。

歴史の正しさの信仰は、人々が獲得した権利、そして、犯罪の嫌疑をかけられたときの人々の有罪や無罪に関する正式な法廷の判断に関するときと同じように、人間の証言に依拠している。裁判官・法廷弁護人・歴史家・批評家・古代研究者の仕事の大部分は、この種類の証拠を、念入りに調べ評価することである。そして、日常生活の出来事において十分な判断力を持っていないどのような人も、それについて共通の分別で行動できないのである。

多くの場合に、われわれが証言に与える信頼は、証人の誠実さに基づいているだけではない。単一の証言において、われわれは、人が偽るために持つ動機を考察する。そのような動機が見えず、偽るための動機とは反対側にさらなる動機があったならば〔つまり、偽らない動機がさらに見出されるならば〕、彼の証言は、彼の道徳的性格から独立した重要さを持つだろう。もしも証言が状況的なものならば、われわれは、状況がどの程度まで一致するかを、知られている事柄とともに考察するだろう。状況についての思慮深い吟味によって嘘だと見抜かれない話を組み立てることは非常に難しいので、証言は、そのような審理に耐えることによって明証性を獲得するのである。有能な裁判官や法廷弁護人に十分に知られている裁判所の手続きにおいて、偽の証拠を見抜く技術がある。その結果、私は、偽証した者が、その罪を疑われることなしに、法廷を去ることはほとんどないと信じている。

前もって協力することなしに、非常に多くの状況において、多くの証言の一致があるときには、その明証性は、論証の明証性に等しくなるかもしれない。

第二の種類の蓋然的明証性は、問題になっている点についての優れた裁判官である人々の権威である。イギリス国民の司法権の最高法廷は、しばしば、法律の点では法律家の意見によって、医療の件では医師によって、そして他のいくつかの職業に関するものにおいては、それについての他の技術者の意見によって決定される。そして、日常生活の中で、われわれ自身が適切な判断者でない点では、われわれは、頻繁に他人の判断に頼るのである。

第三の種類の蓋然的明証性は、それによって、われわれが事物や、知人の人格の同一性を認識するためのものである。二本の剣、二匹の馬、二人の人物が、それらを最もよく知っている人々によっても区別できないほど完全に似ているということが不可能であることを示すことはできない。しかしわれわれは、自然あるいは経験から、そういったことは決して起こらないとか、非常に稀であるということを学ぶ。そして、われわれがよく知っている人格あるいは事物は、われわれが彼らを同じ種類のすべての他の個体から区別するために用いている目印あるいは記号を知覚するとき、何の疑いもなしにすぐに認識されるということを、われわれは学ぶのである。

これは、生活の最も重要な事柄においてわれわれが依拠している明証である。そしてこの明証によって、事物と人格の両方の同一性は、法廷において決定されるのである。第四の種類の蓋然的明証性は、われわれが人における行動の一般的な原理から、あるいは個人についての知識から、われわれが人々の将来の行動や行為について持つものである。

人々に見られる愚かさや悪徳にもかかわらず、正気な人なら誰でも、われわれが頼るある程度の思慮や誠実さがある。もしもそうでないならば、どのような人も他人と一緒にいるときに安全ではないだろうし、人類の間に社会などありえないだろう。もしも人々が人に善行をするのと同じくらい害し、真実を話すのと同じくらい嘘をつく傾向にあるのならば、その人たちは、一緒に生きていくことができないだろう。人々は、できるだけたがいに距離をとるだろうし、人類はすぐに滅ぶだろう。

われわれは次のことを期待している。それは、人々が自分自身やその家族、友人や評判を気遣うだろうということであり、また、人々が、何らかの誘惑なしには他人を傷つけないだろうということであり、また、彼らが好意に対していくらか感謝し、危害についていくらか憤慨するだろうということである。

人間の行為に関するそのような格率は、すべての政治的推論、そして生活の行為における共通の思慮の基礎である。人は、生活が公的であるか私的なものであるかにかかわらず、自分自身だけではなく他の人々の行為に依存していないいかなる計画も、そして、人々がしかじかの状況でしかじかの役割を果たすだろうということを想定しないで進むいかなる計画もほとんど作ることはできない。この明証は、非常に高い程度の蓋然性を持つかもしれないが、決して論証的なものとはなりえない。ある人々が、期待されるすべての道理に反するような役割を果たすことによって、最もうまく考案された計画が失敗し、賢明な弁護士も挫折するかもしれない。

先ほどのものの対応物である、別の種類の蓋然的明証は、われわれが人々の性格と意図を、彼らの行動や会話や他の外的な記号から推理するものである。

われわれは、人々の気持ちや、その気持ちが活発化される原理を見ることはない。しかし、それらの原理や傾向性の外的な記号があり、それらは、確実ではないが、ときには、人々の告白よりも信頼されてよいものである。そして、われわれが人々の性格について得ることができるすべての知識を引き出さなければならないのは、外的な記号からである。

私が言及する次の種類の蓋然的な証拠は、数学者が偶然の蓋然性と呼ぶものである。

われわれは、いくつかの出来事を偶然に帰属させる。なぜならその場合、われわれは、一定数の出来事の中から、他のものよりもある特定の出来事を優先的に決定する直接的な原因を知らず、多くの出来事からある出来事を生み出すであろう離れた原因しか知らないからである。

われわれが数学で推論するすべての偶然は、この種のものである。例えば、テーブルの上に正六面体のさいころを投げるとき、われわれが、その六面が表になるのは同じ見込みだと言う。なぜなら、それを投げる人も、見物人も、別の面よりも他の一つの面が表になるために必要な力や方向の正確な方法を知らないからである。それゆえ、ここに六つの出来事があり、その一つは生じなければならず、そしてすべてのものが等しい蓋然性を持っていると考えられている。そしてどの一つの面が表になるかという蓋然性は、例えば一の目がでる蓋然性は、残りの五つの数と同じなのである。

二個のさいころを振って二個の一が表になる蓋然性は、残りの三五通りと同じである。なぜなら、ここに〔全部で〕三六の事象があり、そのそれぞれは等しい蓋然性で起こるからである。

この推論が関わる事象は必然的ではなく、偶然的なものであり、確実なものではなく蓋然的なものであるが、これらの原理の上で、偶然の学説は、広範な論証的推論の領域を提供した。

これは、偶然的真理は論証できないという、以前に主張された原理に反するように見えるかもしれない。しかしそうではない。というのも、偶然についての数学的推論において論証された結論は、これこれの事象が生じるだろうということではなく、それが生じる蓋然性は、それが生じない蓋然性に対するこれこれの比を生み出すということだからである。そしてこの結論は、それが基づく想定のもとでは必然的なのである。

私が言及しなければならない最後の種類の蓋然的証拠は、既知の自然法則が発見され、それらによって先の時代に生み出された、あるいは来たる時代に予想される結果が発見されるというものである。

自然法則は、崇高なる存在者が世界を統治する規則である。われわれは、それらを、自分自身の観察できる範囲にあり、それらを観察してきた人々によって適切に証明されている事実だけから導くのである。

いくつかの自然法則についての知識は、生活行為に関して、すべての人々にとって必要なものである。これらの自然法則は、未開人によってさえすぐに発見される。彼らは、火が物を燃やす、水に入ると溺れる、物体が大地にひきつけられることを知っている。彼らは、昼と夜、夏と冬が、規則的に繰り返すことを知っている。彼らの経験や情報が届く範囲で、彼らは、これらが規則的に起こったことを知っていて、このもとで、彼らは、人間本性の成り立ちによって、それらが同じような環境で再び生じるだろうと期待するようになる。

哲学者が自然法則について獲得する知識は、それが基づく第一原理においてではなく、その範囲と正確さにおいて、一般人の知識と異なるのである。彼は、注意深く、同じ結論へと至る現象を集め、それらを、それに反したり制限したりするように見えるものと比較する。彼は、あらゆる現象が依存する状況を観察し、それらを偶然にそれと結びついたものから注意深く区別する。彼は、自然の物体をさまざまな状況に置き、それらをさまざまな仕方で互いに当てはめ、意図的にその結果を観察する。こうして、彼は、多くの世代における常日頃の観察によって集められるものよりも、彼の感官から、短い時間で、自然のより広範な知識を獲得するのである。

しかし、その骨の折れる研究の結果は何だろうか。それは、彼が観察できる限り、これこれの事物が、いつもこれこれの環境で生じ、これこれの物体がいつもこれこれの特性を持っていることが見出されるということだ。これらは、感覚や記憶や証言によって正しいことが示される事実の問題であり、一般人が知っている〔哲学者が知っているよりも〕わずかな事実が、彼らに対して示されるのと同じなのである。

哲学者は、自分が集めてきた事実からどのような結論を導くのだろうか。それは、同じような出来事が、同じような環境で以前にも生じたということであり、将来にも生じるだろうということである。そしてこれらの結論は、素朴な田舎者が太陽は明日も昇るだろうと結論づけるのと、まさに同じ根拠をもとに打ち立てられているのである。

一般規則に還元される事実と、これらの一般規則の結果は、われわれが、物質世界について実際に知っているすべてである。そして、そのような一般規則が例外のないものであるという明証、つまり、それらが過去にそうであったように、将来においても同じだろうという明証は、決して論証的なものではありえない。哲学者が蓋然的だと呼ぶのは、その種の明証のみである。一般規則は、どのような人も観察する機会を持たなかった例外や限界を持っているかもしれない。自然法則は、それを作り出した者によって変化させられうる。しかし、われわれは、われわれの成り立ちによって、まるでそれが論証可能なものであるかのように、ほとんど疑うことなく、それらが続くことを信頼するように導かれているのである。

私は、すべての種類の蓋然的明証を完全に数え上げたと主張するつもりはない。しかし、私が言及してきたことは、われわれの知識のかなりの部分、そして最も興味深い部分が、この種の証拠に依拠していなければならず、哲学者たちが蓋然的だと呼ぶ種類の証拠しかわれわれが持っていない多くのものが確実なものであるということを示すのに十分だろう。

第四章　理性に関するヒューム氏の懐疑主義

『人間本性論』の第一巻第四部第一節で、著者〔ヒューム〕は、次の二点を論証しようとしている。それは、第一に、人間の知識（論証的な知識を意味している）と呼ばれるすべてのものは、蓋然的でしかないということ、そして第二に、この蓋然性は、十分に吟味されたとき、徐々に消滅し、ついにはまったく明証性を残さないということ。その結果、結局のところ、その反対の命題を信じるというよりもむしろどのような命題をも信じる根拠はなく、「どのようなものでも推論したり信じたりするすべての人々は、確かに愚か者なのである」(12)ということになる。

この説明によれば、理性は、人の特権を誇り、心の光であるのだが、鬼火でもある。それはさまよう旅行者を誤った方向へと導くものであり、最後には、彼を絶対的な暗闇に取り残すのである。

人が、矛盾を信じる必然性のもとに、そして自分自身が誤りだと告白する案内人を信じる必然性のもとに生まれたとしたら、どれほど不幸だろうか。

この学説がどのような良識ある人によっても、決して深刻に取り上げられなかったことは、いくらかでも慰めになる。そして、この著者が、「論理学のすべての規則は、すべての信念と明証の完全な根絶を要求する」(13)ことを示した後でも、彼自身、そして正気のすべての人々は、多くの物事を信じたにちがいなかったし、そして、彼が消滅させた明証に同意を与えたのだった。

このことを、実際に、彼は率直に認めている。「私は、自分自身が、生活の日常事において、他の人々と同じように生き、話し、活動するように絶対的かつ必然的に決定されているのを見出す。そして理性は、これらの暗雲を追い払うことができないので、かなり幸運にも、本性それ自体はその目的に十分であり、私を、この哲学的憂鬱と錯乱から救済してくれるのである。(14)」第七節を見よ。

これは確かに、自然のたいへん親切で好意的な仲裁だったのである。というのも、この哲学的な錯乱の結果は、もしもそれらが生活に持ちこまれるならば、とても憂鬱なものになったに違いないからである。

しかし、自然(この人物によってどのようなものが意味されようとも)は、この錯乱を癒してくれるほど親切なのだが、それを引き起こすほど残酷だとしたらどれほど哀れなことだろうか。同じ泉が、甘い水と苦い水を送り出すのだろうか。もしも癒しが自然の御業ならば、病は別の手から生じ、哲学者のなしたことだという方がよりありそうなことではないだろうか。

理性には力がないということを推論によって論証すると主張することは、実に哲学的錯乱のようなものである。それは、ある人自身や他のすべての人々が盲目であるということがはっきりと見えるということを、人が主張するようなものである。

錯乱のよくある兆候は、すべての他の人々が愚か者で、狂気だと考えることである。これは、われらが著者の場合に当てはまるように思える。彼は、「どのようなものでも推論したり信じたりするすべての人々は、確かに愚か者なのである」[15]と結論づけたのだった。

この錯乱の原因がどのようなものであっても、もしもそれが実際のもので、偽造されていなかったならば、それは推論によって癒すことができるものではなかったと認められなければならない。というのも、理性の権威を認めない人を、推論によって確信させようと試みることほど不合理なことがありえようか。それゆえ、自然がそれを癒す他の手段を見出したということは、非常に幸運なことなのである。

しかしながら、著者〔ヒューム〕が考えているように、論理規則の正しい適用によってその錯乱が生み出されるかどうか、あるいは他の人が考えがちなように、それらの誤用や濫用によって生み出されるかどうかを探求することは不適切ではないだろう。

第一に、われわれは誤りうるものなので、著者は、すべての知識は蓋然性へと悪化すると推論している。(16)

人や、おそらくあらゆる被造物が誤りうるものであるということ、そして誤りうる存在者は、誤りえない存在者が持つ真理についての完全な把握と確信を持つことができないということ、私はこれらが当然のものだと認められなければならないと考えている。それは、誤りうる存在者を謙虚なものとし、新しい光へと開き、何らかの間違った偏見あるいは性急な判断によって、彼が誤って導かれるかもしれないということを認識させるのである。もしもこれがある程度の懐疑主義だと呼ばれるのならば、私はそれを肯定しないわけにはいかない。なぜなら、神が人に与えた機能を、実際以上に完全なものであると考えることなく最大限に利用する人は、生活行為において必要で、そして彼の創造主を受け入れることに必要なすべての信念を持つことができるからである。

それから、次のことが認められなければならない。それは、人間の判断は、いつも、判断におけるわれわれの可謬性についての謙虚な感覚を伴いつつ作られなければならないということである。

これは、論理の規則によって、われわれが誤りうることから推論されうるすべてであ
る。そして、もしもこれが、蓋然性への知識の悪化ということで意味されていることの
すべてであるならば、私は、違う意見の人を誰も知らない。

しかし、次のことは述べられてよいかもしれない。それは、著者はここで、私が彼以
外の権威を知らないような意味で、蓋然性という言葉を用いているということである。
哲学者は、蓋然性を、論証に反対するものとして理解し、一般人は確実性に反対するも
のとして理解している。しかし、この著者は、それを不可謬性に反対するものとして理
解しているが、どのような人もそれを主張したりはしない。

自分自身が誤りうる者だと信じている人でも、2＋2は4であることは確実だという
こと、二つの矛盾した命題は両方は真ではありえないということは確実だろうと主張し
てもよい。彼は、不可謬性を要求することなしに、あるものは蓋然的でしかないが、別
のものは論証可能なものであると信じてもよいのである。

もしもわれわれが言葉を厳密な意味で用いるならば、論証が、われわれの機能の不完
全性から蓋然性へと悪化することは不可能である。われわれの判断は、われわれが判断
する事物の本性を変えることはできない。本当の論証は、われわれが論証に関してどの

ような判断を作ろうとも、そのままだろう。同じように次のことが述べられてよい。それは、われわれが、実際に論証ではないものを論証と間違えるとき、その間違いの結果は、論証が蓋然性に悪化するというものではなく、われわれが論証だと考えていたものが、まったく証明になっていなかったということなのである。というのも、論証における一つの誤った段階は全体を破壊するが、それを別の種類の証明に変えることはできないからである。

そのとき全体として、人間の判断の可謬性がすべての知識を蓋然性に変えるという、著者の最初の結論は、もしも文字どおりに理解されるならば不合理である。しかし、もしもそれが比喩的な言い方でしかなく、すべての判断において、われわれが、自分たちの可謬性に気付くべきであり、誤りうる被造物にふさわしい謙虚さで意見を主張するべきだということしか意味しないのならば――そして、それこそ著者が意図していたことだと私は考えているが――、このことを誰も否定しないだろうし、その骨の折れる証明へと立ち入る必要はなかっただろうと、私は思う。

人が証明の必要のないものを証明しようとすること以上に、論理学の規則に背くひどく危険な状態にいることはない。これについて、われわれは、まさに次の場合で例を挙げることができる。というのも、著者は、人間のすべての判断は誤りうるものだという証明を、あるものは誤りえないということを肯定しながら始めるからである。

彼は次のように言う。「すべての論証的な学問において、規則は確実であり誤りえないものである。しかし、われわれがそれらを用いるとき、われわれの誤りうる、そして不確実な機能は、それらからすぐ離れがちになり、誤りに陥るのである。[17]」

きっと彼は、論証的学問の規則は、われわれの誤りがちで不確かな機能によって発見され、人間の判断の権威以外にはどのような権威も持っていないということを忘れていたのだろう。もしもそれらが誤りえないものならば、人間の判断のいくつかは誤りえないものになる。そして、人間の知識のさまざまな部門に、論証的学問の規則と同じように不可謬性を正しく主張するものが多くあることになる。

われわれは、著者に次のことに対して、不満を言いたい。それは、著者が人間の機能のすべての決定が誤りうることを証明するために、人間の機能のある決定の不可謬性を主張するとき、彼が推論において間違っているだけでなく、十分に懐疑的ではないということだ。

彼が証明しようとしている第二の点は、この蓋然性は、十分に吟味されるとき、少しずつ減少し、最後には完全に消滅するということである。

この明らかな結果は、どのような誤りうる存在者も、あらゆるものを信じる十分な理由をまったく持つことができないということである。さて、その証明に耳を傾けてみよう。

あらゆる判断において、われわれは、対象の本性に由来する最初の判断を、知性の本性に由来する別の判断によって訂正しなければならない。主体に固有のもともとの不確実性の他に、判断する機能の弱さに由来する別の不確実性も生じる。これら二つの不確実性を合わせたときに、理性によって、われわれが自分たちの機能の正しさと正確さについて行う評価における誤りの可能性に由来する新しい不確実性を付け加えなければならない。これは、もしもわれわれが自分たちの推論を念入りに追求するならば、われわれがそれについて決定することを避けることができない疑いである。しかし、この決定は、蓋然性のみに基づいているので、われわれの先行する判断にとって好ましいものではあるが、われわれの最初の証拠をさらに弱めることになるはずである。この第三の不確実性は、同じように、第四のものによって批判され、そしてそれは終わることなく続くに違いない。

さて、これらのあらゆる不確実性が、もともとの明証性の一部を取り去るので、最後には無へと減少させられるはずである。われわれの第一の信念は非常に強いものかもしれないが、非常に多くの吟味——そのそれぞれがその力や活力のいくらかを奪うのだが——を通って行くことによって、必ず消滅してしまうことになるはずである。どのような有限な対象も、無限に繰り返される減少のもとで、存続できないのである。

　私が自分の判断の本性的な可謬性を反省するとき、私は、私が推論する対象を考察するときほど、私の意見を信頼しない。そして、私が自分の機能について行うあらゆる連続的な評価をさらに精査しようとするとき、論理学のすべての規則は、信念と明証性の連続的な減少を要求し、最後には、完全な消滅を要求するのである[18]。

　これが、推論の明証性に対してアキレスの急所を射抜く著者の論証である。そしてそこから彼は、理性によって信念を支配する人は、何も信じてはならないということを、そして、信念は、われわれの本性の認識的な部分の働きではなく、感覚的な部分の働きだということを結論づけている。

　もしも運動のようなものがあるとしても、（古代の懐疑主義者によれば）疾風のアキレスは、旅において老人に追いつくことが決してできないだろう。というのも、老人がアキレスの千歩前に出発していて、アキレスが千歩進む間に、その老人は五〇〇歩進んだと仮定してみよう。アキレスが五〇〇歩進むときに、老人は二五〇歩進み、そしてアキレスが二五〇歩進んだ時に、老人はさらに彼の前に一二五歩進むだろう。この計算を無限に繰り返してみよう。そうすれば、老人のほうが前にいることがあなたにもおわかりになるだろう。それゆえ、アキレスは老人に決して追いつくことができないのだ。それゆえ、運動のようなものはありえないのである。

理性に対する現代の懐疑主義の推論は、等しく賢明であり、等しく説得力がある。実際に、それらは大いに類似しているのである。

もしもわれわれが二千歩のアキレスの旅を追跡するのならば、われわれは、老人が追いつかれるまさにその点を見つけるだろう。しかし、この短い旅は、それを無限数の段階に分けることによって、対応するおよその距離の概算とともに、無限なものに見えるだろう。同じように、著者は、あらゆる判断を、無限に連続する蓋然的な評価にさらすことによって、明証を無へと減少させるのである。

では、現代の懐疑主義の論証へと戻ろう。私は、ユークリッドの定理の証明を吟味する。それは、私には厳密な論証に思える。しかし私は、いくつかの誤謬を見逃してしまったかもしれない。それゆえ私は、それを繰り返し吟味しているが、そこには何の誤謬も見つけることができない。私は、それを吟味したすべての人が私に同意するとわかる。

私は今、命題の真理性の明証を持っているのであり、それを私やすべての人々は論証と呼び、その信念をわれわれは確実性と呼ぶのである。

ここで、私の懐疑主義者の友人が口を挟み、私に次のことを保証する。それは、論理学の規則は、この論証を、まったく明証ではないものにしてしまうというものである。私は、そのどのような段階が可謬的で、そしてなぜそうだと彼が考えているのかを聞くだろう。彼は、論証のどのような部分にも反対しないが、判断における私の可謬性のためだと申し立てる。私は、説得を受け入れてみることによって、すでにその点を適切に考慮した。しかし、彼によれば、二つの不確実性がある。第一のものは、主体に固有のものであり、それは、私がすでに示したように蓋然的な明証性しか持っていないのである。第二のものは、判断する機能の弱さから生じるものである。これに答えると、この論証をあなたが蓋然性と呼ぶものにしてしまうのは、その機能の弱さだけである。それゆえ、あなたは、それを第二の不確実性にしてはならない。というのも、それは第一のものと同じだからである。同じ品物の請求書において二度掛け売りすることは、論理学の規則に一致しない。それゆえ今まで、ただ一つの不確実性、つまり判断における私の可謬性しかないのである。

しかし、私の友人は言う。君自身の機能の正しさや忠実性について君が評価する際に誤る可能性があり、この可能性から生じる新しい不確実性を、君は理性によって付け加えざるを得ないのだと。私は次のように答えよう。

この評価というものは曖昧に表現されている。それは、私の機能の誤適用や誤用によって、私が誤りに陥りやすいという評価を意味するのか、あるいは私の機能が最もうまく適用されたときにさえ、それ自体誤りであるか可謬的であるかもしれないのに、私の機能が正しくて忠実なはずだと考えることによって、私が誤りに陥りやすいという評価を意味するか、のいずれかである。そのそれぞれの意味における評価というものを考えてみよう。

もしも最初の評価が意図されているならば、確かに理性は、すべての判断において、われわれが可謬的であるという感覚を、可謬的な被造物としてわれわれが持つように指図するだろう。また確かに、われわれは、誤りに陥る大きな危険がある場合もあれば、それほどではない場合もある。そして、誤りに陥るこの危険は、問題の状況によって、評価の余地があるかもしれない。そしてその評価は、われわれが下すあらゆる判断において、同じように持っておくべきものなのである。

論証が短くて平明なとき、証明される論点がわれわれの関心や情緒に触れないとき、そのような事例における判断の機能が、多くの訓練によって強さを獲得したときには、誤る危険は少ない。その反対の状況が生じるときには、誤る危険はより大きい。

今のような事例において、あらゆる状況は、私の判断にとって有利なものである。おそらく、私が自明な公理について判断するときを除いて、どのような場合においても誤る危険がそれより少ないということはありえないだろう。

懐疑主義者は、さらに次のように力説する。それは、この決定は私の第一の判断に合うものであっても、蓋然性にしか基づいていないので、その判断の明証をさらに弱めるに違いないと。

ここで私は、まったく反対の意見を持たずにはいられないし、私は、賢明な著者が、どのようにしてそれほどひどく欺かれるのか想像もできない。というのも、その著者が、読者をだまそうと意図しているわけではないのが確かだからである。

ユークリッドの命題を繰り返し吟味した後で、私は、それが厳密に論証されたものであると判断する。これは、私の第一の判断である。しかし、私は、さまざまな原因から誤りがちであるので、私は、この判断において、何らかの原因によって誤って導かれたかもしれないと考える。この第二の点についての私の決定は、私の第一の判断にとって有利なものであり、私が把握するように、それを強めるに違いない。つまり、この決定が蓋然的でしかないために、最初の明証を弱めるに違いないということは、私にはすべての論理学の規則と常識に反対するように思える。

第一の判断は、信頼できる証人の証言と比較されてよい。第二の判断は、証人の性格を詳しく調べた後に、その判断になされうるあらゆる反論をぬぐい去り、そしてその結果確実に、その証言を確証し、弱めることはないのである。

しかし、別の場合に、私はいくつかの点で私の第一の判断を吟味し、そしてそれに好ましくない状況が伴っていることを見出したと想定してみよう。理性において、そして論理の規則において、何がこの発見の結果となるだろうか。

私が論点をより好ましい状況で新しく吟味するまで、きっと第一の判断において、その結果に私はあまり自信を持てなくなるだろうし、持てなくなるはずである。もしもそれが重要な事柄ならば、私は、第一の判断の明証性をよく考えるために立ち返る。もしもそれが軽率なものだったならば、今度は、あらゆる点において慎重に考慮されなければならない。最初に私が感情的になっていたならば、今私は冷静にならなければならない。もしも私が決定に強い私情を持っていたならば、私はその私情を反対側に置かなければならない。

主体に関するこの再検討が、第一の判断に伴う疑わしい状況にもかかわらず、その第一の判断を確証するということは明らかである。裁判官は偏見を持ったり、賄賂を受けたりしたことがあったとしても、その宣告が不正だったということにはならない。決定の正しさは、裁判官の性格によるのではなく、事件の本性によるのである。事件の本性のみから、決定が正しいかどうかが決定されなければならない。その決定を疑わしいものにする状況は、単なる推定の根拠でしかなく、それは直接の証拠に対しては力を持たないのである。

このように、私は、第一の判断における誤りやすさの評価の結果を考察し、それに、理性と論理規則が認めるすべての結果を与えた。私が最初に想定した事例において、そして、われわれが誤りの原因を発見できないあらゆる事例において、第一の判断に有利な推定が与えられるかもしれない。しかし論理規則は、直接の証拠があるところでは、われわれが推定によって判断すべきでないということを要求するのである。〔第一の判断に〕不利な推定の結果は、われわれに、より大いなる注意を持って証拠を吟味させるということでしかない。

懐疑主義者は、最後に、この評価は別の評価に従わなければならず、そしてまた別の評価に従わなければならず、そしてまた別の、というふうに無限に続くと主張している。そして、あらゆる新しい評価が最初の判断の明証性を奪い去るので、その明証性は最後には完全に消滅してしまうのである。

私は次のように答える。第一に、最初の評価は、それが好ましくないと想定されているとき、最初の判断に対する推定を与えるだけでしかなく、第二の評価は、同じ想定の上では、推定の推定でしかなく、そして第三の評価は、推定の推定があるという推定でしかないということが上で示されたということである。この推定の無限の連続は、幾何学的比率における減少する量の無限の連続に似ており、それは有限の量に収束するだけである。老人の後に続くアキレスの旅の段階の無限の連続は、二千歩に行きつくだけであり、推定の無限の連続は、それらすべてが第一の判断にとって好ましくないと想定されているとしても、第一の判断にとって有利な一つの確固とした論証に勝ることはできないのである。

第二に、第一の判断についての評価は、それを強めるかもしれないということを私は示した。そして、同じことが、すべてのひき続く評価について言える。それゆえ、第一の判断は、それに完全に不利だと想定されるようなものによってその評価が無にもたらされるように、この一連の評価が完全にそれに有利に働くとき、誤りえない確実性へともたらされるだろうと結論づけることは合理的だろう。しかし、実際には、われわれの第一の判断を支持する明証を、真剣かつ冷静に再考することは、われわれの著者が要求するような吟味の無限の連続よりも〔つまり、第一の判断の吟味、またその吟味の吟味、というような無限の連続よりも〕、その明証を強めたり弱めたりする力を持っているし、当然持っているはずなのである。

第三に、そのような一連の評価が、あらゆる特殊な判断に続くことを要求するような推理や論理学における規則を私は知らない。

推論を行使してきた賢明な人は、自分が誤りうるものであることを知っていて、その人が作るあらゆる判断にはこの確信が伴う。同様にその人は、自分がある場合よりも別の場合においてさらに誤りやすいことを知っている。その人は、自分の心の中に基準を持っていて、それによって自分の誤りやすさを評価し、これによって、あらゆる問題点に対する自分の第一の判断における同意の程度を調整するのである。

著者〔ヒューム〕の推論は、次のことを想定している。それは人が第一の判断を作るとき、彼は自分が誤りえないと考えているということである。そして、第二の、そしてそれに続く判断によって、自分が誤りうるということを発見し、第二の判断に続く第三の判断によって、彼は今のような事例で自分が誤りやすいのだと考えるようになるということが想定されているのである。

もしも人がこの順序で〔推論を〕進めるならば、彼の第二の判断は、十分な理由によって、想定された不可謬性から可謬性へと第一の判断を下降させるだろうということを私は認める。そして、彼の第三の判断は、第一のものが第二の判断によって訂正されるに従って、ある程度第一の判断を強めるか弱めるかするだろうということを認める。

しかし、知性あるあらゆる人は、それとは反対の順序で進む。あらゆる個々の点において判断しようとしているときには、彼は、すでに自分が誤りえないものではないことを知っている。彼は、自分が最も誤りがちな事例や、ほとんど誤らない事例が何かを知っている。これらの事柄についての確信が、いつも彼の心に現われていて、彼にとって合理的に思える限り、彼の第一の判断における同意に影響するのである。

もしも彼が、後になって自分の第一の判断を疑う理由を見つけ、自分の機能が与えることができるすべての満足を得ようと望むならば、理性は、彼に、著者が要求するような、評価の上に評価を重ねることをしないように指図し、彼の第一の判断の証拠を注意深く、冷静に吟味するように指図するだろう。そしてこの再検討は、その結果に従って、とても合理的に彼の第一の判断を強めるかもしれないし、弱めるかもしれないし、完全に覆してしまうかもしれない。

それゆえ、この無限に連続する評価は、どのような事例においても、われわれが判断するために理性が指図する方法ではない。それは、必要性もいかなる用途もなしに、ただ知性を惑わすために導入され、最も単純で平明な事例においてさえ、判断することが、克服しがたく困難で際限なく苦労することであると、われわれに考えさせるためだけに導入されたのである。それはまさしく古代の懐疑主義者のように、二千歩の移動をすることが、果てしないものであり、無限の段階に分けられるように思えるようなものなのである。

しかしわれわれは、われわれの著者が要求する評価は、別の意味で理解できるかもしれないということを見てきた。それは、実際にその表現に合致するが、以前に彼が主張したものと整合的ではない。

われわれの機能は、推論や論理の規則に従って用いられるときでさえ、実際に誤ったり、誤りうるものかもしれないのに、われわれは、自分の機能が正しいとか信頼できると評価することによって誤りうるということが、われわれの機能の正しさと正確さの評価における誤りの可能性ということによって、意図されているかもしれないということである。

もしもこのことが意図されているのならば、私は第一に次のように答える。それは、われわれの判断機能の正しさと正確さは、あらゆる判断とあらゆる評価において当然のものとみなされているし、みなされなければならないということである。

もしも懐疑主義者が、その判断機能が適切に用いられているときに、その正しさと正確さを真剣に疑うことができ、彼が証明を見つけるまで、その問題点についての彼の判断を差し控えることができるならば、彼の懐疑主義は、推論によってはどのような治療も受け入れないだろうし、彼が、古い判断に対して判断する権威を持つ新しい機能が与えられるまで、そこにとどまり続けさえするに違いない。この主題に対する無限に連続する疑いの必要などない。というのも、第一のもの〔懐疑主義者が、彼の判断機能が適切に用いられているときに、その正しさと正確さを真剣に疑うことができ、彼が証明を見つけるまで、その問題点についての彼の判断を差し控えること〕は、すべての判断と推論を終わりにし、それによって確信の可能性を奪ってしまうからである。懐疑主義者は、推論にとって難攻不落の強い主張をここで所有したのであり、自然が他の手段によって、彼にそれをあきらめさせるまで、われわれは、彼にそのように考えさせておくしかないのである。

第二に、われわれの機能が不正確だと想定する、懐疑主義のこの根拠は、まさにその論証において、著者が以前に主張したことに矛盾する。つまり、「論証的学問の規則は、確実で不可謬であり、真理は、理性の自然な結果であり、誤りは、他の原因が侵入することから生じるのである」[19]という主張である。

しかし、おそらく彼は、不注意によりこのような譲歩をしたのだろう。それゆえ、彼はそれらを自由に撤回でき、彼の懐疑主義を次の唯一の基礎の上に置くことができる。

それは、どのような推論も、われわれの機能の正しさと正確さを証明できないということである。ここで彼は、確固とした基礎の上に立つ。というのも、われわれの機能の正しさや正確さを証明するために提示されるあらゆる論証が、〔論証される〕当の事柄を当然のものとしており、それゆえ、論理学者が先決問題要求の虚偽と呼んでいる詭弁の一種であるということが明らかだからである。

われわれがこの種の懐疑主義者に尋ねたいことは、彼は、いつも変わらず整合的であり、そして、生活における彼の実践行為が、彼の機能の忠実さに関する懐疑主義の告白が誤りであることを示すのではないかということである。というのも、信仰それ自体だけでなく、信仰の欠如もまた、行為によって最もよく示されるからである。もしも懐疑主義者が、火の中に飛び込むことは危険だと信じている人々と同じように火を避けるならば、われわれは、彼の懐疑主義は、見せかけのものであり、現実のものではないと考えざるを得ない。

実際に、われわれの著者は、その懐疑主義も、他のいかなる人物の懐疑主義も、この試練に耐えられるものではないということに気が付いていて、それゆえ、懐疑主義に但し書きを記入する。彼は次のように言う。「私も他の人も、その意見についてずっと誠実で忠実であることはできない。自然は、絶対的で御しがたい必然性によって、われわれに、呼吸をしたり感じたりするのと同じように判断するように決心させる。それゆえ、その風変わりな学派の議論を注意深く示すときに私が意図していることは、原因と結果に関するすべてのわれわれの推論が習慣に由来するということだけであり、信念は、われわれの本性の認識的部分の働きであるよりも、感覚的部分の働きであるということがより適切であるという、私の仮説の正しさを感じ取りやすくなってもらうことだけである。(20)」

われわれは以前に、この仮説の最初の箇所をすでに考察した。それは、原因についてのわれわれの推論が、習慣のみに由来するのかどうかという問題を扱った箇所である。

ここで言及されている著者の仮説の他の箇所は、それがイタリックで書かれているので、その表現としては詳しく述べられているように見えるが、中身はぼんやりと表現されている。それは、信念が思考の働きではないということが意味されているわけでは確かにない。それゆえ、彼が本性の認識的部分と呼ぶものは、思考の能力ではない。それはまた、判断の能力でもない。というのも、すべての信念は判断を含んでいて、そして、命題を信じることは、それが真だと判断することと同じことを意味しているからである。

それゆえ彼が本性の認識的部分と呼ぶのは、推論の能力のことのように思える。

もしもこれが意図されていることならば、私はそれに部分的に同意する。第一原理についての信念は、推論能力の働きではない。というのも、すべての推論はそれらに基づけられなければならないからである。われわれは、それらが真だと判断し、それらを推論なしに信じる。しかし、なぜ、第一原理を判断するこの能力が、本性の感覚的な部分と呼ばれるべきかということが、私には理解できない。

第一原理についてのわれわれの信念は、推論のない純粋な判断の働きである。それで、第一原理から推論によって導かれる結論についてのわれわれの信念は、推論機能の働きと呼ばれてよいだろう。

全体として、私は、理性に反対するこの深遠で難解な推論から正しく導かれうる二つの結論が理解できるだけである。その第一のものは、すべての判断とすべての推論において、われわれは可謬的であるということである。第二のものは、われわれの機能の正しさと正確さは、決して推論によっては証明されないということである。それゆえ、それについての信念は、推論の上に打ち立てられることはありえない。もしもこの後者が、著者が仮説と呼ぶものであるならば、私はそれに同意するし、それは仮説ではなく、明白な真理であると考える。とは言え、信念が、適切にはわれわれの認識的な働きであるというよりも感覚的な働きであると言うことによって、私はそれがとても不適切に表現されていると考えている。

第八巻　嗜好について

第一章　嗜好一般について

われわれが、それによって自然の美しさや、芸術における卓越したあらゆるものを見分け、楽しむことができるようになる心の能力は、嗜好と呼ばれる。[1]

われわれが、食べ物を区別し楽しむ、嗜好〔味覚〕の外的な感官の名前は、われわれが思索するさまざまな対象において何が美しく、何が醜く、あるいは何が欠陥のあるものかを知覚するようになる心の内的な能力に対して、比喩的に用いられるようになった。[2]口蓋[3]の嗜好〔味覚〕と同じように、それはあるものを楽しみ、他のものを嫌悪する。そして、多くのものには無関心で、曖昧で、習慣や連合や意見によって、かなりの影響をうける。外的な嗜好と内的な嗜好の間の明らかな類比は、すべての世代に、そしてすべての、最も洗練された言語で、外的感官の名前を、喜びをともなう美しいものと、嫌悪をともなう醜いものや本質的に欠点があるものを識別する能力に与えるようになるのである。

このことを心の知的能力として扱う際に、私は、最初にその本性について、次にその対象について、いくらか意見を述べておきたい。

一、嗜好〔味覚〕の外的な感官において、われわれは、理性と反省によって、われわれが感じる心地よい感覚と、それを引き起こす対象における性質を区別するようになる。いずれも同じ名前を持っているために、一般人によって、または哲学者によってさえ、両者は混同されがちである。私が味の良い物を味わったときに感じる感覚は、私の心の中にある。しかし、この感覚の原因である本当の性質は、物体の中にある。これらの二つのものは、言語において同じ名前を持っているが、それはその二つのものの本性が似ているからではなく、一方が他方の記号だからであり、両者を区別する機会が、日常生活の中ではほとんどないからである。

このことは、物体の二次性質を取り扱ったときに十分に説明された。今それに注意を向ける理由は、嗜好という内的能力は、この点で外的能力に非常に類似しているからである。

美しい対象が目の前にあるとき、われわれは、それがわれわれに生み出す心地よい感動を、その感動を引き起こす対象の性質から区別できる。私は、私を喜ばせる音楽の旋律を聞くとき、それは繊細で、卓越していると言う。この卓越さは私の中にはない。それは音楽にある。しかし、それが与える喜びは、音楽にはない。それは私の中にある。おそらく、私の耳を喜ばせるものが音楽の調子の中にある何であるかを、私は言うことができない。それは、私の口蓋を喜ばせるものが味の良い物体の中の何であるかを私が言うことができないのと同じである。しかし、私の口蓋を喜ばせる性質が、味の良い物の中にあるのであり、そして、私はそれを美味しい味と呼ぶ。そして、音の調子の中に、私の好みを喜ばせる性質があり、私はそれを、素晴らしい、あるいは卓越した旋律と呼ぶ。

このことは、さらに述べられなければならない。なぜなら、それらの感じに対応するどのようなものも、外的な対象にあると考えずに、すべての知覚を、知覚する人格におけるたんなる感じや感覚へと還元することが、現代の哲学者の間での流行になっているからである。これらの哲学者によれば、火には熱さはなく、味の良い物体には味はない。そして味や熱さは、それらを感じる人格の中にしかない。同じように、どのような対象にも美しさはない。それは、それを知覚する人格におけるたんなる感覚あるいは感じでしかないのである。

人類の言語と常識は、この理論に反する。この理論を主張する人さえ、自分がそれに反する言語を使用しなければならないことに気がつく。私は、その理論が物体の二次性質に適用されたときに、その理論には確固たる基礎がないということをすでに示した。そして同じ論証によって、物体の美しさにそれが適用されたとき、あるいは、良い嗜好によって知覚される性質のいずれかに適用されたとき、堅固な基礎を持たないことが等しく示されるのである。

しかし、良い嗜好を喜ばせる性質のいくつかは、物体の二次性質に似ている。そして、われわれは、その結果を感じるだけであり、その原因がその結果を生み出すことが自然によって決められている何かであるということ以外に、原因について知識を持っていないので、隠れた性質と呼ばれてよいかもしれない――これはいつもそうだとは限らないが。

美についてのわれわれの判断は、多くの場合にさらに高められる。芸術の作品は、ほとんどの無知な者や子供にとってさえ、美しく見える。それは人を喜ばせるが、その人は、それがなぜかはわからない。それを完全に理解し、あらゆる部分が、その目的にどのように適合するのかを正確な判断によって知覚する人にとって、美とは謎めいたものではない。それは完全に理解される。そして、その人は美がどのように自分に影響を及ぼすのかということだけではなく、美がどこにあるのかを知っているのである。

二、われわれは次のように言ってもよい。それは、われわれが口蓋によって知覚するすべての嗜好〔味覚〕は、心地よいかそうでないか、あるいは無関心であるかのいずれかであるが、とは言え、心地よいものの中には、程度だけではなく、種類においても大きな多様性があるということである。そして、味覚のすべての異なった種類に対するそれぞれの一般名をわれわれが持っていないので、われわれは、それらの嗜好〔味覚〕が見出される物体によってそれらを区別するのである。

同じように、われわれの内的な嗜好のすべての対象は、美しいか心地よくないか、われわれの関心をひかないかのいずれかである。しかし、美についても、程度だけではなく種類についても、かなりの多様性がある。論証の美しさ、詩の美しさ、宮殿の美しさ、音楽の美しさ、素晴らしい女性の美しさ、そして名前を持っている他の多くのものは、異なった種類の美しさである。そしてわれわれは、それらが属しているさまざまな対象の名前以外には、それらを区別するための名前を持っていない。

美には程度だけではなく種類についてもかなりの多様性があるので、哲学者が美を分析し、その単純な成分を数え上げるときに、異なる体系に進んだとしても不思議に思う必要はない。彼らはその主題について多くのことを正しく見てとった。しかし哲学者は、美の個々の種類のものを見ながら、その一方で他のものを見逃し、単純さへの愛から、それを事物の本性が許すよりも少ない原理へと還元した。

感官の対象における美、知的な対象における美、人々の作品における美、神の作品における美、生命のない事物における美、粗野な動物における美、理性的な存在者における美、人間の身体と心の成り立ちにおける美といった自然的なものだけではなく、道徳的な美がある。適切な視点に置かれたときに、事物を識別する目に対してその美を示さない本当の卓越さなどない。そして、本当の卓越さの要素と同じくらい、美の要素を数え上げるのは難しいのである。
三、口蓋の嗜好〔味覚〕は、身体の滋養のために適しているものを好むときに、そしてその反対の性質のものを好まないときに、最も正しく、完全であると説明される。この感官をわれわれに与える自然の明白な意図は、自分が食べたり飲んだりすることが適しているものと適していないものを識別することである。粗野な動物は、たんにその味覚によって食料の選択に向けられる。この案内人に導かれて、彼らは、自然が動物たちに意図した食料を選ぶのであり、そして飢えによって傷めつけられたり、人工的な作りものによって欺かれたりすることがなければ、ほとんど間違えることはないだろう。幼児においても同じように、味覚は共通に健全で、堕落しておらず、そして自然の単純な産物の中から、彼らは、最も健康に良いものを好むのである。

同じように、内的な嗜好は、種類において最も卓越しているものに喜び、その反対のものに不快を感じるときに、最も正しく、完全であると考えられるべきだろう。自然の意図は、外的な嗜好と同じように、内的な嗜好においても明白である。あらゆる卓越したものは、その美を識別する機能を持っている人々にとって、心地よい対象になる本当の美や魅力を持っている。そしてこの機能は、良い嗜好だとわれわれが呼ぶものである。

心の能力における不調や悪い習慣によって、実際に卓越していないものや、形が不格好で欠点のあるものへの興味が身についてしまった人は、大部分の健康的な食べ物よりも灰や燃え殻に心地よい好みを見出す人のように、ひどい嗜好を持つのである。この場合には、口蓋の嗜好〔味覚〕が堕落していることをわれわれは認めなければならないのと同じ理由によって、他方において心の嗜好が堕落していると考えられるのである。

それゆえ、正しく合理的な嗜好と、堕落し誤った嗜好がある。というのも、悪い教育、悪い習慣、そして間違った交際によって、不快なものや下品なものや無作法なもの、そしてその他多くの歪んだものを好むようになることは、あまりにも明白だからである。そのような嗜好が損なわれたものではないと言うことは、木炭やパイプを喜ぶ病気の少女が、完全に健康的なときと同じように、正しく自然な嗜好を持っていると言うのと同じくらいに愚かなことだろう。

四、慣習や空想や時々の交際の影響力は、外的な嗜好と内的な嗜好の両方に対して、非常に大きなものとなる。エスキモーは、鯨油を飲んで楽しみ、カナダ人は犬を食べる。カムチャツカの人々は腐った(4)魚を食べて生活し、ときには樹皮を食べさえする。ラム酒や緑茶の味は、最初はトコンの味と同じようにある人々にとっては吐き気を催させるようなものだが、飲み続けることによって、かつてはあれほど不快に思ったものを好むようになるかもしれない。

われわれが、口蓋の嗜好(味覚)の中に、習慣や交際、そして成り立ちによってもいくぶんか生み出される多様性を見るとき、同じ原因が美の嗜好にも同じような多様性を生み出すとしてもそれほど驚かないだろう。アフリカ人は、分厚い唇と平たい鼻を好み、他の国の人々は、耳が肩に掛かるまで引き延ばし、ある国では、女性が顔にペイントを施し、別の国では顔を油で光らせるのである。

五、嗜好が規則立てられる基準が自然にはなく、よくある諺「タデ食う虫も好きずき」ということが最大限の寛容を持って受け入れられるべきだと想う人々は、薄弱で不十分な根拠を基にしている。同じ議論が、真理の基準に対して同様の説得力をもって用いられうるだろう。

先入観の影響力によって、すべての国民がひどい不合理を信じるようになることがある。だとすれば、なぜ嗜好が判断ほど悪化しないと信じるべきなのだろうか。確かに人々が、一般に判断と呼ばれるもの以上に、嗜好の能力において異なるということは、認められなければならない。それゆえ、人々は、真偽の問題における判断以上に、美醜の問題においてその嗜好が悪化させられがちであることは予想されるべきかもしれない。もしもわれわれがこの点を適切に考慮に入れるならば、たとえ自然においては真なる美と、その結果である優れた嗜好の基準があるとしても、嗜好に多様性があることは容易に説明できるだろう。それは、自然においては真理とその結果である正しい判断の基準があったとしても、意見の多様性と相反性が説明できるのと同じなのである。(5)

六、いや、もしもわれわれが正確かつ厳密に語るならば、あらゆる嗜好の働きの中に、判断が含まれていることがわかるだろう。

人が詩や宮殿が美しいというとき、その人は、その詩や宮殿について何らかのことを肯定しているのである。そしてあらゆる肯定や否定は、判断を表現している。というのも、あるものに関して別のものを肯定したり否定したりすること以上に、判断をうまく定義することは、われわれにはできないからである。私は、判断について扱ったときに、判断があらゆる外的感官の中に含まれていることをすでに示した。色であろうと音であろうと形であろうと、知覚される性質の存在についての直接的な確信や信念がある。そして同じことが、美醜の知覚にも言えるのである。

もしも美の知覚が、対象の中の卓越性についていかなる信念もない、知覚する心の中にある感じでしかないと言われるのならば、その意見の必然的な帰結は、私がウェルギリウスの『農耕詩』は美しい詩だと言うとき、私は詩について何か言っているのではなく、私自身と私の感じについて何かを言っているだけということになる。なぜ私は、私が意図していることと反対のことを表現する言語を用いなければならないのだろうか。

私の言語は、構文の必然的な規則によって、私が美しいと呼ぶものが詩の中にあるのであり、私の中にあるのではないということ以外のことを意味することはできない。美がそれを知覚する人格の中にある感じでしかないと主張する人々さえも、まるで美が対象の性質でしかなく、知覚者の性質ではないかのように表現しなければならないことがわかるだろう。

人々は彼らが言っていることを信じているということ以外に、なぜすべての人類がこのように表現しなければならないのかという理由を与えることはできない。それゆえ、美は対象の中に本当にあるのではなく、その美を知覚していると言われている人格の中にある感じでしかないということは、人々の言語によって表現されている人類の普遍的な感覚に反するだろう。哲学者は、人類の常識に反対するときには細心の用心を払うべきである。というのも、哲学者がそのようにするとき、だいたいは誤りに陥るからである。

美についてのわれわれの判断は、実際のところ、数学的真理や形而上学的真理のように、無味乾燥で心に影響を及ぼさないようなものではない。われわれの成り立ちによって、美の感覚という以外には名前を持たない心地よい感じや感情を伴うのである。他の感官の知覚のように、この美の感覚は、感じだけでなく、その感じを引き起こす対象の中の何らかの性質についての意見を含んでいるのである。

嗜好を喜ばせる対象の中に、われわれはいつも、嗜好を喜ばせないものよりも本当の卓越性や優越性があると判断する。ときには、その優れた卓越性は判明に知覚され、指摘されることもある。また別の場合には、われわれは表現することができない何らかの卓越性の思念しか持っていないこともある。前者の美は、外的感官によって知覚される一次性質と比較され、後者の美は、二次性質に比較されうるだろう。

七、対象における美醜は、その本性や構造に由来する。それゆえ、美を知覚するためには、われわれはその美が生じる本性や構造を知覚しなければならない。この点で、内的感官は外的感官と異なる。外的感官は、先行する知覚に何も依存しない性質を発見するかもしれない。例えば、私はベルに属するものを何も知覚しないにもかかわらず、べルの音を聞くことができる。しかし、対象を知覚することなしに、あるいは少なくとも対象を想うことなしに、対象の美を知覚することは不可能である。このために、ハチスン博士は、美や調和の感覚〔感官〕を、反省あるいは二次感官と呼んだのである。なぜなら、美は、心の他の能力によって対象が知覚されない限り、知覚されることがありえないからである。こうして、音における調和や旋律の感覚は、聴覚の外的な感覚を前提とし、その感覚に対して二次的なものなのである。生まれながらにして耳の聞こえない人も、聴覚以外の美については良い裁定者となるかもしれない。しかし、旋律や調和の思念を持つことはできないのである。同じことが色や形における美についても言えるだろう。それらは、色や形を知覚する感官がなければ、決して知覚されることはできないのである。

第二章　嗜好の対象について、そして第一に、新奇さについて

嗜好の対象の哲学的な分析は、解剖に使うナイフを、柔らかい顔にあてるようなものである。解剖学者と同じように、哲学者の目的も、嗜好に満足することではなく、知識を発展させることである。読者はこのことに気付いておくべきである。そうすれば、失望すると考えなくてもよい。

嗜好の対象ということで、私は、自然によって、優れた嗜好を楽しませるのに適合した事物の性質や属性について言わんとしている。アディソン氏や彼に続いたエイケンサイド博士(6)は、それらを三つのものに、つまり、新奇さ、壮大さ、美しさに還元した。この区別は、この主題について私が語ろうとしているすべてにとって十分なものである。それゆえ、私はそれを採用しよう。そして、美しさは、嗜好のすべての対象を含めるよ

うな広い意味でしばしば理解されていることをただ述べておこう。とは言え、嗜好の対象の区別を与えてきた、私がこれまで会ってきたすべての著者は、美しさを、その一つの種類であるとしている。

私は、これが、嗜好を喜ばせる性質のいくつかは特定の名前を持つが、すべてのものが名前を持っているわけではないことの理由だと考えている。それゆえ、それらすべてのものは、美という一般名のもとに入れられ、その区別において特定の名前がないのである。

実際に、かなり多くの美しさの種類があるので、われわれが口蓋によって知覚するすべての味を数え上げるのと同じくらい、美しさの種類を完全に数え上げることは難しいだろう。また、ある非常に賢明な著者がなしたように、美しさや醜さのさまざまな種類があるのと同じだけ、多くのさまざまな内的な感官を作り出すことには、十分な理由があるとは思えない。

われわれの外的感官の区別は、知覚の器官から取られていて、知覚される性質からではない。われわれは、内的感官を区別するのに外的感官と同じ手段を持っていない。なぜなら、ある種類の美しさは、目の対象だけに属し、そしてまた別の美しさは、耳の対象に属しているが、どの身体器官に関連づけたらよいのかわからない多くの美しさがあるからである。それゆえ、私は、われわれの内的感官についてなされたあらゆる区別が、ある程度、恣意的なものであると考える。それらは、われわれが、美しさと醜さのさまざまな種類に対する判明な名前を持つのに応じて、大なり小なり作られるのである。そして、最も言葉が豊富な言語も、それらすべてを表わす名前を持っていないと思う。

新奇さは、厳密には、われわれがそれを帰属させる事物の性質ではない。ましてや、それは、それを新しいと感じる心の中における感覚でもない。それは、事物が人の知識に対して持っている関係である。ある人にとって新しいものが、別の人にもそうだとは限らない。今この瞬間に新しいものが、しばらく経てば同じ人にとって馴染みのあるものになるかもしれない。ある対象が最初にわれわれの知識にもたらされたとき、それは、心地よいものであろうとそうでなかろうと、新しいものなのである。

それゆえ、新奇さに関して(嗜好の他の対象について何が言われようとも)、それは、事物が新しく感じられるその人の心の中のたんなる感覚ではないことは明らかである。それは事物がそのときに、彼の知識に対して持っている本当の関係である。

しかし、われわれにとって新しいものは、もしもそれ自体において不快なものではないならば、通常その新しさのために快楽を感じるように、われわれは作られている。それは、われわれの注意を引き起こし、われわれの機能の心地よい行使を引き起こすのである。

われわれが対象における新奇さから受ける快楽は、人間の生活に非常に大きな影響を与えるので、それは哲学者の注目に十分に値する。そして、何人かの賢明な著者たち――とりわけ、著書『嗜好についての試論』の中でゲラード博士[7]――は、人間の成り立ちの原理から、それをうまく説明していると思う。

われわれは、幸福が、その能動的な行使なしに、同一のままで変化しない感覚や感じの継続にあるというように造られている存在を、おそらく想うことができる。〔しかし〕これが可能であろうとそうでなかろうと、人がそのような存在ではないことは明らかである。人の優れた点は、適切な対象に対するその能動的で知性的な能力の旺盛な行使にある。人は、行動と進歩のために造られており、それなしには幸福ではありえない。その楽しみは、自然によって与えられたもので、楽しみそのもののためというよりは、人のさまざまな能力の行使を促すために与えられたのである。ある人々が人間の幸福をそこに置く魂の静寂は、死んだ休息ではなく、進歩し続ける運動なのである。

自然が取り決めた人間の成り立ちとはそのようなものである。おそらく、この成り立ちは、われわれの本性の不完全さの一部である。しかしそれは、われわれの状態に賢明にも適合しており、静止せず、漸進することが意図されているのである。目は、見ることに満足しないし、耳は聞くことに満足しない。何かがいつも欠乏している。欲求と希望は決してやむことはなく、まだ得られていない何かを獲得させようとわれわれを駆り立てる。そして、もしそれらがやむならば、人間の幸福はそれらとともに終わるに違いない。われわれの欲求と希望が適切に何かにさし向けられているということは、われわれの一部であり、それらが決してなくならないということは、自然の御業なのである。

これによって、人生にはあわただしい光景が生み出される。人は、何か良いこと、あるいは悪いこと、つまらないことや重大なことをしていなければならない。そして彼は、その能力の使い方を変えなければならない。そうしなければ、彼の能力の行使は活気がなくなり、それに伴う喜びも、もちろん弱まるだろう。

楽しみと活動の思念は、抽象的に考えれば、疑いなく非常に異なったものであり、われわれは、それらの必然的な結合を知覚することができない。しかし、われわれの成り立ちにおいて、それらは、自然の英知によって結び付けられているので、ともに生じなければならない。そして喜びは、活動によって導かれ、支えられなければならない。

注意が精力的に対象に向けられている間、それは、おそらく最初はかなりの喜びを与えるだろう。しかし、注意は、一つの変化もない対象に長く制限されないし、同じ狭い円の中をぐるぐると回ることはできない。好奇心は、人間の成り立ちの中の主要な原理であり、その糧となるのは、何らかの点で新しいものでなければならない。アテナイ人について言われることは、ある程度すべての人類に当てはまる。それは彼らの時間が、何らかの新しい事柄を聞いたり、話したり、行ったりすることに費やされているということである。

人間の成り立ちのこの部分に、われわれが、対象が持つ新奇さから得る喜びを還元できると思う。

好奇心は子供たちや若者たちの中で通常は最も強いものであり、したがって、新奇さは彼らを最大限に喜ばせる。すべての世代において、新奇さは好奇心を喜ばせ、そして新しい対象に注意し、心的な能力の活発な行使を引き起こすのに比例して、喜びを与えるのである。発達した生命において、怠惰で活動力のない人は、苦痛に満ちた思考の欠如からの救いとして、新しいものに対して最も強い情熱を持っているのである。

しかし、新しい対象に由来する喜びは、多くの場合で、唯一そして主としてそれらが新しいということによるのではなく、それらに価値を与える何らかの他の状況によるのである。衣類や家具、身の回りの品、生活の設備品における新しい流行が喜びを与えるのは、私が理解しているようにそれが新しいからというよりもむしろ、それが地位の印であり、一般の人々からそれを所有している人を区別するからである。

中には、新奇さが当然のものであり、それがないことは実際に不完全だと考えられるものがある。もしもある著者が、すでに何度も出版されている本に新しい巻を加えるならば、われわれは、彼の本から何か新しいものを期待するだろう。そして、もしも彼が、ただ愛想の良い仕方で、以前に言ったことだけを言うのならば、われわれがうんざりしても仕方ないだろう。

新奇さが、価値や有益性の概念から完全に切り離されてしまうとき、その新奇さは真なる正しい嗜好にはほんのわずかな印象しか与えないだろう。自然や技術、学問におけるあらゆる発見は、本当に価値を持っており、優れた嗜好に理性的な快楽を与える。しかし、新奇さ以外に取り立てて勧められるべきものを持っていないものは、子供や思考が欠如している人々を楽しませることしかできないだろう。それゆえ対象のこの性質は、算術における0という数字になぞらえられるかもしれない。それは、有効数字の値を大きく増やすが、それ自体ではまったく何も表示しないのである。

第三章　壮大さについて

嗜好を喜ばせる性質は、それらがわれわれの心に作用して備え付ける感情や感じよりも、それ自体において多様だというわけではない。新しく、馴染みのないものは、われわれに喜ばしい驚きを与え、それは、その対象へのわれわれの注意を喚起し、刺激する。しかし、もしもその対象を持続させるものが目新しいということだけならば、この感情はすぐに衰え、心には何も効果を残さない。壮大な対象によって引き起こされる感情とは、畏敬の念や重々しさや厳粛さである。思索のすべての対象の中でも、崇高なる存在者は最も壮大である。その永遠性、その広大さ、その抗しがたい能力、その無限なる知識と誤りなき英知、その確固たる正義と廉直さ、その崇高なる支配力は、この広大な全世界のすべての運動を最も崇高なる目的へと、そして最も賢明な仕方で導き、魂の最大の容量を満たし、魂の把握できるものをはるかに超える対象なのである。

すべての対象の中で、この最も壮大なものが人間の心の中に引き起こす感情は、献身と呼ばれるものである。それは、寛大さを吹き込み、美徳ある最も英雄的な行動へと向かう厳粛で心が落ち着いた気質なのである。

壮大と呼ばれうる他の対象によって生み出される感情は、程度としては劣っていても、その本性と効果において、献身の感情に似ているものである。それは心を厳粛にし、心を普段よりも、一種の熱狂に高め、寛大さを吹き込み、卑しいものを軽蔑するようにする。

想うに、壮大な対象についての思索がわれわれの中に生み出す感情はそのようなものである。われわれは次に、対象の中にあるこの壮大さが何であるかを考察することにしよう。

それは、われわれの賞賛に値するある程度の卓越性以外の何ものでもないように私には思える。

逆のものと比べて、本当の、そして固有の卓越さを持つ心の属性があり、そしてそれは、あらゆる程度において、評価されるべき自然の対象であるが、通常ならざる程度においては、それらは賞賛の対象となる。われわれはそれらの性質に価値を置く。なぜなら、それらは本来、価値があり卓越したものだからである。

現代哲学の精神は、われわれが事物に置く価値や評価が、われわれの心の中にある感覚でしかなく、対象に固有のものではないと考えさせる。そしてわれわれは、われわれが今軽蔑しているものに最も高い価値を置き、今非常に高く尊重している性質を軽蔑するように造られていたかもしれないと、現代哲学は、われわれに考えさせるのである。

プライス博士が、道徳について吟味した本の中で、道徳的な正しさと誤りを目撃者の心の中の感覚にしてしまう意見だけではなく、上のような意見に強く反対していることを見ると、私は嬉しくなる。その賢明な著者は、これらの意見が引き出す結果を見抜き、その意見の根源まで追跡している。その根源とは、ロック氏によって与えられ、現代の哲学者の大部分によって採用されている、あらゆるわれわれの観念の起源についての説明であり、プライス博士は、その説明に欠点があることを示しているのだ。

あらゆるものを感じや感覚に還元してしまおうとするこの傾向は、古代哲学でよく見られた反対の極端を避けようとする願望によって導かれた〔別の〕極端なのである。

最初人々は、本性と習慣によって、そのすべての注意を外的な事物に向けがちである。心とその働きについての彼らの思念は、それらが感官の対象に対して持っている類似から作られる。そして外的な存在が、心の概念や感じでしかないものに帰属させられるのである。

この精神は、プラトンとアリストテレスの哲学にかなり浸透しており、永遠で自己存在する観念や、第一質料、実体的形相、そして同じような本性を持つ他のものなど、謎めいた思念を生み出した。

デカルトの時代より、哲学は反対の方向へ向かいだした。その偉大な哲学者は、外的な存在を持つと考えられている多くの事物が、心の中の概念や感じでしかないことを発見した。この流れは、デカルトの継承者たちによって、極限まで追求され、あらゆるものを心の中の感覚や感じや観念にし、外的なものを何一つ残さなかった。

ペリパトス学派は、われわれが感じる熱さや冷たさは、外的な対象の性質であると考えた。現代の哲学者は、熱さや冷たさが、感覚でしかないと考え、物体の本当の性質をその名前で呼ぶことを許さなかった。そして彼らは、あらゆる二次性質について、同じ判断を下したのである。

デカルトとロック氏はそこまでは進んだ。彼らの継承者は、外的に存在すると信じられていた事物を感じに変える道を辿り、物体の延長や固性や形や他の一次性質も、心の感覚や感じであると考えた。そして物質世界は、現象でしかなく、心の中以外には存在しないと考えたのである。

正しさや誤りといった道徳的機能の対象だけでなく、美や調和や壮大さといった嗜好の対象も心の感じでしかないと想うことはきわめて自然な成り行きだろう。

現代の哲学者の著作を知っている人は、感じについてのこの学説を、デカルトからヒューム氏へと容易に辿ることができる。ヒューム氏は、真偽が心の感じであり、信念はわれわれの本性の感受的な部分の働きであるとすることによって、感じの学説に仕上げを施したのである。

われわれの主題に戻り、常識の指図に耳を傾けるならば、われわれの感じや成り立ちがどのようなものであろうとも、事物には本当の卓越性があるということに納得しなければならないだろう。

卓越性が本当にあるところで、それを知覚するかしないかが、われわれの成り立ちによることは間違いない。しかし、その対象は、それ自身の成り立ちから卓越性を得ているのであって、われわれの成り立ちから得ているのではない。

この問題における人類の共通の判断は、すべての国家の言語に十分に現われている。言語は、卓越性や壮大さや美を、一様に対象に帰属させるのであって、それを知覚する心にではない。そして私は、この点において、他の大部分の物事と同じように、人類の共通の判断と真の哲学が異ならないだろうと信じている。

力は、その本性において弱さよりも卓越していないだろうか。知識は無知よりも卓越していないだろうか。英知は愚かさよりも卓越していないだろうか。勇気は臆病さよりも卓越していないだろうか。

自制心や寛大さ、公共心において固有の卓越性はないだろうか。友愛は、嫌悪よりも心の優れた感情ではないだろうか。高貴な競争は、嫉妬よりも優れていないだろうか。

可能ならば、無知や弱さや愚かさに高い敬意を払うように作られている存在者を想定してみよう。また、臆病さや悪意や嫉妬を崇め、軽蔑にそれが本来持つのとは反対の性質があると主張し、嘘や過誤に高い敬意を払い、自分を欺き、ひどく扱う人を最大限に愛するように作られている存在者を想定してみよう。そのような成り立ちが狂気や狂乱以外の何かだと信じることができるだろうか。できないだろう。そのようなことができるならば、われわれは容易に、2＋3が15を作り、部分が全体よりも大きいと知覚できるような成り立ちを持つ人を想うことができるだろう。

自分自身の心の働きに注意する人なら誰でも、尊敬の念が意見によって導かれ、あらゆる人が理性や空想力に好意的に、そして、立派に思われる限りにおいて尊敬の念を獲得できるということを、人類の共通の信念として、確実に正しいと思うだろう。

それゆえ、能力、知識、英知、美徳、寛大さにおけるのと同じように、心のいくつかの性質には、本当の固有の卓越性がある。あらゆる程度において、これらは尊敬に値する。しかし、尋常ならざる程度においては、それらは賞賛に値するのである。そして賞賛に値するものを、われわれは壮大と呼ぶのである。

尋常ならざる卓越性の思索において、心は気高い熱狂を感じる。それは、心を、賞賛するものの模倣へと向かわせるのである。

われわれがカトーの性格を考察するとき、つまり魂の偉大さ、快楽や苦労や危険に対する彼の優れた態度、彼の国家の自由に対する激しい熱意を考察するとき、ローマの自由の最後の支柱として、不幸に際して彼が微動だにせず、彼の国家の荒廃の中で気高く滅ぶのを見るとき、すべてに勝利したシーザーよりも、カトーになりたいと思わない人がいるだろうか。[8]

偉大な魂が災厄と戦う光景は、セネカが、ジュピター自身の注意に値すると考えたほどのものだった。「しかし見よ！　神がその作品を思索するように神の関心に値する光景がここにある。勇敢な男が、不幸と戦ったのだ。[9]」

神はすべての思考の対象の中でも最も壮大なので、簡素な表現で覆われていたとしても、その属性と御業について書かれた神聖な書物の中で与えられている記述は、崇高なものだと認められなければならない。「神が光あれと言った。そして光があった」というモーゼの表現は、崇高なものの例として、異教徒の批評家であるロンギヌスの注意を逃れることはなかった(10)。

われわれが何らかの記述や演説において崇高だと呼ぶものは、その主題が話者の心の中に生み出す賞賛や熱狂についての固有の表現である。もしもこの賞賛と熱狂が正しいものに思えるならば、それは聞き手に、冷静な確信よりもむしろある種の激情によって、選択の余地なくもたらされるのである。というのも、熱狂を掴み取る情熱ほど人に伝染していくものはないからである。

しかし一方で、もしも話者の情熱が主題や機会によってまったく正当化されないならば、それは思慮深い聞き手には、嘲りと軽蔑以外のどのような感情も生み出さないだろう。

真の崇高さは、文章の構成の技術だけによって生み出されることはない。崇高さは、主題における壮大さから生じなければならず、そして対応する感情が、話者の心の中に生じなければならない。たとえ技術がないときでも、これらが適切に示されれば、可燃性の物質の真っ只中に投げ入れられた火のように、抵抗し難いものとなるのである。

われわれが大地や海や星々の体系や宇宙を考察するとき、これらは巨大な対象である。その考察は、われわれの心の中でそれらを把握するために想像力の拡大を必要とする。

われわれがそれらを神の作品として考えるとき、それらは真実に壮大で、最高度の賞賛に値するように思える。神は、聖書の簡素な文体においても、ミルトンの詩的な言葉においても、天を広げ、大地の基礎を置いたのである。

彼は、神の永遠の蓄えの中に用意されていた黄金の羅針盤を持ち
この宇宙とすべての被造物の境界線を引こうとした。
一方の足を中心に置き、
もう一方の足を巨大で暗澹たる深淵の中で回転させ
こう言った。
ここまで広がりなさい、ここまでが汝の境界である。
これが汝の境界線なのだ。ああ、世界なのだ。(11)

われわれがエピクロスの世界を熟考し、世界が原子の偶然なる混乱だと想うとき、この考えには何も壮大なものはない。盲目の偶然による原子の衝突は、われわれの概念を高め、心を高めるのに適したものを何も持っていない。しかし創造する能力によって生み出され、完全なる英知と善性が考案した最良の法則によって統治されている、存在者

の巨大な体系の規則的な構造は、知性を高め、魂を敬虔な賞賛で満たす偉大なる光景なのである。

偉大な作品は、偉大な能力、偉大な英知、偉大な善性の作品であり、重要な目的のためにうまく考え出されたものである。だが、能力、英知、そして善性は、厳密に言えば、心だけの属性である。それらは、比喩的に作品に帰属させられるが、現実には著者に固有のものである。そして同じ比喩によって、壮大さも作品に帰属させられるが、厳密にはそれを作り出す心に固有のものなのである。

いくつかの会話の比喩は、すべての言語において自然で共通なので、われわれはそれらが文字通り正しく、適切な表現だと思いがちになる。こうして行為は、勇敢、有徳、寛大だと言われる。しかし、勇敢さや美徳、寛大さは、人格のみに属する属性であり、行為の属性ではないことは明らかである。抽象的に考察された行為においては、勇敢さも美徳も寛大さもない。異なった動機からなされる同じ行為が、これらの形容語のどれにも値しないかもしれない。この事例における変化は、行為における変化ではなく、行為者における変化である。しかし、すべての言語において、寛大さや他の道徳的性質は、行為に帰属させられている。比喩によって、われわれは、原因にのみ固有である性質を、結果に帰属させるのである。

同じ比喩によって、われわれは、厳密には著者の心に固有のものである壮大さを、その作品に帰属させるのである。

われわれが『イリアス』を詩人の作品として考察するとき、その崇高さは、本当はホメロスの心の中にある。彼は偉大な登場人物、偉大な行動、偉大な出来事を、その本性に適した仕方と、それらによって生み出されることに本性的に適した感情を抱きながら想ったのである。彼は、彼の概念と感情を、最も適切な記号でもたらしている。彼の思考の壮大さは、彼の作品によってわれわれの目に映し出される。それゆえ、それはまさしく壮大な作品だと呼ばれるのである。

われわれが、詩人に関わりなく『イリアス』においてわれわれの心に映し出される事物を想うとき、壮大さは、人間であろうと神であろうと、舞台に登場するヘクトルやアキレス(12)や他の偉大な人物の中にあると考えるのが適切である。

神とその作品の次に、われわれは歴史においてであろうと物語においてであろうと、人々の偉大な才能や英雄的な美徳を賞賛するのである。カトー、アリスティデス、ソクラテス、マルクス・アウレリウス(13)の美徳は、まことに壮大である。詩人であろうと雄弁家であろうと哲学者であろうと立法者であろうと、並はずれた才能と天才は賞賛の対象であり、それゆえ壮大である。われわれは、そのような人物の描写の中に、著者の嗜好が一種の熱狂に囚われているのを見出すのである。

ウェルギリウスが、ネプチューンの命令によって突如としてなだめられた海の大嵐と、権威と雄弁さを持った人によってたちどころに鎮められた大都市の猛烈な暴動を比べるとき、彼は、雄弁さにどれほど壮大な観念を与えたのであろうか。

言葉よりも早く彼は、膨れ上がる海を鎮めた
ときおり大勢の民衆において大きな騒乱が起こったときのように
民衆が怒りのあまり荒れ狂い
松明と石を飛ばして狂乱がその武器を与える
もしも幸運にも敬虔さと功績によって重きをなす人を
彼らが見るならば、みな沈黙し、目を閉じ、その言葉に耳を傾ける
彼は言葉で激情を支配し、胸をなだめ、海のどよめきは沈みゆく(14)

アイザック・ニュートン卿の素晴らしい才能と、自然法則を発見する彼の洞察力は、ポープによる短いが崇高な碑文に素晴らしく表現されている。

自然と自然法則は、夜の帳《とばり》に隠れていた。神は言った、ニュートンあれ。そしてすべては光となった。(15)

ここまで、われわれは、心の性質の中にのみ、壮大さを見出してきた。しかし、物質的対象には本当の壮大さはないのかと尋ねられるかもしれない。

物質的対象に本当の壮大さがあるということを否定することは、とんでもないことのように思われるだろう。とは言え、われわれが感官の対象に帰属させてきたすべての壮大さが、それらが結果や記号である知的なものに、あるいはそれらが何らかの関係や類似を持っている知的なものに由来しないのかどうかということは、考察に値するだろう。

結果と原因、記号と意味表示されるものの関係の他に、非常に異なる本性の事物の間に無数の類似や相似がある。そしてそのために、われわれは想像力の中でそれらを結び付け、適切には一方に属しているものを、もう一方に帰属させるのである。

言語におけるあらゆる比喩は、この一例である。われわれが今厳密なものだと考えている言語の大部分が、もともとは比喩的なものであるということは覚えておかなければならない。というのも、比喩的な意味は、非常に有益なものだとわかるとすぐに、厳密なものだと考えられるようになるからである。最初に厳密であった意味が用いられなくなったときにはいっそうそうなのである。

間違いなく、言語の貧困は部分的に比喩の使用の一因となる。それゆえ、最も不毛で洗練されていない言語は、最も比喩的なものになる。しかし、最も豊富な言語も、人間の概念の豊かさに比べるならば、不毛だと言われてよい。そして、そのような言語も、比喩を用いなければ、多様な、言語のわずかな変化にもついていくことができないのである。

しかし、比喩が用いられるもう一つの原因は、われわれが、関係や類似や相似や、あらゆる人の目にそれほど明らかではないような対比さえ、発見することに喜びを見出すということである。すべての比喩的な話し方は、この種のものを表現している。そして詩的な言語の美しさは、大部分この源に由来するのである。

すべての比喩的な言語の中でも、詩的な言葉は、最も一般的で、最も自然で、最も心地よく、もしもこう言って良ければ、知的な事物に肉体を与え、それらを目に見える性質で覆うか、あるいはその一方で、知的な性質を、感官の対象に与えるのである。

より高貴な機能をもった存在者にとって、知的な対象は、そのありのままの単純な状態において、最も利益をもたらすように思えるかもしれない。しかし、われわれは、それらが感官の対象に対して持っている何らかの類似によるのでなければ、ほとんど想うことはできない。われわれがそれらに与える名前は、ほとんどすべて比喩的か類推的なものなのである。

壮大さや崇高さという名前は、それらの反対である矮小さや下等さと同じように、物体の大きさから借用されたものであることは明らかである。とは言え、われわれが高さや広がりの量を帰属させることができない多くの事物が、真に壮大で崇高なものであることは認められなければならない。

外的感官の対象である大きなものと、嗜好の対象である壮大さの間に、何らかの類似があることは間違いない。この類似のために、後者は、前者から名前を借りてきたのである。そしてその名前は共通のものなので、事物の本性に共通するものがあると、われわれは考えるようになるのである。

しかしわれわれは、何らかの類似によって物体の性質から取られた名前によって示される多くの心の性質が、その本性においては共通するものがないということを、見出すだろう。

優しさ(sweetness)、厳格さ(austerity)、単純さ(simplicity)、不誠実さ(duplicity)、清廉さ(rectitude)、邪さ(crookedness)は、心のある性質と、心と何らかの点で相似している物体の性質に共通する名前である。とは言え、物体に心の性質である優しさ〔甘さ〕や純真さ〔単純さ〕を帰属させるならば、それは大きな誤りだろう。同じように、偉大さ〔大きさ〕や矮小さ〔小ささ〕は、外的感官によって知覚される性質と、嗜好によって知覚される性質に共通の名前である。とは言え、嗜好の対象でしかない偉大さ〔大きさ〕や矮小さ〔小ささ〕を感官の対象に帰属させたならば、それは誤りだろう。

知的な対象は、目に見える形を与えられることによって、われわれにとって把握しやすくなる。そして感官の対象は、それらが本当に所有している性質と何らかの点で類似している知的な性質を帰属させられることによって、威厳を帯び、堂々としたものとなる。海は荒れ狂い、空は肩を落とし、草地は笑い、小川はざわめき、風はささやき、大地が謝意を示したりそうしなかったりするのである。そのような表現は日常の言語では馴染みあるものなので、ほとんど詩的だとか比喩的だとかと考えられない。しかし、それらは生命のない物体に一種の威厳を与えるものであり、それらについてのわれわれの概念をより心地よくするものなのである。

われわれが物質を、不活性で、延長し、分割可能で可動的な実体だと考えるとき、これらの性質の中には、われわれが壮大だと呼べるようなものは何もないように思われる。そして、われわれが壮大さを、どれほど形を変えたものであろうとも、物質の部分に帰属させるとき、心の中に真に壮大な対象が引き起こす賛美にも似た感情を生み出すからであり、その壮大さが結果あるいは記号あるいは測定具といった知的なものから、あるいはそれが何らかの類似を持っている知的なものから、この性質を借用しているかもしれない。

崇高と美についての、ある非常に優れた著者(16)が、恐ろしいあらゆるものを壮大で崇高だと述べた。彼は、恐怖と賞賛の類似性によって、そこに導かれたのかもしれない。いずれも厳かで厳粛な情緒である。いずれも心に強い印象を作り出す。いずれも非常に人に伝わりやすい。しかし両者は、特に次の点で異なっている。それは、賞賛は、対象における何らかの通常ならざる卓越性を前提としているが、恐怖はそうではないということである。それでわれわれは、賞賛しないものを恐れるかもしれない。恐怖においては、賞賛には自然に伴い、真実に壮大あるいは崇高なものによって生み出される感情の主要な要素である熱狂のようなものは何もない。

全体として、私は次のようなことを理解していると考えている。それは、真の壮大さとは、熱狂的な賞賛を生み出すのに適したような程度の卓越性だということである。そしてこの壮大さは、もともとは、そして正確には心の性質において見出されるものである。そして、それは反省によってのみ、感官の対象において識別されるのであり、それはわれわれが月や惑星の中に知覚する光が、本当は太陽の光であるようなものである。

そして、単なる物質の中に壮大さを探す人々は、死人の中に生命を探し求めるようなものだろう。

もしもこれが間違いだとしても、少なくとも次のことは認められなければならないだろう。われわれが心の性質に知覚する壮大さは、適切には感官の対象に属する性質とは違う名前を持つべきだということである。というのも、両者は性質において非常に異なり、見る者の心の中に、非常に異なった感情を生み出すからである。

第四章　美について

美は、自然における非常に多様で、非常に異なった事物に見出されるので、それがどこにあるのかを言うことは、あるいは美が見出されるすべての物体に共通してあるものは何であるのかを言うことは難しい。

感官の対象について、われわれは色、音、形、運動の中に美を見出す。発話や思考にも美はある。技術や学問にも美はあり、行動や感情や性格にも美はある。

非常に異なり、似ていない事物の中に、われわれが美の名前で呼ぶ、すべてにおいて同じ性質が何かあるだろうか。心の思考と一片の物質の形態と、抽象的な定理と、機知の閃きに共通するものとは何であろうか。

実際のところ、美と呼ばれ、すべてにおいて同じものである性質をすべての異なった事物の中に想うことはできない。ある定理の美と一つの楽曲の美は、いずれも美しいものではあるが、同じものではないし、相似もしていない。美の種類は、美が帰属させられる対象の数だけさまざまなように思われる。

しかし、なぜこれほど異なる事物が、同じ名前で呼ばれるのだろうか。これには理由がないわけではない。事物それ自体に共通するものがなかったとしても、われわれや何か他のものに対して共通する関係があるかもしれない。そしてそれによって、われわれは同じ名前をそれらに与えるのである。

われわれが美しいと呼ぶすべての対象は、美の感覚において同時に生じるように思える二つの点で一致している。第一に、それらが知覚されたり、想像されたりするとき、それらはある心地よい感情や感じを心の中に作り出すということである。そして第二に、この心地よい感情は、それらが何らかの完全性や卓越性を持っているという信念や意見を伴うということである。

われわれが美しい対象を熟慮しているときに感じる喜びが、それらの卓越性についての信念と必然的な関係を持っているかどうか、あるいはその喜びが、われわれの創造主の善意によって、この信念と結びつけられているだけなのかどうかを、私は決定することはしない。読者は、この主題について、『道徳問題における吟味』の第二章におけるプライス博士の意見を見られれば良い。それは考察に値するものである。

われわれは、美の感覚の二つの要素を別々に想うことはできるが、このことはそれらが必然的な結合を持っていないという証拠を与えるわけではない。確かに、われわれが想うことができるものはどのようなものでも可能であるということが主張されてきた。しかし私は、概念を取り扱ったときに、この意見は非常によく見られるものであるけれども、誤っているということを示そうと努めた。われわれの目が悪いので発見できないけれども、事物の多くの必然的な結合があってもよいし、おそらくあるだろう。

美しい対象によって生み出される感情は、陽気で喜ばしい。それは気分を良くし、温かみのあるものにし、あらゆる善意の感情に味方し、不機嫌で怒った情緒を和らげる傾向にある。それは、心を活気づけ、愛や希望や楽しみのような他の心地よい感情に心を向かわせる。それは有益性から抽象された価値を対象に与えるのである。財産として所有される事物において、美はその価格を格段に高める。美しい犬や馬、美しい馬車や家、美しい絵画や見晴らしは、その所有者とそれ以外の人々によって、その有益性のためだけでなく、その美のために評価されるのである。

もしも美しいものが人であるならば、その人との交際や会話は、そのためにいっそう心地よいものになり、われわれはその人を愛し、尊重するようになるだろう。まったく見知らぬ人においてでさえ、それは強力な取り柄となり、われわれはその人が好きになり、その人について良く思うようになる。それはその人がわれわれと同じ性別であってもそうであるが、異性ならばますますそうなのである。

アディソン氏は次のように言った。「美ほど魂に直接に入ってくるものはない。美は想像力を通して、神秘的な充実感と満足感を広め、偉大で通常ならざるものに最後の仕上げを行う。美の最初の発見は、内なる喜びで心を打ち、そのすべての機能に快活さと喜びが広がっていく。」(17)

われわれが美を人だけではなく、生命のない事物にも帰属させるので、われわれは愛情や好みのような名前を、美がこれら両方の対象に生み出す感情に与えるのである。しかしながら、人を好むことは、生命のないものを好むこととは非常に異なった心の感情であることは明らかである。人を好むことは仁愛を含意するが、生命のないものは仁愛の対象にはなりえないのである。この二つの感情は、どれほど異なっていようとも、いくつかの点で類似しており、その類似のために、同じ名前を持っているのである。そしておそらく美は、これらの二つの異なる種類の対象において、一つの名前しか持っていないが、その本性においては、それがわれわれに生み出す感情と同じく異なっているのである。

美しい対象が、見る者の心の中に生み出す心地よい感情に加えて、それらは、対象における何らかの完全性や卓越性についての意見や信念を生み出す。これを私は、われわれの美の感覚における第二の成分であると考えている。もっともそれは、現代の哲学者によって認められていないように思えるのだが。

賢明なハチスン博士は、ロック氏の体系におけるいくつかの欠点に気付き、その体系から重要な発展を遂げたが、美の思念においては、ロック氏の体系に流されてしまったように思われる。『美と徳についての観念の起源の探求』の第一節で、彼は言う。「続くページで、美という言葉は、われわれの中に生じた観念を意味し、美の感覚とは、その観念を受け取るわれわれの能力を意味しているということを述べておきたい(18)。」そしてさらに、「絶対的で根源的な美ということで、それを知覚する心とは関係がない、それ自体美しい対象にあると想定されたどのような性質であるとも理解されていないということを述べておきたい。というのも美は、可感的観念の他の名前と同じように、適切には心の知覚を示しているからである。それは冷たさ、熱さ、甘さ、苦さが、われわれの中にこれらの観念を喚起する対象には何の類似物もない心の中の感覚を表示するのと同じである。しかし、一般にわれわれは、そうではないことを想像しがちである。美の感覚を持った、対象を熟慮する心がなければ、どうしてそれらが美しいと呼ばれるのか、私にはわからない(19)。」

触覚と味覚という外的感官と、美という内的感官に類似があることは間違いない。この類似によって、ハチスン博士や他の現代の哲学者たちは、デカルトやロックが外的感官によって知覚される二次性質について教えるものを美にも当てはめるようになったのである。

物体の二次性質についてのロック氏の学説は、判断における誤りというよりもむしろ言葉の誤用である。彼は非常に適切に、われわれが熱さや冷たさについて持っている感覚と、自然によってわれわれの中にこれらの感覚を生み出すように適応した、物体の中にある性質や構造を区別している。彼は正しくも、両者には類似がないと述べている。それらは結果と原因の関係を持っているが、類似しているわけではない。これはペリパトス学派の考えを非常に正しく、適切に訂正したものなのである。ペリパトス学派は、すべてのわれわれの感覚は、それらを生み出す対象における性質のまさに形相あるいは像だと教えてきたのである。

まだ解決されていなかったことは、日常言語における熱さや冷たさという言葉が、われわれが感じる感覚を意味表示するのか、これらの感覚の原因である、対象における性質を意味表示するのかということだった。ロック氏は、熱さや冷たさが、われわれが感じる感覚だけを意味表示し、それらの原因である性質を意味表示するのではないとした。

そしてこの点に、私は彼の誤りがあると思う。というのも言語の使用から、熱さや冷たさ、甘さや苦さが、外的対象の属性であり、それらを知覚する人の属性ではないことは明らかだからである。それゆえ、火に熱さがなく、砂糖に甘さがないということは、とんでもない背理だろう。しかしロック氏の意味に従って説明されるとき、それはほとんどの他の背理と同じように、言葉の誤用でしかないのである。

美の感覚は、甘さの感覚によく似た仕方で分析されるかもしれない。それは、自然によって心地よい感じを生み出すように適合された、物体における何らかの卓越性についての意見や判断を伴った心地よい感じや感情なのである。

感じが心の中にあり、われわれが対象について下す判断も心の中にあることは間違いない。しかし、この判断は、他の多くの判断と同じように、真あるいは偽でなければならない。もしもそれが真なる判断ならば、対象の中に何らかの本当の卓越性がある。そして、すべての言語の使用は、美の名前が、対象のこの卓越性に属していて、見る者の感じにはないことを示しているのである。

すべての人々が美を知覚する対象に、本当は美がないと言うことは、人にあてにならない感官を帰属させることである。しかし、われわれは、われわれの存在の作者をそのように無礼に考える根拠を持っていない。作者がわれわれに与えた機能は、そのようなあてにならないものではない。またその作者の御手によるすべての作品に寛大にも広められた美は、われわれにおけるたんなる空想などではなく、彼の作品における本当の卓越性なのであり、神聖なる作者の完全性を表現しているのである。

われわれが自然の中に見る美は実在のものであり、空想上のものではないというだけではなく、われわれの機能が鈍すぎて知覚できない多くの美があるということを信じる理由がある。われわれは、人間の技にも神の御業にも多くの美を見るが、それを獣類は知覚することができない。そしてより優れた存在者は、真なる美の識別において、われわれが動物に勝るように、われわれに勝るかもしれない。

絵を描いたり彫刻したりすることに優れた技術を持っている人は、通常の見物人よりも、絵画や彫像の美を見抜くことができるだろう。同じことは、すべての芸術に当てはまる。最も完全な芸術作品は、粗野で無知な人々の心さえも打つような美を持っている。しかし、彼らは、それらを完全に理解している人々や、それらを生み出す人々によって、作品の中に見出される美の、わずかな部分しか見ていないのである。

このことは、同じような妥当性をもって、自然の作品にも当てはまる。それらは、無知な者や不注意な者の心さえも打つ美を持っている。しかし、われわれがその構造や相互関係、それらが支配される法則をより発見すればするほど、われわれは、より大きな美や芸術、英知、善性の喜ばしい目印を識別できるようになるのである。

例えば解剖学の専門家は、人間の身体構造に無数の美しい考案物を見るが、それは解剖学に無知な者には知られていないものなのである。

一般人の目も、天の外観、天体の物体のさまざまな運動や変化に多くの美を見出すが、それらの秩序や距離、周期、それらが宇宙の巨大な領域の中で描く軌道、それらの運動が支配され、それらの位置や進行や後退、それらの食や星食や運行が生み出される単純で美しい法則を知る天文学の専門家は、全惑星の体系を通して美しく、秩序あり、調和した支配を見るのであり、それは人の心を喜ばせるものなのである。太陽や月の食や、彗星の燃え盛る尾は、野蛮の国の人々の心に恐怖を植え付けるが、〔専門家の〕目には楽しい娯楽を与え、知性には満足を与えるのである。

自然の作品のあらゆる部分には、無数の美があり、われわれは無知のためにそれらを知覚することができない。より優れた存在者は、われわれよりも多くのものを見る。しかし、それを造り、その後それを見て、すべてよしと宣うた者だけが、それらの美をすべて見ることができるのである。

対象の美についてのわれわれの決定は、二種類のものに分けられると思う。そのうちの一つはわれわれが本能的と呼ぶものであり、もう一つは理性的と呼ぶものである。

あるものは、すぐにわれわれの心を打ち、なんの反省もなく、なぜそれらを美しいと呼ぶのか言えなくても、あるいは美しいというわれわれの判断を正当化する完全性を特定できなくても、一目で美しく見える。この種のことは、獣類や理性を使用できるようになる前の子供にも生じるように思われるし、幼児のときに終わるのではなく、人生を通して続くのである。

鳥や蝶の羽の中に、花や貝や多くの他の対象の色や形の中に、われわれは喜ばしい色を知覚するが、その感情を生み出すものが対象の中のどのようなものであるのかを言うことはできない。

そのような場合に、対象の美は、隠れた性質と呼ばれてよい。われわれは、それがどのようにしてわれわれの感官に作用するのかをよく知っている。しかし、それ自体が何であるのかをわれわれは知らない。しかし、他の隠れた性質と同じように、これは、哲学的探求の適切な主題であり、自然がこの感じのよい性質を与えた対象についての注意深い吟味によって、われわれは対象における何らかの実在の卓越性を発見できるか、少なくともそれがわれわれに生み出す結果によって役立てられる、価値ある目的を発見できるかもしれない。

種の異なる動物において、この美の本能的な感覚は、味覚の外的感官と同じくらい多様かもしれず、それぞれの種において、その生活様式に適合しているのかもしれない。これによって、おそらく多くの種族が自分と同じ種のものと交わるように導かれ、あるものよりも別のものに囲まれて居住し、個別の様式で住居を作るようになるのである。同じように、同じ種の個体の中にも、美の感覚において多様性があり、それによってそれぞれが配偶者の選択や彼らの子孫への愛や配慮で導かれるのである。

アディソン氏は次のように言う。「あらゆる種類の思慮ある被造物は、美についてのさまざまな思念を持っており、彼らそれぞれが、それ自身の種の美に最も触発されるということを、われわれは見る。このことは、同じ形や体の比率を持った鳥以上に顕著なものはどこにもない。そこでわれわれは、一枚の羽の模様や色合いによる求愛行動において伴侶が決定されるのを見る。しかし、鳥は、自分と同じ種の色以外にはいかなる魅力も見出さないのである。

輝かしい産毛、誇らしげな鶏冠、紫の羽を持ち
だが油断のない鋭い目で、
自分と同じ色をした、
彼にふさわしい伴侶である雌を見つけるために探索する。

彼は色鮮やかな化け物が
富む木立には行かなかった。
自然ならざる愛の不明瞭な産物でしかない。
クロウタドリは、そこから薄暗い色の伴侶を選び
ナイチンゲールはよく知られた声に魅了された
その演奏仲間を選ぶ。
黒ずんだ羽と緑がかった目をした鍛治職人であるフクロウは、
焦げ茶色の情婦を得ようと努める。麗しい種族は
その祖先の純潔の愛を語る。
春が招き入れられることによって、
彼らが森や野原で歓喜するとき、
父祖伝来の輝かしい色をした羽毛を
太陽に向かって広げる。(20)

人類においても、美の嗜好には多様性があり、それらの美について、顔立ちの多様性と同じように理由を考えることはできない。もっとも、その両者ともに、非常に重要な

目的に適うということを知覚することは容易ではあるが。これらの多様性は、われわれが異性の顔立ちについて作る判断において最もよく観察できる。そしてこの点で、自然の意図は最も明白なものであろう。

対象のかなりの部分の美についての決定が本能的なものである限り、それらは推理や批評の対象にはならない。それらは純粋に天からの贈り物であり、それらが判断される基準をわれわれは持っていない。

しかし、理性的だと呼ばれてよい美の判断があり、それらは判明に想われ、特定されうる対象の何らかの心地よい性質に基づいている。

美についての理性的な判断と本能的な判断の間のこの区別が、一つの事例によって示せるだろう。

小石の塊の中から、色鮮やかさや形の規則性において目立つものは、子供によってその塊の中から取り出される。子供は、その中に美を見出し、価値があると考え、それを持ちたがる。この好みについて理由を与えることはできないが、子供たちは、その成り立ちによって、鮮やかな色と規則的な形を好むのである。

ここで再び、専門の機械工がうまく作られた機械を見ていると考えてみよう。彼は、すべての部品が、最も適切な材料から作られ、最も適切な形に作られているのを見るだろう。どのようなものも余分なものはなく、不十分なものもない。あらゆる部分がその用途に適合し、全体が、その機械が意図された目的に最も完全な仕方で適合しているのを見るだろう。彼はそれを美しい機械だというだろう。彼はそれを、子供が小石を見るのと同じような心地よい気持ちで見るだろうが、彼は自分の判断に対する理由を述べることができ、それが基づく対象の固有の完全性を指摘できるだろう。

本能的な美の感覚と理性的な美の感覚は、思索においては完全に区別されるが、個々の対象について判断するときに、それらはしばしば混合あるいは混同されるので、それぞれに固有の領域を割り当てることは難しい。いや、対象の美の判断は、最初はたんに本能的だったものが、対象における美が記号となっている何らかの隠れた完全性をわれわれが発見して、後になって理性的なものになるということがしばしば起こりうるのである。

美の感覚が本能的なものと理性的なものに区別されるように、美それ自体も原初的なものと派生的なものに区別されうると、私は考えている。あるものはそれ自体の光で輝き、他の多くのものが借りられたり反射した光で輝くように、対象における美の輝きが固有で原初的なものもあれば、借りてこられたり反射されたりした多くの他のものもあるように思われる。

属性の伝達と言えるものほど、すべての人類の感情の中で、そしてすべての国の言語で共通のものはない。つまり、ある属性を、それが適切に属している主体から、何らかの関係した、あるいは類似している主体に移すことである。

自然がわれわれの視野に現わすさまざまな対象は、種類の点で最も異なったものにおいてさえ、無数の相似や関係や類似を持っており、われわれはそれらを喜びを持って思索し、それらによって、あるものに属している言葉や属性を表現するために、別のものからその言葉や属性を自然に借用するようになるのである。この世にあるあらゆる言語の大部分は、あるものから借りられ、その最初の意味表示に対して何らかの関係や類似を持っていると考えられている別のものに当てはめられた言葉からできているのである。

われわれは物体の属性を心に帰属させ、心の属性を物質的対象に帰属させる。生命のない事物に、生命を、そして知性や道徳的な性質さえ帰属させる。そして、このように共通のものとなった性質は、厳密な意味において一方の主体に属し、比喩的に他方の主体に属するが、これらの異なった意味は、しばしばわれわれの想像力の中で混ざり合い、両者に関して同じ感情を生み出すようになるのである。

それゆえ、多くの場合において、原初的かつ厳密には意味表示される事物にある美が、記号に移し変えられることは、人間の感情や人間の言語の性質にとって自然であり、うまく合うことなのである。それらは例えば、原因にあるものが結果に移され、目的にあるものが手段に移され、行為者にあるものがその道具に移されるようなものである。

われわれが心の性質に帰属させる壮大さと、物質的対象に帰属させる壮大さの区別について前章で言ったことが十分に根拠づけられるならば、対象の美のこの区別は、壮大さの区別に完全に類似しているものとして、容易に認められるだろう。それゆえ私は例によってそのことを示すだけにしよう。

完全なる育ちの良さほど、人の外観において素晴らしく、魅力的なものはない。しかし、この育ちの良さとはいったい何であろうか。それは、目上の人に対する適切な敬意、目下の人に対する丁寧さ、われわれが会話したり関係したりするすべての人々に対する礼儀正しさが、女性の中で彼女らにふさわしい外的な振る舞いの優美さと結び付いた、すべての外的な記号から成り立っている。そしてどうしてそれが、すべての人類の目に、それほどの魅力に映るのだろうか。それは、私が理解しているように、育ちの良さが、真にそれ自体感じが良く美しい、気質や、他人や自分自身についての愛情や感情の自然の記号であるという理由のためであろう。

これが、育ちの良さというものが像となっている原物である。そして、その像によってわれわれの感覚に反映しているのが、その原物の美なのである。それゆえ、育ちの良さの美は、それが成り立つ外的な振る舞いにもともとあるのではなく、その外的な振る舞いが表現する心の性質に由来するのである。そして、心の好ましい性質を持たない育ちの良さというものがあるかもしれないが、それでもその美は、それが自然に表現しているものに由来しているのである。

本能的なものと理性的なものへの美の感覚の区別と、原初的なものと派生的なものの美それ自体の区別を説明したので、原初的なものであろうと派生的なものであろうと、われわれが正しく、そして理性的に美を帰属させる対象における性質について概観していくことにしよう。

しかし、ここで何らかの困難が、私がすでに述べた美という言葉の曖昧な意味から生じる。

時に美という言葉は、より限定された意味で美と呼ばれるものだけでなく、優れた嗜好を喜ばせるあらゆるものを含み、壮大さや新奇さを含むように拡大される。また別のときは、対象が見られるか思い出されるか想像されたりするときに、美という言葉は、優れた著者によってさえ、視覚の対象に制限される。しかし、音楽に美があるということや、詩にも散文にも、文章を生み出すときに崇高さだけでなく、美があるということが、すべての人々によって認められている。性格においても愛情においても行動においても美があるということは、すべての人々によって認められている。これらは視覚の対象ではない。そして視覚能力を持っていない人でも、さまざまな種類の美についての優れた裁定者となりうる。

これほどさまざまに拡大されたり制限されたりする言葉に確定した意味を与えるために、嗜好の対象を新奇さや壮大さや美に区別する通常の方法によって示されることよりも良い方法を私は知らない。新奇さが新しい対象の性質ではなく、それを新しいと受け取る人の知識に対して持っている関係でしかないことは明らかである。それゆえ、もしこの一般的な区別が正しいものならば、対象における、優れた嗜好を喜ばせるあらゆる性質は、何らかの程度において、壮大さか美を持っていなければならないのである。壮大さと美の間に正確な限界を定めることはさらに難しいだろう。しかしそれらは、その本性によって、優れた嗜好を喜ばせることに適したあらゆるものを、つまりわれわれが熟慮する対象におけるあらゆる本当の完全性と卓越性をともに含んでいなければならないのである。

詩や絵画や一つの楽曲において、優れた嗜好を喜ばせるものは、実在する卓越性である。人格においては、道徳的なものであろうと知的なものであろうと心のあらゆる完全性や、身体のあらゆる完全性は、喜びを破壊させるような嫉妬や悪意がないときには、その所有者だけでなく、見る者にも喜びを与えるのである。

それゆえ、われわれが対象において壮大であるものや美しいものを探さなければならないのは、完全性や本当の卓越性の尺度においてである。賞賛にふさわしい対象は壮大であり、愛情や評価にふさわしい対象は美しいのである。

これは、哲学者によって一般に受け入れられてきた思考の対象の区分に対応する、美の唯一の思念だと私には思える。そして、美と実在する完全性の結びつきが、ソクラテス学派の主要な学説だった。それはしばしば、プラトンやクセノフォンの対話の中で、ソクラテスに帰せられてきたのである。(21)

それゆえわれわれは、最初に、われわれが正しく、そして理性的に美を帰属させる心の性質について見て、それから感官の対象において知覚する美について見るのが良いかもしれない。もしも私が間違っていなければ、第一に、原初的な美が見出され、そして第二の部類の美は、何らかの感じの良い心的な性質の記号あるいは表現としてか、目的や技術や賢明な考案の結果として、それらが心に対して持っている何らかの関係に由来することがわかるだろう。

壮大さが自然に賞賛を生み出すように、美が自然に愛情を生み出す。それゆえわれわれは、愛情と親愛の情の自然な対象である性質に、正しく美を帰属させることが良いだろう。

この種のものの中には、主に、特有の仕方で愛すべき性格を構成する道徳的な美徳がある。純真さ、穏やかさ、謙虚さ、思いやり、自然な情愛、公共心、優しく穏やかな美徳の連なり全体、これらの性質は、まさにその本性から、そしてその固有の価値のために感じのよいものなのである。

賞賛を引き起こし、それゆえ壮大であるような他の美徳がある。寛大さや不屈の精神や自制、労苦に負けないこと、快楽に対して負けないこと、幸運が難色を示しているときだけではなく笑顔を向けるときにでも流されないことなどがそうである。

これらのたいへんな美徳は、人間の性格において最も壮大なものを構成する。穏やかな美徳は、最も美しく、愛すべきものである。それらは美徳なので、われわれの道徳的機能の賞賛を引き出す。それらは適切で感じのよいものなので、われわれの美の感覚に作用する。

感じの良い道徳的美徳と並んで、固有の価値を持ち、所有する人々に対する愛情と敬意を引き出す多くの知的な才能がある。それらは、知識や良識、機知、ユーモア、朗らかさ、優れた嗜好、芸術や雄弁や印象的な行動における卓越性である。ここに、社会において有益である平和や戦争についてのあらゆる技術における卓越性を加えてもよいだろう。

われわれが身体に属しているとする同様の素質があり、それらはもともとの美や優れた容姿を持っている。それらは健康や強靭さや機敏さのようなものであり、若者が普通に持っているものである。身体的運動の技術や、機械的技能における技術などもそうである。これらは、人が持つ本当の完全性であり、人がその能力を増加させるにつれて、身体を心にとっての適切な道具にするのである。

それゆえ、私が把握しているところによれば、美がもともと存在しているのは、心の道徳的で知的な完全性においてであり、その能動的能力においてである。そしてここを源泉として、われわれが目に見える世界の中で知覚するすべての美が引き出されるのである。

これは、以前に名前を挙げた古代の哲学者たちの意見であったと、私は思う。そしてそれは、現代人においても、シャフツベリー卿やエイケンサイド博士によって採用されてきたのである。

心が、心のみが、天地に機知を生み出すのである。
生ある泉は、それ自体に

美と崇高を含む。ここに手を取り合って
最も優れた恩寵がある。ここで王位についた
天空のヴィーナスが、最も神聖な空気に包まれて
また魂を永遠に衰えることのない喜びに誘うのだ。(22)
――エイケンサイド

しかし、心も、その性質や能力も、人間にとっては知覚の直接の対象ではない。実際に、われわれは、自分自身の心の働きについて意識している。そして、そのあらゆる程度の完全性は、自己評価の程度に比例して、最も純粋な喜びを与えるが、それは非常に自己愛に媚を売るので、適切な領域にとどめておくことはたいへん難しい。それでわれわれは、考えるべきもの以上に、自分自身について良く考えるべきではない。

われわれは他者の心を、彼らの署名が刻印された物質的な対象という媒介を通してのみ知覚する。われわれが他者の存在において、生命や活動や英知やあらゆる道徳的そして知的性質を知覚するのは、この媒介を通してなのである。これらの性質の記号は、感官によって直接に知覚される。それらによって、性質それ自体が、われわれの知性に映し出されるのである。われわれは、その記号に美や壮大さを帰属させがちであるが、そ

れらは適切には、そして本来は、意味表示される事物におけるものなのである。

すべての完全性の源である、われわれには見ることのできない創造主は、そのすべての作品に、その神聖なる英知や能力や恩恵を示す署名を刻印している。それらの署名は、すべての人々に見えるものである。学問や嗜好の芸術や機械的な技術における人々の作品は、それらの生産に用いられた心の性質の署名を持っているのである。生命における彼らの外的な振る舞いや行為は、彼らの心の良い、あるいは悪い性質を表現するのである。

あらゆる種類の動物において、われわれは、その目に見える記号によって、彼らの本能や欲求や、愛情、洞察力を知覚する。生命のない世界においてさえも、心の性質に類似した多くの事物がある。それゆえ、心に属しているもので、感官の対象から取られた像によって表象されないようなものはほとんどない。一方、感官のあらゆる対象は、心の属性から衣装を借りることによって美しくなるのである。

こうして、心の美は、それ自体では目に見えないものだが、その像が刻印される感官の対象の中に知覚される。

一方で、もしもわれわれが、美を帰属させる可感的対象を考察するならば、それらすべてにおいて、心に対する何らかの関係を見出すが、その中でも最も美しいものが最も偉大なものなのである。

われわれが、生命のない物質を、延長や固性や可分性や可動性を備えた実体として抽象的に考察するとき、これらの性質の中には、われわれの美の感覚に作用するものは何もないように思える。しかしわれわれが、自分たちが住んでいる地球を、その形・運動・調度品によって、最下層の生き物から人間に至るまで、命ある被造物のさまざまな秩序の無限なる住居や支柱に適合したものとして熟慮するとき、本当に輝かしい光景を見ることになる。人間の技術の最も壮大で最も美しい構造も、それとは比較にならないのである。

生命のない物質の唯一の完全性は、そのさまざまな形態や性質によって、動物の目的に、特に人間の目的に素晴らしく適合して存在することである。それは、人間の生活の支えや装飾となるあらゆる技術の素材を提供する。崇高な芸術家〔神〕によって、生命のない物質は、植物の領域のさまざまな種類のものに組織され、一種の生命を与えられる。それは人間の技術では真似できないものであり、人間の知性では理解できないものなのだ。

動物の身体やさまざまな器官には、さらに素晴らしく神秘的な物質の構成がある。そしてそれが、あらゆる種類の生命の目的や様式にすばらしく適合していることがわかるのである。しかし、組織化されていないものや植物的なものや動物的なものであろうと、あらゆる形態において、物質の構成は、その美を、それが手段となる目的や、英知やそれが示す他の心的な性質の記号から得るのである。

われわれが美を知覚する生命のない物質の性質は、音、色、形、運動である。最初のものは聴覚の対象であり、他の三つは視覚の対象である。それらを順番に考察していこう。

非常に素晴らしい声によって出された単一の音においても、ひどい声や不完全な楽器によって出された同じ音には知覚されない美がある。単一の音に美を与える完全性を数え上げようとする必要はない。それらの中には、音楽学において名前を持っているものもあれば、おそらく名前を持っていないものもある。しかし、単一の音に美を与えるあらゆる性質は、人間の声や楽器にかかわらず演奏器官においてか、演奏においてかの、何らかの完全性の記号であるということは認められるだろう。音の美は、その完全性の記号と結果の両方である。そしてその原因の完全性のみによって、われわれは結果にも美を割り当てるのである。

音の構成において、あるいは一つの楽曲において、美は調和、旋律、表現のいずれかにある。表現の美は、表現されるものの美や、それを適切に表現するときに用いられる技術や技能に由来しなければならない。

調和において、協和や不協和という名前は比喩的であり、それらの名前が比喩的に当てはめられる音の関係と、それらがもともと厳密に意味表示する心や感情の関係との間にある何らかの類似を想定している。

私が自分の耳で判断できる限り、優れた声と耳を持った二人あるいはそれ以上の人が親しく友情を持ちながら話をしているときは、彼らのさまざまな声の調子は調和したものであるが、彼らが怒りの感情を吐き出すときは、不調和なものとなる。だから、何が言われているかを聞くことなしに、人はさまざまな声の調子で、彼らが争っているのか、仲良く談笑しているのかを知ることができる。実際にはこのことは、優れた教育によって、怒っているときでも声の怒りの調子を抑えるように教えられてきた人々においては、何の抑制もなしに怒りの感情を顕にする身分の低い人々ほどには、容易に知られることはない。

会話の中で、不調和がときどき生じるけれども、しかしすぐに完全な友好関係に終わるとき、われわれは、完全な同意よりも喜びを感じる。同じように、音楽の調和において、不協和音が導入されることもあるが、それはいつも、その後に続く最も完全な協和に楽しみを与えるためになされるのである。

一つの楽曲の調和と心の交流にある調和との間にあるこれらの類似が、たんなる空想上のものであるのか、実際に何か現実の基礎を持っているのかどうかを、より優れた耳を持っていて、それをこの種の観察に当てはめてきた人々に、私は従おう。それらが何らかの正しい基礎を持っているなら――私にはそう思えるのだが――、音楽の関係に協和と不協和の名前を比喩的に適用することを説明することに役立つだろう。また、われわれが音楽における調和から得る喜びや、調和の美が心の心地よい感情に対して持っている関係に由来することを示すのに役立つだろう。

旋律について、私は、調和や旋律の確立された規則に従って構成された音楽が、まったく表現を欠きうるのかどうか、そして表現を持たない音楽が、何らかの美を持ちうるかどうか、これらを音楽学の熟練者に委ねよう。旋律における心地よいあらゆる調子は、何らかの感情や情緒の表現における人間の声の調子を真似たものであるか、自然における他のいくつかの対象を真似たものであり、音楽は詩と同じく、模倣的な芸術であるように私には思える。

色や生命のない対象の運動における美の感覚は、ある場合においては本能的であると、私は信じている。われわれは、子供たちや未開人が、輝かしい色や活発な運動を喜ぶのを見る。発達して理性的な嗜好を持った人においては、色や運動がその美をそこから引き出す多くの源がある。それらには対象の形と同じように、規則性と多様性が認められる。機械的組織によって生み出される運動は、その仕組みの完全性や不完全性を指し示し、目的に応じて良かったり悪かったりし、そこから、その美醜が引き出されるのである。

自然の対象の色は、通常は、その物体における何らかの良い性質あるいは悪い性質の記号である。あるいはそれらは、想像力に、何らかの心地よいものや不快なものを示唆するかもしれない。

衣装や家具において、流行はわれわれの色に対する好みにかなりの影響を及ぼす。

沈みゆく太陽と穏やかな空色を背景に見られる、さまざまな絶えず変化する色合いの多くの雲は、あらゆる人の目に素晴らしい光景を見せる。それを壮大と呼ぶのか美しいと呼ぶのかを言うことは難しい。それは両方において素晴らしい程度のものである。太陽の直射との近さに応じて、雲の上を流れる雲はさまざまな色合いを帯び、頭上にある領域についてのわれわれの概念を広げる。それらは、われわれに、頭上の領域にある調度品についての見方を与えるが、それは空に雲がないときには、完全に何もないように思えるものである。しかし、それは今のところ雨風をたっぷりと蓄えているように見え、適切な時期には大地に降り注ぐように見えるのである。素朴な田舎の人でさえ、この美しい空を、たんに目を喜ばせるものとして見るのではなく、これからの素晴らしい天気の幸福な前兆として見るのである。

色と光と陰影の適切な配置は、絵画における主たる美の一つである。しかしこの美は、画家が描こうと意図した事物の最も判明で、最も自然で、最も心地よい像をその配置が与えるときに最大になる。

もしもわれわれが、先ほどの場所での、生命のない対象における形態や形の美を考えるならば、これはハチスン博士によれば、多様性と組み合わさった規則性に由来する。ここで次のことが述べられるべきである。それは、あらゆる場合において、規則性は目的と技術を表現するということである。というのも、規則的であるどのようなものも、偶然の産物ではないからである。規則性が多様性と結びつくところでは、それは目的をより強く表現する。加えて、規則的な形は、われわれが十分な概念を作ることができない不規則なものよりも、心によってさらに容易に、さらに完全に把握されるのである。

直線と平面は、規則性からの美を持っているが、多様性を持たないので、最も低い位階の美である。曲線と曲面は、あらゆる程度の規則性を伴った、無限の多様性を持つので、多くの場合において、直線や平面に、美において優るのである。

しかし、規則性や多様性から生じる美は、意図された目的に対する形態の適合性から生じる美には勝つことができない。ある目的のために作られたあらゆるものにおいて、その形態は、その目的に適合していなければならない。そして目的に適した形態におけるあらゆるものは美である。その目的に形態が適合しないあらゆるものは不格好である。柱や剣や秤の形態は、非常に異なっている。それぞれのものが偉大な美を持っているかもしれない。しかしその美は、意図された目的のための形態と素材の適合性に由来するのである。

もしもわれわれが地球それ自体の形態を考察し、そして、大地と海と山と谷と川と泉の配置、大地の表面を覆う土壌の多様性や地球の中にある鉱石や金属の多様性、地球を取り囲む空気、昼夜や季節の変遷といった、地球が持つ生命のない種類のもののさまざまな調度品の形態について考察するならば、これらすべての美は――実際に最高度のものであるが――次の点にあるように思われる。それは、人や他の住人のために、それらを非常に素晴らしく考案することにおける、創造主の英知と善性についての最も活き活きとした、心を打つような印象を生み出すという点にあるということである。

植物の領域における美は、人間の技術が与えることができるあらゆる形態における、生命のない物質の美にはるかに優る。これによってすべての時代において、人々は、人や住居を自然が産み出した植物で飾ることを好むのである。

平原や森や庭園の美は、子供が推論できるようになるはるか以前に子供の心を打つ。その子供は、見るものに喜びを覚えるが、なぜなのかはわからない。これは本能であるが、少年時代に限定されるわけではない。それは人生のすべての段階を通して続くのである。それは、花屋や植物学者や哲学者を、自然がこの強力な本能によって注意を向けるように勧める対象を吟味したり、比較したりするように導く。少しずつ、彼はこの種の美の批評家になる。そして、彼があるものを別のものよりなぜ好むのかということに理由を与えることができるようになる。あらゆる種類の中でも、彼は同じ種において最も完全な植物や花の中に最大の美を見る。それらは、荒れた天候や生育に悪い土壌に苦しめられたこともなく、他の植物によって栄養を奪われたこともなく、何らかの偶然によって傷つけられたこともないようなものである。彼が自然のこういった産物の内的構造を吟味し、それらを種の中での胚珠の状態から成熟するまで追跡したとき、彼は無数の美しい自然の工夫を見出すだろう。そしてそれらは、植物の外的形態が彼の目を喜ばせる以上に、彼の知性を満足させるだろう。

こうして、彼が何らかの理性的な判断を下す植物におけるあらゆる美は、対象における何らかの完全性を表現するか、その創造主の賢明な考案を表現している。

動物の領域においては、われわれは、植物の領域以上に偉大な美を知覚する。ここでは、われわれは生命や感覚、活動やさまざまな本能や感情、そして多くの場合に偉大な賢明さを観察する。これらは心の属性であり、原初の美を持っているのである。

人間よりもはるかに劣っているとは言え、われわれは獣類に思考の原理や心を認めるので、そして多くの知的で能動的な能力において、獣類が人類に非常に似ているので、彼らの行動や運動や外見さえも、それらが表現している思考能力から美を引き出すのである。

彼らの生活様式には素晴らしい多様性がある。そしてわれわれは、彼らが所有する能力や彼らの外的な形態や彼らの内的な構造が、その生活様式に正確に適合しているのを見出す。あらゆる種類において、あらゆる個体がその目的と生活様式に完全に適合すればするほど、その美は大きなものとなる。

競走馬において、敏捷性や情熱や勝気さを表現するあらゆるものは、その動物に美を与える。ポインターにおいては、嗅覚の鋭敏さ、獲物を追う熱心さや追跡能力は、その種の美である。羊は、その美を、羊毛の素晴らしさや量から引き出す。そしてあらゆる野生動物において、あらゆる美は、その種の完全性の記号なのである。

植物の世界において、有毒性の植物は、通常われわれの目にけばけばしく不快な見た目をしているというのは、名高いリンネが観察したことであり、それについて彼は多くの事例を挙げている。私は、その観察は、動物の世界にも拡大できると思う。動物の世界では、われわれは、通常、有害で有毒性の動物の中に、衝撃的に見えるものを見出すのである。

解剖学者や生理学者が、動物のさまざまな種族の内的構造、感覚器官や栄養器官や運動器官において描写する美は、それらの器官が意図されたさまざまな種類の生活に適合するという点で、賢明な目的と考案を表現している。

このように、われわれがより劣った動物において知覚する美は、それらのいくつかの本性が受け取る完全性の表現か、それらを作り出した神における賢明な目的の表現であり、彼らの美はそれが表現する完全性に由来するように私には思える。

しかし、すべての感官の対象の中で、最も心を打ち、最も魅力的な美は、人類において、特に女性において知覚される。

ミルトンは、サタンがこの地球に備わっているものを調べたときに、最初の幸運なる男女の美に心を打たれたと表現している。

直立し背の高い、はるかに高貴な姿をした二人の人間が
神のように立っている！　生来の栄光をまとい、

威厳に満ちた裸の姿で、万物の王のように。
そして、それにふさわしい姿で。彼らの神々しい顔には
彼らの栄光ある創造主の像が
真理と英知と近づきがたい神聖さと純粋さを照らし出す。
その厳しさは、真なる子としての自由の中におかれているが、
そこから人における真なる権威が生じるのだ。もっとも二人は、
彼らの性が等しくはないように、同じものではない
彼は思索と勇敢さに合うように作られ
彼女はしなやかさと甘く魅力的な優美さに合うように作られた。(23)

ミルトンのこの有名な言葉の中に、われわれは、この偉大な詩人が、楽園にいる最初の男女の美を、彼らの外面的な形と振る舞いに現われた道徳的で知的な性質の表現から引き出しているのを見るのである。

私がこれまでに出会った、人類における、特に女性における最も詳細で体系的な美の説明は、(24)『クリトン、あるいは美についての対話』の中にあり、それは『ポリメティス』の著者によって書かれたと言われており、それは、ドズリーによって、散逸した断片の

集成の中で再出版されている。

私は、その著者から、人間の身体の美が、心や人格の完全性を示す記号に由来するということを示しているように思える意見を借用しよう。

人類において、美と呼ばれうるすべてのものは、四つの項目にまとめられる。色、形、表情、優美さである。最初の二つは、身体の美であり、後の二つは、魂の美である。色の美は、皮膚の色や血色の良さの自然の活き活きとした様だけによるのではなく、それらが適切に混ざり合ったことから受け取るより大きな魅力だけによるのでもない。色の美は、ある程度、それらがもたらす優れた健康の観念にもよるのである。健康でなければ、すべての美は弱々しくなり、人の興味を引かず、健康とともに、付加的な強さと輝きがいつも回復するのである。このことは、キケロの権威によって支持される。「人の魅力と美は、健康の思念と分けられないものである。(25)」

つまり、身体の色がさまざまな気候によって非常に異なるように、あらゆる国民は、その気候にあった色を好むということだ。われわれの中にも、その好みに理由を述べることはできずに、色白の美女を好む人もいれば、焦げ茶色の髪の美女を好む人もいるように、嗜好のこの多様性は、人間本性の共通原理の中に基準を持たず、異なる国家や同じ国家の違う個人において異なるものから生じているに違いない。

私は以前に、流行、習慣、人との交際やおそらく何らかの成り立ちの特異性が、外的感官にだけではなく内的感官にも大きな影響を与えうることを述べた。そのような原因から生じる判断は脇に置いておくならば、人類共通の判断によれば、完全な健康や活力を表現するものや、異性におけるしなやかさや繊細さ以外に、人類の色において美と呼ばれうるものはなく、病気や衰えを示すもの以外に醜悪だと呼ばれるものは何もないように思える。そしてもしもそうならば、色の美は、それが表現する完全性に由来する。

しかしながら、これは、美のすべての要素の中では、最もわずかなものなのである。次の序列にあるものは、形あるいは諸部分の比率である。著者〔スペンス〕が考えるように、最も美しい美の形は、女性における繊細さとしなやかさを示すものであり、男性においては強さや機敏さを示すものである。それゆえ形の美は、すべての表現に見出される。

色や形よりも力強い第三の要素は、彼が表情〔表現〕と呼ぶものであり、そして彼によれば、美を与えるのは優しさと思いやりのある情緒の表情〔表現〕だけであり、あらゆる残酷さと不親切な情緒は、醜悪さを増大させる。そしてそのために、優れた本性は、最良の顔つきであり、素晴らしい顔立ちにおいてはなおいっそうそうだと正しく言われる〔と彼は言う〕。慎み深さ、感受性の強さ、優しさは、一緒になって、互いに活気づけ修正しながら、情緒が非常に素晴らしい表情に付け加えることができる多くの魅力を与えることができるのである。

著者によれば、恋人たちが、世界中の誰よりも、お互いが美しく思えるだけでなく、実際に美しいと感じるのは、すべての愛情ある情緒を伴う喜びの偉大な力のおかげである。なぜなら、彼らが一緒にいるとき、最も喜ばしい情緒が、他の人たちといるとき以上にそれぞれの表情に与えられるからである。あるフランス人の著者が非常にうまく言い表わしているように、彼らの表情には魂があり、それは、彼らが一緒にいないときや、彼らの表情を抑制する人と一緒にいるときには現われないものである。

同じ顔であっても、体調が良いか悪いかに応じて、あるいは活き活きとしているかどうかに応じて、大きな違いがある。最良の血色、最も素晴らしい顔立ち、最も端正な顔の形でも、顔に表わされる心に関わるものが何もなければ、味気なく、人の心を動かすようなことはないだろう。世界中で最も素晴らしい目であっても、過度の悪意や怒りがその中にあれば、衝撃を与えるだろう。情緒は、色や形の助けを借りなくても、美を与えることができる。そして、色や形が美を与えるために最も強く結びついたところでも、美を取り去ってしまうことができる。それゆえ、美についての情緒の役割は、他の二つよりもはるかに勝るのである。

美の最後の最も高貴な部分は、優美さであり、著者はそれを定義できないと考えている。

優美さほど一般的に、抵抗し難く愛情を引き起こすものはない。それゆえ、ギリシアやローマの神話の中で、優美さは、絶えず愛の女神であるヴィーナスに伴うのである。優美さは、同じ女神の腰帯のようなものである。それは、愛嬌と魅力のあるすべてのものを含んでおり、魔法の飾りのように、説明しがたい秘密の力によって、愛を生み出すと考えられているのである。

優美さには二種類のものがあり、それは威厳のあるものと親しみやすいものである。前者はより堂々としており、後者はより喜ばしく、人を惹きつけるようなものである。ギリシア人の画家や彫刻家は、彼らが生み出すミネルヴァの外観や姿勢において、前者を最も強く表現し、ヴィーナスには後者をより強く表現した。この区別は、ヘラクレスの選択についての古代の寓話の中で、美徳と快楽の擬人化の描写に特徴づけられる。

優美であるが、それぞれが違った優美さを持って、
この心を打つ神聖な恐れ、あのしなやかな魅力のある愛を動かす。(26)

楽園におけるアダムとイブの名を借りて、ミルトンは同じ区別をなしている。

彼は思索と勇敢さに合うように作られ
彼女はしなやかさと甘く魅力的な優美さに合うように作られた。(27)

優美さを定義することは難しいが、それと普遍的に関係している二つのものがある。第一に、動きなくして優美さはない。体全体のものかあるいは手足のどれかであるか、少なくとも何らかの顔つきのような、何らかのしとやかな、あるいは心地よい運動がなければならない。それゆえ、顔において、優美さは、動きうる表情や、目や眉や口やそれに隣接した部分のような、心のさまざまな感情や心情とともに変化する顔つきにだけ現われる。ヴィーナスが、変装して彼の息子のアエネーイスの前に現われ、そして彼と少しばかり会話して去ったとき、彼が彼女が本当は女神であると知ったのは、去るときの彼女の動きの優美さのためであった。

彼女はそう言って、
向きを変えるとそのバラ色の頸が輝いた。

その頭からは神々しい巻き髪が、この世のものとは思われぬ香りを放ち
彼女の足元まで彼女の衣が広がり、彼女の歩みに
彼女の神性が現われた。彼は彼女を母だと知った(28)。

第二の主張は、不適切さに優美さが伴うことはありえないということであり、人の性格や状況に適合しない優美なものもありえないということである。私には正しいと思えるこれらの主張から、優美さとは、それが目に見えるものである限り、身体全体か、ある部分や顔つきであるか、それらのいずれかの動きにあると結論づけて良いだろう。それらの動きは、感じの良い人物における行為や心情の最も完全な適切さを表現しているのである。

これらの動きは、異なった性格においては異なっているに違いない。それらは、感情や心情のあらゆる変化にしたがって変化しなければならない。それらは、威厳や敬意、自信や遠慮、愛や正しい怒り、尊重や義憤、熱意や無関心を表現するかもしれない。その本性や程度において正しく適切であり、人の性格や機会に完全に対応しているあらゆる情緒、心情、感情は、われわれが優美な魂と呼ぶものである。身体や目に見える部分は、この魂の真なる心からの表現を与える動きや顔つきからなるのである。

こうして、人間の美のすべての要素は、それらがこの賢明な著者によって数え上げられ、描写されたように、表現〔表情〕において終わると、私は考えている。それらは人間の部分として、そして心の道具として、身体の何らかの完全性を表現するか、心それ自体の何らかの感じの良い性質や属性を表現するのである。

優れた顔立ちの表情〔表現〕は、それが自然に表現する感じの良い性質から不自然に分離されうるということは実のところ否定できないだろうが、われわれが明晰な証拠を持つまで、その反対のことを仮定しておく。そしてそのときでさえ、玉座がたまたま不相応に占められたとき、われわれがそれに敬意を払うように、われわれは表情に敬意を払うのである。

感官の対象のあらゆる美が、それが表現するか想像力に示唆する心の美から借用されるか、そこから由来したものであるということを示すために、私がこれまで提示してきたものが、十分に根拠づけられていようといまいと、私は、次のことを望む。それは、この世のヴィーナスが、通常言い表わされてきたよりも、より神々しいものに結び付けて想われることによって、彼女にいつも払われてきた敬意に、それほど値しないと思われることはない、ということだ。

この主題を終えるに当たって、嗜好は、人とともに進歩するように思われる。子供たちは、睡眠によって元気が回復し、苦痛や飢えから心安らかに回復したときに、彼らの周りにある対象に注意を向けるようになる。彼らは、光り輝く色、派手な装飾、規則的な形、朗らかな表情、元気な笑い声や歓声に喜ぶ。それらは、子供時代の嗜好であり、われわれはそれが賢明な目的のために与えられていると結論づける。人生のその時期の幸運の大部分は、それに由来する。それゆえ好きなだけ、それを享受させるべきだ。その嗜好は、子供たちに、のちに彼らが注意に値するとわかるようになる対象に注意を向けさせる。それは、子供たちに、その幼い身体と心の機能を行使させ、その行使によって、日に日にその機能は強くなり、発展するのである。

年齢や知性が進むにつれて、他の美が彼らの注意を引きつける。それらは、新奇さと卓越性によって、子供たちが以前に賞賛した美の上に、影を落とす。彼らは、敏捷さや強さや芸の妙技に喜ぶ。彼らは、それらに卓越した人を愛し、彼らに等しい力を身につけようと努力する。彼らが聞く物語や寓話の中で、彼らは心の美を識別し始める。ある性格や行動は好ましいものに思え、別のものは嫌悪感を与える。知的で道徳的な能力が開花し始め、もしも好ましい環境の中で大事に育てられたならば、現在の状況では制限されている人間本性の完全な程度に到達するまで、少しずつ強くなっていくだろう。

幼少期から成熟期へのわれわれの進歩の中で、われわれの機能は、自然によって備え付けられた規則的な順序の中で花開いていく。最も取るに足らぬものが最初にきて、より威厳のあるものが続き、道徳的で理性的な能力が人間を完成させる。あらゆる機能が新しい思念を備え付け、新しい美を視野にもたらし、嗜好の領域を拡大させる。その結果、子供時代の嗜好があり、青年期の嗜好があり、成長した人の嗜好があるとわれわれは言って良い。それぞれの嗜好には、その時期に応じた美しさがある。しかし、その時期を越えてもたらされるほどのものではない。大人が、子供や若者を喜ばせるものが嫌いであるべきだというのではないが、彼が知るべき他の美と比べて、それらにあまり価値を置くべきではないだろう。

われわれの道徳的で理性的な能力は、正当にも一人の人間全体に支配権を主張する。嗜好さえ、その権威から逃れられない。われわれが嗜好の問題について推論したり論じたりするあらゆる場合において、嗜好は、それらの権威に服従しなければならない。われわれの愛情やわれわれの賞賛が、対象の美点に比例するべきだというのは理性の声である。それが実在の価値に基づいていないときには、それは、成り立ちの結果であるか、何らかの習慣あるいは偶然の連合の結果でなければならない。愛情深い母親は、その愛する子供の顔に美を見るかもしれない。あるいは自分の作品に愛情のある著者は、世界の残りの人々が気付いていない彼の作品に美を見出すかもしれない。そのような場合には、愛情は先取りされたものであり、対象を愛情に値するものにするために、判断力に賄賂を送るようなものである。というのも心は、それが適切であると想うものをたやすく越えて対象に価値を置くことはないからである。愛情が、何らかの自然な偏向か獲得された偏向によって連れ去られたのではないとき、それは自然に判断力によって導かれるし、導かれるべきなのである。

われわれの知的能力について、私が従ってきた区別において、私は道徳知覚と意識について言及したので、なぜそれらがこの場所で扱われないかについて、読者は、何らかの理由が与えられるべきだと思うかもしれない。

意識について、私が述べておく必要があると考えたことは、すでに第六試論〔第六巻〕第五章で述べておいた。道徳知覚の機能については、それは、人間の知性の中で最も重要な部分であり、最大限の注意深い考察に十分値する。というのも、それがなければ、われわれは正誤の概念も、義務と道徳責任についての概念も持つことができず、すべての道徳推論が基づく道徳の第一原理は、道徳知覚の指図するものだからである。しかし、道徳知覚は、知的能力であるだけではなく、能動的〔活動的〕能力でもあり、心の他の能動的能力とも直接関係しているので、これらのものが説明されるまで、道徳知覚の考察を引き延ばすことが適切だと考える。

訳　注

第四巻

（1）ブルックス版では「単独」(single)。ハミルトン版は「単純」(simple)。なおロックの『人間知性論』のテクストでは「単独」である。
（2）ロック『人間知性論』二・三二・一。
（3）ロック『人間知性論』二・九・一。
（4）ロック『人間知性論』二・九・一一。
（5）ロック『人間知性論』二・九・一五。
（6）これはジョナサン・スウィフトの『ガリバー旅行記』に描かれる話である。
（7）トマス・モア(Thomas More, 1478–1535)。イギリスのキリスト教的人文主義者。
（8）この概念については、Henry Home, Lord Kames, *Elements of Criticism*, 2 vols, 3rd edn (Edinburgh, 1765), Vol. 1, p. 82以降で論じられる。
（9）ホラティウス(Quintus Horatius Flaccus, BC65–BC8)。古代ローマの詩人。『詩について』などで知られている。

(10) アリストテレース『詩学』・ホラーティウス『詩論』松本仁助・岡道男訳、岩波文庫、一九九七年、二四七—二四八頁。
(11) デカルト『方法序説』谷川多佳子訳、岩波文庫、一九九七年、第一部、八頁。
(12) キケロ『弁論家について』(『キケロー選集7』)大西英文訳、岩波書店、一九九九年、第三巻・五一・一九七、四四〇頁。
(13) ロック『人間知性論』二・二一・二二。
(14) ヒューム『人間本性論』一・一。
(15) ルクレーティウス『物の本質について』樋口勝彦訳、岩波文庫、一九六一年、一七頁。ルクレティウス(c. BC 99–c. BC 55)は、ローマ時代の詩人。
(16) ペルシウス/ユウェナーリス『ローマ諷刺詩集』国原吉之助訳、岩波文庫、二〇一二年、三七頁。ペルシウス(Aulus Persius Flaccus, 34–62)はローマの風刺家、道徳家。
(17) デカルト『省察』第六省察、山田弘明訳、ちくま学芸文庫、二〇〇六年、一一〇頁。
(18) ラルフ・カドワース(Ralph Cudworth, 1617–1688)。ケンブリッジ・プラトン学派の代表的な一人。トマス・ホッブズの批判者としても知られている。本文では一七二頁となっているが、おそらく二七二頁の誤りだと思われる。もとのテクストは『永遠で不滅の道徳性についての試論』(*Treatise concerning Eternal and Immutable Morality*, London, 1731)。
(19) ボリングブローク(Henry St John, 1st Viscount Bolingbroke, 1678–1751)。イギリスの政治家・政治哲学者。

(20) アバーネシー（John Abernethy, 1680–1740）。アイルランドの長老教会派の司祭。*Discourses Concerning the Being and Natural Perfections of God* vol. I (London, 1743), pp. 268-9. 引用の一文目の原文は、「可能性の基準は、概念可能性である」となっている。
(21) Price, *Review*, p. 45.
(22) ヒューム『人間本性論』一・二・二。
(23) ユダヤ教において神の言葉を知るために用いられる道具。
(24) ヒューム『人間本性論』一・三・七。
(25)『原論』第三巻第二命題。『ユークリッド原論　追補版』中村幸四郎・寺阪英孝・伊東俊太郎・池田美恵訳、共立出版、二〇一一年、五〇―五一頁。
(26) アディソン（Joseph Addison, 1672–1719）。イギリスの詩人、エッセイスト。リチャード・スティールともに、雑誌『スペクテイター』を刊行した。。
(27) *Spectator*, No. 167, 11 September 1711. 門田俊夫訳「『スペクテイター』（一八）第一六六号から第一七五号」、『大阪経済大学教養部紀要』第一九号、二〇〇一年一二月参照。
(28) ペルシウス／ユウェナーリス『ローマ諷刺詩集』八二頁。
(29) ギリシア神話に出てくる野原で、神々に愛された人が死後に暮らすと言われている。
(30) ギリシア神話を題材としたとされる叙事詩。ホメロスが作者であると伝えられる。
(31) ホラーティウス『詩論』二四六―二四七頁。
(32) ヒューム『人間本性論』一・一・四。

(33) Alexander Gerard, *An Essay on Genius*, London, 1774.
(34) ミルトン『失楽園(上)』平井正穂訳、岩波文庫、一九八一年、八九頁（第二巻六二六―六二七行）。
(35) 天使や女神などのこと。

第五巻

(1) ジェイムズ・ハリス（James Harris, 1709–1780）。イギリスの政治家、文法学者。
(2) ロック『人間知性論』第三巻第三章を参照。
(3) バークリやヒュームは、言葉が一般的なものとなることは否定しないが、このような一般概念を持つことを否定する。バークリ『人知原理論』序文などを参照。
(4) ラファエロ（Raffaello Santi, 1483–1520）、ティツィアーノ（Tiziano Vecellio, c. 1490–1576）はいずれもルネサンス期のイタリア人画家。
(5) サミュエル・ジョンソンによる風刺的物語。Samuel Butler, *Hudibras, In Three Parts. Corrected, with Several Additions and Annotations*, London, 1700.
(6) スウィフト『桶物語』深町弘三訳、岩波文庫、一九五三年、四一頁。スウィフトの原文ではwits ではなく wisdom。
(7) シェイクスピア『ヴェニスの商人』。
(8) ヒューム『人間本性論』一・一・四。

(9) ローマ帝国の第二代皇帝。キリストが死んだときの皇帝。

(10) W. S. Teuffel, *History of Roman Literature*, vol. 2, trans. by Wilhelm Wagner, London, para. 277. 2, p. 29.

(11) 古代ローマの政治家であると同時に、博物学者であり、『博物誌』を著した。

(12) ジョン・ウィルキンズ(John Wilkins, 1614–1672)による新しい普遍言語について考察した一六六八年の著作。

(13) ロック『人間知性論』三・三・一五。

(14) James Burnett, Lord Monboddo, *Ancient Metaphysics: Or The Science of Universals*, 6 vols (Edinburgh, 1779–99), I, ch. 1;(James Harris), *Hermes*, Book III, ch. 4.

(15) ポルピュリオス(Porphyry, 234–305)。新プラトン主義の哲学者。

(16) アベラール(Pierre Abelard, 1079–1142)。中世の普遍論争において唯名論の立場をとった論理学者。

(17) ロスケリヌス(Roscellinus, c. 1050–c. 1125)。中世の神学者、哲学者。唯名論の創始者とされる。

(18) Thomas Hobbes, *Human Nature, or the Fundamental Elements of Policy*, in *the English Works of Thomas Hobbes*, vol. 4, ed. W. Molesworth (London: John Bohn, 1840), p. 22. 現在、この全集は、オンラインで見ることができる。http://onlinebooks.library.upenn.edu/webbin/metabook?id=hobbesworks(二〇二一年九月一日閲覧)

(19) ホッブズ『リヴァイアサン(一)』水田洋訳、岩波文庫、一九五四年(一九九二年改訳)、七二頁。
(20) バークリ『人知原理論』序六。
(21) バークリ『人知原理論』序二二。
(22) バークリ『人知原理論』序一七。
(23) ヒューム『人間本性論』一・一・七。
(24) バークリ『人知原理論』序一〇。
(25) ポウプ『人間論』上田勤訳、岩波文庫、一九五〇年、三七頁。
(26) バークリ『人知原理論』序一六。
(27) バークリ『人知原理論』序一六。
(28) バークリ『人知原理論』序一〇。
(29) バークリ『人知原理論』序一二。
(30) バークリ『人知原理論』序一六。
(31) バークリ『人知原理論』序一四。
(32) ヒューム『人間本性論』一・一・七。
(33) ヒューム『人間本性論』一・一・七。
(34) ヒューム『人間本性論』一・一・七。
(35) ヒューム『人間本性論』一・一・七。

(36) ヒューム『人間本性論』一・一・七。

(37) ヒューム『人間本性論』一・一・七。

(38) ヒューム『人間本性論』一・一・七。

(39) ヒューム『人間本性論』一・一・七。

第六巻

(1) ロック『人間知性論』四・一一・三。

(2) キケロ『善と悪の究極について』（『キケロー選集10』）永田康昭・兼利琢也・岩崎務訳、岩波書店、二〇〇〇年、第二巻九節、八四頁。

(3) ヒューム『人間本性論』一・二・四。

(4) ロック『人間知性論』二・一・二、二・六・一などを参照。

(5) ロック『人間知性論』二・二五・九。

(6) moral sense は、「道徳感覚」と訳されるのが一般的である。しかし、本訳書では、sensation との訳し分けのため、また外的感官との対応で語られることから、sense に「感官」の訳語を主に用いているが、美について語られるときや、感官という言葉が使いづらいときなどは「感覚」を用いている。

(7) Joseoh Priestley, *An Examination of Dr. Reid's Inquiry into the Human Mind on the Principles of Common Sense, Dr. Beattie's Essay on the Nature and Immutability of Truth, and Dr.*

Oswald's *Appeal to Common Sense in Behalf of Religion*, 2nd edition (London, 1775), p. 123.

(8) ロック『人間知性論』四・一一・二。

(9) Alexander Pope, *An epistle to the Right Honourable Richard Earl of Burlington...* (London, 1731), line 39–46.

(10) Samuel Johnson, *A Dictionary of the English Language*, vol. 2 (London, 1755), Sense の項。ここで言及されているベントリーはリチャード・ベントリー(Richard Bentley, 1662–1742)。そしてこの言葉が書かれているのは、一六九二年の *A Confutation of Atheism from the Origin and Frame of the World, a Sermon*.

(11) Anthony Ashley Cooper Shaftesbury, *Characteristics of Men, Manners, Opinions, Times*, Lawrence E. Klein (ed.), Cambridge University Press, 1999.

(12) Shaftesbury, pp. 37–38. 菅谷基「第三代シャフツベリ伯爵『センスス・コムニス――機知とユーモアの自由についての随筆』(上)」、『ICU比較文化』五一、二〇一九年を参照。

(13) Shaftesbury, p. 45

(14) Shaftesbury, p. 39.

(15) セネカ(Lucius Annacus Seneca, c. BC1–65)。ローマの政治家。

(16) Shaftesbury, p. 68. 菅谷基「第三代シャフツベリ伯爵『センスス・コムニス――機知とユーモアの自由についての随筆』(下)」、『ICU比較文化』五三、二〇二一年を参照。

(17) Shaftesbury, p. 68.

(18) フランソワ・フェヌロン(François Fénelon, 1651–1715)。フランスのローマ・カトリックの大主教。

(19) Françoise de Fénelon, *A Demonstration of the Existence and Attributes of God*, trans. By A. Boyer(London, 1720), pp. 238–239.

(20) キケロ『弁論家について』第三巻五〇節、四三九頁。

(21) ヒューム『人間知性研究』神野慧一郎・中才敏郎訳、京都大学学術出版会、二〇一八年、第一節、五—六頁。

(22) ヒューム『道徳原理の研究』渡部峻明訳、晢書房、一九九三年、一頁。

(23) ヒューム『道徳原理の研究』二頁。

(24) Joseph Priestley, *Institutes of Natural and Revealed Religion*, vol. 1, 1772, p. 27.

(25) ロック『人間知性論』四・一四・三。

(26) ロック『人間知性論』四・一四・四。

(27) リードが、知識と呼ばれるものの中に蓋然的なものをも含めていることを示す箇所の一つである。

(28) Isaac Watts, *Logic, or, The Right Use of Reason in the Inquiry after Truth*(London, 1824), Introduction, p. 12. アイザック・ワッツ(1674–1748)は、イギリスの神学者、論理学者。

(29) Ibid., p. 157.

(30) ロック『人間知性論』四・一・一—二。

（31）ロック『人間知性論』四・一・二。
（32）ロック『人間知性論』四・一四・三。
（33）ロック『人間知性論』一・一・八。
（34）バークリ『人知原理論』二。
（35）ロック『人間知性論』四・四・三。
（36）ロックについてこのように考えることには疑問の余地がある。ロックは彼が認識論のベースにしている粒子仮説は、まさしく「仮説」であることを認めているからである。
（37）ヒューム『人間本性論』一・四・七。
（38）ロック『人間知性論』四・一〇・七。
（39）ヒューム『人間本性論』一・三・七。
（40）David Hartley, *Observaions on Man, His Frame, His Duty and His Expectation*, In Two Parts, 2 vols (London, 1749), p. 324.
（41）Joseph Priestley, *Hartley's Theory of the Human Mind, on the Principle of the Association of Ideas; with Essays relating to the subject of it* (London, 1775), p. xxvi.
（42）これはリードが書いたもので現在では以下のものに収録されている。*Thomas Reid on Logic, Rhetoric and the Fine Arts*, ed., Alexander Broadie, Pennsylvania State University Press, 2004.
（43）'A Brief Account of Aristotle's Logic', in Lord Kames, *Sketches of the History of Man*, 2 vols (Edinburgh and London, 1774).

(44) キケロ『弁論家について』四三九頁。

(45) Shaftesbury, p. 68.

(46) ロック『人間知性論』一・二・一〇。

(47) 第一原理は、人類共通の感覚、つまり常識によって判断できるものであるが、可謬的なものである。哲学者の論争はそのことを示す一つの事例である。リードの可謬主義はここにも現われている。

(48) 旧約聖書のダニエル書二・三一—三三に出てくる話。

(49) セクストス・エンペイリコス『ピュロン主義哲学の概要』金山弥平・金山万里子訳、京都大学学術出版会、一九九八年。

(50) ルキアノス(Lucian, c. 125–c. 180)は、シリア生まれの修辞学者、風刺作家。

(51) ヴォルテール(Voltaire, 1694–1778)本名は François-Marie Arouet。フランスの哲学者、文学者。いわゆる百科全書派の一人。

(52) ここの原文は、I would ask, Will there not be still in his breast some dissidence, some jealousy least the ardour of invention may have made him overlook some false step? であり、ブルックス版もそのようになっているが、このままでは意味が取りづらい。ハミルトン版では、dissidence が diffidence に、least が lest になっている。本訳書は、ここではハミルトン版に従った。

(53) バークリ『人知原理論』序四。

(54) ヒューム『人間本性論』二・一・二。

（55）William Chillingworth, *The Religion of Protestants a Safe Way to Salvation*, (Oxofrd, 1638), The Preface to the Author of Charity maintained, §19.
（56）ヒューム『人間本性論』一・三・五などを参照。
（57）本書第三巻第六章を参照。
（58）ロック『人間知性論』二・二一・一五。
（59）キケロ『弁論家について』四五三頁。
（60）アレクザンダー・ポープ『批評論』矢本貞幹訳、研究社、一九六七年、二七頁。
（61）ロスキウス（Quintus Roscius Gallus, c. BC 126–BC 62）。ローマの俳優。
（62）テルシテスは、トロイ戦争に参加したギリシアの将兵の中でも最も醜く、臆病だったとされる人物。ホメロスの『イリアス』などに描かれている。
（63）ロック『人間知性論』二・二三・四。
（64）キケロ『善と悪の究極について』第一巻六節、二二頁。
（65）『プラトン全集12』種山恭子訳、一九七五年、二八頁（「ティマイオス」二八A）。
（66）ヒューム『人間本性論』一・三・三。
（67）ヒューム『人間本性論』一・三・五。
（68）Cicero, *The Treatises of M. T. Cicero on the Nature of the Gods; On Divination; On Fate; On the Republic; On the Low; and On Standing for the Consulship*, edited and trans. By C. D. Yonge, (London, 1853), pp. 154–155. De Divination, I. xiii. 23.

(69) John Tillotson, *The Works of Dr. Tillotson*, vol. 1, Printed by J. F. Dove (London, 1820), pp. 346-348. ジョン・ティロットソン(John Tillotson, 1630–1694)は、カンタベリーの主教。王立協会のフェローにも選ばれている。
(70) アルフォンソ一〇世(Alfonso X, 1221–1284)。学問の振興に努めたことで知られるカスティーリャ王国の王。
(71) ガイウス・アウレリウス・コッタ(Gaius Aurelius Cotta)。紀元前一世紀頃のローマの執政官。
(72) キケロ『神々の本性について』(『キケロー選集11』)山下太郎訳、岩波書店、二〇〇〇年、第三巻・三、二〇一—二〇三頁。
(73) 古代ローマ帝国の医者、哲学者。
(74) ヘンリー・モア(Henry More, 1614–1687)。哲学者、神学者でケンブリッジ・プラトニストの一人。
(75) モーペルテュイ(Pierre-Louis Moreau de Maupertuis, 1698–1759)。フランスの数学者。
(76) ビュフォン(Georges-Louis Leclerc, Comte de Buffon, 1707–1788)は、フランスの数学者、物理学者。
(77) アリストテレスの『分析論後書』のことだと思われる。
(78) ヒューム『道徳原理の研究』二頁。
(79) ペルシウス(Aulus Persius Flaccus, 34–62)。古代ローマの風刺詩人。
(80) ロック『人間知性論』四・二・一。

(81) ロック『人間知性論』四・二・一。

(82) ロック『人間知性論』四・二・八。

(83) この「彼」が誰を指しているのかは明確ではない。ブルックスはこれはティロットソンではなく、ロックであろうと指摘している。

(84) Buffier, *First Truths, and the Origin of our Opinions, explainded*, printed for J. Johnson, 1780, Plan and Division of the Work, § 8, p. 6.

(85) Buffier, Part I, ch. 5, § 33, p. 22.

(86) Buffier, Part I, ch. 5, § 33, pp. 22–23.

(87) ハミルトンによればこの「著者」はプリーストリを指している。

(88) ベーコン『学問の進歩』服部英次郎・多田英次訳、岩波文庫、一九七四年。

(89) ベーコン『ノヴム・オルガヌム（新機関）』桂寿一訳、岩波文庫、一九七八年。

(90) Abbé Raynal, *A Philosophical and Political History of the Settlements and Trade of the Europeans in the East and West Indies*, trans. J. O. Justamond, 8 vols (London, 1783).

(91) Henry More, *Enchiridion metaphysicum, sive de Rebus incorporeis succincta et luculenta dissertation* (London, 1671); *Enchiridion Ethicum, praecipua Moralis Philosophiae Rudimenta complectens, illustrate ut plurimum Veterum Monuments, et ad Probitatem Vitae perpetuo accommodate* (London, 1669).

(92) John Wilkins, *Essay Towards a Real Character and a Philosophical Language*, Printed for

Gellibrand and for John Martin, London, 1668.

（93）第三巻の間違いか？

（94）アダム・スミス『道徳感情論』高哲男訳、講談社学術文庫、二〇一三年、第七部。Adam Smith, *The Theory of Moral Sentiments* (London, 1759), Part 7.

第七巻

（1）ロック『人間知性論』三・一一・一六。

（2）ロック『人間知性論』四・三・一八。

（3）ロックのテクストには「いくつかの」(several)はない。

（4）ロック『人間知性論』四・一二・七―八。

（5）ロック『人間知性論』三・一一・一六。

（6）ロック『人間知性論』四・三・一八。

（7）ロック『人間知性論』四・三・一八。

（8）ルカの福音書一六・八。

（9）ブルックス版は that demonstrative reasoning is となっているが than の誤りであろう。

（10）John Wallis, *The Arithmetic of Infinitesimals*, trans. by Jacqueline A. Stedall, (Springer, 2004). ジョン・ウォリス（1616–1703）はイギリスの数学者。微積分の発展に貢献した。

（11）リードからも大きな影響を受けているパースは、科学の知識をここでのリードの言葉と同じような言葉を用いて説明している。パース「四つの能力の否定から導かれる諸々の帰結」(『プラグマティズム古典集成——パース、ジェイムズ、デューイ』植木豊編訳、作品社、二〇一四年)参照。

(12) ヒューム『人間本性論』一・四・七。
(13) ヒューム『人間本性論』一・四・一。
(14) ヒューム『人間本性論』一・四・七。
(15) ヒューム『人間本性論』一・四・七。
(16) ヒューム『人間本性論』一・四・一。
(17) ヒューム『人間本性論』一・四・一。
(18) ヒューム『人間本性論』一・四・一。
(19) ヒューム『人間本性論』一・四・一。
(20) ヒューム『人間本性論』一・四・一。

第八巻

(1) すでに第一巻注(19)で述べたように、taste は、よく「趣味」と訳されるが、本書では「嗜好」を用いている。
(2) 訳文中の「嗜好」と「味覚」は、原文ではいずれも taste であり、区別されていないが、日本語では両者は通常、区別されているので、「味覚」を意味する箇所では、「嗜好(味覚)」という形で訳出した。

(3)当時は味覚は舌ではなく口蓋で感じられると考えられていた。

(4)ブラジル原産の多年草。根には催吐作用を持つ成分が含まれている。

(5)嗜好・美醜の問題も、たんなる相対的なものではなく、良い・悪いの基準があるというリードの考えと、一般に考えられている嗜好の判断などの相対性の問題の関係を論じた箇所である。

(6)エイケンサイド(Mark Akenside, 1721-1770)。イギリスの詩人、医師。

(7)Alexander Gerard, *An Essay on Taste* (London, 1759), I. 1, "Of the sense or taste of novelty."

(8)いわゆる小カトー(マルクス・ポルキウス・カト・ウティケンシス、BC95-BC46)のこと。共和政ローマの政治家で、保守主義の立場からシーザー(カエサル)などと対立した。

(9)セネカ『摂理について』(『セネカ哲学全集1』兼利琢也訳、岩波書店、二〇〇五年)、八頁。

(10)ロンギヌス(Cassius Longinus, 213-273)。古代末期の修辞学者。『崇高について』の著者とされてきたが、現代ではこの書は一世紀頃の無名の人物のものであると判明している。

(11)ミルトン『失楽園(下)』平井正穂訳、岩波文庫、一九八一年、一九頁(第七巻二二五―二三〇行)。

(12)ヘクトル、アキレスともにギリシア神話の英雄であり、『イリアス』の登場人物。

(13)アリスティデス(Aelius Aristides, 117-181)。『ローマ頌詩』の著者。

(14)ウェルギリウス『アエネーイス(上)』泉井久之助訳、岩波文庫、一九七六年、二三―二四頁(第一巻一四二―一五三行)。

(15) ポープが、ウェストミンスター寺院のニュートンの墓碑を意図して書いた詩。
(16) エドマンド・バークのこと。
(17) *Spectator*, No. 412, 23 June 1712. 門田俊夫訳「『スペクテイター』(四四)第四一〇号から第四一九号」、『大阪経大論集』第六三巻第三号、二〇一二年九月参照。
(18) Francis Hutcheson, *An Inquiry into the Original of Our Ideas of Bearuty and Virtue*, 1725 (インターネットに一七二九年版がある). ハチスン『美と徳の観念の起原』山田英彦訳、玉川大学出版部、一九八三年、二九頁。
(19) ハチスン『美と徳の観念の起原』三四頁。
(20) Addison, The Spectator 6, pp. 79–80 (*Spectator*, No. 412, 23 June 1712). 門田俊夫訳「『スペクテイター』(四四)」参照。
(21) クセノフォン(Xenophōn, c. BC430–c. BC354)。古代ギリシアのアテナイの軍人、歴史家。ソクラテスの弟子の一人。
(22) Mark Akenside, *The Pleasure of the Imagination*, 1744, Book I, line 481–486.
(23) ミルトン『失楽園(上)』一七七頁(第四巻二八八—二九八行)。
(24) ジョセフ・スペンス(Joseph Spence, 1699–1768)。歴史家であり文学研究者。ポープと交流があった。
(25) キケロ『義務について』泉井久之助訳、岩波文庫、一九六一年、五五頁。
(26) Robert Dodsley, *A Collection of Poems in Four Volumes By Several Hands*, vol. 3. London,

人名索引

頻出する人名は，重要な箇所に限定した．

ア　行

カ　行

サ　行

タ　行

ナ　行

ハ　行

マ　行

ヤ　行

ラ　行

ワ　行

事項索引

頻出する語は，重要な箇所に限定した．

ア　行

カ　行

サ 行

1755, p. 2.

（27）ミルトン『失楽園（上）』一七七頁（第四巻二九七行）。

（28）ウェルギリウス『アエネーイス（上）』四六頁（第一巻四〇二―四〇六行）。

人間《にんげん》の知的能力《ちてきのうりょく》に関《かん》する試論《しろん》（下）〔全2冊〕
トマス・リード著

2023年3月15日　第1刷発行

訳　者　戸田剛文《とだたけふみ》

発行者　坂本政謙

発行所　株式会社 岩波書店
〒101-8002 東京都千代田区一ツ橋2-5-5

案内 03-5210-4000　営業部 03-5210-4111
文庫編集部 03-5210-4051
https://www.iwanami.co.jp/

印刷・理想社　カバー・精興社　製本・中永製本

ISBN 978-4-00-386024-3　　Printed in Japan

読書子に寄す

——岩波文庫発刊に際して——

岩波茂雄

真理は万人によって求められることを自ら欲し、芸術は万人によって愛されることを自ら望む。かつては民を愚昧ならしめるために学芸が最も狭き堂宇に閉鎖されたことがあった。今や知識と美とを特権階級の独占より奪い返すことはつねに進取的なる民衆の切実なる要求である。岩波文庫はこの要求に応じそれに励まされて生まれた。それは生命ある不朽の書を少数者の書斎と研究室とより解放して街頭にくまなく立たしめ民衆に伍せしめるであろう。近時大量生産予約出版の流行を見る。その広告宣伝の狂態はしばらくおくも、後代にのこすと誇称する全集がその編集に万全の用意をなしたるか。千古の典籍の翻訳企図に敬虔の態度を欠かざりしか。さらに分売を許さず読者を繫縛して数十冊を強うるがごとき、はたしてその揚言する学芸解放のゆえんなりや。吾人は天下の名士の声に和してこれを推挙するに躊躇するものである。このときにあたって、岩波書店は自己の責務のいよいよ重大なるを思い、従来の方針の徹底を期するため、すでに十数年以前より志して来た計画を慎重審議この際断然実行することにした。吾人は範をかのレクラム文庫にとり、古今東西にわたって文芸・哲学・社会科学・自然科学等種類のいかんを問わず、いやしくも万人の必読すべき真に古典的価値ある書をきわめて簡易なる形式において逐次刊行し、あらゆる人間に須要なる生活向上の資料、生活批判の原理を提供せんと欲する。この文庫は予約出版の方法を排したるがゆえに、読者は自己の欲する時に自己の欲する書物を各個に自由に選択することができる。携帯に便にして価格の低きを最主とするがゆえに、外観を顧みざるも内容に至っては厳選最も力を尽くし、従来の岩波出版物の特色をますます発揮せしめようとする。この計画たるや世間の一時の投機的なるものと異なり、永遠の事業として吾人は微力を傾倒し、あらゆる犠牲を忍んで今後永久に継続発展せしめ、もって文庫の使命を遺憾なく果たさしめることを期する。芸術を愛し知識を求むる士の自ら進んでこの挙に参加し、希望と忠言とを寄せられることは吾人の熱望するところである。その性質上経済的には最も困難多きこの事業にあえて当たらんとする吾人の志を諒として、その達成のため世の読書子とのうるわしき共同を期待する。

昭和二年七月

《哲学・教育・宗教》〔青〕

ソクラテスの弁明・クリトン　プラトン　久保勉訳
ゴルギアス　プラトン　加来彰俊訳
饗宴　プラトン　久保勉訳
テアイテトス　プラトン　田中美知太郎訳
パイドロス　プラトン　藤沢令夫訳
メノン　プラトン　藤沢令夫訳
国家　全二冊　プラトン　藤沢令夫訳
プロタゴラス　―ソフィストたち　プラトン　藤沢令夫訳
パイドン　―魂の不死について　プラトン　岩田靖夫訳
アナバシス　―敵中横断六〇〇〇キロ　クセノポン　松平千秋訳
アリストテレス　ニコマコス倫理学　全二冊　高田三郎訳
アリストテレス　形而上学　全二冊　出隆訳
アリストテレス　弁論術　戸塚七郎訳
アリストテレース詩学・ホラーティウス詩論　松本仁助・岡道男訳
物の本質について　ルクレーティウス　樋口勝彦訳
エピクロス　―教説と手紙　出隆・岩崎允胤訳

生の短さについて　他二篇　セネカ　大西英文訳
怒りについて　他二篇　セネカ　兼利琢也訳
エピクテトス　人生談義　全二冊　國方栄二訳
マルクス・アウレーリウス　自省録　神谷美恵子訳
老年について　キケロー　中務哲郎訳
友情について　キケロー　中務哲郎訳
弁論家について　全二冊　キケロー　大西英文訳
キケロー書簡集　高橋宏幸編
エラスムス＝トマス・モア往復書簡　沓掛良彦・高田康成訳
方法序説　デカルト　谷川多佳子訳
哲学原理　デカルト　桂寿一訳
精神指導の規則　デカルト　野田又夫訳
情念論　デカルト　谷川多佳子訳
パンセ　全三冊　パスカル　塩川徹也訳
知性改善論　スピノザ　畠中尚志訳
スピノザ　エチカ（倫理学）　全二冊　畠中尚志訳
モナドロジー　他二篇　ライプニッツ　谷川多佳子・岡部英男訳

ハイラスとフィロナスの三つの対話　バークリ　戸田剛文訳
市民の国について　全二冊　ヒューム　小松茂夫訳
自然宗教をめぐる対話　ヒューム　犬塚元訳
人間機械論　ド・ラ・メトリ　杉捷夫訳
エミール　全三冊　ルソー　今野一雄訳
ルソー　告白　全三冊　桑原武夫訳
人間不平等起原論　ルソー　本田喜代治・平岡昇訳
ルソー　社会契約論　桑原武夫・前川貞次郎訳
政治経済論　ルソー　河野健二訳
学問芸術論　ルソー　前川貞次郎訳
演劇について　―ダランベールへの手紙　ルソー　今野一雄訳
言語起源論　―旋律と音楽的模倣について　ルソー　増田真訳
ディドロ、ダランベール編　百科全書　―序論および代表項目　桑原武夫訳編
ディドロ　絵画について　佐々木健一訳
道徳形而上学原論　カント　篠田英雄訳
啓蒙とは何か　他四篇　カント　篠田英雄訳
純粋理性批判　全三冊　カント　篠田英雄訳

カント 実践理性批判　波多野精一・宮本和吉・篠田英雄訳
判断力批判 全二冊　カント 篠田英雄訳
永遠平和のために　カント 宇都宮芳明訳
プロレゴメナ　カント 篠田英雄訳
学者の使命・学者の本質　フィヒテ 宮崎洋三訳
シュライエルマッハー 独白　木場深定訳
哲学史序論 —哲学と哲学史　ヘーゲル 武市健人訳
ヘーゲル 政治論文集 全二冊　金子武蔵訳
歴史哲学講義 全二冊　ヘーゲル 長谷川宏訳
法の哲学 —自然法と国家学の要綱　ヘーゲル 上妻精・佐藤康邦・山田忠彰訳
自殺について 他四篇　ショウペンハウエル 斎藤信治訳
読書について 他二篇　ショウペンハウエル 斎藤忍随訳
知性について 他四篇　ショーペンハウエル 細谷貞雄訳
将来の哲学の根本命題 他二篇　フォイエルバッハ 松村一人・和田楽訳
不安の概念　キェルケゴール 斎藤信治訳
死に至る病　キェルケゴール 斎藤信治訳
体験と創作 全二冊　ディルタイ 柴田治三郎・小牧健夫訳

眠られぬ夜のために 全二冊　ヒルティ 草間平作・大和邦太郎訳
幸福論 全三冊　ヒルティ 草間平作・大和邦太郎訳
悲劇の誕生　ニーチェ 秋山英夫訳
ツァラトゥストラはこう言った 全二冊　ニーチェ 氷上英廣訳
道徳の系譜　ニーチェ 木場深定訳
善悪の彼岸　ニーチェ 木場深定訳
この人を見よ　ニーチェ 手塚富雄訳
プラグマティズム　W・ジェイムズ 桝田啓三郎訳
宗教的経験の諸相 全二冊　W・ジェイムズ 桝田啓三郎訳
純粋経験の哲学　W・ジェイムズ 伊藤邦武編訳
純粋現象学及現象学的哲学考案 全二冊　フッセル 池上鎌三訳
デカルト的省察　フッサール 浜渦辰二訳
愛の断想・日々の断想　ジンメル 清水幾太郎訳
ジンメル宗教論集　深澤英隆編訳
笑い　ベルクソン 林達夫訳
道徳と宗教の二源泉　ベルクソン 平山高次訳
物質と記憶　ベルクソン 熊野純彦訳

時間と自由　ベルクソン 中村文郎訳
ラッセル教育論　安藤貞雄訳
ラッセル幸福論　安藤貞雄訳
存在と時間 全四冊　ハイデガー 熊野純彦訳
学校と社会　デューイ 宮原誠一訳
民主主義と教育 全二冊　デューイ 松野安男訳
歴史と自然科学・道徳の原理に就て・聖 「プレルーディエン」より　ヴィンデルバント 篠田英雄訳
我と汝・対話　マルティン・ブーバー 植田重雄訳
アラン 幸福論　神谷幹夫訳
アラン 定義集　神谷幹夫訳
天才の心理学　E・クレッチュマー 内村祐之訳
英語発達小史　H・ブラッドリ 寺澤芳雄訳
日本の弓術　オイゲン・ヘリゲル述 柴田治三郎訳
饒舌について 他五篇　プルタルコス 柳沼重剛訳
ことばのロマンス —英語の語源　ウィークリー 寺澤芳雄・出淵博訳
人間 —シンボルを操るもの　カッシーラー 宮城音弥訳
国家と神話 全二冊　カッシーラー 熊野純彦訳

- 天才・悪 — ブレンターノ 篠田英雄訳
- 人間の頭脳活動の本質 他一篇 — ディーツゲン 小松摂郎訳
- プラトン入門 — R・S・ブラック 内山勝利訳
- 反啓蒙思想 他二篇 — バーリン 松本礼二編
- マキアヴェッリの独創性 他三篇 — バーリン 川出良枝編
- 論理哲学論考 — ウィトゲンシュタイン 野矢茂樹訳
- 自由と社会的抑圧 — シモーヌ・ヴェイユ 冨原眞弓訳
- 根をもつこと 全二冊 — シモーヌ・ヴェイユ 冨原眞弓訳
- 重力と恩寵 — シモーヌ・ヴェイユ 冨原眞弓訳
- 全体性と無限 全二冊 — レヴィナス 熊野純彦訳
- 啓蒙の弁証法 —哲学的断想 — M・ホルクハイマー T・W・アドルノ 徳永恂訳
- ヘーゲルからニーチェへ —十九世紀思想における革命的断絶 全二冊 — レーヴィット 三島憲一訳
- 統辞構造論 付『言語理論の論理構造』序論 — チョムスキー 福井直樹 辻子美保子訳
- 統辞理論の諸相 方法論序説 — チョムスキー 福井直樹 辻子美保子訳
- 言語変化という問題 —共時態、通時態、歴史 — E・コセリウ 田中克彦訳
- 快楽について — ロレンツォ・ヴァッラ 近藤恒一訳
- 古代懐疑主義入門 —判断保留の十の方式 — J・アナス J・バーンズ 金山弥平訳

- ニーチェ みずからの時代と闘う者 — ルドルフ・シュタイナー 高橋巖訳
- 人間精神進歩史 全二冊 — コンドルセ 渡辺誠訳
- 人間の教育 全二冊 — フレーベル 荒井武訳
- フレーベル自伝 — 長田新訳
- 旧約聖書 創世記 — 関根正雄訳
- 旧約聖書 出エジプト記 — 関根正雄訳
- 旧約聖書 ヨブ記 — 関根正雄訳
- 旧約聖書 詩篇 — 関根正雄訳
- 新約聖書 福音書 — 塚本虎二訳
- 文語訳 新約聖書 詩篇付
- 文語訳 旧約聖書 全四冊
- キリストにならいて — トマス・ア・ケンピス 大沢章 呉茂一訳
- 聖アウグスティヌス 告白 全二冊 — 服部英次郎訳
- アウグスティヌス 神の国 全五冊 — 服部英次郎 藤本雄三訳
- 新訳 キリスト者の自由・聖書への序言 — マルティン・ルター 石原謙訳
- シュヴァイツェル イエスの生涯 メシアと受難の秘密 — シュヴァイツェル 波木居齊二訳
- キリスト教と世界宗教 — シュヴァイツェル 鈴木俊郎訳

- 水と原生林のはざまで — シュヴァイツェル 野村実訳
- コーラン 全三冊 — 井筒俊彦訳
- エックハルト説教集 — 田島照久編訳
- ムハンマドのことば ハディース — 小杉泰編訳
- 新約聖書外典 ナグ・ハマディ文書抄 — 荒井献 大貫隆 小林稔 筒井賢治 編訳
- 後期資本主義における正統化の問題 — ハーバーマス 山田正行・金慧訳
- シンボルの哲学 —理性、祭礼、芸術のシンボル試論 — S・K・ランガー 塚本明子訳
- ジャック・ラカン 精神分析の四基本概念 全二冊 — ジャック=アラン・ミレール編 小出浩之 新宮一成 鈴木國文 小川豊昭訳
- 精神と自然 生きた世界の認識論 — グレゴリー・ベイトソン 佐藤良明訳

《東洋思想》〔青〕

易経 全二冊　高田真治・後藤基巳訳
論語　金谷治訳注
孔子家語　藤原正校訳
孟子 全二冊　小林勝人訳注
老子　蜂屋邦夫訳注
荘子 全四冊　金谷治訳注
新訂 孫子　金谷治訳注
荀子 全二冊　金谷治訳注
韓非子 全四冊　金谷治訳注
史記列伝 全五冊　司馬遷　小川環樹・今鷹真・福島吉彦訳
春秋左氏伝 全三冊　小倉芳彦訳
塩鉄論　曾我部静雄訳註
千字文　小川環樹・木田章義注解
大学・中庸　金谷治訳注
仁学 —清末の社会変革論　譚嗣同　西順蔵・坂元ひろ子訳注
章炳麟集 —清末の民族革命思想　西順蔵・近藤邦康編訳
梁啓超文集　岡本隆司・石川禎浩・高嶋航編訳
マヌの法典　田辺繁子訳
ガンディー 獄中からの手紙　森本達雄訳
ウパデーシャ・サーハスリー —真実の自己の探求　シャンカラ　前田専学訳

《仏教》〔青〕

ブッダのことば —スッタニパータ　中村元訳
ブッダの真理のことば 感興のことば　中村元訳
般若心経・金剛般若経　中村元・紀野一義訳註
法華経 全三冊　坂本幸男・岩本裕訳注
日蓮文集　兜木正亨校注
浄土三部経 全二冊　中村元・早島鏡正・紀野一義訳註
大乗起信論　宇井伯寿・高崎直道訳注
臨済録　入矢義高訳注
碧巌録 全三冊　入矢義高・溝口雄三・末木文美士・伊藤文生訳注
無門関　西村恵信訳注
法華義疏 全二冊　聖徳太子　花山信勝校訳
往生要集 全二冊　源信　石田瑞麿訳注
教行信証　親鸞　金子大栄校訂
歎異抄　金子大栄校注
正法眼蔵 全四冊　道元　水野弥穂子校注
正法眼蔵随聞記　懐奘編　和辻哲郎校訂
道元禅師清規　大久保道舟訳注
一遍上人語録 —付 播州法語集　大橋俊雄校注
一遍聖絵　聖戒編　大橋俊雄校注
南無阿弥陀仏 —付 心偈　柳宗悦
蓮如文集　蓮如　笠原一男校注
蓮如上人御一代聞書　稲葉昌丸校訂
日本的霊性　鈴木大拙　篠田英雄校訂
新編 東洋的な見方　鈴木大拙　上田閑照編
禅堂生活　鈴木大拙　横川顕正訳
大乗仏教概論　鈴木大拙　佐々木閑訳
浄土系思想論　鈴木大拙
神秘主義 キリスト教と仏教　鈴木大拙　坂東性純・清水守拙訳
禅の思想　鈴木大拙

高橋和之 編

君主論　マキアヴェッリ　河島英昭 訳
フィレンツェ史 全二冊　マキァヴェッリ　齊藤寛海 訳
リヴァイアサン 全四冊　ホッブズ　水田洋 訳
ビヒモス　ホッブズ　山田園子 訳
法の精神 全三冊　モンテスキュー　野田良之・稲本洋之助・上原行雄・田中治男・三辺博之・横田地弘 訳
ローマ人盛衰原因論　モンテスキュー　田中治男・栗田伸子 訳
第三身分とは何か　シィエス　稲本洋之助・伊藤洋一・川出良枝・松本英実 訳
教育に関する考察　ロック　服部知文 訳
完訳 統治二論　ジョン・ロック　加藤節 訳
寛容についての手紙　ジョン・ロック　加藤節・李静和 訳
キリスト教の合理性　ジョン・ロック　加藤節 訳
ルソー 社会契約論　桑原武夫・前川貞次郎 訳
アメリカのデモクラシー 全四冊　トクヴィル　松本礼二 訳
犯罪と刑罰　ベッカリーア　風早八十二・五十嵐二葉 訳

集　高木八尺・斎藤光 訳
利のための闘争　イェーリング　村上淳一 訳
近代人の自由と古代人の自由・征服の精神と簒奪 他一篇　コンスタン　堤林剣・堤林恵 訳
民主主義の本質と価値 他一篇　ハンス・ケルゼン　長尾龍一・植田俊太郎 訳
外交談判法　カリエール　坂野正高 訳
危機の二十年 ―理想と現実　E・H・カー　原彬久 訳
アメリカの黒人演説集 ―キング・マルコムX・モリスン 他　荒このみ 編訳
モーゲンソー 国際政治 ―権力と平和 全三冊　原彬久 監訳
現代議会主義の精神史的状況 他一篇　カール・シュミット　樋口陽一 訳
第二次世界大戦外交史 全二冊　芦田均
憲法講話　美濃部達吉
日本国憲法　長谷部恭男 解説
民主体制の崩壊 ―危機・崩壊・再均衡　ファン・リンス　横田正顕 訳

《経済・社会》〔白〕

政治算術　ペティ　大内兵衛・松川七郎 訳
国富論 全四冊　アダム・スミス　水田洋 監訳　杉山忠平 訳
道徳感情論 全二冊　アダム・スミス　水田洋 訳

法学講義　アダム・スミス　水田洋 訳
コモン・センス 他三篇　トーマス・ペイン　小松春雄 訳
経済学における諸定義　マルサス　玉野井芳郎 訳
オウエン自叙伝　ロバアト・オウエン　五島茂 訳
戦争論 全三冊　クラウゼヴィッツ　篠田英雄 訳
自由論　J・S・ミル　塩尻公明・木村健康 訳
ミル自伝　朱牟田夏雄 訳
大学教育について　J・S・ミル　竹内一誠 訳
功利主義　J・S・ミル　関口正司 訳
ユダヤ人問題によせて ヘーゲル法哲学批判序説　マルクス　城塚登 訳
経済学・哲学草稿　マルクス　城塚登・田中吉六 訳
新編輯版 ドイツ・イデオロギー　マルクス・エンゲルス　廣松渉 編訳　小林昌人 補訳
マルクス エンゲルス 共産党宣言　大内兵衛・向坂逸郎 訳
賃労働と資本　マルクス　長谷部文雄 訳
賃銀・価格および利潤　マルクス　長谷部文雄 訳
マルクス 経済学批判　武田隆夫・遠藤湘吉・大内力・加藤俊彦 訳
マルクス 資本論 全九冊　エンゲルス 編　向坂逸郎 訳

文学と革命 全二冊　トロツキイ　桑野隆訳
ロシア革命史 全五冊　トロツキー　藤井一行訳
空想より科学へ —社会主義の発展　エンゲルス　大内兵衛訳
イギリスにおける労働者階級の状態 —一九世紀のロンドンとマンチェスター 全二冊　エンゲルス　一條和生・杉山忠平訳
帝国主義論 全二冊　ホブスン　矢内原忠雄訳
帝国主義　レーニン　宇高基輔訳
国家と革命　レーニン　宇高基輔訳
ローザ・ルクセンブルク獄中からの手紙　秋元寿恵夫訳
雇用、利子および貨幣の一般理論 全二冊　ケインズ　間宮陽介訳
シュムペーター経済発展の理論 全二冊　塩野谷祐一・中山伊知郎・東畑精一訳
シュムペーター経済学史 —学説ならびに方法の諸段階　中山伊知郎・東畑精一訳
租税国家の危機　シュムペーター　木村元一・小谷義次訳
日本資本主義分析　山田盛太郎
恐慌論　宇野弘蔵
野弘蔵

ユートピアだより　ウィリアム・モリス　川端康雄訳
民衆の芸術　ウィリアム・モリス　中橋一夫訳
社会科学と社会政策にかかわる認識の「客観性」　マックス・ヴェーバー　富永祐治・立野保男訳　折原浩補訳
プロテスタンティズムの倫理と資本主義の精神　マックス・ヴェーバー　大塚久雄訳
職業としての学問　マックス・ウェーバー　尾高邦雄訳
社会学の根本概念　マックス・ヴェーバー　清水幾太郎訳
職業としての政治　マックス・ヴェーバー　脇圭平訳
古代ユダヤ教 全三冊　マックス・ヴェーバー　内田芳明訳
宗教と資本主義の興隆 —歴史的研究 全二冊　トーニー　出口勇蔵・越智武臣訳
世論 全二冊　リップマン　掛川トミ子訳
王権　A・M・ホカート　橋本和也訳
鯰絵 —民俗的想像力の世界　C・アウエハント　小松和彦・中沢新一・飯島吉晴・古家信平訳
贈与論 他二篇　マルセル・モース　森山工訳
国民論 他二篇　マルセル・モース　森山工編訳
ヨーロッパの昔話 その形と本質　マックス・リュティ　小澤俊夫訳
独裁と民主政治の社会的起源 —近代世界形成過程における 全二冊　バリントン・ムーア　宮崎隆次・森山茂徳・高橋直樹訳
逆　オルテガ・イ・ガセット　佐々木孝訳

《自然科学》〔青〕

科学と仮説　ポアンカレ　河野伊三郎訳
エネルギー　オストヴァルト　山県春次訳
光学　ニュートン　島尾永康訳
大陸と海洋の起源 —大陸移動説 全二冊　ヴェーゲナー　都城秋穂・紫藤文子訳
ロウソクの科学　ファラデー　竹内敬人訳
種の起原 全二冊　ダーウィン　八杉龍一訳
完訳ファーブル昆虫記 全十冊　山田吉彦・林達夫訳
確率の哲学的試論　ラプラス　内井惣七訳
史的に見たる科学的宇宙観の変遷　アーレニウス　寺田寅彦訳
科学談義　T・H・ハックスリ　小泉丹訳
アインシュタイン相対性理論　内山龍雄訳・解説
相対論の意味　アインシュタイン　矢野健太郎訳
自然美と其驚異　ジョン・ラバック　板倉勝忠訳
ダーウィニズム論集　八杉龍一編訳
近世数学史談　高木貞治
ハッブル銀河の世界　戎崎俊一訳

岩波文庫の最新刊

カール・ポパー著／小河原誠訳
開かれた社会とその敵
第一巻　プラトンの呪縛(上)

ポパーは亡命先で、左右の全体主義と思想的に対決する大著を執筆した。第一巻では、プラトンを徹底的に弾劾、民主主義の基礎を解明していく。(全四冊)
〔青N六〇七-一〕　定価一五〇七円

シェイクスピア作／桒山智成訳
冬物語

妻の密通という〈物語〉にふと心とらわれたシチリア王は、猛烈な嫉妬を抱き……。シェイクスピア晩年の傑作を、豊かなリズムを伝える清新な翻訳で味わう。
〔赤二〇五-一二〕　定価九三五円

持田叙子編
安岡章太郎短篇集

安岡章太郎(一九二〇－二〇一三)は、戦後日本文学を代表する短篇小説の名手。戦時下での青春の挫折、軍隊での体験、父母への想いをテーマにした十四篇を収録。
〔緑二二八-一〕　定価一一〇〇円

今月の重版再開

宮崎安貞編録／貝原楽軒刪補／土屋喬雄校訂
農業全書
定価一一六六円
〔青三三-一〕

エラスムス著／箕輪三郎訳
平和の訴え
定価七九二円
〔青六一二-一〕

定価は消費税 10% 込です　　2023. 2

岩波文庫の最新刊

トマス・リード著／戸田剛文訳

人間の知的能力に関する試論（下）

概念、抽象、判断、推論、嗜好。人間の様々な能力を「常識」によって基礎づけようとするリードの試みは、議論の核心へと至る。（全二冊）

〔青N六〇六-二〕　定価一八四八円

藤岡洋保編

堀口捨己建築論集

茶室をはじめ伝統建築を自らの思想に昇華し、練達の筆により建築論を展開した堀口捨己。孤高の建築家の代表的論文を集録する。

〔青五八七-一〕　定価一〇〇一円

今枝由郎・海老原志穂編訳

ダライ・ラマ六世恋愛詩集

ダライ・ラマ六世（一六八三-一七〇六）は、二三歳で夭折したチベットを代表する国民詩人。民衆に今なお愛誦されている、リズム感溢れる恋愛詩一〇〇篇を精選。

〔赤六九-一〕　定価五五〇円

バジョット著／遠山隆淑訳

イギリス国制論（上）

イギリスの議会政治の動きを分析し、議院内閣制のしくみを描き出した古典的名著。国制を「尊厳的部分」と「実効的部分」にわけて考察を進めていく。（全二冊）

〔白一二二-二〕　定価一〇七八円

……今月の重版再開……

小林秀雄著

初期文芸論集

定価一二七六円　〔緑九五-一〕

ロバート・A・ダール著／高畠通敏、前田脩訳

ポリアーキー

定価一二七六円　〔白二九-一〕